福建省社科研究基地福建江夏学院金融风险管理研究中心资助

应用型本科经济管理类专业系列教材

证券投资定量分析与模拟实训

刘俊棋　编著

西安电子科技大学出版社

内 容 简 介

　　本书根据高等院校应用型本科人才培养方案的相关要求,结合我国证券市场实际运行的相关案例和数据编写而成。全书包括证券投资定量分析与模拟实训概述、宏观经济定量分析与模拟实训、中观行业定量分析与模拟实训、微观公司定量分析与模拟实训、技术定量分析与模拟实训、组合定量分析与模拟实训等内容。本书将理论学习与实践实训相结合,内容简洁实用,逻辑脉络清晰。

　　本书可以作为金融投资、经济管理、财务管理等专业学生的实训课程教材或者参考书,也可供对证券投资模拟与实战有兴趣的读者学习交流。

图书在版编目(CIP)数据

证券投资定量分析与模拟实训 / 刘俊棋编著. —西安:西安电子科技大学出版社,2022.5
ISBN 978 - 7 - 5606 - 6290 - 9

Ⅰ. ①证… Ⅱ. ①刘… Ⅲ. ①证券投资-定量分析-高等学校-教材 Ⅳ. ①F830.91

中国版本图书馆 CIP 数据核字(2022)第 049524 号

策划编辑　李鹏飞
责任编辑　李鹏飞
出版发行　西安电子科技大学出版社(西安市太白南路 2 号)
电　　话　(029)88202421　88201467　　　邮　　编　710071
网　　址　www.xduph.com　　　　　　　　电子邮箱　xdupfxb001@163.com
经　　销　新华书店
印刷单位　咸阳华盛印务有限责任公司
版　　次　2022 年 6 月第 1 版　　2022 年 6 月第 1 次印刷
开　　本　787 毫米×1092 毫米　1/16　印张 18.5
字　　数　438 千字
印　　数　1～3000 册
定　　价　53.00 元
ISBN　　978-7-5606-6290-9 / F

XDUP 6592001-1
如有印装问题可调换

前　言

　　证券投资定量分析是从定量表达的角度对证券投资进行的一系列分析，其与传统的证券投资分析有相同的地方，也有不同的地方。相同点是不管如何分析，其分析起点和分析过程都离不开传统的基本分析、技术分析等内容；不同点是在分析过程中更侧重于定量分析的思路。本书的主要内容偏向于证券投资分析中可以定量化的方面，定性分析的内容只是为定量分析做铺垫和必要补充。如果说定量分析的内容是鲜花的话，那么定性分析的内容就是绿叶，没有绿叶的帮助，也就没有鲜花的存在，更难以显现出鲜花的艳丽。因此，本书花费了较多笔墨来铺陈定性分析的内容。

　　本书通过模拟实训报告的方式来检验学生的学习效果，在每一章最后都给出了一定数量的实训报告，全书的实训报告共 28 个。证券投资课程注重市场的实践效果，把学到的东西在市场中进行验证，不仅是对教学效果的验证，更是对学生投资能力的验证。学生完成实训报告的过程，既是对理论知识的复习与应用，又是对实际应用的学习和掌握。模拟实训报告架起理论知识学习和投资实战的桥梁，是本书最大的特色和亮点。

　　本书中的案例及采用的数据大部分来自实际证券市场，为避免给相关公司带来影响，略去了具体公司的代码和名称。

　　本书的出版得到了福建省教育教学改革一般项目"'证券投资交易实训'课程教学改革研究与实践"（项目编号：FBJG20190288）和福建江夏学院 2020年校级精品自编教材《证券投资数量分析与模拟交易》两个项目的支持。在写作过程中，作者发现用"定量分析"以及"模拟实训"更贴切，于是本书的名称最终确定为《证券投资定量分析与模拟实训》。

由于作者的阅历和水平有限，书中难免有欠妥之处，恳请广大读者批评指正。作者邮箱：liujunqi600519@163.com。

作　者

2022 年 3 月

目 录

第一章 证券投资定量分析与模拟实训概述

第一节 证券投资定量分析概述

一、证券投资定量分析思维

传统证券投资分析一般是从基本面和技术面出发，再结合心理层面来进行的。在分析过程中，虽然有涉及定量方面的内容(如证券的估值就是定量的内容)，但更多倾向于定性方面的研究(如证券技术分析中的价、量、时以及羊群效应分析等)，不过定性分析得出的结论比较牵强，说服力不够。如果能用具体的数据来说明问题，得出的结果不仅更加直观，且说服力更强。毕竟用尽可能多的翔实数据来说明和论证会让要表达的内容更加清晰易懂，而且有理有据，更让人信服。

用数据说话也是现代社会应该极力去提倡的相对比较科学的方法。科学家反复做实验就是想通过海量的数据去寻找理性可靠的结论，医学临床试验通过多中心研究平台收集数据为新药的推行提供可靠的依据，互联网大数据分析消费者的行为特征更是把数据分析应用推向了一个新的高度。显然，当今社会越来越重视数据的力量，而作为数据量极为庞大、数据证据极为充分的证券投资领域也应该向这个方向去拓展和深入，才能让证券投资分析的结论简单易懂，说服力强，最终使得投资者在这些数据分析的基础上取得满意的回报。

因此，证券投资定量分析就是从具体的数据收集、数据整理开始，应用科学的数据分析模型和方法，得出有理有据的分析结果，用来指导投资行为并获得比较理想的投资回报的分析方法的总称。

二、证券投资定量分析和量化分析的区别

量化投资在国内发展的时间不是很长，但有惊人的发展速度，尤其是近几年的发展更为迅猛。那到底什么是量化投资呢？量化投资是指在投资时用数学、统计学、信息技术等知识，分析、收集大量数据，借助计算机系统强大的信息处理能力，用数学模型替代传统投资的人为主观判断手段，在控制风险的前提下实现收益的最大化。量化投资是根据海量的数据分析并应用适当的数理分析方法得出相关结论,在执行时主要依靠计算机主动交易，不受投资者情绪的影响，克服投资者认知偏差带来的冲击，并严格控制风险的过程。量化

分析就是量化投资过程中的一系列分析行为和分析方法。

定量分析就是将一些有模糊关系的因素尽可能用具体的数据来表示，从而达到较好分析和比较的目的。量化分析的侧重点在于收集大量的数据，应用科学的方法和手段进行分析，这一特点和证券投资定量分析比较类似。但是，证券投资定量分析和量化分析之间还是有些区别的。

(一) 证券投资定量分析范围更广

证券投资定量分析主要分析所有证券品种及其衍生品类等相关因素之间的关系，不一定有非常严格的模型和具体的数量化关系，如本书中证券投资定量分析主要讲述的是股票所属公司微观数据定量分析、行业发展趋势定量分析、投资组合定量分析等涉及定量关系的内容分析，有些分析只是进行结构分析、比率分析或者得出可以用数量来表示的内容。而量化分析大多涉及不同品种在不同市场、不同时期或者相同品种在不同市场、不同时期之间的套利机会，大多以数学模型作为分析方法，得出变量之间的相互关系。

证券投资定量分析的范畴比量化分析的范畴更广，属于证券投资量化分析的内容都可以说是证券投资定量分析的内容，但证券投资定量分析的内容并不一定是量化分析的内容。

(二) 证券投资定量分析目的性更广

量化分析的主要目的就是通过数据分析挖掘市场存在的套利机会，往往有一个模型构建、回测、模拟以及实际操作的过程，其目的就是通过数量化的分析结果来获得市场中相对比较确定的超额回报。

证券投资定量分析的最终目的是获得满意的市场回报，但有时定量分析只是中间过程，是为最终结论做铺垫的过程。比如，在探讨宏观经济指标与股市波动的关系时，会通过对通货膨胀率变动与股市波动之间关系进行定量分析来研究二者之间的关系，可能是为了给后续其他投资策略打基础，也可能只是为了找出这样的关系而已。

因此，证券投资定量分析的目的性更广泛。

(三) 证券投资定量分析交易方式更多

证券投资定量交易是从定量角度出发，用翔实的数据寻找交易机会，这些交易可以依赖计算机自动执行，也可以人工完成，并不会拘泥于某种形式。

量化交易一般分为自动化交易、数量化投资、程序交易、算法交易以及高频交易等五种。这五种量化交易的侧重点各有不同，也是量化交易发展到不同阶段的自然产物。实际中，这五个量化交易的名称被交叉使用的情况普遍存在。例如，说到程序交易往往就是指量化交易。量化交易大多依赖于计算机自动执行，因为为了追求更高效的执行效率，交易的时间单位可以小到毫秒、微秒甚至纳秒[①]的级别。

---

① 纳秒是时间单位，是 1 s 的十亿分之一，等于 10^{-9} s。光在真空中 1 ns 仅传播 0.3 m，个人电脑的微处理器执行 1 条指令需要 2~4 ns。

三、证券投资定量分析的具体内容

(一) 确定金融逻辑

证券投资定量分析的目的是挖掘变量之间的关系，这样的关系从某种程度上来说应该是客观且必然存在的，不是虚构或者偶然存在的。从理论上讲，证券投资定量分析以一定的金融逻辑基础为依据。

例如，利率变动和股市波动之间的相关关系是客观存在的，也是必然存在的。从长期角度来看，二者之间大多为反向变动关系，但也不排除二者之间在某一个阶段存在着一定的同向关系。货币供给量与证券市场的短期波动也存在着较强的相关关系，毕竟资金的供给状况直接决定着价格的涨跌。可以说，任何一项资产价格最表层的现象都可以解释为资金博弈的结果。公司股价的变动从短期来看，可能和大盘走势、资金偏好、供求关系、突发事件影响等因素有关，但是从中长期看，公司股价涨跌和公司净利润涨跌大多时候非常一致。这些变量之间的变动关系都是建立在一定金融逻辑基础之上的，且在逻辑上是可以讲得通的。

当然，如果非要把股市波动与天气的变化联系起来，也许还真有可能存在一定的联动关系，甚至存在一段较长时间的联动关系。但这样的联动关系非常脆弱，最多只能算巧合而已。因为股市波动与天气变化不能用金融经济原理来解释，它们之间不存在金融逻辑基础，而缺乏逻辑依据的关系大多不稳定。

(二) 收集相关变量的翔实数据

数据是证券投资定量分析的主要依据，收集相关变量的具体数据是证券投资定量分析的一项重要工作。有些数据可以直接获得，不需要处理，如通货膨胀率、利率、货币供给量 M_2 等数据可以轻松从公开渠道直接获得，直接下载即可使用；而有些数据在下载后还需要做进一步处理才能使用，比如剔除通货膨胀率后的实际利率、考虑到季度因素的动态市盈率指标等。

当然，在证券投资定量分析中，大量的数据是不需要经过细致处理就能使用的原始数据，这给证券投资定量分析减少了不少工作量。在收集相关数据时应该尽量做到翔实、准确、全面，这样分析的结果更可靠、更精准。

(三) 定量研究变量间的关系

影响股指或者股价变动的因素很多，这些变量之间是否存在一定的因果关系？简单的定量关系分析结果表明二者有一定的关系也许只是巧合，就是把并不相关的变量生拼硬凑也可能存在一定的关系，但是它们之间没有任何实质影响，这样的分析也就没有多大意义。这时需要在构建模型并获得变量相关性的结论之后，再对变量间的因果关系进行实证检验，这样做在逻辑上会更合理一些。证券投资定量分析中，各变量间的关系应该是在大量数据作为支撑的前提下通过数学模型实证研究并且通过检验来确定的关系。

(四) 确定及应用变量间的关系

证券投资定量分析的目的就是通过数据的分析来确定变量之间的关系，使得原来比较模糊或者无法确定的变量间的关系更加清晰，从而为投资决策提供参考。在具体的应用中，定量分析可以用来分析变量间的理论关系，也可以应用于实际的投资实践中，提升证券投资的超额回报率。证券投资定量分析就是尽可能寻找变量的数量关系，或者用具体的数字表达来分析投资过程并指导投资行为。

四、证券投资定量分析的应用

(一) 宏观经济定量分析与模拟实训

宏观经济运行异常复杂，对证券市场的影响也是说法不一，但是有一点是肯定的，任何一个国家证券市场的繁荣都离不开宏观经济的繁荣。宏观经济繁荣了，证券市场未必繁荣，但证券市场繁荣了，宏观经济一定处于非常繁荣的时期。任何时候，脱离宏观经济的证券市场繁荣一定是虚假的繁荣，结局就是繁荣会很快退去。显然，宏观经济繁荣是证券市场繁荣的必要而非充分条件。

在证券投资中，主要是从宏观经济周期、宏观经济增长率、货币政策、财政政策等角度出发来研究这些变量的变化可能给证券投资带来的影响。宏观经济定量分析与模拟实训主要就是从宏观经济变量的相关数据出发，寻找这些变量与股市波动之间的定量关系，用相对确定的数量关系或者数字关系使得分析的结论更加可靠。

(二) 中观行业定量分析与模拟实训

中观行业定量分析主要从行业发展的阶段、行业市场容量、行业竞争力、行业发展前景等角度来进行分析，收集行业具体数据，运用一定的分析方法得出行业状况的结论，进而对行业未来发展进行综合评价。行业定量分析的目的就是通过定量结论来寻找具有发展前景的行业进行投资。

中观行业定量分析与模拟实训就是收集中观行业数据来分析行业的发展情况，用一定的方法来计算行业未来发展的速度，把有发展前景的行业作为投资选择的对象进行跟踪研究。

(三) 微观公司定量分析与模拟实训

微观公司定量分析主要包括公司财务分析、财务预测以及股票定价等定量问题。财务分析主要就是对公司的三大财务报表以及具体的财务指标进行全面分析，这些分析数据是现成的，大多不需要太复杂的处理，只要简单的计算就能完成，但是财务数据庞大，处理起来还是比较费时费力的。财务预测就是应用财务预测方法或者财务预测模型对未来财务状况进行预测，不同的财务预测方法或者模型可能会导致预测结果出现差异。股票的定价并未形成一门完美的科学，股票定价的方法也多种多样，股票定价的结果可能相差较大，这就导致对股票定价的怀疑声不绝于耳。就算如此，实际中对于股票的定价却似乎已经成为常态，尤其是对于价值投资者更是如此。也许在大部分价值投资者心目中都希望有一个目标价位(定量价格)，这样的持股才会有一根评价的横杆作为目标，心里才会更踏实。

微观公司定量分析与模拟实训就是在财务分析上对所投资上市公司的财务报表进行详细分析，判断公司财务现状，从财务上发现公司的好与坏；在财务预测上能应用科学的预测方法对公司未来 1~3 年的财务状况进行提前预测；在自己满意的必要回报率下对公司的投资价值进行评价。

(四) 技术定量分析与模拟实训

技术定量分析的理论很多，范畴也很广，对证券投资技术理论进行定量分析时要侧重于两个方面：一方面是应用某一个或者某几个技术分析理论得出股票的买卖时机；另一方面是通过技术分析构建起行之有效的跟随系统。在技术定量分析内容繁多的情况下，应尽量选择可以定量分析的内容作为学习的主要内容，举一反三，以达到触类旁通的作用。

技术定量分析与模拟实训就是在个股时机选择或者股价指数运行判断上，应用技术分析理论进行模拟跟踪，以发现买卖的时机或者建立一个有效的趋势跟随系统等。

(五) 组合定量分析与模拟实训

组合投资就是通过构建相关系数低的组合，实现分散风险并获得超额收益。组合定量分析就是通过相关定量(如组合成分股的收益率和风险、组合整体的收益率和风险、组合股票间相关关系等)计算来构建单位风险下收益最高或者单位收益下风险最低的组合。

组合定量分析与模拟实训就是通过计算组合及组合成分股的期望收益率和方差，构建一个适合某一目标要求的证券投资组合，如成长型投资组合、稳健型投资组合、混合型投资组合等，在规避市场系统性风险的情况下争取有超越市场表现的组合收益。之后，对组合投资的业绩用一定的方法进行评估，使得评价更加客观、理性。

五、证券投资定量分析的基本方法

(一) 比率分析法

比率分析法是指把不同的相关数据做对，比求出比率，并将该比率用于分析和评价某一经济现象或者经济活动变化特征的方法。经常采用的比率主要有三种：一是构成比率，即反映部分与总体之间的比率；二是效率比率，即反映投入与产出之间的比率；三是相关比率，即反映相关经济活动相互关系的比率。在宏观经济分析以及公司的财务分析中经常采用比率分析法，如国内生产总值的增长率、主营业务收入占比等。

(二) 趋势分析法

趋势分析法又称趋势预测法，是根据某一阶段某一指标变量的变动情况来描绘制作未来趋势分析图，并用于分析未来发展趋势的方法。趋势分析法以时间序列为线索来预测未来发展趋势，使预测结果更符合实际。趋势分析法主要包括趋势平均法、指数平滑法、直线趋势法以及非直线趋势法等方法。趋势分析法经常用在宏观经济未来变动趋势预测、行业未来发展前景预测、公司业务未来发展前景预测等方面。

(三) 结构分析法

结构分析法又称结构指标，是指在统计分组的基础上，计算各组成部分所占比重，进而分析某一总体现象内部结构特征、总体的性质、总体内部结构依时间推移而表现出的变化规律的统计方法。例如，在宏观经济分析中，分析推动国民经济发展的贡献度问题时，用结构指标来反映消费、投资以及进出口的构成比率，以及这些比率在近年来的变动情况。

(四) 对比分析法

对比分析法也称比较分析法，是指把客观事物加以比较，以达到认识事物本质和规律并作出正确评价的方法。对比分析法通常把两个相互联系的指标数据进行比较，从数量上展示和说明研究对象规模的大小、水平的高低、速度的快慢，以及各种关系是否协调。在对比分析法中，选择合适的对比标准十分关键。对比分析法有绝对数比较和相对数比较之分。例如，在分析两家公司盈利能力的时候，用净资产收益率指标比用盈利总额或者毛利率等盈利能力指标更合适。

(五) 数学模型分析法

数学模型是对现实世界中某一特定现象，按照一定的价值取向做必要的简化和假设，运用适当的数学工具以得到一定的结果，用以反映特定现象的现实性状，并预测现象未来状况的一系列策略的总称。它能解释特定对象的现实性态，预测对象的未来状态或者提供处理对象的最优决策或者控制方法。在证券投资分析领域，经常通过构造数学模型来观察相关指标的变化或者对某一投资经济活动进行预测。数学模型采用的数据多种多样，大致可以分为横截面数据、时间序列数据、面板数据以及混合截面数据等四个类别。在公司股价波动、收益影响或者业绩决定方面经常采用数学模型分析法。

第二节　证券投资定量分析与模拟实训准备

证券投资定量分析主要从证券市场金融逻辑出发，构建变量间的定量关系，通过翔实充分的数据分析来挖掘交易机会，从而进行可实践的操作或者为实践操作提供依据。证券投资定量分析与模拟实训就是基于这样的思想而进行的实践模拟，其目标主要是为将来的实战提供比较真实可靠的模拟场景。模拟实训的具体要求可以从以下几个方面进行前期积累和准备。

一、金融逻辑的学习

证券投资定量分析虽然侧重于变量间的定量关系，但不要忽略一个前提，那就是这些变量应该存在因果关系。以利率变动和证券市场波动为例，利率的提升会导致证券市场的下跌。从长期角度来看二者之间大多呈反向变动关系，因为利率提升会增加公司的借款成本而导致公司的利润下降，利率提升会使得借债经营的公司债务负担加重，利率提升会引起市场对政府采取紧缩政策的担忧，利率提升会因为到期收益率的要求提高而导致公司的估值水平下降，利率提升会使得储蓄变得更有吸引力而导致资金从证券市场向储蓄转移，等等。但从中短期角度看，不排除二者之间在某一个阶段存在着一定的同向关系，如 2007 年，利率提升，股票出现上涨的同向走势。在讨论两者的关系时，应先考虑利率的变动，利率提升会通过多方面因素导致股市的下跌，这可以从资金流向、上市公司利润变动以及投资者预期角度来展开分析，这就是金融逻辑基础；而利率提升，股市也可能会出现不跌反涨的情况，这样的情况也可以从金融逻辑中找到答案，大多是一个利率提升的初期现象或者利率提升的影响效应存在一定的时滞，当出现反向影响时要格外注意这种异常现象的存在。

利率与证券市场波动的逻辑关系清晰，利率和汇率、通货膨胀率、再贴现率等经济变量之间也存在着因果关系。不过，如果要说利率和税收、国家预算存在着直接关系似乎就有些牵强了。

在进行证券投资定量分析与模拟实训之前，应该多学习和了解宏观经济方面相关变量、行业方面相关变量以及公司方面相关变量与证券市场之间的金融逻辑关系，甚至在技术分析方面以及组合构建方面也要注意变量之间相互影响的正确逻辑关系，这样的定量分析结果才更有意义。

二、数据收集

数据收集是定量分析与模拟实训中一项非常重要的工作，有时甚至是模拟实训中耗时耗力最大的一部分内容。定量分析中用到的数据可以从东方财富金融终端、东方财富官方炒股软件、其他股票行情软件中获取，此外还可以从国家统计局网站、中国人民银行、证券业协会、中国登记结算有限公司、上海证券交易所、深圳证券交易所、东方财富网、上市公司年度报告及平常公告等来源渠道获取。以上数据来源渠道大多是公开免费的，国内现在也出现了越来越多收费的数据来源渠道，可以根据需要进行选择[①]。

数据收集要根据分析内容有针对性地进行，收集到数据后要进行存储、分类、整理、调整等工作，经过处理后的数据将给之后的研究带来便利，所以在收集数据时应该认真细致，尽量做到精确。

三、模拟实训软件的熟悉

对于模拟实训软件，投资者可以根据自己的熟悉程度进行选择，本书使用的软件主要包括东方财富炒股软件、东方财富 Choice 终端、通达信行情软件等[②]。

不管使用何种软件，都应该非常熟悉软件的基本操作功能，不仅要了解行情软件的基本功能键和热键，还要对交易软件上的基本数据收集方法非常熟悉，同时还要利用好行情软件的模拟账户等功能。其实，在收集相关数据时，也能对行情软件的使用功能进一步熟

---

① 如有条件的话，可以利用万得(Wind)、彭博(Bloomberg)等收费数据库进行数据的收集工作。鉴于大部分投资者尤其是证券投资初学者无法获得这些资源，本书中涉及的资料尽量做到从公开免费渠道收集，虽然可能费时费力，但在收集过程中也能熟悉和研究工作流程。

② 软件的使用有很大的弹性，这三个软件只是本书作者经常使用且比较熟悉的软件。应该还有更好用的股票行情软件，读者可以自由选择。

悉和掌握。

具体的软件使用及其说明将在本章第三节中以 Choice 金融终端为例进行比较详细的讲解和说明。

四、定量分析工具的使用

在定量分析工具方面，主要是熟悉统计软件的相关操作。经常用到的统计分析软件主要包括 Eviews、SPSS、SAS、Excel 等，应根据不同的定量分析内容来确定不同的软件工具，有时需要交叉使用不同软件才能完成某一项内容的分析。定量分析必须依赖这些分析工具得出变量之间关系的相关结论，所以对于这些常用的统计软件还是要熟练掌握，这就需要前期的一些学习积累作为基础。

以上这些内容构成了证券投资定量分析与模拟实训的必备要求，只有对每个步骤从容把握，才能在证券投资定量分析与模拟实训的操作中得心应手。

第三节　证券投资定量分析与模拟实训软件

市场上证券投资分析交易与模拟软件比较多，常见的有东方财富、同花顺、通达信、大智慧等。本书采用东方财富炒股软件和东方财富 Choice 终端作为模拟实训主要软件[1]，原因主要：一是东方财富炒股软件及其 Choice 终端上的资料数据丰富且更新速度快；二是软件一经注册就可以终身使用，且无须缴纳使用的相关费用[2]；三是即使遇到软件升级也可以不受限制地继续使用；四是该软件使用的人群比较多，接受度比较广，软件经过广泛试错后不断优化，性能更高；五是软件操作简单，常用功能键的操作代码和大多数股票行情软件的操作代码一致，因此熟练掌握其他操作软件后转而使用东方财富炒股软件及其Choice 终端可以马上掌握并熟练操作。

下面以东方财富炒股软件及其 Choice 终端为例来介绍模拟实训软件的常用操作。

一、软件的简要介绍、下载安装与账号获取

(一) 软件介绍

东方财富炒股软件很常用，像其他炒股软件一样安装和使用即可，这里不再赘述。东方财富 Choice 金融终端的使用相对较少，它的一些功能卓越，与炒股软件结合起来使用功能更加强大。以下以东方财富 Choice 金融终端为例对软件的基本使用进行简要介绍。

东方财富 Choice 金融终端是一款专业的金融数据分析与投资管理软件，致力于为金融机构、学术研究机构和专业投资者提供优质的金融数据及相关服务。终端内容涵盖股票、固定收益类、基金、商品、外汇、宏观行业等领域，提供 Excel 插件、量化接口、

---

① 如果这两个软件有无法实现的功能，会寻求其他软件(如通达信软件、同花顺软件等)的帮助。

② 会员也只能有一些免费的权限，更高级别更详细的资料需要交费。当然，对于一般的投资者或者初级学员而言，尽量以免费的资料为主。

组合管理等应用工具，可通过多种传输方式为用户提供专业数据，并支持 SQL Server、MySQL、Oracle 等多种数据库格式，是集信息查询、统计分析及应用于一体的综合性软件。

东方财富 Choice 金融终端除了拥有资讯丰富和信息更新及时等特色外，最重要的就是 Choice 数据库服务，其数据库内容包括沪深上市公司库、港股库、宏观行业库、新三板库、公募基金库、期权期货库、债券基础库、投资理财库以及美股库等，这些数据库基本上能满足各类参与者的数据获取与分析需求。

(二) 软件下载安装

首先在东方财富网首页中找到如图 1-1 所示的"Choice 数据"并点击，在下拉菜单中点击"Choice 金融终端"下载安装。

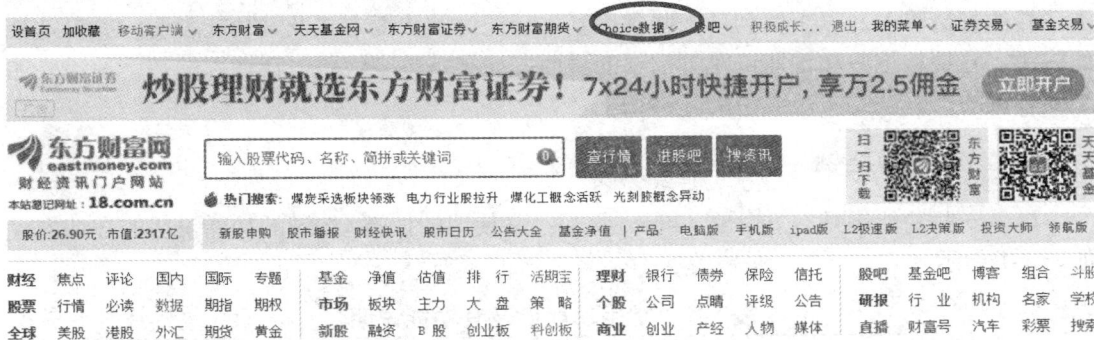

图 1-1 东方财富 Choice 终端下载位置

东方财富 Choice 金融终端目前有两档收费，一种是每年 4500 元，另一种是 3 年 12 000 元。初学者直接下载"Choice 金融终端"进行体验即可。

下载 Choice 金融终端后就可以将其安装在电脑或者移动终端上了，整个过程需要几分钟，具体步骤如图 1-2 所示。

图 1-2 东方财富 Choice 终端安装步骤

（三）账号获取

软件安装完成后，会弹出一个"登录"窗口。对于初次使用该软件的用户，要先注册。注册的途径有四种，即手机号注册、新浪微博注册、腾讯 QQ 注册以及微信注册。按照步骤要求进行注册即可。今后登录的账号就是注册时使用的手机号、微博账号、QQ 号码或者微信账号。此外，东方财富 Choice 终端也提供现在流行的扫码登录服务，使用起来方便快捷。

二、交易软件的基本功能键

Choice 金融终端软件首页左侧罗列了所有功能模块的入口，通过这些入口可以进入各类证券的行情界面。以下罗列了一些常用基本功能键的快捷方式及其功能说明。如果是具体按键，直接按这些按键即可跳到需要的页面；如果是数字代码，在输入的数字后还要加上回车键才行。

（一）常用功能键

以下一些功能键是东方财富 Choice 终端经常使用的按键，按键的功能说明的详细内容如表 1-1 所示。

表 1-1　常用功能键及其功能说明

功能键	功能说明	功能键	功能说明	功能键	功能说明
F3/03	上证指数	60	沪深全 A 涨幅	80	全 A 综合排名
F4/04	深证成指	61	沪 A 涨跌	81	沪 A 综合排名
Enter/05	切换	62	沪 B 涨跌	82	沪 B 综合排名
F6/06	自选股	63	深 A 涨跌	83	深 A 综合排名
F7/07	板块管理	64	深 B 涨跌	84	深 B 综合排名
F9/09	深度资料	65	京 A 涨跌	F10/10	基本资料

当已经熟悉一个证券品种时，只需在终端软件的右下角"键盘精灵"位置输入相应代码就可以跳到该品种的走势图中进行信息查看与资料收集；如果只记得某品种名称而不知道其代码，那么输入该证券的汉语拼音首字母即可找到，如只知道股票名称"贵州茅台"，输入"GZMT"即可找到该证券品类。

（二）分时界面功能键

当界面处于证券品种的分时走势图界面时，可以操作的主要功能键见表 1-2。

表 1-2　分时界面功能键及其功能说明

功能键	功能说明	功能键	功能说明	功能键	功能说明
F1/01	分时成交	F5/05	分时走势	Enter	切换 K 线
F2/02	分价表	F8/08	切换周期	Ctrl+F	调用技术指标

(三) K线界面功能键

当界面处于证券品种的 K 线走势图界面时，可以通过表 1-3 所示的功能键来实现相关操作。

表 1-3　K 线界面功能键及其功能说明

功能键	功能说明	功能键	功能说明	功能键	功能说明
F1/01	分时成交	MIN1	1 分钟 K 线	96/DAY	日线
F2/02	分价表	92/MIN5	5 分钟 K 线	97/WEEK	周线
F5/05	分时走势	93/MIN15	15 分钟 K 线	98/MON1	月线
F8/08	切换周期	94/MIN30	30 分钟 K 线	99/YEAR	年线
Enter	切换 K 线	95/MIN60	60 分钟 K 线	MON3	季线

三、其他常用功能的简要介绍

(一) 行情风格设置功能

点击 Choice 金融终端工具栏的"工具"下拉菜单中的"行情系统设置"按钮，弹出的窗口中左侧罗列了"风格设置""报价字号设置""盘口样式"三个菜单，可以根据需要进行设置。以"风格设置"中的"背景风格"为例，常用的背景风格大多是"经典黑"，如图 1-3 所示。为了能在文件编辑或者 PPT 播放中使图表更加明晰，可以选择"经典白"，显示效果更清晰，如图 1-4 所示。

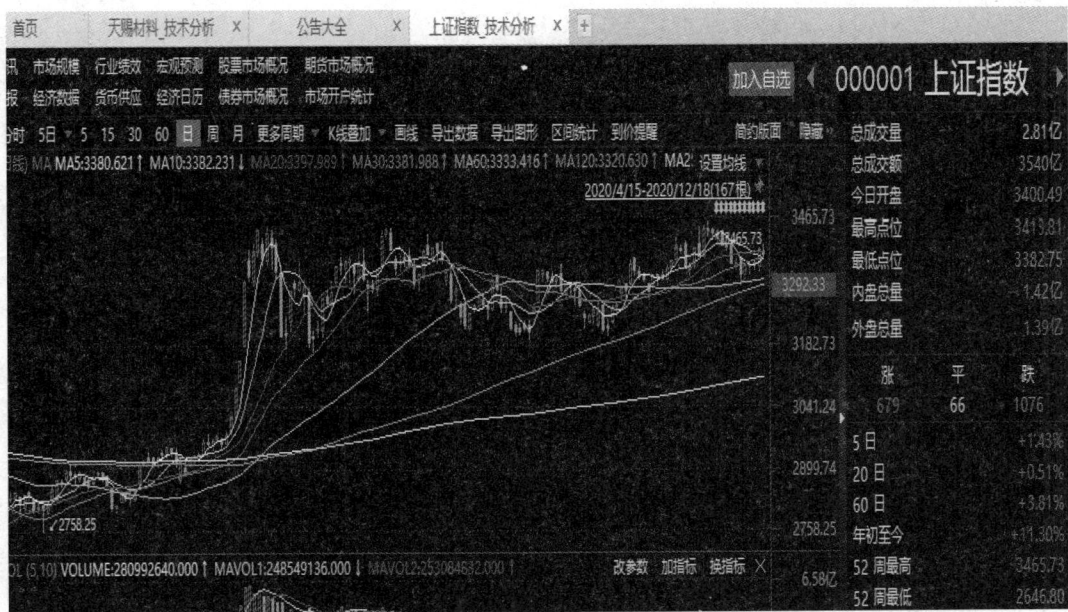

图 1-3　"经典黑"下的行情视图

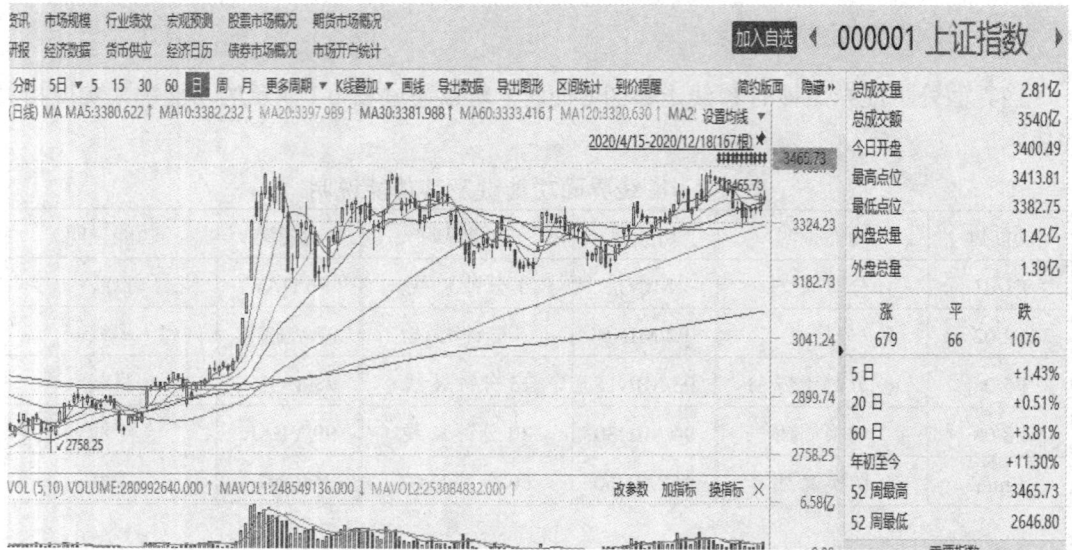

图 1-4　"经典白"下的行情视图

(二) 到价提醒设置功能

有些行情软件可以直接在证券品种上设置到价预警，即股价到了设置的某个价位时，系统会自动报警并提醒。但在 Choice 金融终端中没有这个简洁方便的功能，需要在工具栏"常用设置"栏下的"到价提醒设置"进行操作。如图 1-5 所示，点击"提醒设置"选择卡，在"添加提醒"框中输入贵州茅台的代码或者拼音首字母后按回车键，即弹出"个股提醒设置"界面，之后输入要提醒的价格点击"确定"即可。后续价格波动过程中贵州茅台的股价达到 2000 元的价位时，Choice 金融终端会自动捕捉并发送提醒通知。投资者不用时时跟踪股价波动，等提醒价格触发再采取行动即可。

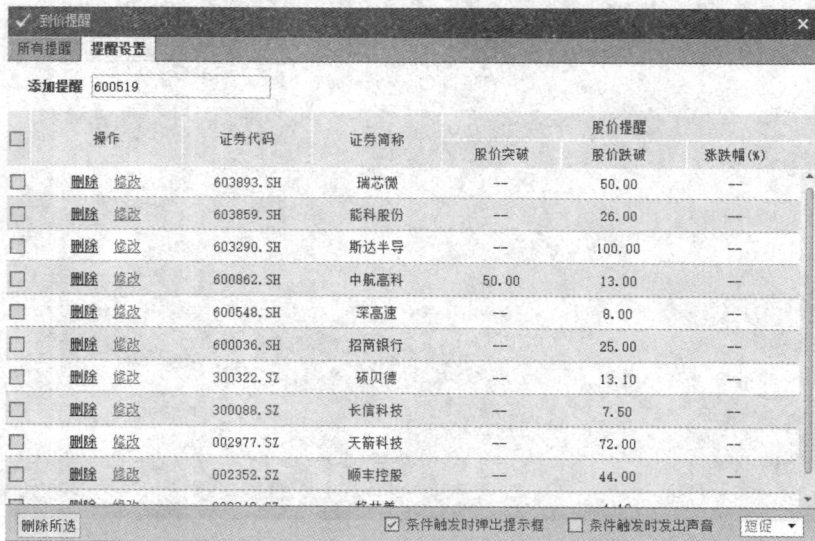

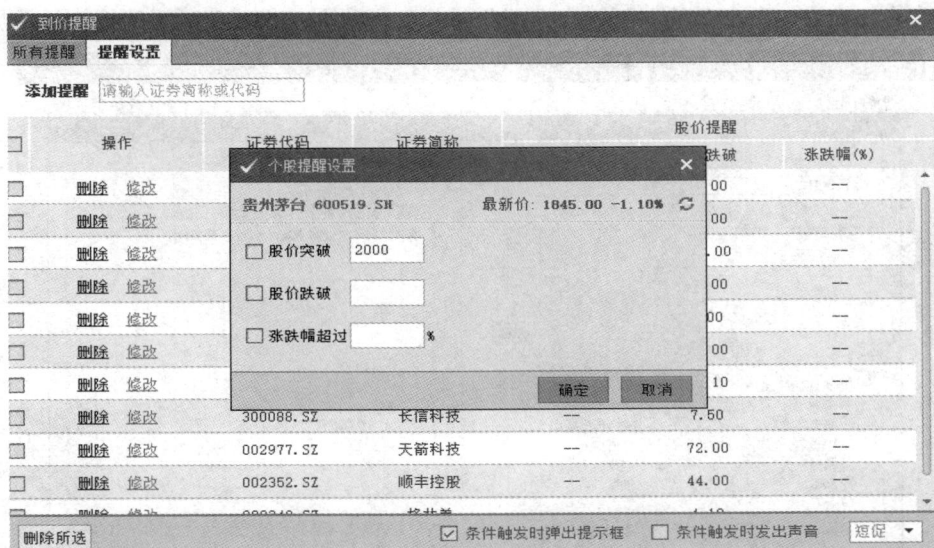

图 1-5 到价提醒设置步骤

(三) 板块管理功能

点击工具按钮，选择"内容管理"中的"板块管理"栏目，即可设置适合自己风格的板块，可以根据需要给自选板块命名，今后再查看某种类型的板块品种时直接点击该板块股即可。下面以"大蓝筹"为例进行功能操作说明。点击"板块管理"按钮后，进入如图1-6所示的板块管理界面。

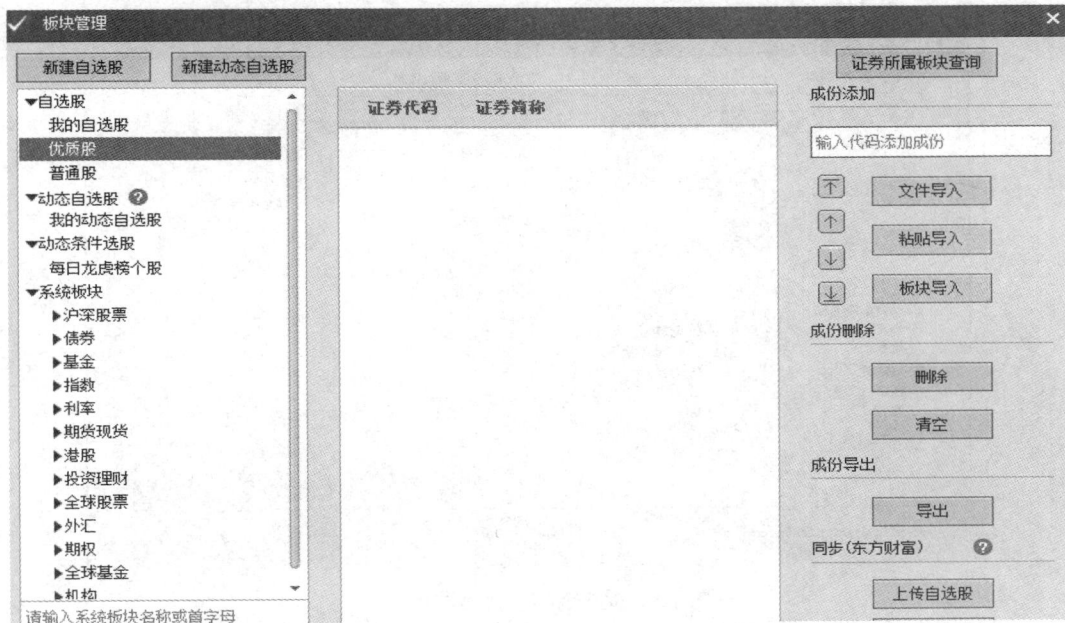

图 1-6 板块管理界面

点击图1-6界面左上角的"新建自选股"按钮，即进入如图1-7所示的板块设置界面。

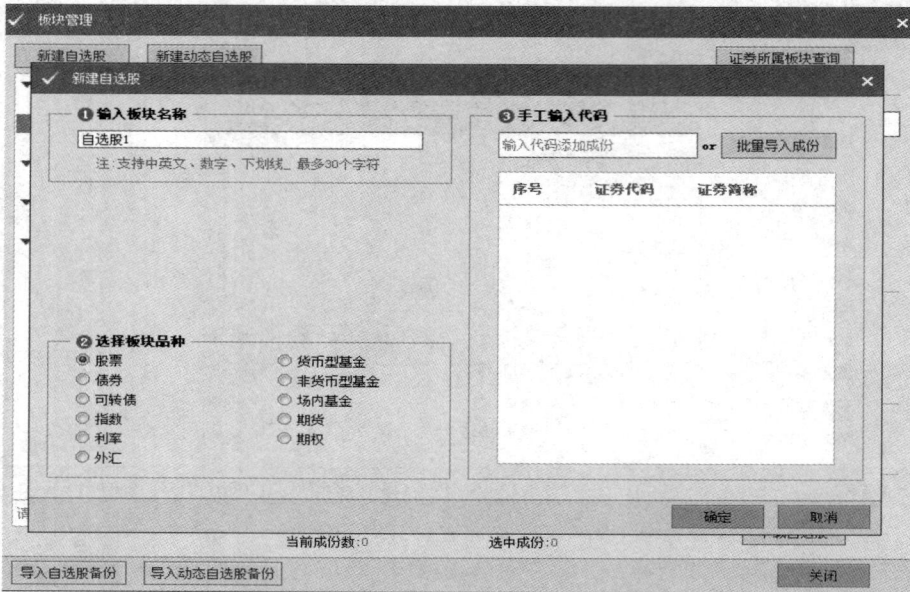

图1-7　板块设置界面

在"输入板块名称"栏中输入"大蓝筹"，在右边"手工输入代码"栏中输入需要关注的股票代码，如601398，该代码对应的工商银行的股票就进入大蓝筹自选板块股票池中，如图1-8所示。

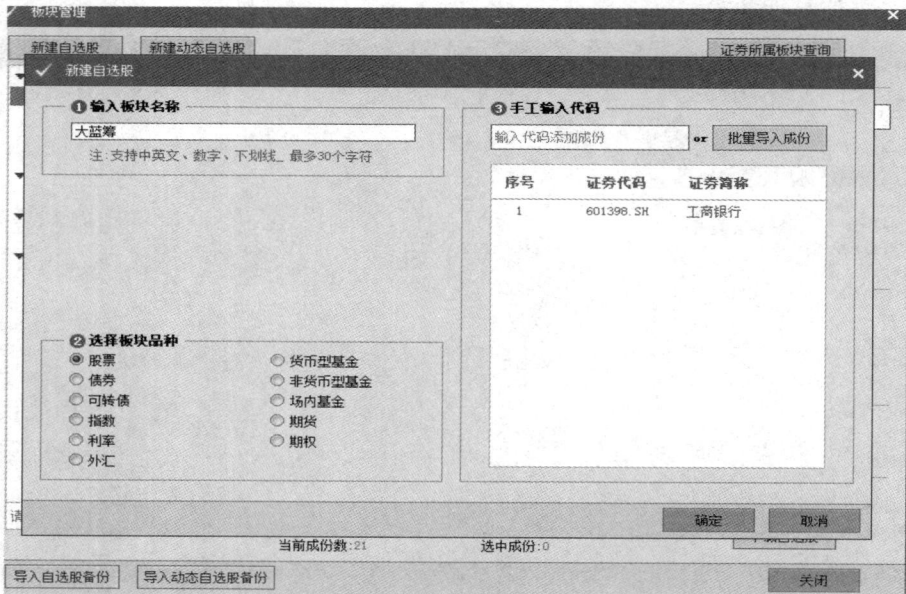

图1-8　板块名称及代码设置界面

以此类推，用户可根据需求设置各种各样的板块，调用的时候非常方便。自选板块的设置在建立各种各样的资产池或者股票池时经常使用，投资者也应该有属于自己的各类资产池或者股票池。

(四) 组合管理

点击工具栏下"内容管理"中的"组合管理"按钮，进入图 1-9(a)所示的组合管理功能设置界面。组合管理中有两类组合类型可选，一类是创建回测组合，另一类是创建模拟组合。例如，点击"创建模拟组合"按钮，进入图 1-9(b)所示的界面，输入组合代码、组合名称，初始资金 100 万元。

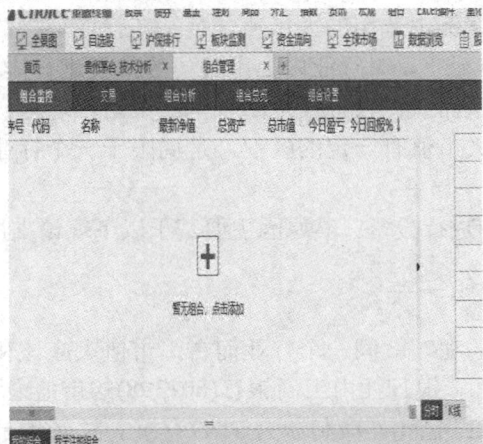
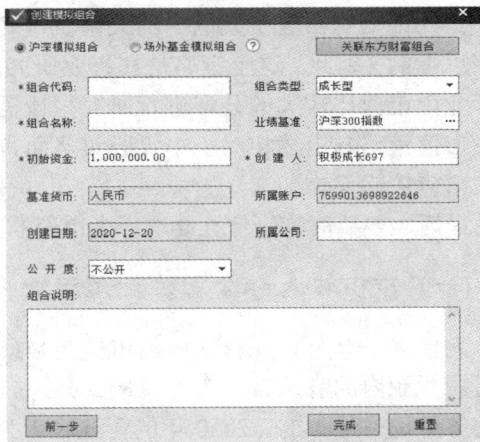

(a)　　　　　　　　　　　　(b)

图 1-9　组合管理功能设置

模拟组合设置成功后，就可以开始模拟买入自己看好的股票，并做好比例仓位设置，这个模拟组合构建和实时行情挂钩，真实可靠。自己可以根据行情的变动查看构建的投资组合回报率及风险情况，以此做出相应的投资判断。关于模拟组合构建更细致的介绍见第六章"组合定量分析与模拟实训"。

第四节　证券投资定量分析示例

以下案例从大市值策略定量分析与模拟实训出发，详细介绍了证券投资定量分析与模拟实训的一些基本做法，希望读者能对定量分析与模拟实训有所了解，以期为进一步学习做一个简要的铺垫。

一、大市值策略理论基础

首先，对传统意义上大市值的概念要有所了解。习惯上认为的大市值是相对于市值较小的股票(小盘股)而言的，比如将 500 亿元以上的市值认定为大市值，将 200 亿元甚至 100 亿元以下的市值认定为小市值[1]。大市值和小市值是对应的、而不是对立的概念。我们国

---

① 不同的投资者群体或者有不同目的的人群对于大市值、小市值的区分会有所不同，这里并没有一个严格的区分标准，完全可以根据需要来划分市值的大小。

家的证券市场一直都喜欢小而精(即小市值)的炒作,因为市值小(一般为几十亿元),主力容易控盘,往往短时间能涨几倍甚至十倍以上,收益高且见效快。所以,小市值股更容易受到主力的青睐,大多数中小投资者也容易被市场惊人涨幅的激情所吸引,追寻小盘股投资的足迹,对小盘股进行投机成为证券市场一道特殊的风景线。所以,一种常见现象就是大盘股尤其是超级航母型的大盘股(如中国石油、以工商银行为代表的银行股)涨幅较小,而小盘股的涨幅比较大。同理,跌的时候,大盘股跌幅比较小,小盘股跌幅相对较大。

其次,要明白这个案例中的大市值策略。案例中选用的大市值,是站在行业分析的角度来思考的。因此,这个策略是在行业研究的基础上,对行业内上市公司的市值进行排名,对行业内市值比较大的公司进行研究与投资,从而获得较好投资回报率的策略。这里所谓的大市值策略与上述相对于小盘股策略而言的大市值有一定的区别,是局限于一个行业内的大市值策略而言的。

最后,要搞清楚为什么要选择大市值的公司进行投资。其原因主要基于以下理论支撑。

(一) 市值较大的公司往往是行业内的领头羊

为什么一个公司在行业内的市值会是最大的呢?就同一个行业而言,市值大应该和该公司在行业内的收入较大有着直接的关系。比如,银行业内工商银行(601398)的市值最大,其业务量也是最大的,2020年的营业收入为8827亿元,净利润为3159亿元,二者均是业内最大的。表1-4中列出了我国四大银行2020年营业总收入和净利润实际情况。

表1-4　四大银行2020年营业总收入和净利润实际情况

银行	工商银行	建设银行	农业银行	中国银行
营业总收入/亿元	8827	7559	6580	5655
归属净利润/亿元	3159	2711	2159	1929

(二) 行业内的领头羊往往有业内话语权和竞争力优势

既然市值最大,业务量最大,很显然这样的公司在行业内应该处在领头羊的位置。它在行业内的市场占有率大多数一数二,其一举一动都是行业的风向标。行业领头羊的地位也预示着其竞争力是很强的,否则很快就可能从领头羊的位置被拉下来。最典型的案例就是曾经手机领域内的领头羊——诺基亚,由于错过了智能手机的机会,不但市场份额硬生生被苹果手机抢占,还走到破产且被兼并的地步。

(三) 领头羊具有涨得快、跌得慢的特点

一旦一个公司处于行业内领头羊的地位,就决定了该公司的上涨幅度即使不是行业内上涨排名第一的,也至少是行业内上涨幅度排名前几名的,且在回调的时候,该类公司的跌幅却是相对较慢的,不会像行业内其他跟风的公司跌幅那么大,甚至大多时候,领头羊公司还没开始下跌,行业内其他排名靠后的公司已经有一定下跌幅度了。这也是一直强调投资要选择行业内龙头股的原因所在。

二、大市值股票数据的收集

(一) 行业选择

下面选择半导体行业作为分析对象。首先，从行业分类中找到半导体行业。在 Choice 终端点击"板块监测"后，可以看到很多行业分类，如图 1-10 所示，如"东财二级行业""概念板块""地区板块""申万一级行业""申万二级行业""证监会行业"等，在这些行业类型下找到半导体行业即可。

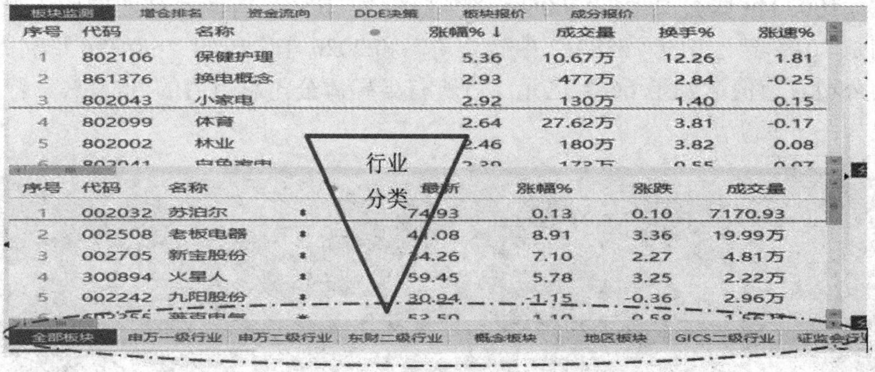

图 1-10　行业各种分类

例如，点击"东财二级行业"，就可以看到很多行业分类，找到半导体行业，点击"半导体"栏，在板块监测栏下方就可以看到半导体行业内所有上市公司的名单了，如"韦尔股份""华微电子""长电科技""士兰微""华润微""兆易创新"等，如图 1-11 所示。半导体行业内的上市公司一共有 58 家[①]。

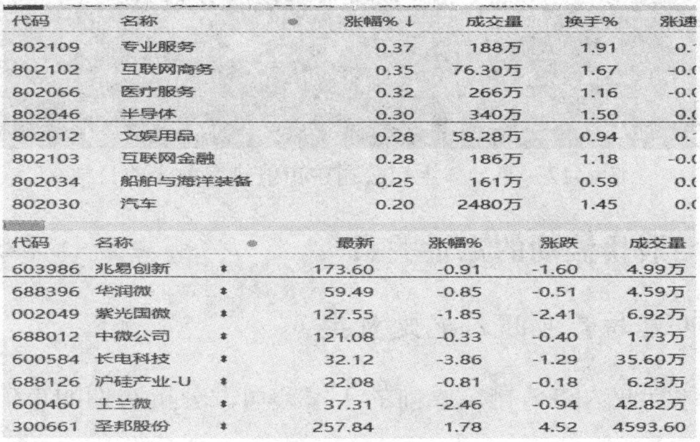

图 1-11　半导体内一共有 58 家上市公司

---

① 行业公司的数量可能会随着上市的进程而有所变化，如 2019 年年末半导体行业只有 41 家公司，而到了 2021 年 5 月增加到 58 家。只要关注和分析行业内影响力较大的几个公司就可以达到对该行业的整体把握。

(二) 行业大市值排名

接下来对该行业进行市值排名。将鼠标移到上市公司一栏，同时移动上下左右键"↑""↓""←""→"中的右键"→"，在列表栏中找到"总市值"，用鼠标左键点击"总市值"，就可以看到市值的排名。排名可以是由大到小，也可以是由小到大。选择由大到小的排名，这样半导体行业内所有上市公司就会按照当前①的市值进行排名。可以看到，半导体行业内排名前十名的上市公司分别是"603501 韦尔股份""603986 兆易创新""688012 中微公司""688396 华润微""300782 卓胜微""002180 纳思达""600584 长电科技""002185 华天科技""002049 紫光国微""300661 圣邦股份"。其中，有两家是上市不久的科创板公司，分别是 2019 年上市的"688012 中微公司"和 2020 年上市的"688396 华润微"。排名前十名的公司总市值达到了 6662 亿元，占所有半导体公司总市值的 65.18%。行业内市值排名情况如图 1-12 所示。

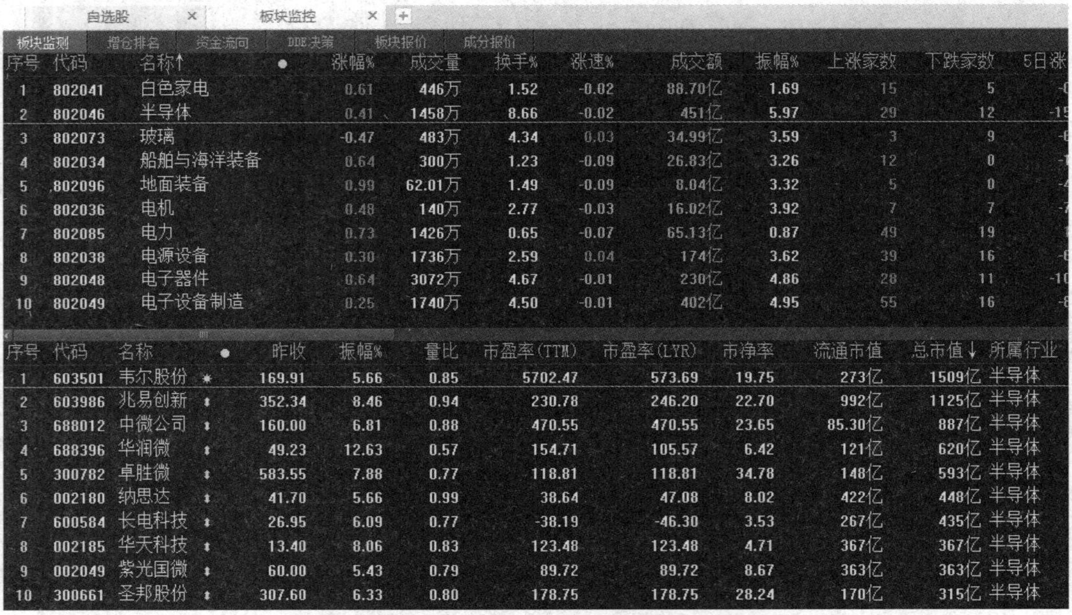

图 1-12　半导体上市公司中市值排名前十的公司

三、大市值股票与股价波动的定量关系

(一) 大市值股票与营业收入的定量关系

下面选取半导体行业内市值排名靠前的十家公司，分析它们的市值和营业收入及净利润之间的具体情况。

---

① 在最新数据中，2020 年 7 月刚上市的半导体公司"688981 中芯国际"成为行业市值排名第一的公司。但是由于其上市时间较短，在股价波动及市场表现方面缺乏可比性，因此把它剔除在外。这里的市值排名还是选用 2020 年上半年半导体行业内的市值排名。

1. 市值排名与营业收入①比较

按照市值排名顺序记录前 10 家半导体行业内上市公司的实际市值及其对应的 2018 年和 2019 年两年的营业收入数据，具体情况如表 1-5 所示。

表 1-5 半导体行业市值排名前十名公司市值及 2018、2019 年营收比较表

代码	名称	市值排名	具体市值/亿元	2018 年营收/亿元	2019 年营收/亿元
603501	韦尔股份	1	1509	97	136
603986	兆易创新	2	1125	22.5	32
688012	中微公司	3	887	16.4	19.5
688396	华润微	4	620	62.7	57.4
300782	卓胜微	5	593	5.6	15.1
002180	纳思达	6	448	219	233
600584	长电科技	7	435	239	235
002185	华天科技	8	367	71.2	81
002049	紫光国微	9	353	24.6	34.3
300661	圣邦股份	10	315	5.72	7.92

从营收排名情况来看，营业收入最高的是长电科技和纳思达，但是它们的市值排名只排在第七位和第六位。接下来还要再比较一下它们的净利润情况，才能进一步发现问题。

2. 市值排名与净利润比较

按照市值排名顺序分别记录下这十家公司 2018 年和 2019 年净利润的数据，具体情况如表 1-6 所示。

表 1-6 半导体行业市值排名前十名公司市值及 2018、2019 年净利润比较表

代码	名称	市值排名	具体市值/亿元	2018 年净利润/亿元	2019 年净利润/亿元
603501	韦尔股份	1	1509	1.45	4.65
603986	兆易创新	2	1125	6.06	6.80
688012	中微公司	3	887	0.90	1.88
688396	华润微	4	620	4.29	4.00
300782	卓胜微	5	593	1.62	4.97
002180	纳思达	6	448	9.50	7.44
600584	长电科技	7	435	−13.09	−7.90
002185	华天科技	8	367	3.89	2.86
002049	紫光国微	9	353	3.48	4.05
300661	圣邦股份	10	315	1.03	1.76

---

① 这部分内容中的市值排名以及营业收入、净利润排名情况等依然沿用 2020 年上半年半导体行业的实际情况。

从净利润情况来看，在市值排名前五名的公司中，除了排名第三的中微公司外其余公司的净利润还是比较高的。另外还发现一个现象，市值排名前五名的公司除了排名第四的华润微的利润下滑外，其他公司的净利润都是增长的；而排名第六的纳思达和排名第八的华天科技的净利润是下滑的，排名第七的长电科技的净利润是负数。由此看来，市值的大小除了受营业收入影响外，公司的净利润也是重要的影响因素。

(二) 大市值股票与股价波动的定量关系

1. 当前[①]情况下大市值股票的股价波动情况

下面再来看看大市值股票与对应股票 2019 年度的股价表现情况。表 1-7 列出了市值排名前十名公司的股价涨幅情况。

表 1-7　半导体行业市值排名前十名公司股价 2019 年涨幅

代码	名称	市值排名	股价涨幅
603501	韦尔股份	1	389.59%
603986	兆易创新	2	229.96%
688012	中微公司	3	218.51%
688396	华润微	4	—
300782	卓胜微	5	1154.1%
002180	纳思达	6	44.18%
600584	长电科技	7	166.75%
002185	华天科技	8	106.07%
002049	紫光国微	9	76.18%
300661	圣邦股份	10	379.98%

这些股票的涨幅情况确实非常惊人，尤其是市值排名前 5 名的公司，除了 2020 年 2 月新上市的华润微外，其他四家 2019 年的股价涨幅均超过 200%，2019 年上市的卓胜微其年涨幅更是超过了 11 倍。市值前五名的股票股价涨幅远远超过 2019 年上证综合指数 22.30%、深圳综合指数 35.89%、创业板指数 43.79% 等的涨幅。当然，市值前五名的股票股价涨幅也超过市值排名 6~10 名股票的平均涨幅，更是远远超过半导体行业市值排名靠后的公司 2019 年度的平均涨幅。

2. 延长时间看大市值股票的股价波动情况

半导体行业市值排名前十的公司其股价涨幅之所以如此巨大，其实也应该和它们的未来利润增长有很大的关系。如果把时间从 2019 年延长到 2020 年来看，股价表现和净利润增长之间的关联性还是非常密切的。下面继续收集 2020 年初市值排名前十的公司其净利润变动数据以及股价涨跌幅数据进行更进一步的分析比较，如表 1-8 所示。

---

① 2020 年上半年。

表 1-8　半导体行业延长时间的净利润表现与股价涨幅

代码	名称	市值排名	连续三年净利润情况/亿元			股价涨幅	
			2018 年	2019 年	2020 年	2019 年	2020 年
603501	韦尔股份	1	1.45	4.65	27.06	389.59%	61.24%
603986	兆易创新	2	6.06	6.80	8.80	229.96%	35.20%
688012	中微公司	3	0.90	1.88	4.92	218.51%	70.55%
688396	华润微	4	4.29	4.00	9.63	—	388.2%
300782	卓胜微	5	1.62	4.97	10.73	1154.1%	151.4%
002180	纳思达	6	9.50	7.44	0.87	44.18%	−18.56%
600584	长电科技	7	−13.09	−7.90	13.04	166.75%	93.68%
002185	华天科技	8	3.89	2.86	7.01	106.07%	82.57%
002049	紫光国微	9	3.48	4.05	8.06	76.18%	163.56%
300661	圣邦股份	10	1.03	1.76	2.88	379.98%	57.03%

　　有些人可能会提出怀疑，2019 年市值大是因为当年涨幅巨大带来的大市值，说投资市值大的公司其收益回报高多少都有些"马后炮"的嫌疑。但是如果站在 2019 年年末的角度来选择市值大的公司，这些大市值公司在 2020 年的表现还是非常乐观的。观察市值排名前十的公司可以发现，除了纳思达 2020 年的股价下跌 18.56% 之外，其余九家的涨幅依然表现抢眼。再看收益情况，纳思达 2020 年的净利润是大幅度下降的，其股价大跌也是情理之中，其他九家公司的净利润均出现了不同程度的上升甚至大幅度的上升。可见，业绩的持续上涨才是股价大幅上扬的基础。

　　因此，在看好一个行业发展前景的情况下，如果能尽量选择市值排名靠前的公司进行投资，这样的投资收益大概率将远远超过市场的平均回报，甚至会获得非常惊人的超额回报。

四、大市值策略相关结论及其应用

(一) 大市值策略的结论

　　显然，从以上半导体行业内市值排名靠前的十家上市公司的营业收入和年度上涨幅度来看，并结合相关数量关系可以得到以下结论：市值大的公司在行业内往往都是龙头企业，在行业内具有较强的竞争力，往往能受到市场资金的青睐，从而能够享受更高的上涨回报，比如韦尔股份、兆易创新以及卓胜微等公司。

(二) 大市值策略的相关应用

　　大市值策略的结论给我们在选择行业后的投资提供了非常重要的参考。当我们看重一个未来发展前景非常不错的行业后，不知道如何选择投资对象、不知道如何判读龙头股是谁的时候，应该注意把握以下几点：

1. 重点关注行业中市值排名靠前的公司

行业内市值较大的公司其业务体量比较大，营业收入在行业内占据领先地位。对该行业进行市值排名后，应重点关注并研究市值排名前几名的上市公司。

2. 仔细分析市值排名靠前公司的业务规模

市值大的公司其营业收入大很正常，就算营业收入排名没有市值排名高，但这类公司在行业中有较强的竞争优势，即业务量不是最大，但是利润可能更高，说明这类公司更能赚钱，更会受到资金的青睐。

3. 无法定夺的情况下集中购买行业内市值排名靠前的公司

在行业市值和营业收入排名无法确定龙头股的情况下，应对在行业内市值排名前几名的公司进行适当的分散投资，这样做的一个好处就是避免因为看错龙头股而错失较大的超额收益。往往对行业前五名的公司均等比例投资也能获得不错的投资回报，至少比对行业内的所有公司均等投资或者相关 ETF 投资收益要高。

第五节　证券投资定量分析实训报告

一、证券投资定量分析课程内容与实训模式

(一) 课程主要内容

证券投资定量分析与模拟实训的内容主要包括三个部分：基础内容、可以定量的内容以及模拟实训设计。基础内容部分主要是对这个章节的基础知识进行重点学习；可以定量的内容部分是在学习基础内容之后针对可以定量的内容进行更进一步的深入学习，尤其是将可以用数量关系来表述的内容作为重点学习方向；模拟实训设计部分是在前两部分内容的基础上结合实际通过实训报告的方式完成相关的实训任务。

(二) 实训模式

为了更贴近市场实践需要，模拟实训的内容应该是来源于市场实际，是可操作、可应用于现实市场的内容。因此证券投资定量分析与模拟实训的主要方向就是和市场实际紧密关联的定量操作。既然是定量分析，所设计的模拟实训环节也要更多从可操作的定量分析角度来考虑。当然，有些实训内容确实无法用定量的方法表示出来，属于偏定性的内容，但考虑到让实训过程更加完整，还是要把它们放在实训报告中来完成。比如，本章的实训任务就是熟悉实训软件，不能用定量的东西表示，只能把熟悉软件的具体操作作为实训报告的主要内容，但还是要在实现报告中体现出来；再如，在证券投资微观定量分析中，其主要内容是投资价值分析报告，可以定量的内容包括财务预测内容、风险系数确定以及股票估值等内容，但是为了完成全面的价值投资分析报告，考虑价值投资分析报告的完整性，公司的产品及业务、公司竞争力等内容虽然不涉及定量分析，还是要作为实训报告内容呈现出来让学生来完成。

　　在模拟实训执行过程及执行效果验证等方式上，主要通过完成实训报告的形式来实现。实训报告内容不仅记录整个模拟实训的全过程，还对模拟实训的结果进行总结和反思，这样的实训形式应该是课堂理论学习之外最接近现实的操作方式了，做到理论和实践的良好衔接。

二、证券投资定量分析实训报告设计框架

　　证券投资定量分析与模拟实训报告的设计主要包括以下四个方面的内容，可以说不管是从形式上还是内容上都能保证实训任务的顺利完成，都能达到定量分析与模拟实训的相关目标。

(一) 实验目的及要求

　　作为实训报告的第一部分内容，要对实验目的进行分析，明白实训要达到的目标。对实验目的的阐明能让实验者清晰了解自己在这一部分要完成的任务，做到心中有数。

　　实验要求是针对实验目的提出的具体要求，即在完成实验目的时，要通过哪几个方面的要求才能实现。在实验要求内容中会针对该次实验提出一些主要的注意问题以及要达到哪些实训任务相关要求。

(二) 实验环境及相关情况

　　实验环境及相关情况主要包括实验过程中要使用的软件、实验涉及的设备以及主要采用的仪器和材料等情况。本课程涉及的实验环境是配备电脑的实验室，硬件配置是有顺畅的互联网通信网络；软件方面主要是证券行情软件、统计软件工具等；同时有完整的实验报告让学生在操作过程中随时记录。

(三) 实验内容及步骤

1. 实验内容

　　实验内容是指本次实验要完成哪一模块的任务，实验项目、实验任务属于同一范畴。通过分析实验内容可以获知这部分要做什么工作，让实验者有的放矢，并做好相关准备工作。

　　当然，有些实验内容比较复杂，无法用一项实验内容来表达，那么就应该把实验报告中的实验内容分为更细小的许多项。这就需要在实验报告中分别分项阐述各项实验内容。

2. 实验步骤

　　如果说实验内容是做什么的问题，那么实验步骤就是怎么做的问题了。在实验步骤中会详细列出这些实验的具体步骤，每一个步骤对应一个或者一系列操作。通过对这些实验步骤的逐步实施，来完成一项实验内容要达到的具体要求。

(四) 实验结果

　　任何一项实验内容都要有最终的实验结果，实验结果主要包括程序或图表、结论陈述、

数据记录及分析等内容。实验内容和步骤是实验的过程和具体做法，实验结果是通过实验的结论反映实验的成效，同时还对实验结论进行反思和提升。

有些实验结果可以通过对实验内容的确定和实验步骤的操作后直接将结论写在实验结果中；但是有些实验结果只能由实验者通过实验操作后得出自己的感受和体会，这就需要实验者自己总结和提炼才行。

第六节　模拟实训思路与实训软件操作模拟实训设计

一、本教材的学习与模拟思路

世界上所有的事情都有它独特的运行法则，只要找到这个法则就找到了解决问题的方法，不但可以少走很多弯路，而且能获得相对较多的成果。美国著名心理学安德斯·艾利克森的经典著作《刻意练习》讲的就是如何掌握一系列普遍的法则，他提出的刻意练习，可以说是迄今为止最强大的学习方法之一。刻意练习的基本方法是观察—模仿—反思—提升。在做某件事情前，认真观察事情的运动规律及运行方向；选择一个比较合适的角度，刻意去模仿促使事物前行的一些正确做法，尤其是前人做得很成功的一些做法；在做的过程中不断反思各个环节的得失，对于成功的经验要留存，对于失败的教训要注意回避，在反复练习后不断刻意练习，最终能形成突破；最后形成自己独立思考和对有助于改进自己做事方法举措等方面的总结，不断提升自己，并在其他方面衍生发展，促进自己的终身成长。

在高校理论知识学习与市场实践方面，艾利克森的刻意练习方法也是提高学习效果最有效的方法之一。理论知识的学习其实就是一个观察过程，观察前人在实践基础上形成的知识总结，然后要做的就是刻意练习，模拟实训就是在刻意练习。模拟实训要解决的最重要问题就是把观察和实践结合起来，在理论知识学习和市场实践之间建立起一座沟通的桥梁，这也是高等学校教育真正实现学以致用的最有效途径。本教材的主要内容就是在重点理论知识学习的基础上，选择可以定量分析及操作的方向，结合市场实际，让模拟实训的效果能在市场中得到验证；并不断试错和总结经验，形成自己的判断；最终把理论知识应用于市场，在得到市场验证的基础上形成自己的独立思考，进而应用于今后市场的真实操作，获得更多的成果。

二、交易软件操作的模拟设计

第一章的内容主要是证券投资定量分析的概述、模拟实训准备、软件介绍、模拟实训示例以及实训报告撰写要求等内容，几乎没有定量分析的相关内容。因此，在考虑模拟实训设计时，主要还是从交易软件操作这个角度来安排实训报告，以下是"实验一　证券行情软件操作与熟悉"的实训报告具体内容，按照本章第五节实训报告设计要求编排。接下来的实训报告都按照这个格式安排具体的实训任务。

××××大学

实验报告

(20 －20   学年第 学期)

课程名称：＿＿＿＿＿＿＿＿＿＿＿＿＿

实验名称：＿＿＿＿＿＿＿＿＿＿＿＿＿

指导教师：＿＿＿＿＿＿＿＿＿＿＿＿＿

教 研 室：＿＿＿＿＿＿＿＿＿＿＿＿＿

专　　业：＿＿＿＿＿＿＿＿＿＿＿＿＿

年级班级：＿＿＿＿＿＿＿＿＿＿＿＿＿

姓　　名：＿＿＿＿＿＿＿＿＿＿＿＿＿

学　　号：＿＿＿＿＿＿＿＿＿＿＿＿＿

××学院实验报告

课程名称：

实验编号及 实验名称	实验一　证券行情软件操作与熟悉		教 研 室	
姓　　名		学　　号	班　　级	
实验地点		实验日期	实验时数	
指导教师		同组其他成员	成　　绩	

一、实验目的及要求

(一) 实验目的

掌握行情软件的操作。

(二) 实验要求

(1) 学会行情软件的下载与安装。

(2) 熟悉掌握功能键和各种热键操作。

(3) 利用功能键及热键查看行情与收集资料。

二、实验环境及相关情况(包含使用软件、实验设备、主要仪器及材料等)

(1) 电脑及相关设备。

(2) 证券行情软件。

(3) 实时上网功能及流畅的网速。

(4) WIND、Choice 等金融数据库软件。

(5) 实训报告。

三、实验内容及步骤(包含简要的实验步骤流程)

(一) 实验内容

行情软件熟悉与操作、基本资料的收集。

(二) 实验步骤

(1) 登录相关证券网站，下载并安装证券行情软件。登录东方财富网网站，下载东方财富 Choice 终端和东方财富炒股软件。其他常用软件包括通达信、同花顺、大智慧等。

(2) 运行证券行情软件并进行基本操作，并以表格的形式将功能键和基本快捷键及其操作含义记录在下面空白处。

功能键	功能说明	功能键	功能说明	功能键	功能说明

(3) 通过证券行情软件查询大盘即时行情。时间：　　　年　　月　　日　　时　　分

上证指数(000001)：_____点；创业板指数(399006)：_____点；

深圳成指(399001)：_____点；科创 50 指数(000688)：_____点；

注意查看这些指数当前所处的位置是高位、低位还是横盘。

(4) 通过证券行情软件查询各品种即时行情。时间：　　年　月　日　时　分
贵州茅台(600519)：____元；片仔癀(600436)：____元；宝钢股份(600019)：____元；
中国平安(601398)：____元；恒瑞医药(600276)：____元；鲁泰 B 股(200726)：____元；
东方财富(300059)：____元；康希诺(688185)：____元；亿纬锂能(300014)：____元。
(5) 查询下列上市公司交易代码。
永辉超市：_____；招商银行：_____；东百集团：_____；伊利股份：_____；
万 科 A：_____；五 粮 液：_____；金 龙 鱼：_____；福昕软件：_____。
(6) 自选股设置。将自己比较熟悉或者即将展开研究的证券品种设为自选股，以备随时查看。
(7) 用表格记录中国平安、贵州茅台两只股票现时交易动态数据(包括最高价、最低价、开盘价、收盘价、换手率、内盘、外盘、成交金额、成交总手数等)，并填在下面的空白处。

(8) 通过证券行情软件查看当日股票涨跌等综合排名。时间：　　年　月　日　时　分
① 深、沪两市即时涨跌幅前五名股票名称、现价、涨幅。

② 上交所即时量比、总金额排名前五名的股票名称和其量(额)。

四、实验结果(包括程序或图表、结论陈述、数据记录及分析等，可附页)
(1) 你自己经常使用的软件主要是哪些？有何特色？如何提高软件的操作熟练程度？

(2) 分析上证指数(000001)的走势图和创业板指数(399006)的走势图，看是否相同或者有何不同，收集资料并结合自己的思考说明其中的原因。

(3) 通过对当日盘面资料收集的实训，感受不同股票间的波动和不同指数间的波动，有何共同的认识和不同的发现。请将结论写在以下空白处。

备注：
(1) 使用手工方式填写实验报告时，必须字迹工整，一律使用黑色钢笔书写；使用电子文档方式编辑填写实验报告时，报告中各内容选用宋体五号字，行间距为单倍行距。
(2) "实验编号及实验名称"项的填写形式如："实验一　原始凭证模拟实验"。
(3) 报告中可附页部分为第四项，附页使用 A4 打印纸，要标明所属报告中的内容编号，附页本身必须加编页码(如附四-1、附四-2 等)。
(4) 实验日期的填写格式统一为年-月-日的形式，如 2021-01-01。
(5) 实验日期可根据实验内容实际进行的时间分次如实填写；实验时数为实验大纲中对相应实验设置的具体课时数(节)。
(6) 报告中实验成绩由实验指导教师采用百分制进行评定。

第二章　宏观经济定量分析与模拟实训

证券投资基本分析主要由三个方面的内容构成，即宏观经济分析、行业分析以及公司分析。按照从宏观经济、行业、公司层面的顺序进行分析，称之为自上而下的分析方法。习惯上，证券投资基本分析大多采用这种自上而下的分析方法，在宏观经济发展相对较好的情况下选择发展前景好的行业，再从该行业中选择优质的龙头公司进行投资，这样的投资逻辑思维合乎传统投资习惯。因此，传统的证券投资基本分析总是从宏观经济分析最先开始。

第一节　宏观经济分析概述

证券投资领域有一个习惯的说法就是投资要看大势，这个大势不仅是证券市场大的走势[①]，还包括宏观经济大的形势。宏观经济形势就是通过宏观经济分析来判断经济的未来可能走势。宏观经济分析是指对一个国家的宏观经济运行或者主要的宏观经济变量及指标的变动情况进行综合分析，并以此来分析预测证券市场的运行状况和未来趋势的分析方法和分析过程的总称。

一、基于 PESTEL 分析模型的宏观大环境分析

PESTEL 分析模型又称大环境分析，是分析宏观环境的有效工具，不仅能够有效分析外部环境，且能有效识别一切对组织有冲击作用的力量。PESTEL 是调查组织外部影响因素的方法，每个字母代表一个因素，分别是政治因素(Political)、经济因素(Economic)、社会文化因素(Socioculture)、技术因素(Technological)、环境因素(Environmental)和法律因素(Legal)等六大因素。

政治因素是指对组织经营活动具有实际与潜在影响的政治力量和有关政策、法律及法规等因素。经济因素是指组织外部的经济结构、产业布局、资源状况、经济发展水平以及未来的经济走势等因素。社会文化因素是指组织所在社会中成员的历史发展、文化传统、价值观念、教育水平以及风俗习惯等因素。技术因素不仅仅包括那些引起革命性变化的发明，还包括与企业生产有关的新技术、新工艺、新材料的出现和发展趋势以及应用前景等因素。环境因素是指一个组织的活动、产品或服务中能与环境发生相互作用的因素。法律

---

① 证券市场的大势是指证券市场是处在整体上扬的牛市，还是处在整体下跌的熊市。一般的投资者认为只有把握了大势才能赚钱，这是典型的靠牛市赚钱的思维。

因素是指组织外部的法律、法规、司法状况和公民法律意识所组成的综合系统因素。PESTEL 分析模型的主要内容如表 2-1 所示。

表 2-1　PESTEL 分析模型的主要内容

PESTEL 六大外部因素	主　要　内　容	
政治因素	政治稳定性 政府管制与管制解除 政府采购规模和政策 社会福利政策	特种关税政策 进出口限制 中美关系 他国政治条件
经济因素	经济周期 经济转型 GDP 变化趋势 货币政策 财政政策 居民可支配收入	通货膨胀率 失业率 消费模式变化 劳动生产率水平 劳动力及资本输出 股票市场趋势
社会文化因素	国家和企业市场人口变化 生活方式改变 公众道德观念 社会责任 收入差距	平均教育程度 地区性偏好 价值观、审美观 特殊利益集团 对环境污染的态度
技术因素	技术对企业的重要程度 生产经营中使用哪些技术 利用技术的程度如何 技术最近的发展动向 技术在未来发生的新变化	政府对新技术的支持力度 技术成果的转换 外界对公司技术主观排序 技术对企业竞争地位影响 技术水平和竞争对手比较 使用外部技术的可持续性
环境因素	政府对环境因素的态度 媒体关注度 污染治理政策 环境保护法	行业发展趋势 对相关行业的影响 可持续发展空间 全球相关行业发展
法律因素	世界性公约、条款 基本法(宪法、民法) 劳动保护法 公司法和合同法	行业竞争法 环境保护法 消费者权益保护法 行业公约

投资者在分析这六大影响因素时，要逐项弄清楚这些关键因素的变化情况，尤其是对宏观经济变动影响较大的关键因素。如政治因素中的政治稳定性和各类政府管制、经济因素中的经济周期和经济转型、社会文化因素中的生活方式改变和人口红利、技术因素中的利用技术的程度如何和技术的最新发展方向、环境因素中的政府对环境因素的态度和环境

对行业的影响、法律因素中的公约条款和行业竞争法等因素。这些因素在宏观经济变动分析时应该着重关注，同时综合思考这些因素会影响宏观经济朝着哪个方向去发展。只有理性客观的宏观经济分析，才有助于投资者合理把握经济趋势发生变化所带来的投资机会。

二、宏观经济运行与证券市场分析

做任何一项投资之前如果能对一个国家的宏观经济有所了解，那这项投资的成功概率会大增。在进行证券投资之前，如果能把握宏观经济走势的波动规律和波动特征，准确判断宏观经济所属的周期阶段，那么这样的证券投资成功率也会非常乐观。所以，传统证券投资分析大多最先从宏观经济分析入手。

(一) 国内生产总值变动与证券市场分析

1. 国内生产总值

1) 国内生产总值概念及计算时应注意的问题

国内生产总值(GDP)是指按市场价格计算一个国家所有常住单位在一定时期内生产活动的最终成果。国内生产总值的增长速度(即 GDP 的增长率)一般用来衡量经济增长快慢，这是反映一定时期内经济发展水平变化程度的动态指标，也是反映一个国家经济是否具有活力的基本指标。国内生产总值一般有三种计算方法，分别是生产法、收入法和支出法，三种方法分别从不同的方面反映国内生产总值及其构成，理论上三种方法计算结果相同。

在计算国内生产总值时要注意以下三个问题：一是国内生产总值是用最终产品和服务来计量的，中间品不能计入，否则会出现重复计算的问题；二是国内生产总值是一个市场价值的概念，是市场活动导致的价值，那些非生产性活动以及自给自足性生产所产生的价值不能计算在内；三是国内生产总值不是实实在在流通中的财富，它只是用货币平均值表示新增财富的多少，新生产出来的东西如果不能完全转化为流通中的财富，也不能计算在内。

2) 名义 GDP 和实际 GDP 的换算

名义 GDP 也称货币 GDP，是用生产物品和劳务的当期价格计算的全部最终产品的市场价值，即采用本期的价格来衡量本期的产出或收入，用于衡量本期经济活动的综合结果。

实际 GDP 是用从前某一年作为基期的价格计算出来的当年全部最终产品的市场价值，即采用既定基期的价格来衡量本期的产出或者收入，相对精确地衡量了本期产量和成果，更好地说明了物质财富的增长情况。

在用 GDP 对经济进行描述时，需要描述经济总量时，一般采用名义 GDP；需要描述经济增速时，一般用实际 GDP。

名义 GDP 和实际 GDP 的换算关系为

$$实际\,GDP = \frac{名义\,GDP}{本地生产总值平减物价指数}$$

名义 GDP＝实际 GDP × 本地生产总值平减物价指数

名义 GDP 增长率与实际 GDP 增长率的换算关系为

$$实际 GDP 增长率 = \frac{1 + 名义 GDP 增长率}{1 + 本地生产总值平减物价指数} \times 100\% - 1$$

名义 GDP 增长率=[(1 + 实际 GDP 增长率) × (1 + 本地生产总值平减物价指数)] × 100% - 1

注：本地生产总值平减物价指数[①]是以基期为 100 作为该时点的指数

3) 国内生产总值与相关概念的区别

与国内生产总值(GDP)相近又有所区别的一个概念是国内生产总值(GNP)，国内生产总值是指某一个国家国民所拥有的全部生产要素在一定时期内所生产的最终产品的市场价值。如一个在外国工作的我国公民所创造的财富要计入我国的 GNP，但不计入我国的 GDP。注意，国内生产总值(GNP)这个指标已经被更名为国民总收入(GNI)。

2. 国内生产总值的变动对证券市场的影响

1) 国内生产总值不同变动情况下的证券市场波动

国内生产总值(GDP)是一国在一定期间经济成就的综合反映，从长期角度来看，一个国家证券市场的波动与其经济发展趋势是比较一致的。国内生产总值的不同变动情况对证券市场的影响也各不相同。

(1) 持续、稳定、高速的 GDP 增长伴随着证券市场良性的上升走势。持续、稳定、高速的 GDP 增长意味着社会总需求和总供给的均衡增长，这才会真正刺激闲置或者利用不高的资源得以充分利用，释放产能，使得经济结构逐步合理，经济发展势头良好。证券市场无论是从公司的利润稳定增长角度，还是从投资者的投资能力和投资意愿角度来看都出现很大提升，证券市场自然也出现了较为强劲的涨升。

(2) 高通胀下的 GDP 增长带来证券市场的下跌走势。高通胀下的 GDP 增长带来的一个特殊情况是经济增长与通货膨胀共存。这是经济处于严重失衡下的高速增长，带来的可能结果是滞涨，即经济停滞与通货膨胀同时出现。GDP 的高增长只是表象，企业经营实际上是面临困境的，居民实际收入也在下降。在失衡的经济增长下，证券市场往往出现下跌走势。

(3) 宏观调控下的 GDP 减速增长与证券市场的回落。当 GDP 增长出现失衡时，政府会采取一系列宏观调控措施以维持经济的稳定增长，GDP 增速出现放缓甚至下滑走势。如果宏观调控导致 GDP 回落引起经济硬着陆[②]，那么证券市场回落幅度会比较大；如果宏观调控措施得当，则 GDP 回落不会很大，经济中存在的矛盾逐步得以缓解，经济又开始出

---

① 本地生产总值平减物价指数又称 GDP 缩减指数，是名义 GDP 与实际 GDP 的比率，指没有剔除物价变动前的 GDP 增长与剔除了物价变动后的 GDP 增长之间的商。GDP 平减指数反映了货币供给量与货币需求量之间的比例关系。

② 硬着陆和软着陆的区别：经济硬着陆是一国在出现大幅度通货膨胀后施行过紧的调控政策，在较短的时间内通过牺牲较多的国民收入，导致失业增加，经济下滑过快的现象；经济软着陆是一国在经济出现过快增长的时候较好地施行紧缩政策，国民收入牺牲较少，没有出现大规模的通货紧缩和失业的经济现象。经济硬着陆不仅是经济增长短期向下波浪式运动，且在 2～3 年内无法回到原来高点的现象；经济软着陆是经济增长短期放缓后又平稳地回落到适度增长区间。

现回升，这就是所谓的软着陆，这时的证券市场也经历了短暂且幅度不大的回调后又重拾升势。

(4) 转折变动下的 GDP 与证券市场的复杂波动。当 GDP 由高速增长转向低速增长时，表明经济高速增长中经济结构已经开始出现问题，政府即将采取调控政策，证券市场由上涨转向下跌。当 GDP 由正增长转向负增长时，表明经济下滑明显，伴随的是证券市场的快速下跌。当 GDP 由负增长转向正增长时，表明恶化的经济环境已经逐步得到改善，证券市场走势也由下跌转向上涨。当 GDP 由低速增长转向高速增长时，表明经济结构中的矛盾得以解决，制约经济的瓶颈①得到改善，新一轮经济的高速增长将很快来临，证券市场也将快速上涨。

2) 证券市场的波动提前反映国内生产总值的变动

(1) 先行指标、同步指标与滞后指标。宏观经济呈现一种周期性的循环变动特征，一些指标的变动会领先于经济的变动、一些指标与经济变动同步、还有一些指标滞后于经济的变动。领先于经济变动的指标称为先行指标，主要有货币供应量、股票价格指数、金融机构新增贷款、房地产企业土地购置面积与开发面积、消费品和原材料新增订单等；与经济变动同步的指标称为同步指标，主要包括国内生产总值、工业总产值、货币流通量、社会商品零售总额等；滞后于经济变动的指标称之为滞后指标，主要包括财政收入、城市居民人均可支配收入、全民固定资产投资额、零售物价指数、消费品物价指数等。

(2) 证券市场提前反映经济波动。股价指数是先行指标，即股价指数的波动往往领先于经济的变动。所以，证券市场一般提前对 GDP 的变动做出反应，要通过宏观经济分析来获得超额投资回报，必须提前对宏观经济的变动做出判断。不过有一点需要值得注意，那就是证券市场反映的是预期 GDP 的变动，当 GDP 的实际变动被公布时，证券市场往往只反映实际变动与预期变动的差别。

(二) 宏观经济周期与证券市场分析

1. 宏观经济周期波动的四个阶段

事物在运动变化的发展过程中会有某些事物多次重复出现的现象，连续两次出现所耗费的时间就是一个周期，周期就是事物发展进程中重复出现一次时从头到尾所需要的时间。经济周期就是总体经济活动扩张和收缩交替反复出现的过程，也称作经济波动周期。每一个经济周期都有上升和下降两个阶段，上升阶段有初始阶段，即复苏阶段；繁荣阶段，繁荣的最高点称为顶峰。之后经济进入下降阶段有衰退阶段，如果衰退严重，经济则进入萧条阶段，萧条的最低点称为谷底。经济的最高点和经济的最低点一般很难预测，而且最高点和最低点只是一个静态的时点，预测的意义不大，所以往往被忽略。因此，投资者常常只关注经济波动四个周期阶段的不同表现特征以及当前处在哪一个阶段。经济周期的复苏、繁荣、衰退、萧条四个阶段具体演绎特征如图 2-1 所示。

---

① 经济瓶颈是指由于某种生产要素、产品或者服务供给的短缺而使其成为制约经济顺利发展和正常增长的障碍。如发达国家制约经济增长的瓶颈是劳动力要素的缺乏，发展中国家则往往是粮食紧缺、基础设施不足以及能源短缺等。

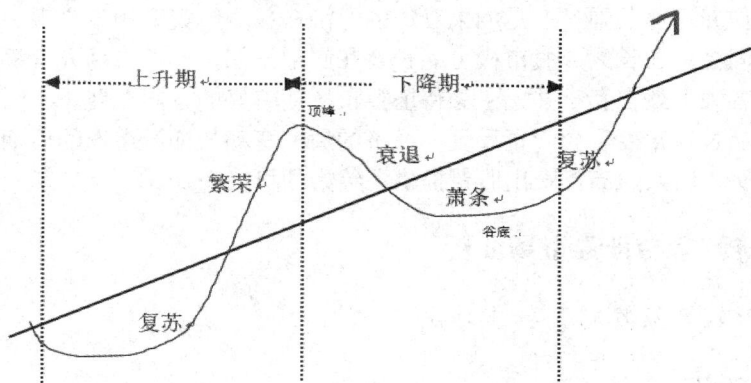

图 2-1　经济周期的四个阶段

2. 证券市场波动提前于宏观经济周期的变动

　　既然证券市场反映的是对未来经济形势的预期，而证券市场的波动又领先于宏观经济的实际表现，因而证券市场的周期波动也提前于宏观经济周期的变动。

　　当经济持续衰退至萧条期时，各行各业萎靡不振，这时投资者大多已经远离证券市场，证券市场每日成交量低迷。不过，市场中先知先觉的投资者却在不停收集和分析有关经济形势的相关资料并作出合理判断后，开始悄悄低位吸纳优质股票，这些股票的股价已经缓慢开始上升。等到媒介新闻开始宣传萧条很有可能结束，经济有可能迎来复苏时，经济其实已经见底回升，而此时的股市已经上升到一定水平。

　　当经济已经复苏，且形势一片大好时，就开始进入繁荣阶段。经济的繁荣可能会持续较长一段时间，这时的股市也会一直涨升且屡创新高。当大部分人一致认为经济繁荣、股市将不断创新高，甚至有人预测股市将上涨到一个让人不敢想象的高度[1]时，也许危险也悄悄来临了。因为为了抑制经济高速增长过程中伴随的高通货膨胀现象，政府经常会采用提高利率、提高贴现率等紧缩政策来为市场降温。而有识之士早已经在综合分析各种经济形势并认为经济不再可能创出新的高点后，开始抛出股票，股市见顶回落。即使股市仍可能再上涨，但供需力量已经逐渐发生逆转，尤其在机构都不愿意再买入后，市场中都是中小投资者在参与，但其承接力度有限，短暂的股市坚挺后，股票市场还是会掉头向下。

　　当经济形势见顶并开始回落的情况被更多的投资者所认识时，股市已经有一定的跌幅，但是回落不是非常大，因为还有不少人认为这只是短暂的回调，回调之后还会再涨上去的。等投资者一致认为经济下滑、股市要下跌的时候，此时股市的大跌才正式开始，股市加速下跌，投资者争先恐后抛出股票，甚至出现"踩踏"[2]现象，市场的下跌趋势已经很明显，股市由之前的上升期彻底转为下降期，并开启了漫漫的熊途之旅。

　　衰退的经济如果能得到较为恰当的宏观调控政策治理，也许很快就会回升，股市的下

---

① 股市火热时，往往有所谓的股神出现，且数量还不少。这些股神会大胆地预测未来股市会突破 10000
　　点或者一个远在天际的高点来博得大家的眼球。当出现这种现象的时候，大多是市场已经处在极度疯
　　狂的状态中，贪婪的氛围充斥着市场，而大众贪婪的时候更应该是理性投资者恐惧的时候。

② 投资者发现股市或者股票出现问题时，因为恐惧而慌不择路，人们争相抛售股票，股价出现了断崖式
　　下跌，很像生活中的"踩踏"事件，说明市场出现了很大的问题。

跌应该也能止住并迅速反弹。但是如果衰退的经济在猛烈政策干预下实现了硬着陆，那么经济萧条的时间会更加长久，股市极可能长期在底部徘徊，证券市场人气极为低迷，留在市场中的投资者大多处在套牢并无奈等待证券市场朝着好的方向发展。

这种循环从长期角度看会一直反复，经济的周期变动与证券市场的周期波动同时也给投资者在低位买入股票、高位卖出股票提供了绝好的机会。

三、宏观经济政策与证券市场分析

(一) 货币政策及其对证券市场的影响

1. 货币政策及其工具

1) 货币政策定义与目标

货币政策也称金融政策，指的是中央银行为了实现其特定的经济目标而采用的各种控制和调节货币供应量和信用总量的方针、政策和措施的总称。中央银行货币政策的实质就是通过采取紧、松或者适度的政策趋向来控制流通中的货币量以实现其不同的货币政策目标。

货币政策最终目标主要包括稳定物价、充分就业、经济增长、平衡国际收支等。在不同的阶段，货币政策目标的重点不一样，要同时实现这四个最终目标非常困难。央行在实施货币政策中所应用的政策工具无法直接作用于最终目标，必须通过两组中间环节来完成政策传导任务，一组叫作中介目标，另一组叫作操作目标。中介目标主要包括长期利率、货币供应量、贷款量等；操作目标主要包括短期利率、商业银行存款准备金、基础货币等。

2) 常见的货币政策工具

中央银行掌管着货币政策工具，用于调节货币供给、银行储备、利率、汇率以及金融机构信贷等活动。常见的货币政策工具类型包括利率、法定存款准备金率、贴现率、公开市场操作业务、控制和调节对商业银行的贷款、货币发行量、直接信用控制以及间接信用指导等指标。

2. 货币政策变动对证券市场的影响

一个国家为防止经济衰退或者刺激经济增长会采取扩张性货币政策，一般会压低资金市场的利率水平，提高社会货币供给量，提高银行的信贷能力，从而推动生产投资与消费的增长，刺激经济的增长。扩张性货币政策对证券市场的影响是积极的，在较宽松的货币环境下企业借款成本较低、利润较高，市场的货币供应充足，投资者对于未来的良好预期等，这些都会刺激证券的买入，促进证券市场的上涨。但要注意经济开始衰退、证券市场从高位开始下跌时，扩张性货币政策也许很难立即见效，有一定的滞后性。

一个国家为了抑制过热的经济往往会采取紧缩性货币政策，一般会采取提高利率、提高法定存款准备金率、在公开市场上出售国债等措施来减少货币供给量，紧缩信用。紧缩的货币政策对证券市场的影响是消极的，偏紧的货币环境下企业借款成本上升、压低利润，股价也往往下跌。但也要注意经济热度开始上升会导致通货膨胀的出现，证券市场人气火爆导致股价加速上扬过程中，紧缩性的货币政策可能很难造成证券市场的立即下跌，直到紧缩政策不断加码，累积到一定程度后证券市场的回落概率才会增大。

(二) 财政政策及其变动对证券市场的影响

1. 财政政策及其工具

财政政策是国家制定的指导财政分配活动和处理各种财政分配关系的基本准则。在现代市场经济条件下，国家常采用财政政策干预经济以达成宏观经济目标的实现。具体来说财政政策是利用财政收支的制度，安排和随机调整税收、公共支出以及转移支付，以调节社会供求关系，合理配置资源，实现社会公平的手段。常见的财政政策主要包括税收、预算、国债、财政补贴、财政管理体制、政府转移支付等手段。这些手段可以单独使用，也可以配合协调使用。

财政政策由国家制定，一般分为收入政策和支出政策两种。收入政策主要是指税收政策，税收政策不但影响人们的收入，而且还影响物品和生产要素，因而也能影响激励机制和行为方式。支出政策分为购买性支出政策和转移性支出政策；购买性支出政策主要是政府购买，转移性支出政策主要是政府补贴和政府转移支付等。投资者可以密切关注政府的采购和相关补贴与转移支付。

2. 财政政策变动对证券市场的影响

财政政策的种类主要有扩张性财政政策[①]、紧缩性财政政策和中性财政政策，投资实践中更多注重扩张性和紧缩性财政政策对证券市场的影响。扩张性财政政策有减少税收、降低税率、扩大减免税范围，扩大财政支出、增加财政赤字，减少国债发行、增加财政补贴等。当采用这些扩张性财政政策时，伴随的是社会资金供给相对充裕、社会总需求增强以及证券市场的繁荣发展；当采取紧缩性财政政策时，过热的经济受到调控，预示着未来经济将会减速或者衰退，在证券市场上的反应就是市场将逐步回落。

当然，财政政策对证券市场的影响不像货币政策那么直接有效，往往带有一定的时滞性，所以在投资实践中对货币政策影响证券市场要更为敏感。

四、其他宏观经济变量与证券市场分析

(一) 通货膨胀率(CPI)及其对证券市场影响

1. 通货膨胀率的来源及种类

通货膨胀率是指一般物价总水平在一定时期内的上涨比率，即货币超发部分与实际需要的货币量之间的比率。该比率用于反映通货膨胀、货币贬值的程度。实际中，不可能直接计算出通货膨胀，而是通过价格指数的增长率来间接表示。因为消费者价格指数是最能反映通货膨胀率的价格指数，所以世界上各国大多采用消费者价格指数(我国称之为居民消费价格指数)，也就是用 CPI(Consumer Price Index)来反映通货膨胀的程度。消费物价指数

---

① 积极财政政策与扩张性财政政策的区别：积极财政政策是政府利用各种财政手段调控经济的政策趋向，是政府对经济的主动干预，在经济萎缩时采用扩张性财政政策，在经济过热时采用紧缩性财政政策。扩张性财政政策和紧缩性财政政策均属于积极财政政策。资料参考：朱广俊. 论积极财政政策与扩张型财政政策的异同[J]. 税务与经济(长春税务学院学报)，2001(03)：50-52.

(CPI)是反映与居民生活有关的产品及劳务最终价格变动的指标，因此 CPI 是衡量通货膨胀水平的重要指标。通货膨胀率的计算式为

$$通货膨胀率 = \frac{现期物价水平 - 基期物价水平}{基期物价水平}$$

通货膨胀率的分类较多，按照价格上升速度分为爬行的通货膨胀(每年物价上升比率为 1%～3%)、温和的通货膨胀(每年物价上升比率为 3%～6%)、严重的通货膨胀(每年物价上升比率为 6%～9%)、飞奔的通货膨胀(每年物价上升比率为 9%～50%)以及恶性的通货膨胀(每年的物价上升比率在 50%以上)；按照通货膨胀的来源不同分为需求拉动通货膨胀(总需求超过总供给)、成本推动通货膨胀(总供给变化导致的物价水平普遍上涨)、结构性通货膨胀(某些部门的产品需求过多，但经济中的总需求并没有过多)、混合型通货膨胀(由需求、成本以及社会经济结构共同作用而形成的通货膨胀)、信用扩张型通货膨胀(因贷款过度宽松引起的通货膨胀)；按对价格影响的差别分为平衡通货膨胀(每种商品价格都按照相同比例上升)、非平衡通货膨胀(各种商品价格上升比例不完全相同)。

2. 通货膨胀率对证券市场的影响

通货膨胀对证券市场的影响总体上还是比较复杂的，其既有刺激股票价格上涨的作用，也有抑制股票价格下跌的作用。通常按照通货膨胀的程度来说明通货膨胀对证券市场的具体影响。

温和的通货膨胀对证券市场是有利的，这时的证券投资具有保值功能，还可以促进有支付能力的有效需求增加，从而刺激生产的发展和证券投资的活跃。

当通货膨胀在一定可控范围内时，经济处于景气的扩张期，实体经济还在持续增长，证券市场也大多在上涨。

但如果是严重的通货膨胀，则会损害经济的发展，导致货币加速贬值，人们将资金用于囤积商品，用于保值增值，政府也会提高利率水平来抑制通货膨胀，投资者对经济发展的前景不乐观，会选择退出证券市场，导致股价下跌。当然，如果抑制通货膨胀的措施对经济的触动导致通货紧缩，将会出现经济不景气，生产滑坡，销售减少，库存增加，导致物价下降，表现在证券市场上则是股价更加低迷不振。

如果是恶性的通货膨胀，则证券市场的投资已经无法实现保值增值功能，投资者会远离市场，证券市场会出现重挫走势。

当然，通货膨胀还可能从产业结构变化、投资者心理预期、存货效应、税收效应等多方面影响证券市场的波动。所以，通货膨胀率对于证券市场的影响是复杂多变的。

(二) 生产价格指数及其对证券市场的影响

1. 生产价格指数定义及与 CPI 的关系

生产价格指数，也就是 PPI (Producer Price Index)，它是用来衡量工业企业产品出厂价格变动趋势和变动程度的指数。PPI 由国家统计局每月发布，其数据来源于对广大企业生产原料、半成品及成品等三个生产环节的调查，记录各环节价格变化的情况，经过复杂的计算形成的最终数据。

与 CPI 不同的是，PPI 主要用来衡量企业购买所需物品和劳务的总费用，通常将受到

季节和供需影响的食物及能源排除在外，所以更能准确地衡量企业生产成本。PPI 用来反映上游生产环节的价格水平，CPI 用来反映下游消费环节的价格水平。这其实是价格传导规律，价格的水平波动首先会在上游环节出现，然后会通过产业链往下游扩散，最终影响到消费品，这条传导产业链就是原材料→生产资料→消费品。PPI 通常还会结合 CPI 一起用于反映通货膨胀的情况。

2. 生产价格指数对证券市场的影响

相比较 CPI，PPI 对证券市场的影响更为直接，因为它直接关系到上市公司的成本和利润水平。PPI 经济指标出现较大幅度增长的情况下，会加大企业生产的成本，一旦增加的成本无法转嫁给消费者，企业成本增加，那么企业的利润会缩减，其投资价值就会下降，股票价格就会下跌。当 PPI 回落时，要注意区分是需求放缓等因素的作用，还是大宗商品价格回落等利好因素的影响。不过，如果 PPI 下降的幅度过大，则表明经济中产能过剩有效需求不足，这时的经济大多不好，证券市场的表现疲软。

(三) 汇率及其对证券市场的影响

1. 汇率及其标价

1) 外汇汇率概念

外汇汇率是指不同外汇之间的汇兑关系，即不同货币之间兑换的比率或者比价。例如，1 美元=103 日元，1 英镑=8.89 人民币。

一国汇率的变动会对该国的进出口贸易、生产布局及经济结构产生影响，所以一国政府通常对本国汇率的波动比较重视。引起汇率波动的因素比较多，不同的侧重点有不同的汇率决定因素，所以就有了国际借贷学说、购买力平价学说、利率平价学说、资产市场说以及国际收支说等不同的汇率决定理论。

2) 汇率的两种标价法

汇率有两种标价方法：直接标价法和间接标价法。

(1) 直接标价法。直接标价法是指以一定数量的某种特定外国货币为基准，换算为相对数量本国货币的标价方法。相当于计算购买一定单位外币应该付多少单位的本币，所以也叫应付标价法。直接标价法中特定外国货币的数量不变，变的是本国货币的数量。因此，在直接标价法下，汇率上升表示本国货币贬值[①]，因为一定数量外国货币能兑换的本国货币增加了；汇率下跌表示本国货币升值[②]，因为一定数量外国货币能兑换的本国货币减少了。目前，大多数国家包括我国在内，都采用直接标价法的汇率标价方法。

(2) 间接标价法。间接标价法是指以一定数量的本国货币为基准，换算为相对数量特定外国货币的标价方法。就相当于计算购买一定单位本币应该收多少单位的外国货币，所以也叫应收标价法。间接标价法中本币的数量不变，变的是外国货币的数量。因此，在

---

① 如我国外汇市场人民币汇率从 1 美元兑 7.0345 人民币上升至 1 美元兑换 7.5249 人民币,单位美元能兑换的人民币增加了，说明人民币贬值了。

② 如我国外汇市场人民币汇率从 1 美元兑 7.0345 人民币下跌至 1 美元兑换 6.5249 人民币,单位美元能兑换的人民币减少了，说明人民币升值了。

间接标记法下，汇率上升表示本国货币升值①，因为一定数量本国货币能兑换的外国货币增加了；汇率下跌表示本国货币贬值②，因为一定数量本国货币能兑换的外国货币减少了。目前，美国、英国和欧元区均采用间接标价法。

因此，在讲一国货币是升值或者贬值的时候，一定要区分是在哪种标价法下的国家的货币，再看其外汇市场上的汇率上升了还是下降了，最后判断这个国家的货币是升值还是贬值了。

2. 汇率对证券市场的影响

汇率对一个国家经济的影响颇为深远，尤其是对非常依赖出口来拉动经济发展的国家或者是对国家有相当影响力的经济部门和企业。汇率波动对证券市场的影响也表现在和国际关系比较紧密的领域或者公司上。

从宏观的角度看，一国的本币贬值，意味着该国的竞争力下降，国际资本外流，资金从证券市场流出，证券市场下跌；如果本币严重贬值，会加速资本的外流，对证券市场的不利冲击较大。如果一国的本币升值，会吸引国际资本的流入，证券市场的流动性加强，证券市场趋于上涨。

从中微观角度来看，本国汇率贬值时，单位外币可以兑换的本币增加，出口企业同样的销售量可以获得的本币收入增多或者本国出口产品在国际上可以卖更低的价格使得其竞争力加强，出口型企业利润将会上升，出口型企业的股价往往会上扬。进口型企业的情况则相反，本国汇率升值时，单位本币兑换的外币变多，出口型企业同样的销售量可以获得的本币收入减少或者本国出口产品在国际上提升出售价格来保持利润率使得产品竞争力下降，出口型企业利润下降，出口型企业的股价往往会下跌。应特别注意在本币贬值时，对外举债较多的企业往往陷入危机的可能性更大，因为必须用更多的本币来偿还外债。航空业就是典型的例子，航空业属于典型的外汇负债高的企业，其外汇负债主要表现为购买飞机或者融资租赁飞机的大额外汇负债支出，当本币贬值时会造成一次性汇兑损失增加，给企业带来较大的经济压力。

在分析汇率对一国证券市场的影响时，要全面分析，不仅仅看单方面的影响，更要看宏观影响和微观影响的综合效应。如本币贬值，从宏观角度看证券市场是下跌的，但是出口型企业收却是受益的，其股价也会上涨，这就要综合来看其影响作用。

(四) 社会融资规模

1. 社会融资规模定义

社会融资规模是指一定时期内实体经济(即非金融企业和个人)从金融体系中获得的资金量，包括社会融资规模存量和社会融资规模增量两类指标。存量指标是指一定时期末(月末、季末或者年末)获得的资金余额，增量指标是指一定时期内(每月、每季或者每年)获得

---

① 如英国外汇市场英镑汇率从 1 英镑兑 1.1449 美元上升至 1 英镑兑换 1.5439 美元,单位英镑能兑换的美元增加了,说明英镑升值了。

② 如英国外汇市场英镑汇率从 1 英镑兑 1.1449 美元下跌至 1 英镑兑换 1.3249 美元,单位英镑能兑换的美元减少了,说明英镑贬值了。

的资金总额。社会融资规模是全面反映金融与经济的关系，是金融体系对实体经济资金支持的总量指标。金融体系是整体金融的概念，从市场看，主要包括信贷市场、债券市场、股票市场以及保险市场等；从机构对象看，主要包括银行、证券、保险等金融机构。社会融资规模指标兼具总量和结构两方面信息，而且还能反映资金的流向和结构，如直接融资与间接融资的比例关系，实体经济利用各类金融产品的融资情况，不同地区、不同产业的融资总量和融资结构等。

社会融资规模指标是我国首创，我国也是目前世界上唯一使用该指标的国家。2011 年起，"社会融资"一词就经常出现在与金融调控有关的叙述中，其目的是在宏观调控中需要更加注意货币总量的预期引导作用，更加注重从社会融资总量的角度来衡量金融对经济的支持力度，保持合理的社会融资规模以强化市场配置资源功能，进一步提升经济发展的内生动力。

2. 社会融资规模对证券市场的影响

我国社会融资规模与经济之间的密切关系通过以下几个方面来表现：社会融资规模与 GDP 之间存在稳定的长期均衡关系；社会融资规模与主要经济指标间均具有较高的相关性、显著的因果关系以及先行性，且这些相关性高于新增人民币贷款和广义货币 M_2 与主要经济指标之间的相关性；社会融资规模增加会对固定资产投资完成额以及 CPI 等产生显著影响；社会融资规模与货币政策主要操作目标相关性密切，且这种相关性强于新增人民币贷款和 M_2 与主要操作目标之间的相关性。

因此，社会融资规模对于证券市场的影响也是显而易见的，社会融资规模往往提前于证券市场的表现，当社会融资规模增速较快，预示着对未来证券市场走势有良好的预期；当社会融资规模增速变缓，预示着未来证券市场极可能不会有好的表现。当然，社会融资规模也会通过以上所述的与经济之间的密切关系来影响证券市场的波动。

(五) 投资规模

1. 投资规模定义及内容

投资规模是一定时期在国民经济各部门、各行业再生产中的投资数量，一般是指固定资产投资。投资规模适度与否是影响经济稳定增长与发展的一个决定因素。投资规模过小，不利于为经济进一步发展奠定物质及技术基础；投资规模过大，又会引发能源、建材等生产资料的产能扩张，虽然有利于短期的经济发展，但对经济的长期稳定及健康发展不利。

2. 投资规模对证券市场影响

固定资产投资规模有全社会固定资产投资和分类全社会固定资产投资两个内容，从证券市场角度看，尽量从分类全社会固定资产投资中的按行业分全社会固定资产投资这个角度展开分析。按行业分全社会固定资产投资一共细分为十九个行业，主要包括制造业全社会固定资产投资、房地产业全社会固定资产投资、金融业全社会固定资产投资以及建筑业全社会固定资产投资等类别[①]。在进行证券投资的行业选择时，可以参考最近几

---

① 具体行业类型见国家统计局年度数据表中"全社会固定资产投资"栏目，网址为 https://data.stats.gov.cn/easyquery.htm?cn=C01。

年的该行业全社会固定资产投资规模的变化趋势，如果行业全社会固定资产投资规模在逐渐增加，就意味着国家对该行业的投资力度增强，未来该行业有良好的增长预期，该行业的投资前景相对看好。反之，如果该行业全社会固定资产投资规模在逐渐压缩，就意味着国家对该行业的投资力度减弱，未来该行业的增长受限，该行业的投资前景也相对看淡。

五、非宏观经济因素的宏观影响与证券市场分析

(一) 政治因素与证券市场影响分析

政治因素主要指国内外的各种政治活动，包括战争事件、政权更迭、国际政治形势、国际政治往来等内容。这些政治因素的变动会影响到实际的经济政策、经济运行环境以及人们的心理预期，从而会引起证券市场的价格波动。当然，稳定的政治环境是证券市场稳定发展的基础，而动荡的政治环境将给证券市场带来极大的负面作用。所以，一个国家证券市场要保持长期健康的发展态势，必须有一个长期稳定的政治环境作为保障。

(二) 市场自身因素与证券市场影响分析

证券市场自身的发展阶段、发展特点、发展效率等都将影响本国证券市场的运行。投机操作会对证券价格的短期波动产生较大的影响，一个以投机为主要特点的证券市场是不可能成为一个逐渐成熟并且伟大的证券市场。证券监管机构的工作效率与监管水平也会影响证券市场的波动，不频繁干预证券市场的监管做法对于证券市场按自身规律平稳运营很有积极作用。证券市场自身的周期波动也会影响证券价格的波动，有时候证券市场自身的周期性甚至会让证券市场的运行偏离经济的波动而出现自身独特的变动特征，让人误以为证券市场与经济之间没有关系。

当然，一个国家证券市场自身的成熟与否也决定了证券市场是否能有效并及时地对内外部影响因素做出及时的反映。

(三) 投资者心理与证券市场影响分析

无论影响证券市场价格变动的是内在因素还是外在因素，最终都要通过投资者的买卖行为来发生作用，而投资者的买卖行为又受制于他们的心理素质。个人投资者参与度较高的证券市场往往波动较大，因为投资者大多没有强大的心理承受能力，容易受到外界干扰的影响。比如，在个人投资者参与度高的市场中，投资者大多存在浓厚的从众心理，极容易被外界因素所干扰，跟风效应较强，很突出的一个表现就是追涨杀跌，即所谓的羊群效应。羊群效应的存在对于证券市场的短期运行状况将产生剧烈的影响；而在机构占主导的证券市场中，其长期投资、价值投资的理念加上强大的心理素质往往会降低证券市场的短期波动，对于发展长期慢牛走势的证券市场会有极大的帮助。

第二节　宏观经济定量分析的具体内容

一、宏观经济定量分析的意义

宏观经济分析作为基本分析中第一层次的分析，其数据来源渠道比较多，这些数据大多是国家有关部门公开发布的数据，可获得性强，数据真实可靠且多为免费公开数据。如果能把这些数据通过一定的方法处理之后用来反映经济运行或者经济变量的变化情况，会让分析结果更加真实、可信，说服力强。

宏观经济定量分析的理论意义在于通过用具体的数据与数值比较某些经济变量或者经济指标、计量分析等方法得出比较客观的分析和评价结论；其实践意义在于通过定量分析得出的结论为经济政策制定以及证券投资决策提供现实可行的参考。

二、宏观经济定量分析的方法

宏观经济定量分析方法可以沿用定量分析方法的具体内容。从宏观经济层面进行的定量分析主要包括以下一些常用的分析方法：

(一) 宏观经济比率分析法

宏观经济比率分析法是用不同宏观经济数据做对比，得出一个具体的比率，用于分析某一经济现象或者经济变量变化特征的方法。例如，2019 年第三产业产值占国内生产总值的比率为 53.9%，从这个比率指标可以看出第三产业对于经济的贡献居主要地位，超过第一产业和第二产业对经济的贡献之和。

(二) 宏观经济趋势分析法

宏观经济趋势分析法是根据宏观经济变量或者宏观经济指标在某一阶段变动数值描绘制作趋势分析图，用于分析经济发展相关变量变化趋势的方法。下面以第三产业产值占国内生产总值比重的变化趋势为例介绍 2010—2019 年第三产业产值占比的变化情况。具体情况如图 2-2 所示。

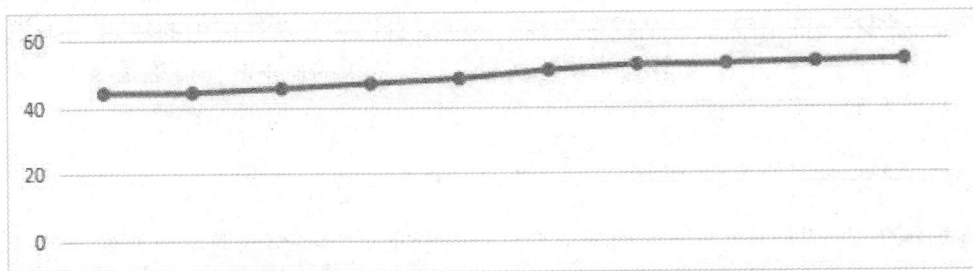

图 2-2　2010—2019 年第三产业产值占比的变化情况

显然，第三产业在国内生产总值中的比重不断提升，2010 年占比 44.2%，之后一直提升到 2019 年占比 53.9%，说明第三产业在国民经济中的地位在不断提升。这也是世界各个大国经济发展的主要特征，即第三产业在国民经济中的作用不断加大。

(三) 宏观经济结构分析法

宏观经济结构分析法是根据宏观经济指标占总体的百分比来分析某一经济现象变化情况的方法。比如，一直以来被称为拉动我国经济增长"三驾马车"的消费、投资以及净出口分别占国内生产总值的比重的变动情况就反映了这些经济变量在经济增长中作用的变化情况。

从国家统计局网站"年度数据"中"国民经济核算"栏目下的"三大需求对国内生产总值增长的贡献率"中，可以得到这三个经济变量近年来的占比数据，如表 2-2 所示。

表 2-2　2010—2019 年消费、投资以及净出口占国内生产总值比重变化

年　份	2010	2011	2012	2013	2014	2015	2016	2017	2018	2019
消费对国内生产总值增长的贡献率	47.4	65.7	55.4	50.2	56.3	69.0	66.5	57.5	65.9	57.8
投资对国内生产总值增长的贡献率	63.4	41.1	42.1	53.1	45.0	22.6	45	37.7	41.5	31.2
净出口对国内生产总值增长的贡献率	−10.8	−6.8	2.5	−3.3	−1.3	8.4	−11.6	4.8	−7.4	11.0

采用结构分析法比较结果可以发现，净出口对于国内生产总值的影响已经比较小了；在 2014—2019 年间，投资对国内生产总值的影响一直低于消费对国内生产总值的贡献；消费在国内生产总值中的占比居于首位，这是支持我国经济增长最主要的动力。不过，相比欧洲国家、美国、日本等[①]发达国家消费占国内生产总值较高比重的情况，我国消费对国内生产总值的贡献还有较大的提升空间。

(四) 宏观经济相互对比法

宏观经济相互对比法是选取宏观经济某两个或者多个指标作为一组进行对比，从中推断经济发展情况的方法。例如，以利率为分析对象，根据利率期限结构理论，认为正常情况下短期利率是低于长期利率的，这是由时间成本以及风险来决定的。但有时会出现短期利率高于长期利率的情况(这种情况称为利率倒挂)，此时要注意经济中的短期风险比较大，经济往往处于过热状态中，市场投资热情高涨，对于货币的需求旺盛，这是极不正常的现象，往往预示着即将发生较大的危险。

(五) 宏观经济数学模型法

宏观经济数学模型法是通过构建适合某一指标的数学模型来观察宏观经济指标或者

---

① 2019 年美国消费占 GDP 总量的 82%。

经济变量的变化，从而实现对经济趋势或者投资趋势预测的方法。该方法一般包括一个或者一个以上随机方程，能有效地描述、概括某个经济变量的数量特征，并揭示经济系统的数量变化规律。在处理这些数据时，常采用回归分析法，将理论或者设想转化为特定的、可计量的预测模型，并确定变量之间的相关关系，然后以此为基础对因变量进行预测。比如，为了研究我国经济运行的相关影响因素，分别考察相关变量后确定了 GDP、固定资产投资规模、进出口额、国际收支总差额、货币供应量、居民消费水平、通货膨胀率、失业率、利率等 9 个自变量对经济运行的影响，然后建立模型进行回归分析，确定模型的有效性后，从中选取与经济运行相关系数高的自变量作为解释经济运行的主要影响因素。

三、宏观经济定量分析的主要内容

(一) 经济波动与股市波动的定量关系

"股市是宏观经济的晴雨表"，对于这句话的理解存在着较多争议。很多人认为股市并不是宏观经济的晴雨表，就连股神巴菲特也曾说过股市波动与宏观经济变动没有关系，这会导致更多人坚定地认为股市波动和宏观经济没有任何关系。因为在不很成熟的证券市场中，公众人物尤其是业内权威人士的言论更大概率会被当作金科玉律。宏观经济也许在股市繁荣的时候未必有好的表现，但不大可能是衰退或者萧条的状况，这至少可以说明股市波动和宏观经济不是没有任何关系的。那么股市波动和宏观经济到底有什么关系呢？

1. 经济波动与股市波动的理论关系

1) 经济波动与股市波动概述

经济周期也称商业周期、商业循环等，是指经济活动沿着经济发展的总体趋势有规律地扩张或者收缩，是国民收入或者总体经济活动扩张与收缩的交替或者周期性波动变化。通常认为，一个经济周期会经历复苏—繁荣—衰退—萧条四个阶段，经济周期循环往复波动，一般用国内生产总值或者国内生产总值的增长率变化情况来反映经济周期的波动情况。

股市波动是股票价格的变化情况，从波动趋势来看，可以分为上涨趋势波动、下跌趋势波动和水平趋势波动；从波动的标的范围来看，可以分为总体股价波动(大型指数)、行业股价波动(行业指数)、个股波动(公司股价波动)；从波动的剧烈程度看，可以分为快涨快跌的剧烈波动型、慢涨慢跌型的平稳波动型等。在研究时，可以根据研究需要从不同角度的波动类型中进行选择。

2) 经济波动与股市波动研究综述及其理论关系

(1) 经济波动与股市波动研究综述。在经济波动与股市波动关系的研究中，更多采用经济增长率与股市上涨波动或者下跌波动之间的关系来反映二者的波动关系。陈建宝、孙林(2014)基于 1992—2012 年上证综合指数的季度数据，使用 Markov 区制转换向量误差修正模型对不同区制和状态下股价波动与经济增长率之间的相关关系进行了检验，发现短期内不同区制的股价与经济增长呈现不同特征，但从长期角度看，存在稳定的内在制约与调整的均衡关系。唐静(2017)利用 2008 年 1 月至 2017 年 3 月的月度数据研究我国股票市场波动与宏观经济指标之间的相关关系，结论表明近年来我国股市波动确实与宏观经济指标之间存在着显著的相关关系，且这一关系会在经济转型过程中发生明显变化。隋新玉、王云清(2020)通过走势图的对比以及协整检验等方法分析了我国股市周期和宏观经济周期波动走势图，发现我国股市周期和经济周期之间的关系既非同步，也非完全背离。牛天骄、王璐(2020)引入格兰杰因果检验模型研究不同频域内我国股市与宏观经济因素之间的动态关联特征，发现与正常波动相比，宏观经济因素和我国股市在极端情况下的关联特征更为明显。

当然，有些学者并没有肯定股价波动与经济增长的关系，有些甚至是持否定态度的。例如，姚君等(2017)运用面板 VAR 模型基于我国 2007—2016 年十年的样本数据分析股市波动性、通货膨胀率和经济增长率之间的动态关系，发现股市波动性受自身因素影响较大，而受宏观经济运行和通货膨胀率影响较小，我国的"政策市"特征依然明显。姚登宝等(2020)将经济增长、股票收益率和股市流动性等变量同时纳入 TVR-SV-SVAR 分析框架中进行研究，发现股市流动性对股票收益率具有较明显的影响态势，经济增长对股市流动性的冲击效应呈现出勺子形态，经济增长对股市流动性具有明显的时变特征，同时得出股市收益率与经济增长之间并没有相关关系的结论。刘超等人(2020)基于 2005—2017 年沪深 300 指数和采购经理人指数数据，采用相依性、传导方向并引进 DCCA 交叉相关系数的国内外比较法研究我国股市时，发现股市与经济虽然存在相互影响的情况，但股市与经济的交叉相关具有非对称性，二者的走势也存在背离现象，说明股市不是经济的晴雨表。

显然，对于经济波动与股市波动之间的关系，不同的学者存在不同的看法，这可能与他们研究的角度不一样有一定的关系。

(2) 经济波动与股市波动的理论关系。股票市场也是经济的一部分，要说二者之间没有任何相关关系，那几乎是不可能的。股市和宏观经济之间的关系只是或强或弱的关系，从短期角度看，二者的关系也许不是特别明显，但是从长期看，二者的关系还是比较紧密的。从当今世界大国的经济波动和股市波动的情况看，没有哪个国家的经济在一团糟的情况下股票市场能长期走牛的，也没有哪个国家的经济在持续稳定增长的情况下股票市场是一直走低的。

宏观经济波动和股市波动的短期效应可能不一定明显，甚至还有一定的背离，但从长期角度看，二者还是会存在均值回归①现象。也就是说，当宏观经济一直持续向好，而股票市场没有走强反而在持续走弱的现象不会持续太久，在某一个时点，股市会开始止跌反弹，进而开始上涨；在宏观经济走势不是非常好的情况下，股市却出现了大幅度的上涨，

---

① 均值回归是指股票价格、房产价格等经济现象甚至自然现象(气温、降水)，无论高于或低于价值中枢(或均值)，都有以很高的概率向价值中枢回归的趋势。

这种情况也不会持续，股市很快跌回去的概率极大。

当然，股市波动和宏观经济波动不是同时进行的，当股市波动方向与宏观经济波动方向一致时，股市波动一般会提前于经济的波动。借鉴西方成熟市场的经验分析，股市波动提前于经济波动的时间大约为半年。

2. 数据收集

1) 经济增长数据收集

经济增长数据的收集主要从两个方面考虑，一是国内生产总值，即 GDP；二是国内生产总值增长率，即 GDP 增长率。这两个方面的数据收集比较容易，可以从国家统计局网站或者东方财富通 Choice 终端获取。

下面以国家统计局网站数据收集为例，简要介绍经济增长数据的收集过程。打开国家统计局网站(http://www.stats.gov.cn/tjsj/)，点击首页"统计数据"→"年度数据"→"国民经济核算"→"国内生产总值"，就可以看到之前各年的国内生产总值数据，如图 2-3 所示。

指标	2019年	2018年	2017年	2016年	2015年	2014年	2013年	2012年
国民总收入(亿元)	988528.9	914327.1	831381.2	743408.3	686255.7	644380.2	588141.2	53732
国内生产总值(亿元)	990865.1	919281.1	832035.9	746395.1	688858.2	643563.1	592963.2	53858

图 2-3　国家统计局网站收集到的各年国内生产总值数据

根据需要，可以收集到自己想要的国内生产总值的具体数据。

同时，也可以收集国内生产总值增长率的具体数据，方法类似于国内生产总值，在"国民经济核算"下点击"国内生产总值指数"，因为上一年的指数设定为100，所以当年的国内生产总值指数减去100后得出的结果就是当年的国内生产总值增长率。例如，2019年国内生产总值指数是106.0，用106.0减去100的结果是6.0，即当年的经济增长率是6.0%；2009年国内生产总值指数是109.4，用109.4减去100的结果是9.4，即当年的经济增长率是9.4%，如图 2-4 所示。

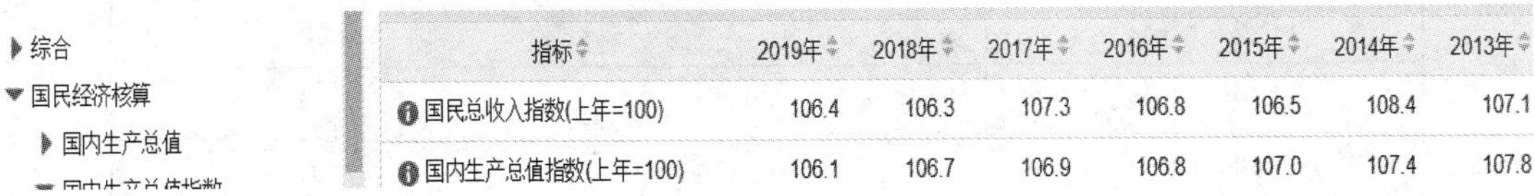

指标	2019年	2018年	2017年	2016年	2015年	2014年	2013年
国民总收入指数(上年=100)	106.4	106.3	107.3	106.8	106.5	108.4	107.1
国内生产总值指数(上年=100)	106.1	106.7	106.9	106.8	107.0	107.4	107.8

图 2-4　国家统计局网站收集到的各年国内生产总值增长率数据

2) 股市波动数据收集

股市波动可以通过该指数当年收盘指数的具体点位变动情况来表示，也可以通过该指数当年的涨跌幅度来表示。以上证指数当年涨跌幅的数据收集为例，输入 000001 上证指数代码，进入界面后输入"99"，回车后就可以得到上证指数的年度走势图，如图 2-5 所示。从这张图中可以清晰地看到我国上证指数自编制以来的走势情况，虽然年波动较大，但是底部在不断抬高，总体还是向上的趋势。

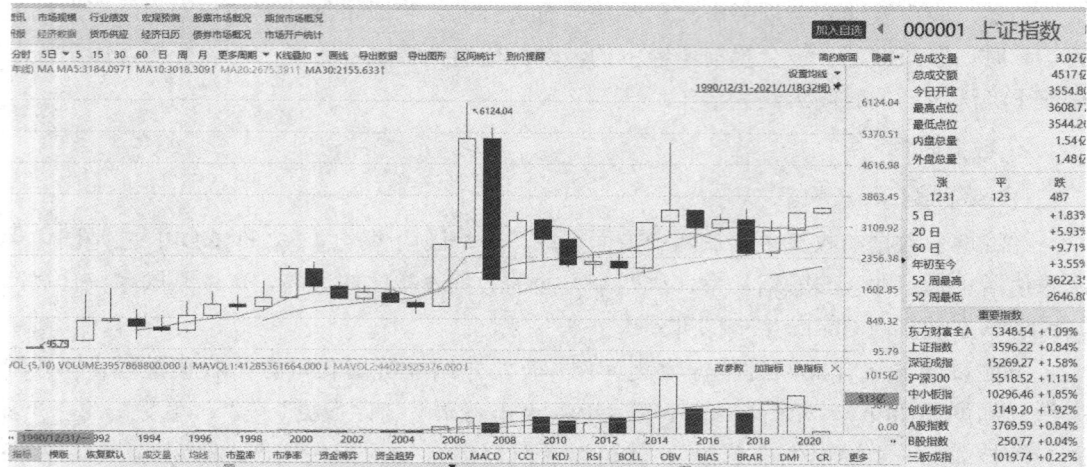

图 2-5　上证指数 1990—2019 年年度走势图

通过导出数据或者手工收集数据的方式都可以收集到上证指数当年的涨跌幅数据。宏观经济增长率与股市年涨跌幅数据可以在同一张表格中体现，如表 2-3 所示。

表 2-3　宏观经济增长率和股市涨跌幅具体数据

交易时间	指数年涨跌幅	GDP 增速
1990-12-31	32.86	3.84
1991-12-31	129.41	9.3
1992-12-31	166.57	14.20
1993-12-31	6.84	13.90
1994-12-31	−22.30	13.00
1995-12-31	−14.29	11.00
1996-12-31	65.14	9.90
1997-12-31	30.22	9.20
1998-12-31	−3.97	7.80
1999-12-31	19.18	7.70
2000-12-31	51.73	8.50
2001-12-31	−20.62	8.30
2002-12-31	−17.52	9.10
2003-12-31	10.27	10.00
2004-12-31	−15.40	10.10
2005-12-31	−8.33	11.40

续表

交易时间	指数年涨跌幅	GDP 增速
2006-12-31	130.43	12.70
2007-12-31	96.66	14.20
2008-12-31	−65.39	9.70
2009-12-31	79.98	9.40
2010-12-31	−14.31	10.60
2011-12-31	−21.68	9.60
2012-12-31	3.17	7.90
2013-12-31	−6.75	7.80
2014-12-31	52.87	7.40
2015-12-31	9.41	7.00
2016-12-31	−12.31	6.80
2017-12-31	6.56	6.90
2018-12-31	−24.59	6.70
2019-12-31	22.30	6.00

3. 经济波动与股市波动的定量分析

我们可以用 Eviews 软件或者 Excel 软件把宏观经济波动与股市波动之间的关系在一张图中表示出来，通过曲线的变动关系来反映二者之间的关系。当然，也可以通过建立数学模型来反映二者之间的数量关系，但值得注意的是宏观经济与股市波动之间不会仅简单呈现二者之间的高度相关性，应该还有其他更多的因素对这二者的波动产生影响。如果直接分析我国国内生产总值和股市波动的关系，很显然会得到一个结论，那就是股市的波动和国内生产总值没有关系，因为国内生产总值一直都是上升的，只是增速不同而已。因此，试着从国内生产总值增长率的角度来考虑经济波动与股市波动之间是否存在关系可能会更合理一些。一个思路就是考虑增速的加快或者放缓是否能影响到投资者的预期，从而影响到证券市场的波动。

可以在 Word、Excel 表格或者 Eviews 软件中，输入宏观经济增长率每年的具体数值以及股票市场每年的涨跌幅数据，试着从二者的折线图趋势来分析二者之间可能的关系。以 Excel 表格操作为例，把上述宏观经济增长率和股市年涨跌幅两组数据输入 Excel 表格中，点击工具栏中的"插入"按钮，选择"插入折线图"，如图 2-6 所示。

图 2-6　Excel 表格中插入键和插入折线图的位置

在出现的折线图中，右键点击"GDP 增速"这根线，在出现的对话框中点击"设置数据系列格式"，再点击"系列选项"，选择"次坐标轴"，如图 2-7 所示，这样就出现了双轴折线图，左轴代表指数年涨跌幅，右轴代表 GDP 增速。注：图中未显示出右轴。

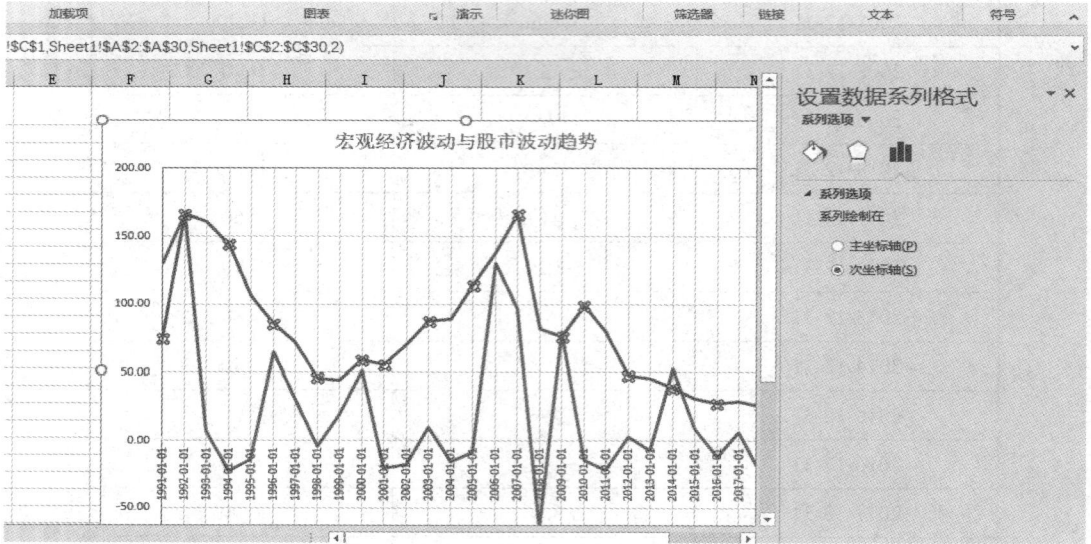

图 2-7　折线图中次坐标轴的操作及其示意

GDP 增速与指数涨跌幅的波动趋势图如图 2-8 所示。

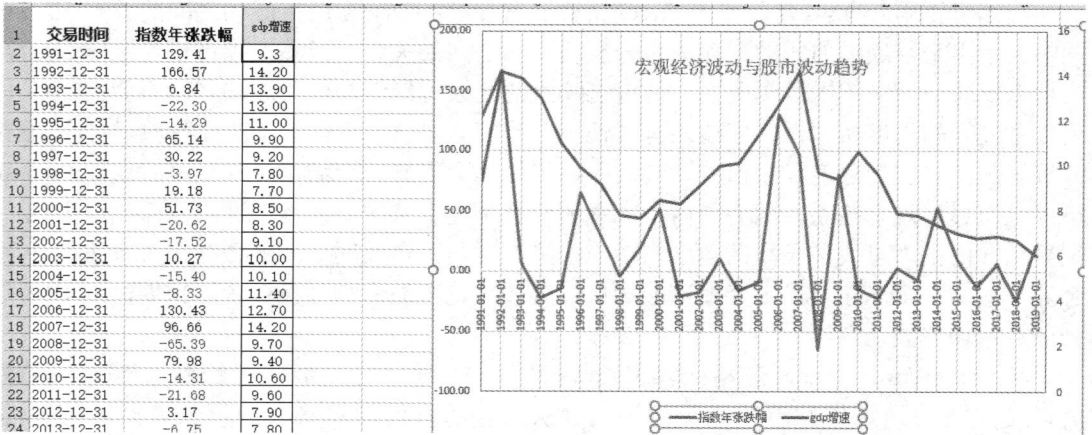

交易时间	指数年涨跌幅	gdp增速
1991-12-31	129.41	9.3
1992-12-31	166.57	14.20
1993-12-31	6.84	13.90
1994-12-31	-22.30	13.00
1995-12-31	-14.29	11.00
1996-12-31	65.14	9.90
1997-12-31	30.22	9.20
1998-12-31	-3.97	7.80
1999-12-31	19.18	7.70
2000-12-31	51.73	8.50
2001-12-31	-20.62	8.30
2002-12-31	-17.52	9.10
2003-12-31	10.27	10.00
2004-12-31	-15.40	10.10
2005-12-31	-8.33	11.40
2006-12-31	130.43	12.70
2007-12-31	96.66	14.20
2008-12-31	-65.39	9.70
2009-12-31	79.98	9.40
2010-12-31	-14.31	10.60
2011-12-31	-21.68	9.50
2012-12-31	3.17	7.90
2013-12-31	-6.75	7.80

图 2-8　GDP 增速与指数涨跌幅之间的波动趋势图

从 GDP 增速走势图与指数涨跌幅走势图中可以发现，二者虽然在一些时间段内出现不一致的走势，但在大多数时间里走势还是比较一致的，尤其是在几次股市大牛市来临的时候，如 1991—1992 年、1999—2000 年、2005—2006 年等，经济的增速都不约而同地出现了上升。这应该不是偶然发生的，把它理解为一个走强的牛市需要一个持续向好的经济环境作为基础也许会更合适一些。

当然，也可以从这二者定量关系的具体数值来反映宏观经济波动与股市波动之间的相关关系。但是考虑到影响股市波动的因素肯定不是只有一个宏观经济因素这么简单，得出的可决系数也会比较低，因此不去特意计算二者间的数量关系。

4. 经济波动与股市波动之间关系的相关结论

一般来说，经济周期与股市周期的波动关系可以从同向运动与反向运动两个角度来展开分析。

(1) 同向运动情况。同向运动情况分为两种：一种是经济收缩，股市下跌；另一种是经济回升，股市上涨。这两种同向运动应该是比较容易理解和认可的，政府政策收紧，经济这辆大车前进的车轮变缓慢甚至倒退，股市自然应声回落；政府政策刺激，经济回升，股市自然也会持续上涨。

(2) 反向运动情况。反向运动情况也分为两种：一种是经济过热，股市下跌；另一种是经济触底，股市上涨。这两种运动情况需要有提前意识的参与者才可能把握，政府在经济出现大热甚至狂热的过程中不断加码调控措施，有前瞻性的参与者意识到未来证券市场必将回落，所以持续不断地卖出，股市在经济火热的状态下会有一定的回落；当经济已经回落较长的时间，政府出台一系列刺激经济的政策，经济有触底的迹象时，有前瞻性的参与者判断经济的止跌企稳是大概率事件，因此提前买入证券，等经济真的触底反弹时，股市已经有一定的涨幅了。

当市场出现与以上所述四种情况不一样的走势时，就要引起足够的重视，因为这样反常的现象不是经济波动与股市波动的正常表征。出现反常现象时应该接受现实情况，同时分析其背后的原因，并在这种反常现象结束后采取相应的对策。经济周期对于股市的决定作用是内在的、长久的和根本的，始终贯穿于股市的发展历程之中。从长远角度看，二者是趋于一致的，但是股市作为一个独立的市场，也有自身的发展规律，导致出现了股市周期与经济周期不同步甚至背离的现象，如 2002—2005 年我国经济增长比较快速，而股市一直低迷；2014—2015 年经济增速下滑，股市却发动了一波较为强势的短暂牛市。但这种背离大多是短期的，当背离的幅度过大或者延续的时间过长时，也将会以各种形式在某一时间点回归。

也许宏观经济的基本面与股市的波动不是同步的，或者不是很紧密的，但至少它是哺育牛市的阳光和雨露。

(二) 利率变动与股市波动的定量关系

1. 利率变动与股市波动的理论关系

1) 利率变动与股市波动的反向关系

一般认为利率变动与股市波动存在着反向的关系，即利率上升，股市下跌，利率下降，股市上涨。以利率上涨为例，可以从以下几个方面对反向关系进行分析。

(1) 利率上升影响公司经营，进而导致股价下跌。利率提升时，公司的经营成本增加，利润减少，负债经营的公司债息支付压力大增，这两个方面均会导致公司的分红减少，股息率下降，该公司的股票吸引力下降，股价下跌。

(2) 利率上升影响资金的流向，进而导致股价下跌。利率提升时，银行存款收益率提升，债券的到期收益率提升，对于风险偏好较低的投资者开始考虑自己资产的转移配置，会出现资金从股市向银行或者债市的转移，从而减少股票市场的资金量供给，股票的需求减弱，股票价格下跌。当然，利率的提升也会吸引外资的流入，对股票的购买有一定的促进作用，但往往这部分资金难以弥补国内市场资金的流出，大多数情况下仍然表现为股票市场资金的流出，导致股价下跌。

(3) 利率上升影响股票估值，进而导致股价下跌。股票内在价值的估计是未来现金流的折现值之和，当利率提升时，折现因子也随着变小，股票内在价值下降，导致股票的吸引力下降，此时股票价格下跌是情理之中的。

(4) 利率上升影响投资者预期，从而导致股价下跌。利率上升往往预示着政府对资本市场的态度收紧，投资者预期未来一段时间内政府可能会出台一系列组合拳来打压市场，投资者的风险意识加强，资金流出，从而股价下跌。

所以，从长期角度来看，理论上利率变动与股市之间的波动存在较为明显的反向作用。

2) 利率变动与股市波动的同向关系

当然，利率变动有时也可能与股市波动之间存在同向关系，即利率上升，股市也上升，利率下降，股市也下跌。这似乎和以上所述二者之间的反向关系存在较大的矛盾，是什么原因呢？

一般来说，在牛市的中后期和熊市来临的初期出现这种情况较多。以牛市中后期二者同向变动为例，在牛市中期，市场经历经济见底后，股市涨升，且这种涨升也持续了较长时间和较大幅度，经济增长伴随着通货膨胀，且通货膨胀有加剧的迹象，为了抑制通货膨胀，政府经常采用利率这个比较敏感的货币政策工具。这时会出现提升利率的短时间内股市下跌，但之后股市继续上扬的情况；再往后，政府继续提升利率，股市依然是先抑后扬，即利率提升，股市上涨，似乎利率的打压效果没有什么作用。直到利率提升到某一个高度，终于出现股市下跌的情况。反之，熊市初期刚好是反过来的情况，利率下降、股市下跌的同向情况和牛市后期利率上升、股市上升的同向情况类似。

其实，这种情况也是可以理解的，在牛市后期，投资者热情比较高涨，很难用一两次的利率提升起到打压股市的效果；在熊市初期，市场下跌趋势刚刚形成，利率下降也很难有效阻止股市的下跌。利率对于股票市场的影响有一定的时滞性，但是从长期角度来看，利率对于股票市场的影响大多是反向的。

3) 利率变动与股市波动方向关系的经典案例

下面以美国 1964—2018 年长达 54 的时间窗来分析一下利率变动与股市波动，两者之间似乎存在着一个表现差异较大的关系[①]。

(1) 1964—1981 年利率与股市的波动关系。在利率方面，1964 年美国的长期国债收益率从低点的 4% 上升到了 1981 年的 15% 的高点。在股市方面，1964 年 12 月 31 日，道琼斯指数是 874 点，而 1981 年 12 月 31 日，道琼斯指数是 875 点。17 年间美国的股票几乎没有任何变动。在经济方面，这 17 年之间，美国的 GDP 上升了 370%。经济大发展，股市

---

① https://baijiahao.baidu.com/s?id=1645975179831218962&wfr=spider&for=pc。

却原地踏步，似乎股市和经济波动之间没有什么关系，但是股市和利率之间的反向关系值得注意。

(2) 1981—1998 年利率与股市的波动关系。在利率方面，美国的 10 年期国债收益率从 15%的高点下跌到 4.2%的低点。在股市方面，道琼斯指数从低点的 875 点上涨到 9181 点的高点，17 年上涨了 949%。利率下降，股市一直上涨，这是普遍认为的利率和股市波动存在一个反向波动关系的情况。

(3) 1998—2015 年利率与股市的波动关系。在利率方面，美国的 10 年期国债收益率从 4%再次下降到 2%。在股市方面，道琼斯指数从 9181 点上涨到 17 425 点，17 年间股市涨了 90%，其间还经历了一次网络股泡沫破灭和一次次贷金融危机带来的市场巨幅下挫。尽管这一段时间内经历了剧烈的波动，但总体上在宽松的利率环境下，美国的股市总体上还是一路上扬的。

显然，从这三次历时比较长的时间段可以看出，股市的波动与利率变动之间存在反向关系的情况还是比较多的。但是，从 2015 年的 12 月 16 日开始，美国开始了新一轮的加息周期，而道琼斯指数却一路上扬到 2019 年 28 701 点的高点，对于这样的反常情况，短期内也许还无法给出结论，不过拉长时间周期也许能给出合理的解释，这还有待时间的验证。

2. 数据收集

1) 利率数据收集

利率数据的收集可以从多个渠道进行，比较常见的就是中国人民银行网站、万得等数据库、以东方财富以及同花顺为代表的券商数据终端等。下面以中国人民银行和东方财富网的数据收集为例介绍数据的收集。

(1) 中国人民银行的数据收集。输入中国人民银行网址 http://www.pbc.gov.cn/，在首页右下角“热点”栏目中点击“利率”，页面跳转后点击左上角“利率水平”下的“历史数据”栏目，就可以跳转到如图 2-9 所示的界面。

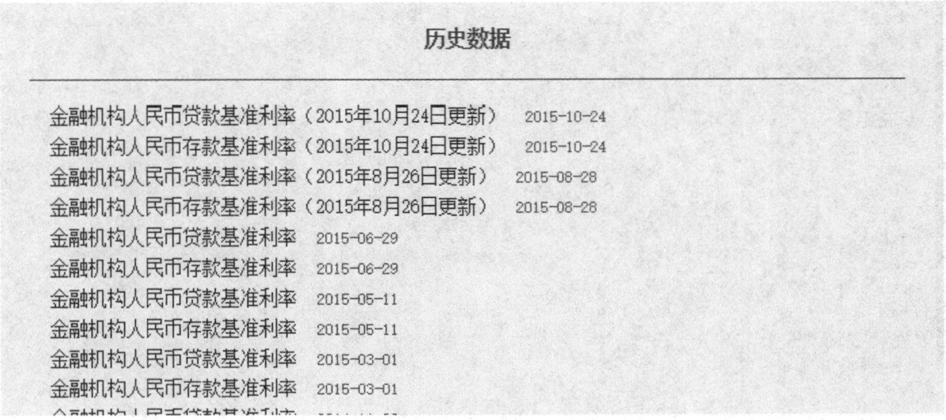

历史数据

金融机构人民币贷款基准利率（2015年10月24日更新） 2015-10-24
金融机构人民币存款基准利率（2015年10月24日更新） 2015-10-24
金融机构人民币贷款基准利率（2015年8月26日更新） 2015-08-28
金融机构人民币存款基准利率（2015年8月26日更新） 2015-08-28
金融机构人民币贷款基准利率 2015-06-29
金融机构人民币存款基准利率 2015-06-29
金融机构人民币贷款基准利率 2015-05-11
金融机构人民币存款基准利率 2015-05-11
金融机构人民币贷款基准利率 2015-03-01
金融机构人民币存款基准利率 2015-03-01

图 2-9 中国人民银行网站上的我国人民币存贷款历史数据

选择“金融机构人民币存款基准利率”模块并点击进去，就可以找到历次利率调整后的实际水平，如图 2-10 所示。

金融机构人民币存款基准利率（2015年10月24日更新）

中 小　　　　　　　　文章来源：货币政策司　　　　　　　　2015-10-24 14:28:24

打印本页　关闭窗口

单位：年利率%

调整时间	活期存款	定　期　存　款					
		三个月	半年	一年	二年	三年	五年
1990.04.15	2.88	6.30	7.74	10.08	10.98	11.88	13.68
1990.08.21	2.16	4.32	6.48	8.64	9.36	10.08	11.52
1991.04.21	1.80	3.24	5.40	7.56	7.92	8.28	9.00
1993.05.15	2.16	4.86	7.20	9.18	9.90	10.80	12.06
1993.07.11	3.15	6.66	9.00	10.98	11.70	12.24	13.86
1996.05.01	2.97	4.86	7.20	9.18	9.90	10.80	12.06

图 2-10　我国金融机构人民币存款基准利率

不过，要把所需要的主要数据从中国人民银行网站上手动抓取下来，需要一定的工作量。

(2) 东方财富网 Choice 终端的数据收集。在 Choice 终端首页左边栏找到"宏观"按钮，点击之后会看到很多子栏目，如"中国宏观数据库""中国宏观预测""中国宏观研报""中国证券市场""中国货币政策""中国人口"等，如图 2-11 所示，点击"中国货币政策"。

图 2-11　东方财富 Choice 终端上的"宏观"栏目界面

在新打开的界面的左上角"中国货币政策体系"栏目下点击"货币政策工具"中的"人民币存贷款基准利率"，弹出的界面就是 1990—2015 年的历次利率调整的结果(注：2015—2020 年我国的利率没有再出现调整)，如图 2-12 所示。

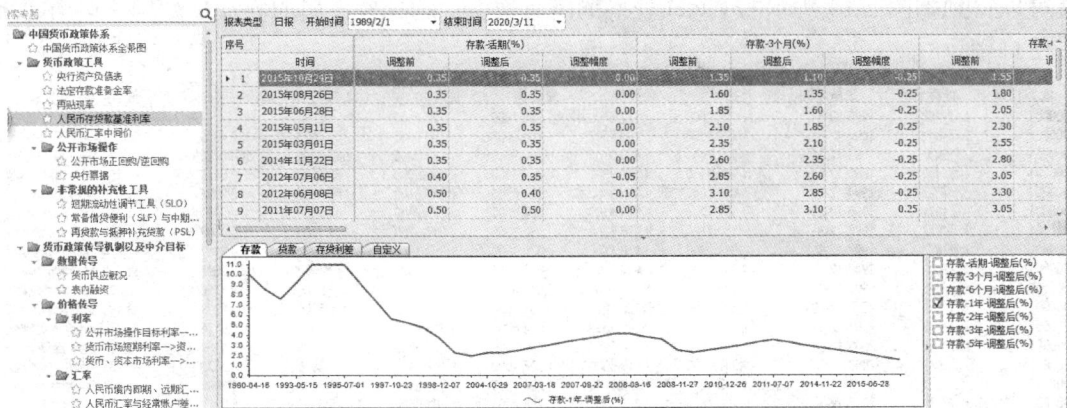

图 2-12 东方财富 Choice 终端上存贷款基准利率界面

找到并点击利率调整表上方的"导出到 Excel"栏目，就可以把需要的数据下载到 Excel 表格中，如图 2-13 所示。

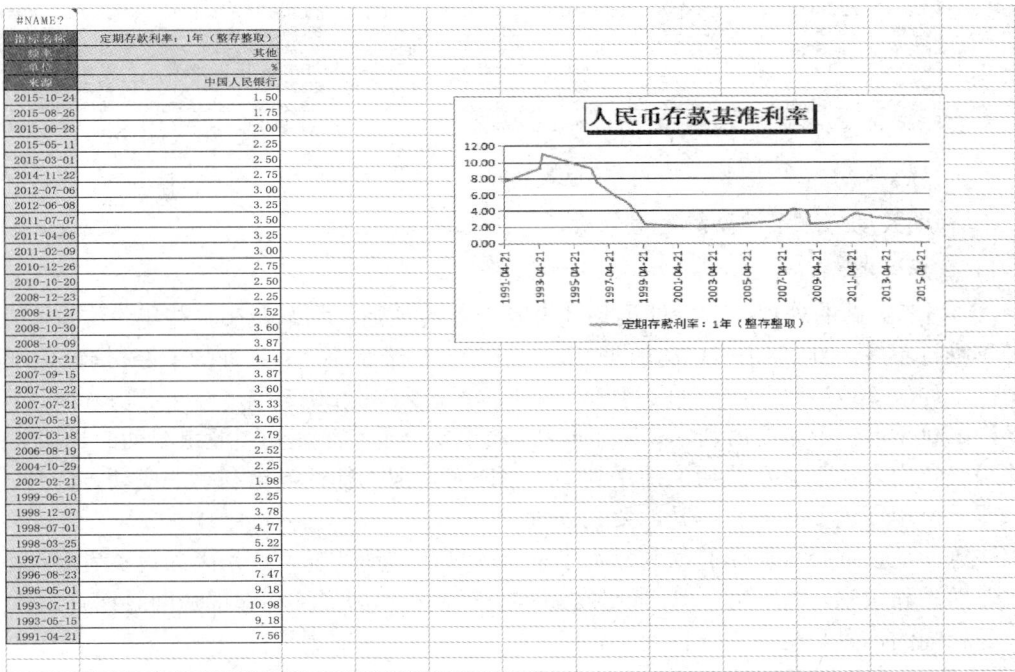

图 2-13 1990—2015 年历年的利率调整情况

2) 股市波动数据收集

下面以搜集上证指数(代码 000001)数据为例介绍股市波动数据的收集。由于分析较长时间的股市波动与利率变动之间的关系才有意义，所以上证指数的数据采用年数据，收集上证指数每年的收盘价数据。具体步骤与宏观经济波动和股市波动中股市波动数据的收集方法相同。

点击东方财富 Choice 终端工具栏中的"导出数据"栏目，选择"导出屏幕内数据"，就可以得到如图 2-14 所示的 Excel 表格的所有数据。选择要使用的收盘价数据，运用起来方便直接。

证券代码	证券名称	交易时间	开盘价	最高价	最低价	收盘价	涨跌	涨跌幅%	成交量	成交额
000001	上证指数	1990-12-31	96.0500	127.6100	95.7900	127.6100	——		0	936,000
000001	上证指数	1991-12-31	127.6100	292.7500	104.9600	292.7500	165.1400	129.4099	1	807,021,000
000001	上证指数	1992-12-31	293.7400	1,429.0100	292.7600	780.3900	487.6400	166.5722	18	25,139,748,968
000001	上证指数	1993-12-31	780.3900	1,558.9500	750.4600	833.8000	53.4100	6.8440	154	###########
000001	上证指数	1994-12-31	837.7000	1,052.9400	325.8900	647.8700	-185.9300	-22.2991	686	###########
000001	上证指数	1995-12-29	637.7200	926.4100	524.4300	555.2900	-92.5800	-14.2899	515	###########
000001	上证指数	1996-12-31	550.2600	1,258.6800	512.8300	917.0100	361.7200	65.1408	1,187	###########
000001	上证指数	1997-12-31	914.0600	1,510.1700	870.1800	1,194.1000	277.0900	30.2167	1,274	###########
000001	上证指数	1998-12-31	1,200.9400	1,422.9700	1,043.0200	1,146.7000	-47.4000	-3.9695	1,462	###########
000001	上证指数	1999-12-30	1,144.8800	1,756.1800	1,047.8300	1,366.5800	219.8800	19.1750	2,398	###########
000001	上证指数	2000-12-29	1,368.6900	2,125.7200	1,361.2100	2,073.4700	706.8900	51.7269	3,440	###########
000001	上证指数	2001-12-31	2,077.0700	2,245.4300	1,514.8600	1,645.9700	-427.5000	-20.6176	2,971	###########
000001	上证指数	2002-12-31	1,643.4800	1,748.8900	1,339.2000	1,357.6500	-288.3199	-17.5167	2,355	###########
000001	上证指数	2003-12-31	1,347.4300	1,649.6000	1,307.4000	1,497.0400	139.3900	10.2670	3,133	###########
000001	上证指数	2004-12-31	1,492.7200	1,783.0100	1,259.4300	1,266.5000	-230.5400	-15.3997	3,904	###########
000001	上证指数	2005-12-30	1,260.7800	1,328.5300	998.2300	1,161.0600	-105.4399	-8.3253	4,763	###########
000001	上证指数	2006-12-29	1,163.8800	2,698.9000	1,161.9100	2,675.4700	1,514.4100	130.4334	11,325	###########
000001	上证指数	2007-12-28	2,728.1900	6,124.0400	2,541.5200	5,261.5600	2,586.0900	96.6593	26,305	###########
000001	上证指数	2008-12-31	5,265.0000	5,522.7800	1,664.9300	1,820.8100	-3,440.7500	-65.3941	18,282	###########
000001	上证指数	2009-12-31	1,849.0200	3,478.0100	1,844.0900	3,277.1400	1,456.3300	79.9825	37,328	###########
000001	上证指数	2010-12-31	3,289.7500	3,306.7500	2,319.7400	2,808.0800	-469.0594	-14.3131	29,489	###########
000001	上证指数	2011-12-30	2,825.3300	3,067.4600	2,134.0200	2,199.4200	-608.6602	-21.6753	22,395	###########
000001	上证指数	2012-12-31	2,212.0000	2,478.3800	1,949.4600	2,269.1300	69.7100	3.1695	18,856	###########
000001	上证指数	2013-12-31	2,289.5100	2,444.8000	1,849.6500	2,115.9800	-153.1499	-6.7493	26,459	###########
000001	上证指数	2014-12-31	2,112.1300	3,239.3600	1,974.3800	3,234.6800	1,118.7000	52.8691	42,387	###########
000001	上证指数	2015-12-31	3,258.6300	5,178.1900	2,850.7100	3,539.1800	304.5000	9.4136	101,470	###########
000001	上证指数	2016-12-30	3,536.5900	3,538.6900	2,638.3000	3,103.6400	-435.5400	-12.3062	44,636	###########
000001	上证指数	2017-12-29	3,105.3100	3,450.4900	3,016.5300	3,307.1700	203.5300	6.5578	43,608	###########
000001	上证指数	2018-12-28	3,314.0300	3,587.0300	2,449.2000	2,493.9000	-813.2700	-24.5911	37,080	###########
000001	上证指数	2019-12-31	2,497.8800	3,288.4530	2,440.9100	3,050.1240	556.2241	22.3034	53,594	###########
000001	上证指数	2020-03-10	3,066.3350	3,127.1690	2,685.2690	2,996.7600	-53.3640	-1.7496	13,157	###########

图 2-14　上证指数 1990—2019 年年度数据

3. 利率变动与股市波动的定量分析

1) 数据处理

(1) 利率数据的处理。利率的调整并没有一定的规则，利率会在有些年份维持不变甚至多年维持不变，如 2016—2019 年四年间的利率水平维持不动；在有些年份利率一年内调整多次，如仅 2007 年一个年度内利率就调升了 6 次之多，2015 年一个年度内利率也调升了 5 次，2008 年一个年度内利率调降了 4 次。由于要分析利率变动与股市波动的长期关系，因此用当年内多次调整后最后的那个利率水平即可，因为往往当年利率的变动方向是一致的，即一个年度内要么一直调升，要么一直调降。

注意，这里选择人民币存款利率水平来反映利率波动情况，这是因为投资者对存款利率比较熟悉和敏感，使用场合也比较多。其实，存款利率和贷款利率都是同时调升调降的，方向是相同的，只是幅度不一样而已。

(2) 股市波动数据的处理。价格波动的表示方式一般有两种：一种是绝对数表示法，另一种是相对数表示法。绝对数表示法是收集每一期的价格之后，用这些价格的波动趋势图来反映其波动方向以判断其波动的实际情况。相对数表示法是将当期的价格与前一期价格的差，除以前一期的价格，用得到的商来表示当期价格波动情况，如果结果为负数，表示下跌；如果结果为正数，表示上涨。波动幅度表示价格具体波动的程度。一般情况下，用后一种方式来表示波动比较多见。

在该案例中，股市的波动以指数年收盘价的变动来反映，因此只要收集 1990—2019 年每年的上证指数收盘价就可以看清楚股价的波动趋势。

2) 利率变动与股市波动的定量分析

(1) 将各年利率和股指的数据输入同一张 Excel 表格中。把 1990—2019 年长达 30 年的当年利率水平和上证指数点位输入 Excel 表格中，如表 2-4 所示。

表 2-4　我国 1990—2019 年利率与股指具体数据

时　间	上 证 指 数	利　率
1990-12-31	127.6100	7.56
1991-12-31	292.7500	7.56
1992-12-31	780.3900	10.98
1993-12-31	833.8000	10.98
1994-12-31	647.8700	10.98
1995-12-29	555.2900	10.98
1996-12-31	917.0100	7.47
1997-12-31	1194.1000	5.65
1998-12-31	1146.7000	3.78
1999-12-30	1366.5800	2.25
2000-12-29	2073.4700	2.25
2001-12-31	1645.9700	2.25
2002-12-31	1357.6500	1.98
2003-12-31	1497.0400	1.98
2004-12-31	1266.5000	2.25
2005-12-30	1161.0600	2.25
2006-12-29	2675.4700	2.52
2007-12-28	5261.5600	4.14
2008-12-31	1820.8100	2.25
2009-12-31	3277.1400	2.25
2010-12-31	2808.0800	2.75
2011-12-30	2199.4200	3.5
2012-12-31	2269.1300	3
2013-12-31	2115.9800	3
2014-12-31	3234.6800	2.75
2015-12-31	3539.1800	1.5
2016-12-30	3103.6400	1.5
2017-12-29	3307.1700	1.5
2018-12-28	2493.9000	1.5
2019-12-31	3050.1240	1.5

(2) 制作利率变动与股市波动的关系图。以 Word 操作为例，从工具栏中选择"插入"按钮，找到"对象"下拉菜单中的"Microsoft Graph 图表"。把宏观经济增长率和上证指数每年的收盘指数用双轴折线图在图表上表示出来，如图 2-15 所示。

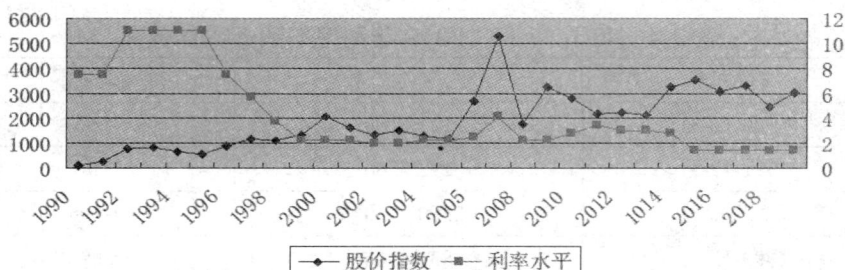

图 2-15　利率变动与股价指数波动关系图

从以上利率变动与股价波动的走势图来看，似乎二者之间并没有很强的相关关系，走势是杂乱无章的；但从一个更长期的角度来看，似乎二者之间还存在着反向的关系，至少从整体趋势上看，近三十年来的利率水平是在不断下降的，而股市是在不断上涨的。

但是否可以直接给出和"利率和股市波动呈现反向关系"类似的结论呢？如果只是简单给出这样的结论，似乎还是比较牵强的，毕竟大多数投资很难放在一个这么长时间的角度进行，投资者更关注利率波动给股价带来的中短期影响。另外一个思路就是把近三十年的时间进行分段切割，把一些有较强关系的区间拿出来单独分析，这样的分析也许更有意义，也更能指导投资实践。

对各区间进行区间分割的角度因人而异，但只要把握利率和股价波动的关系要比较明显[①]这一基本原则即可。下面进行区间切割介绍，如图 2-16 所示。

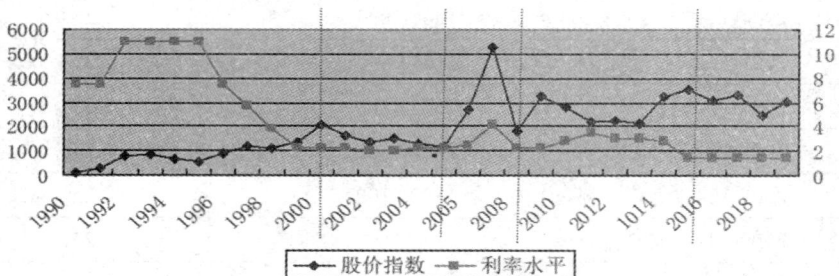

图 2-16　利率变动与股价指数波动关系区间切割图

图 2-16 用四条虚线切割了五个区间，两个区间呈现了反向关系，一个区间出现了同向关系，还有两个区间似乎没有太大的关系。

第一个区间是从 1990 年到 2000 年，利率变动与股价指数波动大致呈现反向关系。其主要背景就是我国股市刚刚起步，不确定性因素很多，股价虽有大的波动，但总体还是向上的。利率从高位回落，和股价的上扬形成了相反走势的特征。在我国股市发展的前十年，投机氛围较浓，投资者对于基本的研究不是很看重，利率的变动可能并不会对股市的波动产生很重大的影响。

第二个区间是从 2000 年到 2005 年，利率变动与股价指数波动似乎没有关系。这一段

---

① 最好是能看出利率变动和股价波动的明确方向，要么同向，要么反向。

时间困扰股市发展最重要的因素是国有股流通的问题，只要一谈到"国有股"三个字，证券市场就出现剧烈波动，市场情绪很低迷，总体上是持续阴跌走势。而这时的经济发展还比较快速，通货膨胀也相对温和，利率的波动幅度较小，股市波动似乎与利率变动没有太大的关系。

第三个区间是从 2005 年到 2008 年，利率变动与股价指数波动大致呈现同向关系。这是很少出现的股市大涨、利率大幅度提升的一个时间段。在这段时间，经济快速发展，通货膨胀持续上升，大量的资金流向房地产市场和股票市场。政府为了抑制过快的经济增长势头，持续提高利率水平，但对股票市场的影响似乎也只是短期的降温，之后股市会再上一个台阶，出现利率不断提升下股市也持续上涨的局面。直到 2007 年末，美国的次贷危机爆发，引起全球的金融危机，经济发展受阻，股市迅速回落。2008 年政府为了遏制经济过快下滑的走势，放松银根，下调利率，但这时的股市还是自由落体般地持续走低，出现了利率下降、股市大跌的同向关系。

第四个区间是从 2009 年到 2015 年，利率变动与股价指数波动大致呈现反向关系。2008 年经济危机后股价重新开始上涨，这和 2008 年四万亿投资有一定的关系，2009 年房地产市场价格开始上扬。2010 年和 2011 年利率市场出现上升，股市出现下跌。之后的四年利率一直处在回落的走势，较低的市场利率环境也为 2015 年的短暂牛市提供了宽松的宏观环境。

第五个区间是从 2015 年到 2019 年，利率变动与股价指数波动似乎呈现无关的关系。2015 年利率降到历史最低后就一直没有动用利率工具来调控经济了，这一段时间的股市虽然有所反复，但基本上处于回落的状态。在利率维持不变的情况下，就不能勉强用利率变动来解释股市的波动，二者呈现无关关系。

4. 利率变动与股市波动之间关系的相关结论

(1) 反向关系，股市与利率之间的正常关系。尽管市场有时会呈现出股市与利率变动之间的同向关系，但是大部分情况下二者之间的关系是反向关系。二者之间的这种反向情况是常态，保持反向关系的时间也是最长的，这在金融经济逻辑上能解释得通。作为投资者，应该时刻注意这种反向关系，利用二者之间的这种相对稳定的关系为自己的投资决策提供参考，密切注意利率的波动及其波动趋势方向，寻找其中存在的可能投资机会。

(2) 同向关系，股市与利率之间的反常关系。当股市与利率变动出现同向关系时，要引起投资者足够的重视。同向关系一般有两种情况，一种情况是利率在提升，股市也在上涨。这种情况应该多在牛市中后期出现，这时不要轻易卖出股票，当出现利率提升多次，市场比较狂热的时候，再考虑降低仓位或者清仓。另一种情况是利率下降，股市也在下跌，这种情况多在熊市的初中期出现，这时不要轻易买入股票，因为利率的时滞性效应会让这种同向关系持续一段时间，当利率降低几次，市场还在下跌直到下跌的势能已经出现衰竭的情况时，再考虑试探性建仓，如果市场已经不跌并开始掉头向上时，考虑加大购买的仓位。

我们国家股票市场的发展才 30 多年，虽然利率变动和股市波动有一定的关系，但这肯定不是影响股市波动唯一甚至也不是最重要的因素。在考虑利率变动对股市影响这一条脉络时，更多的是在一些重要的关键点上来考虑，比如说利率的高低点、利率的趋势开始时等关键时点上，这样的研究也许会更有意义，也才能把更多的研究精力放在其他的基本面研究上。

(三) 通货膨胀率与股市波动的定量关系

通货膨胀与股市波动也许并没有得到市场过多的关注，尤其是当通货膨胀比较平和的时候，其与股市波动之间的关系甚至可能被忽略。但在通货膨胀出现异常的情况下，对股市的影响也许就很值得重视了。

1. 通货膨胀率波动与股市波动的理论关系

1) 通货膨胀概述

当一国流通的货币量大于本国有效经济总量时，就出现通货膨胀，通货膨胀是造成物价上涨的货币贬值现象。物价上涨不一定是通货膨胀，但通货膨胀一定会造成物价上涨。如果只有一种或者少量商品价格出现上涨时，那就不是通货膨胀；大多数商品价格和劳务价格持续上升才是通货膨胀。

经济学界对于造成通货膨胀的原因有多种不同的解释，比较有代表性的是以下两种说法。一种是凯恩斯认为的经济体中总供给与总需求的变化导致物价水平的变动；另一种是货币主义经济学认为的当市场上货币发行量超过流通中所需要的货币量就会出现纸币贬值、物价上涨导致购买力下降的现象。但不管是何种原因造成的通货膨胀，其根本原因只有一个，那就是货币的供应太多。

通货膨胀的类型主要有三种，一是低通货膨胀，也称温和通货膨胀，一般将其定义为个位数的通货膨胀，此时价格上涨缓慢且可以预测。但是从实际来看，当通货膨胀率达到 3%以上时，政府就比较重视，可能会采取积极的应对措施，西方经济学界把超过3%的通货膨胀率称为"Serious Inflation"。二是急剧通货膨胀，也称严重通货膨胀。当商品或者劳务的价格以两位数的比率开始上涨时，就产生了严重的通货膨胀，这种通货膨胀的情况出现并且稳固下来后，就会出现严重的经济扭曲。三是恶性通货膨胀，也称恶化通货膨胀。当商品或者劳务的价格以三位数的比率开始上涨时，就出现了恶性通货膨胀。恶性通货膨胀对经济产生的影响非常深远，将使得市场经济变得一无是处，经济状况一塌糊涂，对经济的根基伤害极大，甚至会直接造成经济的严重倒退。

2) 通货膨胀与股市波动的理论关系

通货膨胀对于股市波动的影响不像利率变动对股市波动的影响那么简单，也不是线性的。通货膨胀对股票价格走势的影响比较复杂，既有刺激股票价格上涨的作用，也有抑制股票价格下跌的作用。

(1) 从通货膨胀的严重程度角度分析通货膨胀对股市波动的影响。一般来说，适度通货膨胀对股票市场是有利的，这时的股票投资具有保值功能，还可以造成有支付能力的有效需求增加，从而刺激生产的发展和证券投资的活跃。但如果是严重的通货膨胀，则会阻碍经济的发展，导致货币加速贬值，人们将资金用于囤积商品保值增值，政府也会提高利率来抑制通货膨胀，投资者因对经济发展的前景不乐观而退出证券市场，导致股价下跌。当然，如果抑制通货膨胀的措施对经济的触动导致通货紧缩，将出现经济不景气、生产滑坡、销售减少、库存增加、物价下降等现象，表现在证券市场上则是股价更加低迷不振。

(2) 从通货膨胀的实质影响角度分析通货膨胀对股市波动的影响。通货膨胀时，并不是所有产品价格和工资都按同一比率变动。某些公司从相对价格变化中获益，如资源类、消费类、农业类等行业是最容易受到价格波动的影响，从而成为股票市场中的领涨板块；成本控制能力强，尤其是劳动力成本控制能力比较强的公司，其经营稳健有活力、业绩好、发展迅速，股价在通货膨胀初期上涨；在通货膨胀初期，因为税收效应、负债效应、存货效应等因素的影响也有可能刺激这些公司股价的上扬。

显然，通货膨胀对股市波动的影响要具体情况具体分析。从一个比较小的视角来分析二者的波动关系时可能会更准确更有效，如通货膨胀初期，存货较多的资源类公司股价就有很强的上涨潜质，一旦库存耗尽，新进存货成本升高后这个优势就消失了，股价自然回落，这样的分析思路还是很清晰的。从一个比较宏观的角度来分析通货膨胀对股市波动的影响也许比较困难，分析的结果也可能也比较笼统，但还是要尝试一下从比较大的视角来分析通货膨胀对股市波动的影响，因为这样的分析更能让投资者从一个全局性的角度把握二者之间的关系。

2. 数据收集

1) 通货膨胀率数据收集

通货膨胀的数据可以从国家统计局网站(http://www.stats.gov.cn)获取。在国家统计局首页点击快捷工具栏中"数据查询"，在跳出的页面中点击工具栏中的"年度数据"，在页面左侧"指标"下拉菜单中点击"价格指数"，选择"各种指数"栏目，就可以在页面右边看到"居民消费价格指数(上年＝100)"，注意这是将上一年设定为100来计算的，如2019年居民消费价格指数是102.9，那么2019年的通货膨胀率是2.9%；2010年居民消费价格指数是103.3，那么2010年的通货膨胀率是3.3%，以此类推。1990—2019年年度的通货膨胀率和上证指数的具体数据如表2-5所示。

表2-5　1990—2019年年度通货膨胀率和上证指数的具体数值

年份	上证指数	通货膨胀率	年份	上证指数	通货膨胀率	年份	上证指数	通货膨胀率
1990	127	3.1	2000	2073	0.4	2010	2808	3.3
1991	292	3.4	2001	1645	0.7	2011	2199	5.4
1992	780	6.4	2002	1357	−0.8	2012	2269	2.6
1993	833	14.7	2003	1497	1.2	2013	2115	3.3
1994	647	24.1	2004	1266	3.9	2014	3234	1.5
1995	555	17.1	2005	1161	1.8	2015	3539	1.4
1996	917	6.3	2006	2675	1.5	2016	3103	2
1997	1194	2.8	2007	5261	4.8	2017	3307	1.6
1998	1146	−0.8	2008	1820	5.9	2018	2493	2.1
1999	1366	−1.4	2009	3277	−0.7	2019	3050	2.9

2) 股市波动数据收集

股市波动数据收集参考上述利率变动与股市波动关系中上证指数的收集方法与收集过程，仍然以上海证券交易所上证综合指数为分析对象来反映股市波动。当然，也可以采用其他股价指数，如沪深300指数(000300)，但是这些股价指数的编制历史比较短，代表性没有上证综合指数那么强。不过，在实训过程中可以根据实际需要来选择股价指数作为分析的对象。

3. 通货膨胀率与股市波动的定量分析

1) 数据的输入

在 Eviews 中输入通货膨胀率的数据和上证指数的收盘价。打开 Eviews 软件，在工具栏"File"中点击"New"→"Workfile"，在"Start date"和"Enddate"中分别输入"1990"和"2019"，之后点击"OK"键，进入工作文件窗口。

点击主页面下的"Quick"，选择"Empty Group"就出现如图 2-17 所示的数据输入窗口。

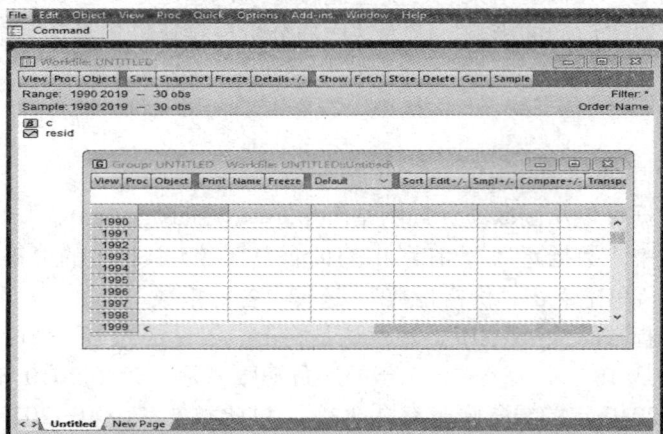

图 2-17 数据输入窗口

这样就可以把上述通货膨胀率数据和上证指数数据输入到 Workfile 表格中，就出现如图 2-18 所示的数据输入窗口。

	SER01	SER02
1990	3.1	127
1991	3.4	292
1992	6.4	780
1993	14.7	833
1994	24.1	647
1995	17.1	555
1996	6.3	917
1997	2.8	1194
1998	-0.8	1146
1999	-1.4	1366
2000	0.4	2073
2001	0.7	1645
2002	-0.8	1357
2003	1.2	1497
2004	3.9	1266
2005	1.8	1161
2006	1.5	2675
2007	4.8	5261
2008	5.9	1820
2009	-0.7	3277
2010	3.3	2808
2011	5.4	2199
2012	2.6	2269
2013	3.3	2115
2014	1.5	3234
2015	1.4	3539
2016	2	3103
2017	1.6	3307
2018	2.1	2493
2019	2.9	3050

图 2-18 通货膨胀率和上证指数数据输入窗口

关闭数据窗口，就可以在工作文件窗口中看到"ser01"和"ser02"，这就是刚才输入的 CPI 和上证指数数据。对这两个序列分别点击右键，在出现的下拉菜单中的选项"Rename…"(改名)点击左键进行改名，分别改为"cpi"和"szzs"，出现如图 2-19 和图 2-20 所示的界面。

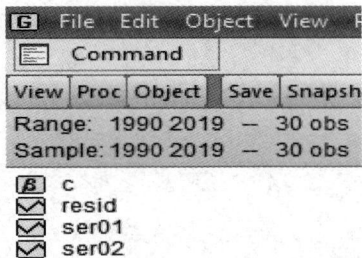

图 2-19　工作文件窗口中未命名序列　　　　图 2-20　工作文件窗口中已命名序列

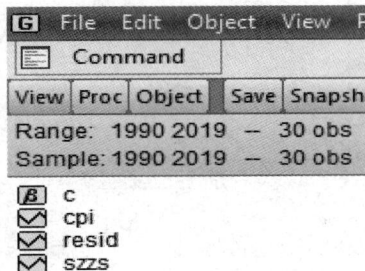

2) 通货膨胀与股市波动的关系与定量分析

在"Object"下拉菜单中选择"New Object"，在"Type of object"中选择"Graph"，在点击确定后跳出的"Series List"对话框中直接输入"szzs cpi"，很显然这二者之间是无法表明相关关系的，如图 2-21 所示。因为上证指数的数值较大，而 CPI 数值较小，以同一刻度表示的 CPI 接近于一条直线，不像在 Excel 和 Word 中用双轴刻度表示得清楚。

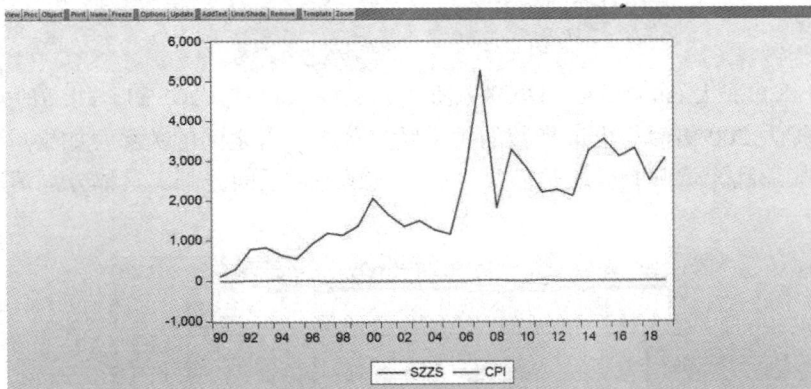

图 2-21　上证指数和未经调整的 CPI 的相关关系图

尝试对 CPI 进行倍增以达到更明显地反映 CPI 波动的趋势，从而寻找 CPI 和上证指数之间的波动关系。

尝试把 CPI 扩大为原来的 50 倍、100 倍、150 倍以及 200 倍。以扩大 50 倍为例进行说明，在"Object"下选择"Generate Series…"，在跳出的窗口"Generate Series by Equation"中输入公式"cpi01=50*cpi"，就得到了将原 CPI 扩大 50 倍后的 CPI 数值，照例分别做扩大 100 倍、150 倍以及 200 倍后 CPI 数值。

之后将以上四种扩大后的 CPI 数值分别和上证指数在同一张图表中做出折线图进行比

对，做法如上述 SZZS 和 CPI 的折线图做法。具体结果如图 2-22～图 2-25 所示。

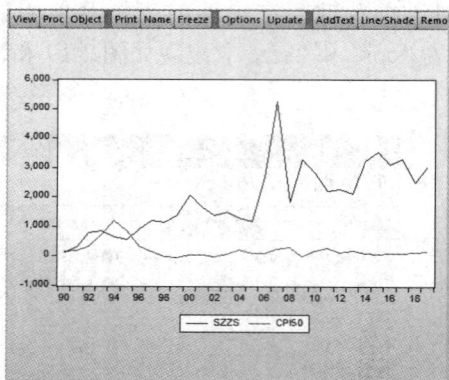

图 2-22　CPI 扩大 50 倍后与指数的关系图

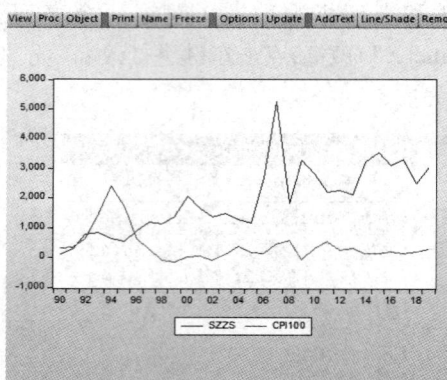

图 2-23　CPI 扩大 100 倍后与指数的关系图

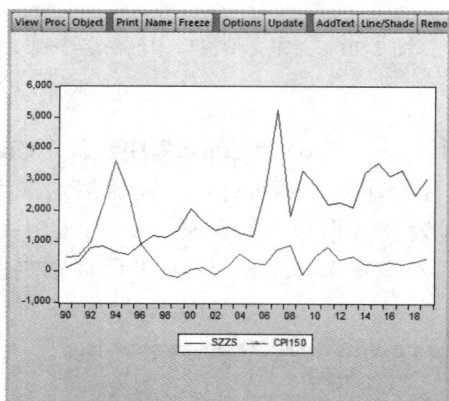

图 2-24　CPI 扩大 150 倍后与指数的关系图

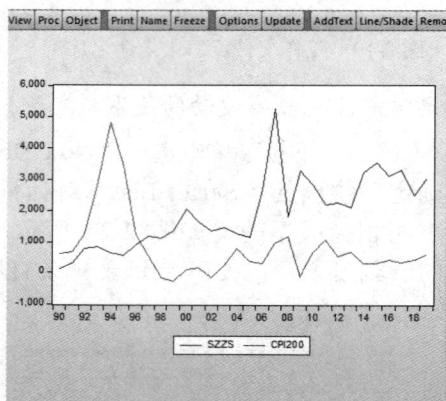

图 2-25　CPI 扩大 200 倍后与指数的关系图

取 CPI 扩大 200 倍后与上证指数的关系图来分析二者之间的关系，如果单看长期走势的话还是有些杂乱无章，所以还是需要对这两条线进行区间分割。具体分割情况如图 2-26 所示。

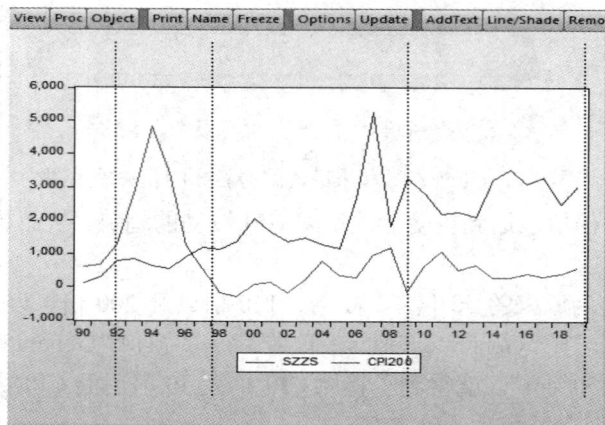

图 2-26　区间分割后的 CPI 与上证指数之间的关系图

依据区间分割后使得变量之间的关系更加清晰的原则，试着用多种方法进行区间分割，最后确定用四条虚线对近30年通货膨胀与股市波动的关系进行分割，形成如下五个区间。

第一个区间大约从1991年到1993年，属于同向关系。这一阶段通货膨胀率持续走高，股市也在涨。其中主要原因是货币超发，物价飞涨，资金大量进入股票市场，股票市场投机严重。

第二个区间大约从1994年到1998年，属于反向关系。这一阶段通货膨胀达到最高24.1%后开始回落，因为国家开始采取措施调控通货膨胀；而股票市场提前预期，在通货膨胀还在持续升高的情况下已经提前下跌；之后，通货膨胀持续走低，股票市场经过1994年高位回落后开始反弹。

第三个区间大约从1999年到2008年，属于同向关系。这一阶段出现通货膨胀回落、股市也回落，通货膨胀上升、股市也上升的同涨齐跌现象。

第四个区间大约从2009年至2018年，属于反向关系。这一阶段更多是通货膨胀上升、股市回落，通货膨胀下跌、股市上涨的情况。

第五个区间大约从2019年至今，属于同向关系。这一阶段通货膨胀开始回升、股市出现了反弹。

当然，也可以试着在Eviews里做出二者之间的回归分析结果，从数量上来反映二者的关系，回归结果如图2-27所示。

Sample: 1990 2019
Included observations: 30

Variable	Coefficient	Std. Error	t-Statistic	Prob.
C	2235.309	253.2939	8.824959	0.0000
CPI	-75.13075	37.55588	-2.000506	0.0552

R-squared	0.125055	Mean dependent var	1933.533
Adjusted R-squared	0.093807	S.D. dependent var	1170.745
S.E. of regression	1114.481	Akaike info criterion	16.93451
Sum squared resid	34777894	Schwarz criterion	17.02792
Log likelihood	-252.0176	Hannan-Quinn criter.	16.96439
F-statistic	4.002023	Durbin-Watson stat	0.808557
Prob(F-statistic)	0.055228		

图2-27　通货膨胀与上证指数的简单回归结果

从回归相关系数以及杜宾沃特森系数来看，通货膨胀对上证指数波动的解释可靠性太低了。显然，除了通货膨胀因素外还有更多其他的因素在影响着股票市场的波动。

4. 通货膨胀率波动与股市波动之间关系的相关结论

通货膨胀与股市波动之间的关系比较复杂，可以从以下几个方面大致把握：

(1) 当通货膨胀不是很高时，即在可控的范围以内(通货膨胀率一般在3%以下)，可以忽略通货膨胀的波动对于股市带来的可能影响。

(2) 当通货膨胀持续走高时，要注意可能受益于通货膨胀的行业，如资源类行业或者原材料行业等。

(3) 当通货膨胀持续火热时，就要担心政府可能会采取一系列的政策来抑制通货膨胀，市场参与者应该提前预判政策措施给市场带来的冲击。

(4) 当通货膨胀很严重时，尽量放弃通过投资来实现保值增值的念想，远离证券市场似乎是一个比较理性的选择。

当然，对于通货膨胀的反面通货紧缩而言，通货膨胀对于证券市场的积极影响远胜通货紧缩对于证券市场的积极影响，就好比如经济的发展伴随着的是通货膨胀，而不是通货紧缩推动着经济的发展。

(四) 货币供应量与证券市场波动的关系

1. 货币供应量与证券市场波动的理论关系

1) 货币供应量概述

(1) 货币供应量定义。经济学上所说的货币供应量通常是指广义货币供应量 M_2，近年来很多国家都把广义货币供应量作为货币供应量的调控目标。广义货币供应量是指流通于银行体系之外的现金加上企业存款、居民储蓄存款以及其他存款，通常用来反映社会总需求变化和未来通胀的压力状态。

(2) M_0、M_1、M_2、M_3 之间的关系。在具体了解广义货币供应量 M_2 之前，先要熟悉与之相关的货币概念，即 M_0、M_1 和 M_3 等，它们之间的关系可以用如下几个公式表述：

$$货币(M_0) = 流通中的现金①$$

$$狭义货币(M_1) = M_0 + 单位活期存款$$

$$广义货币(M_2) = M_1 + 准货币②$$

$$货币 M_3 = M_2 + 金融债券 + 商业票据 + 大额可转让定期存单等$$

M_1 反映经济中现实购买力，如果 M_1 增速较快，则消费和终端市场活跃；M_2 不仅反映现实购买力，还反映潜在购买力，如果 M_2 增速较快，则投资和中间市场活跃。央行和各商业银行可以根据 M_1 和 M_2 的实际波动情况来推出相关货币政策，M_2 过高而 M_1 过低表明投资过热，需求不旺，有过度投资的风险；M_1 过高而 M_2 过低，表明需求强劲，投资不足，有通货膨胀的风险。

2) 货币供应量与证券市场波动理论关系

货币供应量的变化最初会作用于政府债券市场，然后影响到公司债券和普通股票市场，最后才影响到实物市场。这意味着货币供应量对金融市场的影响领先于对实体经济的影响，所以货币供应量的变化首先直接影响的就是证券价格的波动。

可以从以下几个角度来分析货币供应量增加对证券价格的影响：一是流通中的货币量增加时，会促使人们主动去购买证券，引起证券价格上升。二是利率水平会随着货币供应量的增加呈现下降趋势，更低的利率引发人们把储蓄从存款向证券市场转移；当然利率

---

① 流通中的现金即流通于银行体系之外的现金，包括单位、个人拥有的现金。

② 准货币包括单位定期存款、居民储蓄存款、其他存款、证券公司客户保证金、住房公积金中心存款、非存款类金融机构在存款类金融机构的存款。

下降后对证券市场价格的影响还可以从其他角度来分析，分析方法可以从“利率变动与股市波动模拟实训设计”章节中的相关内容来获得。三是货币供给量的提升也意味着通货膨胀预期，为了保值增值人们也会通过加大对证券市场的投资来实现，证券价格上扬。

现在的问题是如果增加的货币供应刚好是经济发展需要的货币量，那么流入证券市场的货币资金量肯定就不会很大甚至可能很不明显。那到底如何判断货币供应量的变化对证券市场带来的影响呢？一个合理的思路就是把货币供应量增幅和经济增长率以及通货膨胀率结合起来考虑。当货币供给量增长率超过宏观经济增长率和通货膨胀率之和时，对于证券市场来说货币供给相对宽松，证券市场上涨的概率就大；当货币供给量增长率低于宏观经济增长率和通货膨胀率之和时，对于证券市场来说货币供给偏紧，证券市场流动性会出现问题，证券市场下跌的倾向更大。

三者之间均衡时的表达公式为

$$\text{货币供给量 } M_2 \text{ 增长率} = \text{GDP 增长率} + \text{CPI}$$

由以上的分析和公式可知，只有增加的货币首先满足经济发展对货币量的需求以及通货膨胀对货币的消耗之后，才会有更多的余钱进入证券市场，推动证券市场的上扬；反之亦然。

2. 数据收集

1) 货币供应量数据收集

货币供应量的增加幅度采取比较有代表性的 M_2 供应量增速作为分析对象，以国家统计局网站 M_2 增速的数据收集为例，简要介绍 M_2 增速数据的收集过程。打开国家统计局网站(http://www.stats.gov.cn/tjsj)，点击首页“统计数据”→“年度数据”→“金融业”→“货币供应量”，在右边指标中找到“货币和准货币 M_2 供应量同比增长率(%)”一栏，就可以看到每一年的具体数据。具体界面如图 2-28 所示。

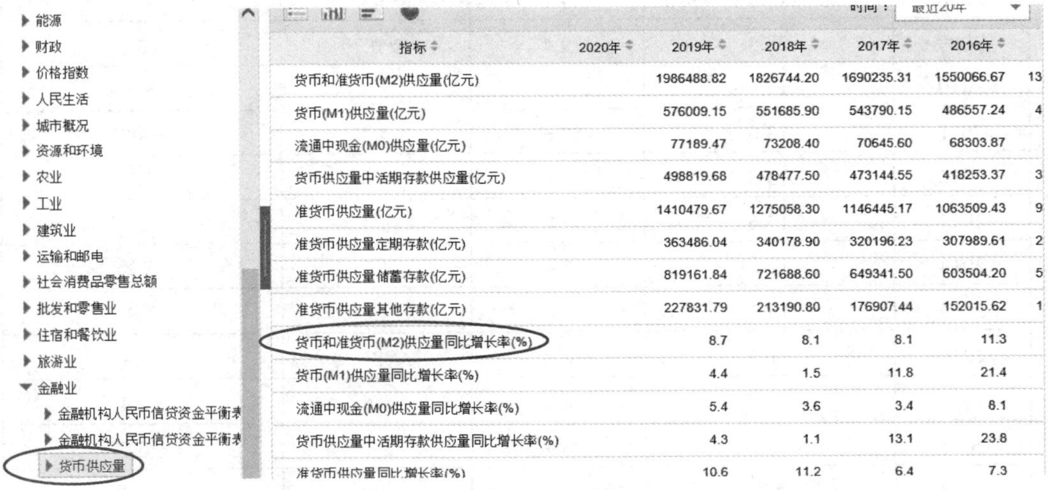

指标	2020年	2019年	2018年	2017年	2016年	
货币和准货币(M2)供应量(亿元)		1986488.82	1826744.20	1690235.31	1550066.67	13
货币(M1)供应量(亿元)		576009.15	551685.90	543790.15	486557.24	4
流通中现金(M0)供应量(亿元)		77189.47	73208.40	70645.60	68303.87	
货币供应量中活期存款供应量(亿元)		498819.68	478477.50	473144.55	418253.37	3
准货币供应量(亿元)		1410479.67	1275058.30	1146445.17	1063509.43	9
准货币供应量定期存款(亿元)		363486.04	340178.90	320196.23	307989.61	2
准货币供应量储蓄存款(亿元)		819161.84	721688.60	649341.50	603504.20	5
准货币供应量其他存款(亿元)		227831.79	213190.80	176907.44	152015.62	1
货币和准货币(M2)供应量同比增长率(%)		8.7	8.1	8.1	11.3	
货币(M1)供应量同比增长率(%)		4.4	1.5	11.8	21.4	
流通中现金(M0)供应量同比增长率(%)		5.4	3.6	3.4	8.1	
货币供应量中活期存款供应量同比增长率(%)		4.3	1.1	13.1	23.8	
准货币供应量同比增长率(%)		10.6	11.2	6.4	7.3	

图 2-28　国家统计局网站中货币和准货币 M_2 供应量同比增长率数据收集

将需要的 M_2 供应量增长率数据摘录下来，和经济增长率以及通货膨胀率的数据一起输入表 2-6 中，然后求 M_2 增长率与经济增长率及通货膨胀率的差，由于货币供给量从 1990 年才开始公布的，所以 M_2 增长率数据获得只能从 1991 年开始。

表 2-6　M_2 增长率、经济增长率与通货膨胀率数据表

时间	M_2 供给量增长率/%	GDP 增速/%	通货膨胀率/%	M_2 增长率-GDP 增速-通货膨胀率的差/%
1991	26.5	9.3	3.4	13.8
1992	31.3	14.2	6.4	10.7
1993	37.3	13.9	14.7	8.7
1994	34.5	13.0	24.1	−2.6
1995	29.5	11.0	17.1	1.4
1996	25.3	9.9	6.3	9.1
1997	17.3	9.2	2.8	5.3
1998	14.8	7.8	−0.8	7.8
1999	14.7	7.7	−1.4	8.4
2000	12.3	8.5	0.4	3.4
2001	14.4	8.3	0.7	5.4
2002	16.8	9.1	−0.8	8.5
2003	19.6	10.0	1.2	8.4
2004	14.7	10.1	3.9	0.7
2005	17.6	11.4	1.8	4.4
2006	16.9	12.7	1.5	2.7
2007	16.7	14.2	4.8	−2.3
2008	17.8	9.7	5.9	2.2
2009	28.5	9.4	−0.7	17.1
2010	19.7	10.6	3.3	5.8
2011	13.6	9.6	5.4	−1.4
2012	13.8	7.9	2.6	3.3
2013	13.6	7.8	3.3	2.5
2014	12.2	7.4	1.5	6.3
2015	13.3	7.0	1.4	4.9
2016	11.3	6.8	2	2.5
2017	8.1	6.9	1.6	−0.4
2018	8.1	6.7	2.1	−0.7
2019	8.7	6.0	2.9	−0.2

2) 股市波动数据收集

　　股市波动数据的收集还是采用上证指数当年涨跌幅数据，把指数年涨跌幅数据和 M_2 增长率与 GDP 增速及通货膨胀率的差的数据放入同一张表格中，如表 2-7 所示。

表 2-7　指数年涨跌幅和 M_2 增长率与 GDP 增速及通货膨胀率的差的详细数据

交易时间	指数年涨跌幅/%	M_2 增长率-GDP 增速-通货膨胀率的差/%
1991-12-31	129.41	13.8
1992-12-31	166.57	10.7
1993-12-31	6.84	8.7
1994-12-31	−22.30	−2.6
1995-12-31	−14.29	1.4
1996-12-31	65.14	9.1
1997-12-31	30.22	5.3
1998-12-31	−3.97	7.8
1999-12-31	19.18	8.4
2000-12-31	51.73	3.4
2001-12-31	−20.62	5.4
2002-12-31	−17.52	8.5
2003-12-31	10.27	8.4
2004-12-31	−15.40	0.7
2005-12-31	−8.33	4.4
2006-12-31	130.43	2.7
2007-12-31	96.66	−2.3
2008-12-31	−65.39	2.2
2009-12-31	79.98	17.1
2010-12-31	−14.31	5.8
2011-12-31	−21.68	−1.4
2012-12-31	3.17	3.3
2013-12-31	−6.75	2.5
2014-12-31	52.87	6.3
2015-12-31	9.41	4.9
2016-12-31	−12.31	2.5
2017-12-31	6.56	−0.4
2018-12-31	−24.59	−0.7
2019-12-31	22.30	−0.2

3. 货币供应量波动与股市波动的定量分析

从直观的数据比较中也许看不出它们之间的变化特征，把指数年涨跌幅数据和 M_2 增长率与 GDP 增速及通货膨胀率的差的数据通过作图的方式来分析它们的特征也许还有一定的可行性。

1) 数据的输入

数据的输入仍然以 Eviews 为例，具体操作过程参考通货膨胀与股市波动关系相关数据输入的流程。分别给两个序列更名为"HBGDPCPI"和"SZZS"，具体格式如图 2-29 所示。

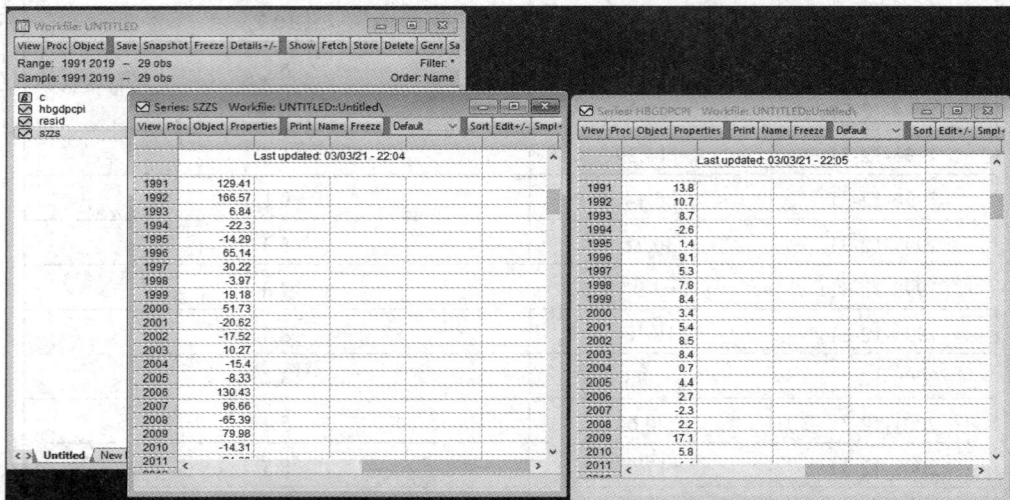

图 2-29　上证指数和 M_2 增长率与 GDP 增速及通货膨胀率差的数据录入情况

2) 货币供应量与股市波动的关系与定量分析

在"Object"下拉菜单中选择"New Object"，在"Type of Object"中选择"Graph"，点击确定后在跳出的"Series List"框框中直接输入"SZZS HBGDPCPI"，最终获得的上证指数和 M_2 增长率与 GDP 增速及通货膨胀率差之间的折线图如图 2-30 所示。

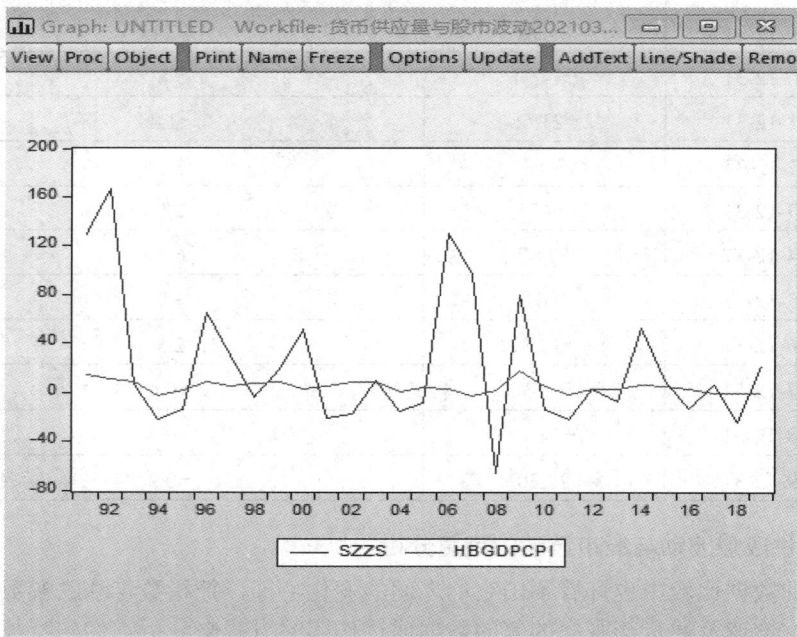

图 2-30　上证指数和 M_2 增长率与 GDP 增速及通货膨胀率差的关系折线图

从图 2-30 中可见，M_2 增长率与 GDP 增速及通货膨胀率差的数值相对较小，与上证指数的折线图比较相对较平，看不出它们之间有什么关联性，必须对其进行倍数扩大，然后选择有明显波动特征的折线图，再与上证指数的折线图进行比较。

在各种倍数扩大后的图中，选择 M_2 增长率与 GDP 增速及通货膨胀率差扩大 10 倍后的图，发现二者之间还是有一定关联性的，具体走势特征如图 2-31 所示。

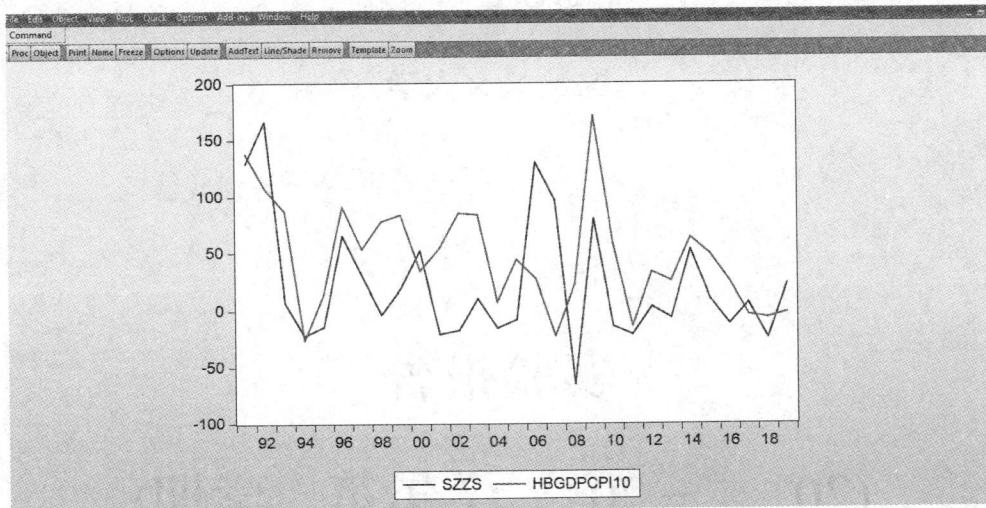

图 2-31　上证指数和扩大 10 倍后的 M_2 增长率与 GDP 增速及通货膨胀率差的关系折线图

从二者的关系图中可以大致看出以下三个阶段性的表现特征：

1999 年之前，上证指数和 M_2 增长率与 GDP 增速及通货膨胀率差之间几乎都是同方向变动的。M_2 增长率与 GDP 增速及通货膨胀率差上升，上证指数也上升；M_2 增长率与 GDP 增速及通货膨胀率差回落，上证指数也回落。

2000 年、2001 年、2003 年、2006 年及 2008 年出现了反方向的波动。M_2 增长率与 GDP 增速及通货膨胀率差回落，上证指数上升；M_2 增长率与 GDP 增速及通货膨胀率差上升，上证指数却回落。

2002 年、2004 年、2005 年、2007 年出现同方向波动。

2009 年至 2019 年上证指数和 M_2 增长率与 GDP 增速及通货膨胀率差的走势图比较一致，几乎都是同方向变化。说明证券市场的走势对货币供给量的变化比较敏感。

4. 货币供应量波动与股市波动之间关系的相关结论

从上证指数和 M_2 增长率与 GDP 增速及通货膨胀率差的走势图特征，结合证券市场波动与货币供给量的理论关系可以得出二者之间有以下两方面的相关结论：一是证券市场的波动还是受到了货币供给量变化的影响，且正向影响的情况比较常见，尤其是近十来年的正向影响更为突出，这个结论不管从理论上还是从实践中都得到了更多的验证；二是当证券市场的波动方向与货币供给量的变动方向出现反向的情况时，要注意隐藏在背后更为复杂的经济现象和证券市场波动的特性，如通货膨胀的情况，证券市场自身的规律特征等因素。

第三节　宏观经济定量分析与模拟实训设计

一、经济变动与股市波动模拟设计

××××大学

实验报告

(20　－20　　学年第　学期)

课程名称：_____

实验名称：_____

指导教师：_____

教　研　室：_____

专　　　业：_____

年级班级：_____

姓　　　名：_____

学　　　号：_____

××学院实验报告

课程名称:

实验编号及 实验名称	实验二 宏观经济变动与股市波动分析		教 研 室	
姓　　名		学　　号		班　　级	
实验地点		实验日期		实验时数	
指导教师		同组其他成员		成　　绩	

一、实验目的及要求

(一) 实验目的

了解宏观经济变动与股市波动之间的关系。

(二) 实验要求

(1) 学会宏观经济波动的常用判断方法或者指标。

(2) 了解这些宏观经济变量的具体变动规律及其与股市波动之间存在的关系。

(3) 能总结宏观经济变动与股市波动之间关系的结论。

二、实验环境及相关情况(包含使用软件、实验设备、主要仪器及材料等)

(1) 电脑及相关设备。

(2) 证券行情软件。

(3) 实时上网功能及流畅的网速。

(4) WIND、Choice 等金融数据库软件。

(5) 实训报告。

三、实验内容及步骤(包含简要的实验步骤流程)

(一) 实验内容

搜集近一段时间以来(最好是二十年以上)的宏观经济政策变动或者宏观经济指标相关数据,并结合股市的波动分析在我国宏观经济与股市之间是否存在一定关联性。

以国内生产总值 GDP 增长率的波动为分析对象,分析 GDP 波动与股市波动之间的关系,用 PPT 完成模拟实训内容,便于课堂交流。同时,把内容复制粘贴到实训报告中。

(二) 实验步骤

(1) 采集宏观经济变动数据,以国内生产总值为分析对象进行数据采集,国内生产总值变动的资料从国家统计局网站获得。

(2) 采集证券市场波动数据,证券市场波动以上证指数为标准或者沪深 300 指数为对象,选用每一个年度收盘指数。

(3) 用一种方法画出宏观经济变动与股市波动关系图，尽量根据二者之间的波动关系画出同向、反向的波动区间。

(4) 分析总结宏观经济变动与股市波动之间的规律特征，并试着分析背后的原因。

四、实验结果(包括程序或图表、结论陈述、数据记录及分析等，可附页)

把宏观经济变动与股市波动的主要结论写在以下空白处。

备注：

(1) 使用手工方式填写实验报告时，必须字迹工整，一律使用黑色钢笔书写；使用电子文档方式编辑填写实验报告时，报告中各内容选用宋体五号字，行间距为单倍行距。

(2) "实验编号及实验名称"项的填写形式如"实验一 原始凭证模拟实验"。

(3) 报告中可附页部分为第四项，附页使用 A4 打印纸，要标明所属报告中的内容编号，附页本身必须加编页码(如附四-1、附四-2 等)。

(4) 实验日期的填写格式统一为年-月-日的形式，如 2021-01-01。

(5) 实验日期可根据实验内容实际进行的时间分次如实填写；实验时数为实验大纲中对相应实验设置的具体课时数(节)。

(6) 报告中实验成绩由实验指导教师采用百分制进行评定。

二、利率变动与股市波动模拟实训设计

×××× 大学

实验报告

(20   －20   学年第　学期)

课程名称：_____

实验名称：_____

指导教师：_____

教 研 室：_____

专　　业：_____

年级班级：_____

姓　　名：_____

学　　号：_____

××学院实验报告

课程名称：

实验编号及 实验名称	实验三　利率变动与股市波动分析		教 研 室	
姓　　名		学　　号	班　　级	
实验地点		实验日期	实验时数	
指导教师		同组其他成员	成　　绩	

一、实验目的及要求

(一) 实验目的

分析利率变动与股市波动之间的关系。

(二) 实验要求

(1) 掌握利率变动与股市波动之间的理论关系。

(2) 从实际模拟交易操作中去验证利率变动与股市波动之间的关系。

(3) 跳出传统的利率变动与股市波动的理论研究结论，通过对二者关系图的研究，分析利率与股市反向变化以及同向变化的现象。

(4) 对于利率上升、股市下跌的情况还是能正常接受，但是利率与股市同向变化的情况要着重注意分析其中的原因。

二、实验环境及相关情况(包含使用软件、实验设备、主要仪器及材料等)

(1) 电脑及相关设备。

(2) 证券行情软件。

(3) 实时上网功能及流畅的网速。

(4) WIND、Choice 等金融数据库软件。

(5) 实训报告。

三、实验内容及步骤(包含简要的实验步骤流程)

(一) 实验内容

搜集近一段时间以来(最好是二十年以上)利率变动的数据(如果当年有几次利率变动，以最后一个利率为准)，并结合股市的波动分析在我国利率变动与股市波动之间是否存在一定关联性。

以利率为分析对象，分析利率变动与股市波动之间的关系，要求用 PPT 完成模拟实训内容，便于课堂交流。同时，把内容复制粘贴到实训报告中。

(二) 实验步骤

(1) 采集利率变动数据，利率变动的资料从中国人民银行网站获得。

(2) 采集证券市场波动数据，证券市场波动以上证指数为标准或者沪深 300 指数为对象，选用每一个年度收盘指数。

(3) 用一种方法画出利率变动与股市波动关系图，尽量根据二者之间的波动关系画出同向、反向的波动区间。

(4) 分析总结利率变动与股市波动之间的规律特征，并试着分析背后的原因。

四、实验结果(包括程序或图表、结论陈述、数据记录及分析等，可附页)
把利率变动与股市波动的主要结论写在以下空白处。

备注：

(1) 使用手工方式填写实验报告时，必须字迹工整，一律使用黑色钢笔书写；使用电子文档方式编辑填写实验报告时，报告中各内容选用宋体五号字，行间距为单倍行距。

(2) "实验编号及实验名称"项的填写形式如"实验一 原始凭证模拟实验"。

(3) 报告中可附页部分为第四项，附页使用 A4 打印纸，要标明所属报告中的内容编号，附页本身必须加编页码(如附四-1、附四-2 等)。

(4) 实验日期的填写格式统一为年-月-日的形式，如 2021-01-01。

(5) 实验日期可根据实验内容实际进行的时间分次如实填写；实验时数为实验大纲中对相应实验设置的具体课时数(节)。

(6) 报告中实验成绩由实验指导教师采用百分制进行评定。

三、通货膨胀率变动与股市波动模拟实训设计

×××× 大学

实验报告

(20 － 20 　学年第 　学期)

课程名称：＿＿＿＿＿＿＿＿＿＿＿＿

实验名称：＿＿＿＿＿＿＿＿＿＿＿＿

指导教师：＿＿＿＿＿＿＿＿＿＿＿＿

教 研 室：＿＿＿＿＿＿＿＿＿＿＿＿

专 　　业：＿＿＿＿＿＿＿＿＿＿＿＿

年级班级：＿＿＿＿＿＿＿＿＿＿＿＿

姓 　　名：＿＿＿＿＿＿＿＿＿＿＿＿

学 　　号：＿＿＿＿＿＿＿＿＿＿＿＿

××学院实验报告

课程名称：

实验编号及 实验名称	实验四　通货膨胀率变动与股市波动分析		教 研 室	
姓　　名		学　　号	班　　级	
实验地点		实验日期	实验时数	
指导教师		同组其他成员	成　　绩	.

一、实验目的及要求

(一) 实验目的

分析通货膨胀率变动与股市波动之间的关系。

(二) 实验要求

(1) 掌握通货膨胀率变动与股市波动之间的理论关系。

(2) 从实际模拟实训操作中去验证通货膨胀变动与股市波动之间的关系。

(3) 用通货膨胀与股市波动之间关系的结论来对股票投资策略进行指导。

二、实验环境及相关情况(包含使用软件、实验设备、主要仪器及材料等)

(1) 电脑及相关设备。

(2) 证券行情软件。

(3) 实时上网功能及流畅的网速。

(4) WIND、Choice 等金融数据库软件。

(5) 实训报告。

三、实验内容及步骤(包含简要的实验步骤流程)

(一) 实验内容

搜集近三十年(1990—2019 年)宏观经济政策变动的数据，并结合股市的波动分析在中国宏观经济与股市波动之间是否存在着关联性。

以 CPI 的波动为分析对象。用 PPT 完成模拟实训内容，便于课堂交流。同时，把内容复制粘贴到实训报告中。

(二) 实验步骤

(1) 采集通货膨胀率变动数据，通货膨胀率变动的资料从国家统计局网站获得。

(2) 采集证券市场波动相关数据，证券市场波动以上证指数为标准，选用每一个年度收盘指数。

(3) 用一种方法画出通货膨胀率变动与股市波动关系图，尽量根据二者之间的波动关系画出同向、反向的波动区间。

(4) 分析总结通货膨胀率变动与股市波动之间的规律特征，并试着分析背后的原因。

四、实验结果(包括程序或图表、结论陈述、数据记录及分析等，可附页)

把通货膨胀率变动与股市波动的主要结论写在以下空白处。

备注：

(1) 使用手工方式填写实验报告时，必须字迹工整，一律使用黑色钢笔书写；使用电子文档方式编辑填写实验报告时，报告中各内容选用宋体五号字，行间距为单倍行距。

(2) "实验编号及实验名称"项的填写形式如"实验一　原始凭证模拟实验"。

(3) 报告中可附页部分为第四项，附页使用 A4 打印纸，要标明所属报告中的内容编号，附页本身必须加编页码(如附四-1、附四-2 等)。

(4) 实验日期的填写格式统一为年-月-日的形式，如 2021-01-01。

(5) 实验日期可根据实验内容实际进行的时间分次如实填写；实验时数为实验大纲中对相应实验设置的具体课时数(节)。

(6) 报告中实验成绩由实验指导教师采用百分制进行评定。

四、货币供给量变动与股市波动模拟实训设计

××××大学

实验报告

(20　－20　　学年第　学期)

课程名称：_____

实验名称：_____

指导教师：_____

教　研　室：_____

专　　　业：_____

年级班级：_____

姓　　　名：_____

学　　　号：_____

××学院实验报告

课程名称：

实验编号及 实验名称	实验五　货币供给量变动与股市波动分析		教 研 室	
姓　　　名	学　　　号		班　　级	
实验地点	实验日期		实验时数	
指导教师	同组其他成员		成　　绩	

一、实验目的及要求

(一) 实验目的

分析货币供给量变动与股市波动之间的关系。

(二) 实验要求

(1) 掌握货币供给量变动与股市波动之间的理论关系。

(2) 从实际模拟实训操作中去验证货币供给量变动与股市波动之间的关系。

(3) 能利用货币供给变动与股市波动之间的关系对不同货币供给量特征下的股市波动进行分析和预测。

二、实验环境及相关情况(包含使用软件、实验设备、主要仪器及材料等)

(1) 电脑及相关设备。

(2) 证券行情软件。

(3) 实时上网功能及流畅的网速。

(4) WIND、Choice 等金融数据库软件。

(5) 实训报告。

三、实验内容及步骤(包含简要的实验步骤流程)

(一) 实验内容

搜集近一段时间以来(最好是二十年以上)的宏观经济政策变动或者宏观经济指标相关数据，并结合股市的波动分析在我国宏观经济与股市之间是否存在一定关联性。

以货币供给量的变动为分析对象，分析货币供给量变动与股市波动之间的关系，用 PPT 完成模拟实训内容，便于课堂交流。同时，把内容复制粘贴到实训报告中。

(二) 实验步骤

(1) 采集货币供给量变动相关数据，主要包括年度的 M_2 数据、GPD 数据以及通货膨胀率数据，货币供给量变动的数据从中国人民银行和国家统计局网站获得。

(2) 采集证券市场波动相关数据，证券市场波动以上证指数为标准，选用每一个年度收盘指数。

(3) 用一种方法画出货币供给量变动与股市波动关系图，尽量根据二者之间的波动关系画出同向、反向的波动区间。

(4) 分析总结货币供给量变动与股市波动之间的规律特征，并试着分析背后的原因。

四、实验结果(包括程序或图表、结论陈述、数据记录及分析等，可附页)
把货币供给量变动与股市波动的主要结论写在以下空白处。

备注：

(1) 使用手工方式填写实验报告时，必须字迹工整，一律使用黑色钢笔书写；使用电子文档方式编辑填写实验报告时，报告中各内容选用宋体五号字，行间距为单倍行距。

(2) "实验编号及实验名称"项的填写形式如"实验一 原始凭证模拟实验"。

(3) 报告中可附页部分为第四项，附页使用 A4 打印纸，要标明所属报告中的内容编号，附页本身必须加编页码(如附四-1、附四-2 等)。

(4) 实验日期的填写格式统一为年-月-日的形式，如 2021-01-01。

(5) 实验日期可根据实验内容实际进行的时间分次如实填写；实验时数为实验大纲中对相应实验设置的具体课时数(节)。

(6) 报告中实验成绩由实验指导教师采用百分制进行评定。

第三章　中观行业定量分析与模拟实训

　　证券投资除了自上而下的分析方法之外，在实践中还有从分析公司开始，接着了解这个公司所属的行业，最后简单了解宏观经济形势或者不太在意宏观经济形势的，这是自下而上的分析方法。目前，采用这种分析方法的投资者越来越多。之所以这么做，主要是因为宏观经济分析难度很大，对于一般的投资者而言把握起来较为困难，而分析公司以及分析行业则更容易收集相关数据并做出判断，只要投资的公司好且公司所属行业的发展前景不错，这样的公司就值得注意。

第一节　中观行业分析概述

一、行业分析的概念

　　经济学教科书中对于行业的定义是从事国民经济中同性质的生产或者其他经济社会活动的经营单位和个体等构成的组织结构体系。国民经济是各行各业构成的各个经济部门的总和，因此一国的经济波动就是所有行业波动组成的集合体。行业经济活动是介于宏观经济活动和微观经济活动之间的经济层面，因此被称为中观经济活动，行业分析也被称为中观行业分析。

　　投资领域所研究的行业与国民经济对行业的定义有所区别，投资领域的行业范畴相对较窄，更确切地说，它只是某一类企业群体。国民经济对行业的定义是生产相同或者相似产品、提供相同或者相似服务的某一类企业群体的集合。这类企业提供的产品或者服务能够与其他类企业群体提供的产品或者服务区分开来，有独有的产品或者服务特色，于是这类企业群体就构成了行业。大多时候，行业分析仅仅局限在产业分析，其内涵还涉及区域分析等方面，这就超越了产业的范畴，所以用"行业分析"这个词更为准确、全面。

二、行业的大致分类

　　行业分类的方法很多，有道琼斯分类法、标准行业分类法、国民经济行业分类法[①]以及证券市场行业分类法等。

　　当然，不同的软件也有不同的分类方法，其实很多行业的分类还不够详细，如东方财富

---

① 最新的国民经济行业分类见《2017 国民经济行业分类》。

Choice 金融终端软件中的行业分类大多只分到了大类，以 600519 贵州茅台为例，证监会行业分类只把贵州茅台分为"制造业—酒、饮料和精制茶制造业"，如图 3-1 所示，这是"制造业"门类下的"酒、饮料和精制茶制造业"大类，即行业代码中的"C15"。所属东财行业是"酿酒行业"，这和证监会行业分类中的"酒的制造"接近，但也只是属于中类。其实，从小类的角度看，贵州茅台应该属于"白酒制造"小类，即证监会行业分类代码中的"C1512"。

公司名称	贵州茅台酒股份有限公司		
英文名称	Kweichow Moutai Co.,Ltd.		
曾用名	贵州茅台->G茅台		
A股代码	600519	A股简称	贵州茅台
B股代码	—	B股简称	—
H股代码	—	H股简称	—
证券类别	上交所主板A股	所属东财行业	酿酒行业
上市交易所	上海证券交易所	所属证监会行业	制造业-酒、饮料和精制茶制造业
总经理	李静仁(代)	法人代表	高卫东
董秘	刘刚	董事长	高卫东
证券事务代表	陈华	独立董事	章靖忠,许定波,陆金海,李伯潭
联系电话	0851-22386002	电子信箱	mtdm@moutaichina.com
传真	0851-22386193	公司网址	www.moutaichina.com
办公地址	贵州省仁怀市茅台镇	注册地址	贵州省仁怀市茅台镇
区域	贵州	邮政编码	564501

图 3-1　东方财富 Choice 金融终端贵州茅台的行业分类

因此，在对行业进行分类的时候一定要注意这个问题，最起码要把行业分类尽可能分到小类，有时到小类还不够，能继续细分最好，这样才能把行业分类做到很细的地步。比如，贵州茅台在行业小类"白酒制造"之后，还需要区分"高端白酒""中端白酒"以及"低端白酒"等。显然，贵州茅台属于高端白酒中的翘楚，在白酒行业中应该位于第一梯队，和五粮液、洋河股份等同属一列。

图 3-1 显示的是东方财富行情软件中贵州茅台的证监会行业分类，它属于"制造业—酒、饮料和精制茶制造业"；在东方财富行业属性中属于酿酒行业。既然属于酿酒行业，那么可能酿的是白酒，也可能是啤酒、红酒或者黄酒等。在查看板块涨跌幅情况时，所有的酒类公司在酿酒板块内一起显示，可同时关注。因此在行业的细分方面，如果只把贵州茅台分在酿酒行业是远远不够的，还要进一步深入对行业进行细分与分析，这样对于行业的分析才更有针对性，更准确。

三、行业分析的目的和意义

(一) 行业分析的目的

行业分析是研究行业过去的发展历程、行业当前的发展现状以及未来的发展趋势等相关内容。研究过去和现在的主要目的就是预测未来，行业分析也不例外，研究行业的过去和现在就是为了对行业未来的发展趋势有一个大致的判断，从而选择有发展前景的行业进行投资，这就是行业分析的主要目的。因为发展前景好的行业里出现"好公司"的概率要远远大于发展前景不好的行业里出现"好公司"的概率，就好比从学历高和文化高的人群中寻找优秀的管理人才的概率要远远大于从学历低和文化低的人群中找到优秀的管理人才的概率。

(二) 行业分析的意义

行业分析首先要解决的问题是判断该行业处于哪个发展阶段，即要搞明白该行业发展的周期及目前所处的发展阶段。如果知道了行业所处的阶段，不同的投资者就会有不同的应对策略，如初创期的行业适合风险资本或者产业资本去投资，成长期的行业适合趋势型投资者去投资，成熟期的行业适合稳健型的投资者去投资，衰退期的行业适合并购资本去投资。

当然，行业分析在厘清行业所属的周期阶段属性后，即使当前的宏观经济不是非常理想，依然有表现非常好的成长期，行业会成为市场最闪耀的板块。因为这些行业会保持自身的发展速度，受宏观经济波动影响较小，这样的行业必将成为市场聪明资金追逐的对象。

因此，行业分析的意义在于判断行业所属的周期阶段，为投资者寻找投资介入的时机。投资者也许看不懂宏观经济的发展阶段，也许很难搞清楚行业中龙头股的真实身份，但是如果能了解有发展前景的行业，即使只进行行业的指数化投资，获得满意超额回报的概率也会非常大。

四、行业分析的主要方法

(一) 比较研究法

比较研究法是对物与物之间、人与人之间的相似性或差异程度进行研究与判断的方法。比较研究法可以理解为是对两个或者两个以上有联系的事物进行详细考察，寻找异同，探求普遍规律与特殊规律的方法。进行行业分析时，比较研究法也是很常用的一种分析方法，就是通过对两个或者多个行业进行研究和考察，发现它们之间的异同。

行业比较研究法可以分为行业横向比较和行业纵向比较两种方法。行业横向比较法就是与行业内其他结构相似的行业进行比较，用来对该行业进行评价。比如将行业性质非常接近的钢铁行业和建材行业进行比较，如果两行业的增速相差不大，但市盈率有高低之分，行业之间便宜与否还是可以比较的，即在增速相当的情况下，市盈率低的行业相对便宜。行业纵向比较法是利用行业的历史数据，如行业销售收入增长率、利润增长率、行业整体规模等数据，并结合当前行业发展状态以及政策支持情况等因素来预测行业的未来发展趋势。

(二) 历史资料研究法

历史资料法亦称纵向研究法，是比较研究法的一种，是运用历史资料按照历史发展的顺序对过去事件进行研究的方法。这种研究方法的优点是省时、省力、简单方便；缺点是只以过去为中心，忽视当前的资料与信息，考虑问题没有那么全面。

运用历史资料法对行业进行研究，就是运用该行业已经存在的历史资料，主要对行业的销售、利润、规模结构、竞争格局、替代行业等现有资料进行深入研究，寻找相关信息；然后对这些信息进行描述、分析和解释，同时揭示当前关注的一些问题，进而对行业的未来发展进行预测。

(三) 调查研究法

调查研究法是指通过考察了解客观情况直接获取相关材料，并对这些材料进行分析的研究方法。在描述性、解释性和探索性研究中可以运用调查研究法，多以个体为分析单位，通过问卷调查或者电话访问、深度访谈以及实地调研等方式了解调查对象的有关资讯，加以分析并开展研究。

行业调查研究法是向行业内的人员进行咨询，了解他们对行业的看法，到行业相关部门了解当前的政策支持情况，实地查访或者电话访问行业内龙头企业的生产、销售及其对未来的看法等相关内容，在这些资料信息的基础上独立思考并预测行业的未来发展趋势。

(四) 统计分析法

统计分析法可以分为回归分析法和时间序列分析法两种。

1. 回归分析法

回归分析法是一种预测性的建模技术，研究的是因变量和自变量之间的关系，建立一个相关性较好的回归方程用于预测今后因变量变化的分析方法。当对市场现象未来发展状况和水平进行预测时，如果能将影响市场预测对象的主要因素找到并获取足够多的数据时，就可以采用回归分析法进行预测。

回归分析法是一种重要的市场预测方法，可以分为一元回归分析法和多元回归分析法。回归分析法一般包括根据预测对象确定自变量和因变量，建立回归预测模型，进行相关性分析，检验回归预测模型，计算并确定预测值等一系列步骤。

2. 时间序列分析法

时间序列是遵循时间顺序的一组数字序列。时间序列分析法就是利用这组数列，应用数理统计方法加以处理以预测事物未来的发展。时间序列分析法的主要特点就是假定在不受外在其他因素的影响下以时间的推移来研究和预测市场的发展趋势。当外在因素发生较大变化时，这样的预测分析法就会有较大偏差。

时间序列分析法的基本原理是事物发展具有延续性，即应用过去的数据来推测事物的发展趋势；事物发展具有随机性，事物发展受偶然因素影响，需要用统计分析中加权平均法对历史数据进行处理。时间序列分析一般反映三种实际变化规律：趋势变化、周期性变化和随机性变化。

五、行业分析的具体流程与框架

(一) 行业分析具体流程

1. 确定行业属性

确定行业属性就是要明确所选择的行业属于哪个行业，在国民经济行业分类中尽量细化到小类，这对于后续收集资料和研究分析会起到事半功倍的效果。

投资者在判断一个公司行业属性的时候，往往很笼统地只看这个行业属于什么行业后就开始埋头研究，继续研究时就会发现可能做的是偏向于一个更小的细分行业的研究，虽然之前的研究对投资者原本想研究的行业有一定的帮助，但是很可能存在偏差，所以应该在研究前把行业尽可能细分到无法再细分的程度，之后再展开对行业的深度研究。比如，投资者要研究免疫诊断细分行业，但是收集的资料全部是关于体外诊断行业的，虽然免疫诊断也属于体外诊断行业，但这显然不是投资者最终想要的结果，至少在收集体外诊断行业的时候就应该把重心向免疫诊断行业倾斜。

同时要注意，当一个公司同时经营多项业务且这些业务分属不同的行业时，就要将该公司划入某类营业收入比重大于或者等于 50%的业务所属的行业；如果该上市公司没有一类业务的营业收入比重大于或者等于 50%，但某类业务的收入和利润在所有业务中占比最高，且均在 30%以上，那么该公司就应该划入该业务对应的行业类别。如果不能按照上述分类方法确定行业归属的，上市公司行业分类专家委员会根据实际经营状况判断公司的行业属性；行业归属确实不能明确的，则划入综合类。

2. 收集行业信息、分类整理

确定行业属性后，就要开始收集充分的信息，以最大可能地解决信息不对称问题。当然，并非信息越多越好，关键在于能对这些信息进行充分消化后形成自己对于该行业的独立思考。对于普通的投资者而言，很难通过调查研究法来获得行业信息，即第一手资料；更多的应该是第二手资料，这些资料是网络、报刊等公开信息中机构调研后形成的报告，或者是行业内相关企业对于行业的看法，又或者是国家产业部门对于产业发展或者调控的政策信息等。投资者应从这些信息中去挖掘有用的信息，然后进行分类整理，为完成行业研究报告做基础准备。

3. 研究分析

研究分析是行业分析流程中最关键的一步，即运用各种行业分析方法对行业未来的发展前景进行综合研究，目前比较常用的分析方法主要是统计分析法。在完成行业分析报告的时候，思维中要有行业研究的基本框架，然后对各具体内容进行分项研究，可以根据研究需要调整行业研究框架。撰写行业研究报告时，提出的行业研究结论必须有较强的逻辑依据。

研究分析的主要目的就是写出比较有用的行业分析报告。当然，有时可能由于是个人投资者，无法做到细致分析，但只要自己能得到关于行业发展有预测性的结论也是不错的结果。

4. 推敲验证与持续跟踪

在得出行业研究报告后，还需要多方验证，并持续跟踪修正。有条件的投资者可以对照研究报告的结论与行业内的专家、企业家等进行沟通交流，以确定研究结论的可靠性。而条件不足的投资者也可以通过一些其他渠道(如必要的实地调查或者网络调查)进行持续跟踪并验证。比如，当通过研究分析得出鸡肉行业将迎来大爆发时，投资者可以和身边熟识的业内从业人员进行交流，请他们分析判断行业的发展现状和发展趋势；如果实在没有相关人员可以咨询，可以通过互联网的相关信息来进一步佐证，看看鸡苗的价格是否上涨，鸡肉生产公司在网上销售的鸡肉价格是否上涨等，对行业的发展加以判断。

(二) 行业分析具体框架

1. 行业历史发展

1) 行业细分

《国民经济行业分类》中将行业类别分为四大类：门类、大类、中类、小类。在 F10 公司基本资料"公司概况"中的"所属证监会行业"中找到对应的行业类型，查看 F10 公司基本资料"经营分析"中的"按产品分类"，即可确定该公司的行业属性。

2) 影响行业变动的因素

影响行业发展的因素很多，如行业在社会经济中的地位、行业特性、行业规模结构、行业组织结构等，这些主要是从行业自身内在因素来分析的，但是行业的发展很大程度上会受到外在因素的直接冲击。影响行业变动的外在因素有：

(1) 技术的进步。大部分行业的变动都由技术革新引起，技术革新无时无刻不在发生，所以行业变动也无时无刻不在演绎。在科学技术日新月异的时代，不断出现新行业，同时旧行业也在被淘汰。例如，电力逐步取代蒸汽动力，大规模集成计算机取代了一般的电子计算机，人工智能将逐渐取代重复的人力劳动，等等。技术进步推动着社会变革的同时也推动了社会的进步。

技术进步的趋势不可阻挡，随着技术更新速度的加快，因技术变动引起的行业变动周期也在加快，原来几十年甚至几百年才出现的行业更替现在也许只要二三十年甚至几年时间就会实现。传统行业受到技术进步的冲击影响可能没那么大，即使出现更新换代，周期也较长；和互联网、生物技术、信息技术等有关的高科技行业受到技术进步冲击的影响较大，行业更新速度较快。

(2) 政府的影响和干预。任何一个国家、任何一个市场都离不开政府的调控和干预，因为政府干预的主要目的就是保障经济与市场的健康稳定发展。在行业发展方面，政府的引导作用就更为突出，政府通过制定不同的产业政策、税收、信贷、补贴、价格引导、准入制度等对不同行业的发展施加影响。政府会对关系国计民生的重要行业，如公用事业、基础设施行业、交通运输行业以及金融业等加以管制，允许它们在一定程度上实行垄断经营，同时又通过限价政策防止超额利润的产生；对于一般竞争性行业，政府为了维持一个公平竞争的环境，主要的手段是以反垄断以及防止欺诈为主；对于一些"卡脖子"的瓶颈行业，主要在新兴高科技行业中比较多见，政府一般采用鼓励政策来引导这些行业的发展，给予法律、政策、资金等多方面的有力扶持。

(3) 社会习惯的改变。任何行业的存在都是以人的需求为前提的，只要人类在某方面存在着需求，那么这个行业就会存在；人类消费习惯的改变，就意味着旧行业的衰退消亡与新行业的兴起繁荣。例如，曾盛极一时的台式电脑慢慢被笔记本电脑所取代；而笔记本电脑也开始慢慢被手机所取代；随着新能源技术的进步以及电池存储及充电问题的解决，在未来几十年绝大部分的燃油汽车将会被新能源汽车取代；突发的新冠疫情让人们的消费习惯从服务消费时代又转回物质消费时代；等等。

(4) 产业组织与创新。产业组织中的"产业"是一个比行业更小的范围，仅仅指生产具有密切替代产品或者服务的企业的集合。产业组织是指产业内企业之间的市场关系与组织形态。产业间的市场关系是指产业内同类企业间的垄断、竞争关系，表现为产业内企业间竞争与垄断不同程度结合的四类市场结构，反映了产业内不同企业间市场地位差异、市场支配力差异以及市场效果差异等内容。产业内企业间组织形态是指同类企业相互连接的组织形态，这既取决于企业间技术关联的专业化协作程度，又取决于产业内企业间垄断与竞争的不同形态结合。

产业组织与创新是指同一产业内企业间的关系和企业内组织形态的创新发展，主要包括持续的技术创新和服务创新引起市场行为的变化、市场结构的调整以及市场绩效的变动等方面的内容。

缺乏产业组织创新的行业会出现技术壁垒低、市场竞争激烈、行业平均利润水平较低、缺乏增长潜力等问题，如建筑业、纺织业、交通运输业等；而产业组织创新较强的行业会推动产业不断升级，新技术和新产品不断涌现，这些产业获得超额创新利润的概率极大。

(5) 经济全球化。当今社会每一个行业和企业都置身于全球化浪潮中，经济的全球化必然导致国际分工出现重要变化，同时也导致了产业的全球化转移。面临全球性竞争的同时，各行业各企业也获得了全球性的资源和市场，关键在于这些行业和企业能否整合全球性资源来满足全球性需求。例如，在全球化浪潮下我国矿产资源行业在面临矿产资源贸易风险不断加大的不利挑战的同时，也应该积极利用广阔的国际出口市场为我国有突出优势的大宗矿产品寻找出路。

3) 行业的演变

研究行业一定要研究该行业当初是为了满足社会哪一个方面的需求而出现的，再进一步研究行业发展过程中经历了哪些阶段，行业供需发生了哪些重要的变化。搞清楚行业的产生和行业的发展演变对行业的现状以及未来的研究起决定性的作用。例如，新能源汽车行业是为了满足改变能源结构、改善环境污染等需要而出现的，当前新能源汽车行业正处在行业发展的初步导入期并开始向缓慢增长阶段过渡，也许到成长期还有一段路要走，但是只要过了拐点，就会向快速成长阶段发展。之前一直处于亏损状态的新能源汽车顶端企业——特斯拉2020年开始赢利，这对整个新能源汽车行业来说是开了一个好头。只要未来新能源汽车的性能再提升一些，相信当前的供需矛盾会得到解决，那时的新能源汽车行业将进入发展快车道。

2. 行业当前发展阶段

1) 行业市场结构

行业的市场结构主要从市场竞争格局特征的角度进行划分，主要有完全竞争、垄断竞争、寡头垄断和完全垄断等四个市场结构类型。

(1) 完全竞争。完全竞争市场结构下的行业，由于各厂商的产品同质化严重，产品之间没有突出的差别，因此没有一个厂商能控制产品的价格，新进入者比较容易，资源可以随时从一个使用者转向另一个使用者，几乎不受任何阻碍和干扰。这种市场结构下的行业利润率较低，行业发展潜力一般。但纯粹的完全竞争市场是不存在的，一般来说初级产品市场、原材料市场、农产品市场具有完全竞争市场的特征。

(2) 垄断竞争。垄断竞争市场结构下的行业，厂商的数量仍然比较多，但是不同厂商的产品质量或者外包装等方面已经开始出现一定的差异，产品有一定的辨识度，因此产品的价格也开始出现差异。虽然有一定的差异，但是厂商进退的壁垒仍然比较低，比较偏向于完全竞争的市场结构类型。如服装鞋帽、家用电器、理发业、零食行业、汽车零配件甚至券商行业等都比较靠近垄断竞争行业。

(3) 寡头垄断。寡头垄断是在一个行业中只有少数厂商对市场实现瓜分与控制的市场结构类型，其特征是产业集中度很高，少数几个厂商的产量占全行业总产量很高的比重。垄断厂商的产品基本上同质或者差别不大，相互之间的可替代性很强；进入该行业的壁垒较高，多为资金密集型或者技术密集型。比较极端的寡头垄断是双占垄断，即两个厂商的产量在行业中占有极高的比重。如汽车制造、航天航空、石油冶炼以及移动通信等都属于寡头垄断的行业。

(4) 完全垄断。完全垄断是行业中只有一个生产者的市场结构，即一个厂商就是整个行业。由于整个行业只有一个厂商提供全行业所需要的全部产品，且其生产的产品没有任何其他可以替代的产品，因此不会受到其他进入者的威胁。完全垄断包括三种情况：一是政府完全垄断，在公用事业中居多，如铁路、国家电网等；二是私人完全垄断，如政府授予的特许经营或者专利生产的独家经营以及由于资本、技术优势而建立的排他性私人垄断经营；三是自然垄断，一般情况下是由于自然资源无法复制的情形导致的垄断，如旅游景点等。

2) 行业周期

行业周期可以分为行业经济周期和行业生命周期两种。

(1) 行业经济周期。行业经济周期根据行业周期性波动与国民经济波动的密切程度把行业分为以下四种。

① 周期型行业：行业的波动状态与经济周期密切相关，经济发展好的时候行业发展也很好，经济衰退萧条时行业发展也出现一定的阻滞。这些行业往往属于传统行业，如电力、煤炭、钢铁、建材、水泥、化工等行业都是周期型行业，比较典型的周期型行业有房地产、有色金属以及券商等①。需要注意的是，几乎所有的行业都带有周期属性，只是各自的周期不同而已，有些行业周期性强一些，有些行业周期性弱一些，所以有所谓的强周期行业或者弱周期行业之分。

② 防御型行业：行业的波动和经济周期的关联度比较低，可保持自身相对比较稳定的增长，这是因为这类行业的市场需求相对稳定，需求弹性比较小。经济发展好的时候行业保持自身稳定的发展速度，经济低迷时行业也基本保持稳定的发展速度，受经济波动的影响不大。典型的防御型行业有医药、生活必需品等行业。

③ 成长型行业：行业的波动和经济周期的关联度不高，但是能保持较快的行业增长速度。这类行业的高速增长主要依靠技术进步、新产品推出以及更加优质的服务等，从而使得该行业能够呈现出持续的增长态势。一般来说，成长型行业在新兴行业中比较常见，尤其是采用新技术的行业居多。要注意的一点就是成长型行业的成长阶段一般不会太长，且不同的历史阶段会出现不同的成长型行业，几乎可以说几年一轮回，成长行业各不同。

---

① 这三个行业被称为"牛市三雄"和"熊市三熊"，即在牛市的时候这三个行业是市场中的英雄，表现非常亮眼，股价涨升较多，在熊市的时候这三个行业是市场中的狗熊，一路持续下跌，往往跌幅也较大。

④ 成长周期型行业：行业的波动和经济周期的关联度较高，但还是能保持行业自身较快的增长速度。这类行业处在自身的成长阶段，不过受到经济波动的影响仍然较大。如果经济持续走好，这类行业的发展速度会惊人地爆发；而如果经济走弱，这类行业的发展速度明显放缓。我国当前的光伏行业就属于典型的成长周期型行业。

(2) 行业生命周期。行业生命周期是指行业从出现到退出社会经济活动所经历的时间，几乎所有行业都要经历成长到衰退的一个演变过程。对于行业生命周期阶段的把握，有助于投资者对一个行业进行所属状态的分析与评价。行业生命周期主要包括四个阶段，即初创期、成长期、成熟期和衰退期。

① 初创期：这一时期产品刚刚出现，不为人们所知悉，市场需求较小，且由于前期的研发及运营成本投入大，导致行业的利润率太低甚至严重亏损。初创期的行业厂商数量少，几乎没有太明显的竞争手段。厂商可能因为产品不被市场所认可而出现倒闭，投资风险很大；但一旦产品获得市场认可，其需求会呈爆炸性增长。当前的创新生物制药、信息技术、航空航天等行业处于初创期。

② 成长期：这一时期的市场需求因前期的产品试用获得市场认可，开始出现高速增长的态势，厂商的盈利开始出现快速增加，同时吸引更多的厂商进入该行业，市场竞争开始加剧，竞争手段以价格竞争为主，所以也导致很多厂商在竞争中失败而退出市场，市场的风险仍然很大。当前的新能源汽车、5G技术、高端装备等行业处于成长期。

③ 成熟期：经过成长期激烈的竞争和残酷淘汰后，厂商的数量急剧减少，留下一些实力比较强的企业保持着市场的绝对份额，竞争手段已经不依赖价格，更多的是依靠强大的产品质量和服务以及品牌影响力，行业利润率比较高且稳定，现金流分配比较充足，投资风险也相对较低。当前的电力、白色家电、房地产等行业正处于成熟期。

④ 衰退期：这一时期的行业生产能力开始出现过剩情况，尤其是替代品开始出现，导致原来行业的市场份额大幅度下降，行业开始出现负增长，甚至开始出现亏损，但短时间内也不会消亡，只是随波逐流，行业开始进入衰退期。行业内公司的估值较低，甚至跌破净资产，投资风险相对较低，不过也要防止出现估值陷阱，即估值越低，可能跌得越多。当前的矿产资源业、钢铁业甚至电影行业开始进入衰退期。

3) 行业规模

行业规模包括行业的区域特性、规模大小以及规模增速等。行业的区域特性是指这个行业面向的对象是全球市场、国内市场还是区域市场。行业规模决定着行业的天花板有多高。如果一个行业刚刚起步，而本身的规模也不是特别大，就算是行业中的龙头企业也无法做大，毕竟行业的天花板太低了，这样的行业就没有太广阔的发展空间。行业规模增速大致决定着这个行业内企业的平均增速，只有整个行业处在比较快速的增长态势中，行业内的龙头企业才可能有更快的增长速度。

在进行投资选择时，首先要注意选择规模足够大的行业，其次看行业未来的增速水平，特别在估值的时候应该结合行业的成长性给予和行业增速相匹配的估值水平，而不能凭空给出过高或者过低的估值评价。

4) 行业商业模式与盈利能力

行业的商业模式决定了行业的发展方向和行业的盈利能力，所以在研究一个行业前，要熟悉行业的商业模式。行业的商业模式就是一类企业在市场中与用户、供应商、其他合作伙伴的关系，尤其是彼此间物流、信息流和资金流的连接与循环。

　　一个良好的商业模式应该是能满足消费者需求的系统，这个系统组织管理着各类资源，主要包括资金、原材料、人力资源、消费者目标群体、经营方式、信息、技术手段等，形成能够提供给消费者因无法自理而必须购买的产品和服务，这些产品和服务具有别人不能复制或者自己在复制中占据市场优势地位的特性。

　　行业的商业模式决定了行业内这类公司是通过什么方式来赚钱的，这个问题是商业本质，也是商业模式的本质。在传统的商业模式中，几乎都是以产品为中心来追求利润最大化的。但是随着时代的发展，商业模式发生了比较大的变化，形成新的商业模式。新商业模式往往是先设计好一套模式，再找到合适的产品。比如，互联网模式的特征是免费试用，用户流量为王；连锁模式的特征是复制能力特别强，通过自营连锁或者加盟连锁的方式迅速铺店；直销模式的特征是去掉中间商渠道，直接零售给消费者，主要有电视购物、自动供货机、网络直播等；金融模式的特征是利用杠杆效应，放大收益；投行模式的特征是自己并不生产产品，而是整合资源，做资源调配，做最核心的东西，如小米集团自己不生产手机零部件，只是根据订单组装手机进行销售；产业整合模式的特征是轻资产运营，善于发现好的企业，然后投资它们，再进行相应的资源整合。

3. 行业未来发展趋势

1) 从行业发展的时间远近来看行业未来的发展趋势

　　从行业发展的时间远近来看，行业未来的发展趋势包括短期趋势、中期趋势和长期趋势。短期趋势主要看该行业未来 1～2 年发展前景怎么样，行业短期发展主要看资本对该行业的追逐，包括进出行业的资金以及资本运作能力等。中期趋势主要看该行业未来 2～10 年的发展前景怎么样，行业中期发展主要受管理等因素的影响，管理者的战略眼光、未来布局、资源整合能力以及管理水平不仅影响着自己企业的发展，甚至会影响到行业的整体发展状况。长期趋势主要看该行业 10 年后发展前景怎么样，行业长期发展主要受技术更替等因素的影响，技术的变迁对于行业长远发展来说是决定性的关键因素，技术更替对行业中、短期发展也许没有大的冲击，但是时间一拉长，这种冲击就显得特别明显。

　　例如，2010 年我国零售实现了大扩展，资本的追逐使得我国零售业处在全球第一位，我国连锁市场呈现出高饱和度以及高度竞争的局面。之后几年，不断上涨的租金成本和劳动力成本给零售业带来了不小压力，且公众事件频发，面对着淘宝电子商业以及京东商城等电子商务平台的影响，中小零售企业生存困难。如何实现多元化销售、实现资源整合等就是管理者要面对的棘手问题。未来零售企业将围绕着 IT 信息技术、商用设施设备、购物中心等全方位整合推动产业升级，缩短运营流程，用新理念、新技术、新趋势来不断满足消费者的需求，实现零售连锁企业更长远的发展。

　　不管是短期趋势，还是中期趋势或者长期趋势，行业在发展的过程中都会较大地受到政府行业政策的影响。尤其是技术密集型行业，短、中、长期受到技术更替的冲击更为明显。

2) 从行业所处的生命周期阶段来看行业未来的发展趋势

　　行业所处的生命周期阶段不同，决定着该行业的未来发展方向不一样，投资者做出的

投资选择也会相差很大。比如，判断一个行业处在初创阶段，就要搞清楚当前行业的状态
应该是少量厂商开启了行业的篇章，行业的整体风险很大，但是一旦过了初创期迎来成长
期，成长期就是很值得期待的一个阶段。判断一个行业处在成长期后，还要判断是处在
成长初期还是成长后期。成长初期竞争依然激烈，企业间的优势差异不是特别大，哪家企业
在竞争中被淘汰的概率都非常大；成长后期，一些企业在激烈的竞争中被淘汰出局，留下
为数不多的大企业在竞争中脱颖而出，行业将进入成熟期。一个行业进入成熟期后，行业
中优势明显的龙头公司就只有少数几家，它们占据着市场的主要份额，虽然还有其他厂商
存在，但是很难对这些龙头公司产生大的影响。当然，该行业不会马上进入衰退期，要看
市场对该行业的需求状况，技术更新快的行业其成熟期也许会很短，但是传统行业成熟期
持续的时间会比较长。当一个行业已经进入衰退期时，就要考虑行业的未来出路在哪里，
因为衰退期的行业大多随波逐流，没有很好的发展前景，可能会在未来的某个阶段被新的
行业所取代或者因为需求的不可替代而维持着行业的低迷状态。从行业生命周期理论也可
以把行业分为朝阳行业、支柱行业和夕阳行业，分别对应成长期行业、成熟期行业以及衰
退期行业。

下面以我国汽车行业的发展为例来分析行业不同生命周期下行业的演进。21世纪之前
是我国汽车行业的初创期，1992年我国汽车总产量突破100万辆，到2000年汽车总产量
达到了200万辆，10年时间翻了一番，即汽车增加了100万辆。进入21世纪后，我国的
汽车行业进入成长初期，2002年我国汽车总产量突破300万辆，2003年突破400万辆，2004
年突破了500万辆。每突破100万辆的时间由20世纪末的10年到21世纪初的不到1年的
时间，可见我国汽车行业进入了高速发展的成长初期。2006年和2007年我国出台汽车产
业振兴规划，汽车产销量剧增，2009年我国汽车产销量达1370万辆，居世界第一，之后
我国汽车产销量一直稳居世界第一。经历了2011年的汽车行业低迷之后，到2017年，我
国汽车行业的增速基本也超过经济增长速度，汽车行业的发展已经进入成长后期，很快进
入成熟期。我国汽车行业成长期的汽车产量及增量情况如图3-2所示。

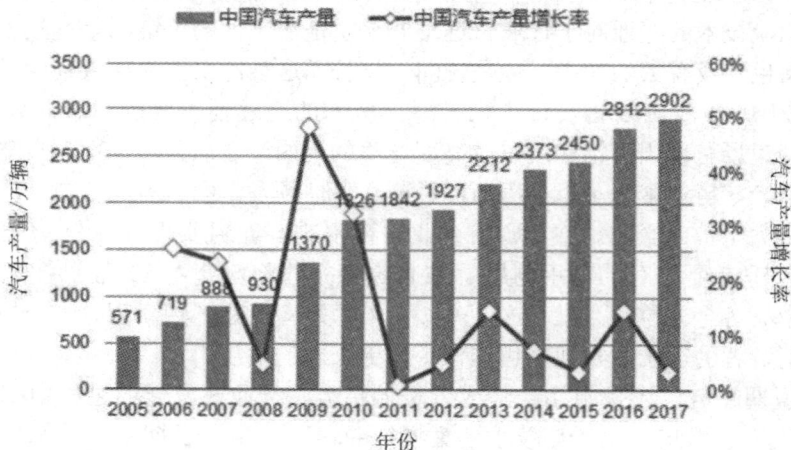

图 3-2　我国汽车行业成长期的汽车产量及其增长率[①]

---

① 来源于 https://www.chyxx.com/industry/201812/702401.html。

　　我国传统燃油汽车的成熟期还没有真正来临,新能源汽车的发展似乎又让汽车行业重新焕发活力。虽然对新能源汽车的质疑声一直存在,但是新能源汽车的发展脚步不会停息,新能源汽车的高速发展也许会重新开启我国汽车行业新的篇章。

第二节　中观行业定量分析的具体内容

　　在进行行业分析时,普遍做法就是长期跟踪几个行业,尤其是不会消亡又有发展前景的行业,诸如消费、医疗、金融等行业。当然,新兴行业也是值得跟踪的,但是因为新兴行业在发展初期波动较大,且大多为高科技性质的行业,往往存续时间相对不长,分析起来难度较大,所以在分析的时候需要谨慎选择。

　　行业定量分析需要解决的问题是如何发现"好行业",即使在投资过程中不需要对宏观层面进行太精准的把握,但也要对行业的发展进行客观和综合的评价。行业分析就像盖房子打地基,只有地基打深打牢了,盖在地基上的房子(公司)才能越高、越坚固。行业定量分析的思路主要有两个方向:一个是由行业发展现状的数据来预测行业未来发展的方向,选择有潜力的行业进行跟踪研究;另一个是由行业指数的演绎变动来判断行业与大盘指数的波动关系,从中选择脱离大盘指数且开始向上攀升的行业进行跟踪研究。因为这类行业大概率会在国民经济各大行业中表现优异,这纯粹是从技术层面的定量关系来寻找有潜力的行业进行关注并寻找其中的投资机会。显然,这两条路径都是在选择有发展潜力的行业,因为发展潜力大的行业才是推动经济发展的主推力,也才能从这些行业中跑出大牛股。

一、行业发展现状与前景预测的定量分析

　　行业研究最主要就是研究行业基本面的状态,从而选择有潜力的行业进行投资。行业的基本面有两项内容:第一,行业的历史,主要包括行业的分类、行业的历史发展脉络、影响行业发展的关键因素等;第二,行业的现状,主要包括行业发展现状、行业发展周期特性、行业发展阶段、行业的供需状况、行业的竞争状况、行业的盈利模式等。行业定量分析就是在研究行业基本面的情况下对行业的未来发展进行预测。

(一) 以新能源汽车行业为例分析行业基本面

　　德国人朱卡尔·本茨和戈特利布·戴姆勒于 1886 年获得世界上第一辆汽车的专利权至今已有超过 130 年的历史了,作为全世界工业支柱之一的汽车工业成为人们生活中不可或缺的行业。传统燃油车在汽车工业发展过程中一直扮演着主角地位,直到新能源汽车的出现,汽车工业将要面临一场巨大的风暴。了解新能源汽车的发展历史、现状和可能的未来,才能深刻感知这场巨变的蛛丝马迹,更能在这场巨变中保持一份客观理性的判断。

1. 新能源汽车行业的历史

1) 新能源汽车的概念界定及分类

新能源汽车是指使用非传统汽车燃料(汽油、柴油等)作为动力来源的汽车，目前主要包括纯电动汽车、混合动力电动汽车以及燃料电池电动汽车三大类。

纯电动汽车是指以动力电池为储能单元，以电动机为驱动系统的汽车；混合动力电动汽车是指同时装备传统动力源(汽油机或者柴油机)与电动力源(电池和电动机)的汽车(混合动力电动汽车 HEV[①]不仅包括发动机，也包含电动机和电池)；燃料电池电动汽车是指采用燃料电池作为电源的电动汽车，主要包括气体燃料汽车(常见的是天然气和液化石油气作燃料的汽车)、生物燃料汽车(主要是乙醇燃料汽车和生物柴油汽车)以及氢燃料电池汽车(主要使用氢作为内燃机燃料)。

新能源汽车行业是汽车行业的一个细分子行业，门类属于制造业，汽车制造业大类，汽车整车制造中类，新能源车整车制造小类。新能源汽车行业具有耐用消费品属性，同时兼具较强的周期性质。

2) 新能源汽车行业的产业链

新能源汽车产业链主要涉及上、中、下游三个环节，上游主要包括动力电池、电控系统以及驱动电机三个细分子行业，中游是新能源整车，下游涉及充电设施、营销、运营以及电池维护与回收等。当前阶段关注更多的是上游和中游行业，尤其是上游中的动力电池子行业。因为动力电池不仅决定着电动汽车续航能力，同时影响着整车的安全，动力电池占新能源汽车整车成本的 30%～40%，动力电池行业盈利空间较大，成为市场关注的焦点。以后，新能源汽车产业链的关注方向会向中下游下沉。新能源汽车产业链如图 3-3 所示。

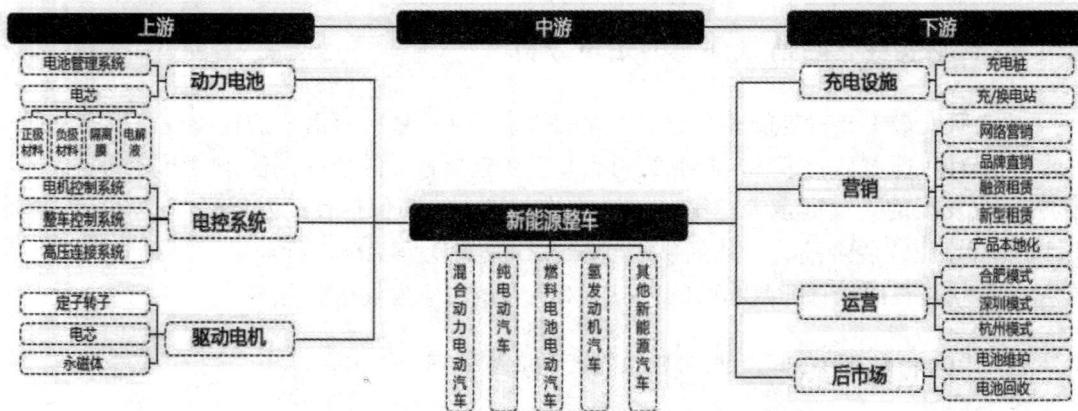

图 3-3　新能源汽车上、中、下游产业链

新能源汽车发展的技术路线图如图 3-4 所示。从图中可以看出，2009 年之前是新能源

[①] EV 是 Electric Vehicle(电动汽车)的缩写；HEV 是 Hybrid Electric Vehicle(混合电动汽车)的缩写；BEV 是纯电动汽车，即 Battery Electric Vehicle 的缩写，按字面上的意思可以理解为蓄电池电动汽车，指由已充满电的蓄电池供电给电动机，再由电动机推动的车辆。

汽车围绕燃料的探索时代,2010 年开始进入混合动力的多元发展时代,2015 年后新能源汽车行业将开始真正进入纯电动发展时代。

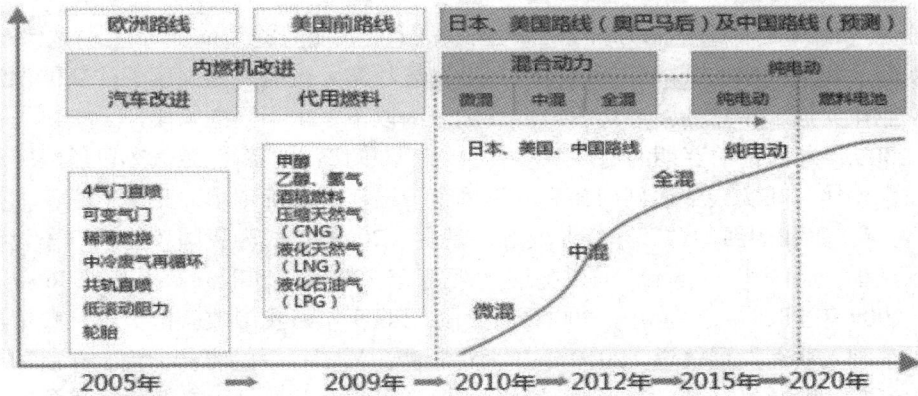

图 3-4 新能源汽车发展技术路线

3) 影响新能源汽车行业发展的关键因素

随着新能源汽车保有量的持续上升,新能源汽车行业处于较快的发展阶段,但对于制约新能源汽车行业发展的因素还是要多加重视。新能源汽车在发展过程中主要受到以下因素的影响。

(1) 政策因素。当前我国新能源汽车行业的发展已经上升至国家发展战略的高度了,且是不可逆的发展方向,国家出台了多项政策鼓励新能源汽车行业的发展,如降低新能源企业的进入门槛,延长新能源汽车财政补贴政策等。特别是 2020 年 10 月,国务院常务会议通过了《新能源汽车产业发展规划(2021—2035 年)》,为未来我国新能源汽车行业的发展打下了坚实的基础。

(2) 技术因素。在对新能源汽车用户的调查中发现,电池质量和稳定性是车主购车时主要考虑的因素,接下来分别是续航里程、安全性以及充电的便捷性及时长等因素。显然,这些因素都是新能源汽车在发展过程中需要重点提升的技术因素,也是当前阻碍新能源汽车被用户接纳的最主要软肋。不同于传统燃油汽车的内燃机、变速箱等装置,新能源汽车的技术主要集中在电池、电机和电控,即所谓的"三电",解决好"三电"问题,也就解决了新能源汽车发展最核心的技术问题,新能源汽车的用户接受度将大大提升。

(3) 消费者因素。消费者在做出购买决策时一般会购买感知价值最大的产品以及感知风险最小的产品,新能源汽车感知价值最大的地方是节约成本(即每公里成本远低于传统燃油车),感知风险最小的地方就是安全性能高。当前能认同新能源汽车的人群一定是认同新能源理念的车主,消费者刚开始购买新能源汽车时主要考虑的是上下班代步问题,如果解决了续航里程和安全性等问题,用户将会逐步实现新能源汽车的远距离运输功能,到那时新能源汽车大幅度取代传统燃油车的时代将真正到来。

(4) 环保因素。新能源汽车发展带来的环保问题主要涉及电池回收以及电力消耗等。一个普遍的观点就是新能源汽车的电池回收可能产生更大的环境污染问题,如果废旧电池处理不慎可能会污染土地和水源等。另一个观点是新能源汽车从耗电量来看并不比传统的燃油车少。解决好新能源企业的环保问题,才能真正实现新能源汽车符合建设资源节约型与环境友好型社会的需要。

4) 我国新能源汽车行业的历史发展脉络

新能源汽车研究项目于 2001 年被列入国家"十五"期间的"863"重大科技课题。"十一五"期间,我国提出"节能和新能源汽车"发展战略,政府开始高度关注新能源汽车的研发和产业化。这二十年的发展历程可以被划分为以下三个不同的阶段:

(1) 2008 年之前是萌芽期的启动阶段。"十五"期间确定了新能源汽车以燃料驱动为主的战略技术路线,在实践中遇到问题后,于"十一五"期间确定了"三横三纵"的技术路线[①],奠定了未来我国新能源汽车行业发展的基调。2008 年成为我国新能源汽车元年,当年新能源汽车一共销售 2435 台,其中新能源私家车 899 台,新能源商用车 1536 台。

(2) 2009 年至 2014 年是初创期的布局阶段。2009 年,我国政府密集出台政策,支持新能源汽车驶入快速发展轨道,2010 年加大对新能源汽车行业的支持力度,并启动私人购买新能源汽车补贴政策,推广试点城市,新能源汽车行业开始进入产业化布局阶段。

(3) 2015 年至今是成长初期的示范推广阶段。2015 年新能源汽车开始真正进入大众视野,但是 2015 年全年新能源汽车销量仅仅 33.11 万辆,只占到 2015 年我国汽车总销量 2459.8 万辆的 1.3%;2019 年新能源汽车销量 120.6 万辆,占有率 4.68%,且为最近几年唯一销量下滑的年份;2020 年新能源汽车销量 136.7 万辆,占 2020 年全年汽车销售量 2531.1 万辆的 5.4%,我国新能源汽车重新走上了快速发展之路。按照国家规划的发展愿景,到 2025 年我国新能源汽车年销量有望达到 530 万辆,届时的新能源汽车保有量将达到 2000 万辆左右。近年来,我国新能源汽车销量情况如图 3-5 所示。

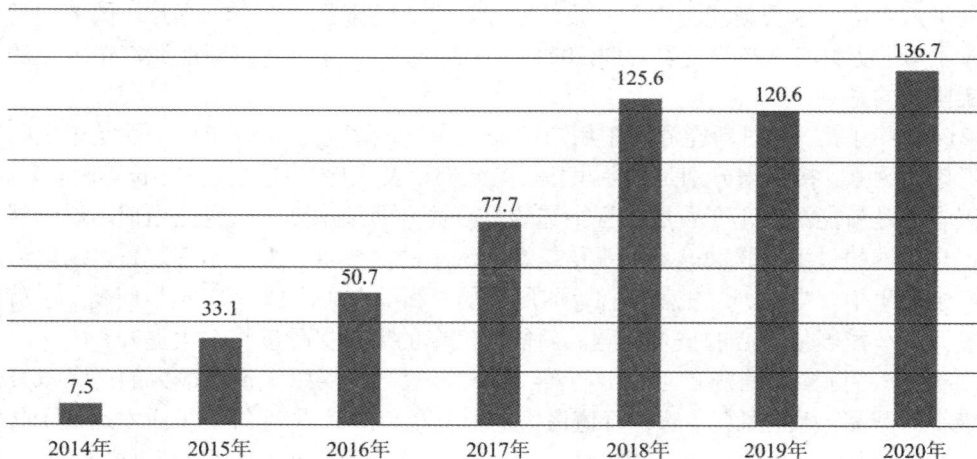

图 3-5 2014—2020 年我国新能源汽车销量情况(单位:万辆)

2. 新能源汽车行业的发展现状

我国对外原油依赖度超过 70%,远远超过国际 50%的警戒线,传统燃油汽车向新能源

① "三横"是指多能源动力总成系统、驱动电机、动力电池三种关键技术,"三纵"是指纯电动汽车、燃料电池电动汽车、混合动力电动汽车三种整车技术。

汽车方向的转型已经成为不可逆的趋势。新能源汽车行业从全球的角度来看还处在成长的初期阶段。一个成长期的行业也许是强周期行业，但由于其处在成长期，因此其自身的发展还是比较快速的，远远超过了经济的增长速度。

1）行业发展现状

我国力推新能源汽车的发展主要基于三个方面的考虑：一是降低对石油的依赖度；二是节能减排以利于环境保护；三是技术创新以实现汽车强国。为了推动新能源汽车行业的发展，政策上给予了极大的扶持，如政府的财政补贴。但是有些车企为了骗得补贴，名义上研究并生产新能源汽车，实际上新能源汽车的销售几乎为零，有关部门也意识到了这一点，认为给予财政补贴不是我国新能源汽车行业发展的长久之计。同时为避免新能源汽车出现断层，国家于 2017 年 9 月开始实行双积分政策，各汽车厂商原来只要在平均燃油消耗量上达标就可以顺利生产汽车，现在还要加上"新能源汽车积分"，如果新能源汽车没生产或者产量不够，也会对高油耗车型进行停产处罚。可见，双积分制对获得补贴的车企的油耗水平和新能源汽车产量进行了严格要求。

双积分制对于新能源汽车行业的发展，长期来看是大的利好：一是保证了新能源汽车行业发展的持续性；二是那些真正有技术、有水平的公司会脱颖而出，成为行业的标杆，未来将会成为行业的带动力量，引领并推动行业的发展。受补贴退坡的影响，2019 年新能源汽车销量一度出现下滑。2020 年 12 月 31 日，财政部、工信部等四部委联合发布《关于进一步完善新能源汽车推广应用财政补贴的通知》，指出 2021 年新能源汽车补贴标准在2020 年的基础上再退坡 20%，从平缓补贴退坡力度和节奏来看，2022 年补贴标准会在 2021年的基础上退坡 30%。

新能源汽车行业当前的发展处在行业成长初期的激烈淘汰阶段，有核心技术、资本实力雄厚的公司占据行业主要地位，而其他公司很可能在激烈的市场竞争中逐步被淘汰。在这一时期，业务涉及新能源汽车的公司数量比较多，但是鱼龙混杂，如果不能把握龙头核心企业，投资风险还是非常高的。

新能源汽车行业已经成为未来产业发展的一个重大战略方向，尽管当前面临着诸多技术问题甚至是行业内外的各种质疑，但这只是行业发展过程中必然要经历的成长阵痛。其实，新能源汽车产业链中的各个环节都在不断提升和进步之中，包括新能源汽车充电站、市场运营服务等设施也在逐渐完善，整合后的新能源汽车市场的规模将长期持续扩张。

2）行业的供需状况

随着国家对环保重视程度的不断提升，电动汽车行业的发展前景比较看好，资本对于该领域的倾斜也比较明显，无论是社会资本、国有资本还是互联网巨头均开始涉足电动汽车的产业投资，尤其是纯电动汽车的产业投资在 2020 年出现了近年来的高峰，一共出现了55 起投资，金额达到了 498.7 亿元。近年来我国纯电动汽车投资数量及投资金额见表 3-1。

表 3-1　近年来我国纯电动汽车投资数量及投资金额

年　份	2014	2015	2016	2017	2018	2019	2020
投资数量/起	22	51	72	79	73	58	55
投资金额/亿元	14.7	71.5	276.6	451	319.7	394	498.7

在新能源汽车行业的供给端，将会有越来越多的造车新势力以及传统车企开始转型新能源汽车，当然也会出现款式多样、技术不断更新的新能源汽车整车，给用户带来多样化的选择。

在新能源汽车行业的需求端，随着新能源汽车技术不断提升，安全性也越来越高，价格却逐步下降，即使不用政府补贴，也会有越来越多价格亲民的新能源汽车满足用户的需求。新能源汽车被用户认可后将打开需求的空间，市场的爆发式增长也是大概率事件。国务院办公厅印发的《新能源汽车产业发展规划(2021—2035年)》也指出，到2025年，我国新能源汽车新车销量将达到汽车新车销售总量的20%，预计届时的新能源汽车年销售量将在500万辆以上。

当前新能源汽车行业开启了从传统的燃油汽车时代向电动化时代的转变，特别是高度自动驾驶汽车实现限定区域和特定场景商业化应用后，未来这个市场将真正实现智能化，而高端化、智能化将成为消费者是否购买新能源汽车的关键指标。

3) 行业的竞争状况

新能源汽车行业的大发展必然迎来众多汽车厂商的进入，这里不仅有造车新势力，如蔚来汽车、小鹏汽车、理想汽车、特斯拉等，也有传统主流汽车品牌，如比亚迪、上海汽车、广州汽车、中国一汽、长安汽车、奇瑞汽车、吉利汽车、长城汽车、北京汽车、江淮汽车等。这个行业的竞争将进入一个异常残酷的阶段，各厂商加大研发投入，提升新能源汽车的各种性能，增加新能源汽车的市场占比和销售收入，不断积累用户及口碑、流量等，目的是希望未来在新能源汽车行业中占据一定的竞争优势。2020年，上海汽车、比亚迪、特斯拉、广州汽车、中国一汽、江淮汽车、北京汽车、东风汽车、长城汽车、奇瑞汽车等十家公司的新能源汽车产量占全国新能源汽车总量的77%以上，市场占有率非常高，行业的市场集中度很高。

随着新能源汽车行业政府扶持政策的滑坡并逐步退出，这个行业开始进入了从政策驱动到市场驱动的发展时期，真正能在市场中活下去的一定是在市场意识不断迭代、科技创新不断进步、高端人才不断积累等方面表现突出的公司。总的来说，新能源汽车行业前景广阔，但面临的激烈竞争异常激烈，这就是当前的行业竞争格局。

4) 行业的盈利模式

新能源汽车行业的"新"主要体现在动力驱动用的是新能源，所以从本质上看新能源汽车和传统汽车没什么区别，其商业模式和盈利模式也与传统汽车差异不大，如图3-6所示，新能源汽车也是靠销售车辆及售后赢利，这也是传统制造业的商业模式。

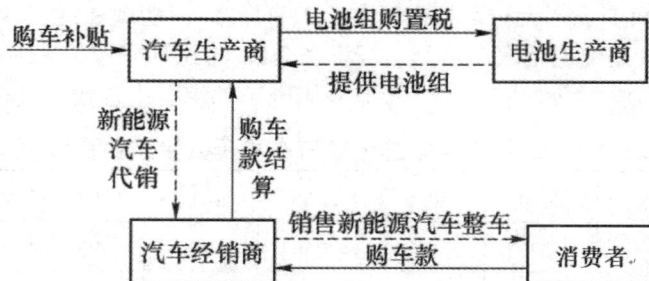

图3-6　新能源汽车行业营利模式

如果新能源汽车延续传统汽车的销售模式，就会出现 4S 店毛利率低、售后工作量大的特点，新能源汽车行业也会继续传统汽车行业技术含量不高、竞争激烈的状况。

不过，新能源汽车行业已经在改变靠卖车加售后的盈利模式，通过不断的调整，最终给新能源汽车行业带来真正受益的是服务。当新能源汽车行业发展相对比较成熟后，行业的整车销售将会维持比较低的收益率水平，真正赚钱的是在汽车上加装的付费内容。例如，特斯拉加装 FSD 功能(自动泊车、智能召唤等功能)，费用是 64 000 元；加装 EDA 功能(完全自动驾驶功能)，费用是 32 000 元。当然，车上的功能不仅于此，还有更多的功能等待用户选择并付费使用。未来新能源汽车行业的盈利模式将会像手机行业的销售模式，即新能源汽车整车低价销售，而附着在整车上的软件不断升级，提升用户的消费体验，赢利的着眼点放在软件销售上。当未来新能源汽车行业进入智能汽车时代，将是对汽车行业彻彻底底的颠覆。

(二) 以新能源汽车行业为例预测行业发展前景的定量分析方法

当前新能源汽车行业的发展已经走上了快速发展的轨道，但国家会把控新能源汽车的发展速度，对新能源汽车质量提升的要求会让其发展速度不会爆炸式增长，新能源汽车行业的增长应该会以较快但相对平稳的速度往前推进。所以，选择二次指数平滑法预测模型是比较适合的预测方法。

二次指数平滑法是在一次指数平滑值的基础上再一次进行指数平滑的方法，其原理是任一期的指数平滑值都是本期实际观察值与前一期指数平滑值的加权平均，其实质是将历史数据进行加权平均作为未来时刻的预测结果。它不能单独进行预测，必须与一次指数平滑法配合，建立预测的数学模型，然后运用数学模型确定预测值。二次指数平滑法的优点是计算简单，只利用三个数据和一个 α 值就可以计算；样本要求量比较少，且适应性较强；结果较为稳定，对于异常大和异常小的观察值经过运动平均后，可以消除不规律的变动。

线性一次指数平滑法的公式如下：

$$S_t^{(1)} = \alpha X_t + (1-\alpha) S_{t-1}^{(1)} \tag{3-1}$$

对 $S_t^{(1)}$ 再进行一次指数平滑就得到二次指数平滑公式：

$$S_t^{(2)} = \alpha S_t^{(1)} + (1-\alpha) S_{t-1}^{(2)} \tag{3-2}$$

式中：$S_t^{(2)}$、$S_{t-1}^{(2)}$ 分别是 t 期和 $t-1$ 期的二次指数平滑值，α 为平滑系数。在 $S_t^{(1)}$ 和 $S_t^{(2)}$ 已知的条件下，二次指数平滑法的预测模型为

$$X_{t+T} = a_t + b_t \cdot T \tag{3-3}$$

式中：T 为预测超前期数，a_t 和 b_t 的取值由以下公式获得：

$$a_t = 2S_t^{(1)} - S_t^{(2)} \tag{3-4}$$

$$b_t = \frac{\alpha}{1-\alpha}(S_t^{(1)} - S_t^{(2)}) \tag{3-5}$$

下面以新能源汽车近年来的发展数据为例，采用二次指数平滑法来预测新能源汽车行业的未来发展前景。可以考虑三个方面的分析对象，分别是新能源汽车年产值、年销售量以及年投资额。考虑到年产值可能会随着新能源汽车价格的变动而波动较大，每年投资金额也未必能在当年全部使用完毕，还是以年销售量为分析对象，这样不仅客观，且数据直观易懂，也能反映新能源汽车行业发展的真实情况。新能源汽车近年来的年销售量如表 3-2 所示。

表 3-2　近年来我国新能源汽车年销售量

年份	新能源汽车销量/万辆	同比增长	汽车总销量/万辆	同比增长	新能源汽车占比
2011 年	0.8	—	1850.5	2.46%	0.04%
2012 年	1.2	50.0%	1930.6	4.33%	0.07%
2013 年	1.8	50.0%	2198.4	13.87%	0.08%
2014 年	7.5	316.7%	2349.2	6.86%	0.32%
2015 年	33.1	341.3%	2459.8	4.71%	1.35%
2016 年	50.7	53.2%	2802.8	13.94%	1.81%
2017 年	77.7	53.3%	2887.9	3.04%	2.69%
2018 年	125.6	62.9%	2808.1	−2.76%	4.47%
2019 年	120.6	−4.0%	2576.9	−8.06%	4.68%
2020 年	136.7	13.3%	2531.1	−8.68%	5.40%

根据以上新能源汽车的年度销量，试着用指数平滑法求解趋势直线方程并对未来的新能源汽车销量进行预测。计算过程如下：

第一步，计算一次指数平滑值，取 $\alpha=0.6$ 的居中数值，$S_0^{(2)}=S_0^{(1)}=X_1=0.8$，根据一次指数平滑公式 $S^{(1)}=\alpha X_t+(1-\alpha)S_{t-1}^{(1)}$，可以计算各期的一次指数平滑预测值。

2011 年：

$$S_1^{(1)}=0.6X_1+0.4S_0^{(1)}=0.6\times0.8+0.4\times0.8=0.8$$

2012 年：

$$S_2^{(1)}=0.6X_2+0.4S_1^{(1)}=0.6\times1.2+0.4\times0.8=1.04$$

同理可以得到各年的一次指数平滑预测值，见表 3-3 中的 $S_t^{(1)}$ 栏。

表 3-3　我国新能源汽车 2011—2020 年各期销量的观察值和指数平滑值

年份	新能源汽车销量 X	$S_t^{(1)}$	$S_t^{(2)}$
	—	0.80	0.8
2011	0.8	0.80	0.8
2012	1.2	1.04	0.94
2013	1.8	1.49	1.27

续表

年份	新能源汽车销量 X	$S_t^{(1)}$	$S_t^{(2)}$
2014	7.5	5.10	3.57
2015	33.1	21.90	14.57
2016	50.7	39.18	29.34
2017	77.7	62.29	49.11
2018	125.6	100.28	79.70
2019	120.6	112.47	99.36
2020	136.7	127.01	115.95

第二步，根据指数平滑公式和第一步计算的数据结果，分别计算各期的二次指数平滑值。

2011 年：

$$S_1^{(2)} = 0.6S_1^{(1)} + 0.4S_0^{(2)} = 0.6 \times 0.8 + 0.4 \times 0.8 = 0.8$$

2012 年：

$$S_2^{(2)} = 0.6S_2^{(1)} + 0.4S_1^{(2)} = 0.6 \times 1.04 + 0.4 \times 0.8 = 0.94$$

同理可以得到各年的二次指数平滑预测值，见表 3-3 中的 $S_t^{(2)}$ 栏。

第三步，计算各期的参数变量值 a、b 值。

第二年的 a、b 值：

$$a_2 = 2S_2^{(1)} - S_2^{(2)} = 2 \times 1.04 - 0.94 = 1.14$$

$$b_2 = \frac{a}{1-a}(S_2^{(1)} - S_2^{(2)}) = \frac{0.6}{1-0.6} \times (1.04 - 0.94) = 0.15$$

第十年的 a、b 值：

$$a_{10} = 2S_{10}^{(1)} - S_{10}^{(2)} = 2 \times 127.01 - 115.95 = 138.07$$

$$b_{10} = \frac{a}{1-a}(S_{10}^{(1)} - S_{10}^{(2)}) = \frac{0.6}{1-0.6} \times (127.01 - 115.95) = 16.59$$

预测模型为

$$X_{2020+T} = 138.07 + 16.59T。$$

由于 2021 年新能源汽车销售量是在 2020 年的数值上增加一年，时间周期推进一年，即 $T=1$，所以 2021 年的预测值为

$$X_{2021} = 138.07 + 16.59 \times 1 = 154.66 \text{（万辆）}$$

当然，这只是基于二次指数平滑预测模型的预测，是一种常用的预测方法，可能与实际情况有一定的偏差，特别是当行业的政策变动比较大的时候，这样的预测偏差幅度可能还不小。因此，这样的预测只能作为一种对未来预测的参考。

二、行业变动与经济波动之间的定量分析

行业变动与经济波动之间的关系可以用该行业的年增长率与国内生产总值年增长率之间的关系进行分析。

(一) 行业变动与经济波动关系的几种情况

如果在大多数年份中该行业的年增长率都高于国内生产总值的年增长率，说明这一行业就是增长型行业；如果该行业年销售额在国内生产总值中所占的比重在逐年上升，也说明该行业属于增长性行业。

如果在大多数年份中该行业的年增长率和国内生产总值的年增长率同方向变化，说明这一行业就是周期型行业。国内经济增长了，该行业也增长，当然行业增长的幅度一般远远大于国内经济的增长幅度；国内经济下降了，该行业也下降，行业的下降幅度也远远大于国内经济的下降幅度。

如果在大多数年份中该行业的年增长率与国内生产总值的年增长率之间没有太大的关系，除去增长型行业外，一般存在两种情况：一种是防御性行业，即行业不太受国内经济波动的影响而保持着自身低速的增长；另一种是衰退型行业，行业本身已经陷入衰退期，受国内经济波动的影响就非常弱。

(二) 以房地产行业为例分析行业变动与经济波动之间的定量关系

房地产行业的变动数据采取房地产行业近十年的增加值和增长率，经济波动采取国内生产总值的增长率。数据的详细来源可以直接从国家统计局网站中获得。数据收集需要注意的是如果所研究的行业属于细分子行业，则无法从国家统计局网站中找到数据，也无法从其他资源库直接获得该行业的数据，可以把该行业内业务最相近的几家龙头公司的营业收入相加，求它的增长速度，再与国内生产总值的增长速度进行比较，也能获得该行业与国内生产总值之间较接近的相关关系。近 10 年我国房地产行业增长情况如表 3-4 所示。

表 3-4　我国近十年房地产业增长情况与国内生产总值增长的比较

年度	房地产业增加值	房地产业年增长率	国内生产总值年增长率
2010	23 326	12.43%	10.60%
2011	27 780	19.09%	9.60%
2012	30 751	10.69%	7.90%
2013	35 340	14.92%	7.80%
2014	38 086	7.77%	7.40%
2015	42 573	11.78%	7.00%
2016	49 969	17.37%	6.80%
2017	57 086	14.24%	6.90%
2018	64 623	13.20%	6.70%
2019	70 444	9.01%	6.00%

显然，从表 3-4 中可知，近十年房地产业每一年的增长速度都超过了国民经济的增长速度，可以判断近十年房地产业整体处在增长期。尽管过热的房地产市场以及不绝于耳的房地产泡沫的声音此起彼伏，但房地产整个产业还是十分火热，也是近十年中经济发展的主要推手，尤其在房价涨幅比较凌厉的 2016 年，房地产业增长速度超过国内生产总值增长速度十个百分点以上，这也是最近十年差异最大的一个年份。

三、行业走势与大型指数之间的定量分析

研究行业就是研究行业基本面状况并预测行业未来的走势，从中挑选出发展较快的行业作为重点关注的对象。国家的经济波动其实就是所有行业波动的集合，那么行业的波动也是行业内所有公司波动的集合。行业指数是行业整体波动的指标，反映的是行业内所有上市公司的整体波动情况。

(一) 行业走势与大型指数之间的三种情况

投资者可以通过行业指数波动的方向和幅度来判断行业发展的现状，尤其可以从行业指数波动情况与大型指数波动之间的关系来判断该行业的强弱。如果某行业指数的走势明显强于大型指数的波动，说明该行业就是市场中发展相对比较好的行业，值得重点关注；如果某行业指数的走势基本上和大型指数波动比较一致，说明该行业的发展只是市场中大部分行业的平均水平；如果某行业指数的走势明显落后于大型指数的波动，说明该行业的发展较差，在投资时要引起警惕。

(二) 行业走势与大型指数之间定量分析案例

我们选取医药制造行业作为行业走势的分析对象，研究医药制造行业与大型指数之间波动的关系。

人们习惯上会把医药、医疗混为一谈，但是行情软件中的"行业板块分类"把医药、医疗分开，分别设置"医疗行业"和"医药制造"两个一级行业指数[①]，这里选择较为大型的"医药制造"行业指数。打开东方财富行情软件，在"工具栏"中选择"沪深指数"→"沪深板块指数"→"行业指数"，窗口中出现的就是各行业的详细信息，如"当日涨幅""领涨股""涨跌家数""换手%""成交量""成交金额""总市值""市盈率"等重要信息。点击"总市值"一栏，就可以看到一级行业总市值排名，总市值排名第一的是"银行业"，第二名是"医药制造"，之后依次是"电子元件""酿酒行业"和"汽车行业"等，而"医疗服务"行业总市值排名是第 12 名。具体情况如图 3-7 所示。

---

① 行业指数一般分为一级行业指数和二级行业指数。不同的机构可能会有不同的分类标准，一级行业指数大致有 30~50 个，二级行业指数为 150~200 个。常用的行业指数分类一般来自通达信行业分类、申银万国行业分类、同花顺行业分类、东方财富行业分类等，无论采用哪一种，都不会相差太远，只要在分析的过程中保持口径一致即可。

序	名称	涨幅%	3日涨幅%	涨速	领涨股	涨跌家数	涨跌比	换手%	3日换手%	成交量	金额	总市值↓	流通市值	平均收益	平均股本	市盈率
1	银行	0.64	-0.98	-0.01	杭州银行	29/7	4.14	0.19	0.55	2239万	192亿	11.23万亿	7.24万亿	0.76	481亿	6.5
2	医药制造	1.27	0.40	0.00	华森制药	214/39	5.49	0.93	2.69	1658万	431亿	5.42万亿	4.01万亿	0.46	8.00亿	39.4
3	电子元件	1.23	-0.39	0.01	楚天龙	227/53	4.28	1.95	5.47	4016万	619亿	5.36万亿	3.67万亿	0.28	10.3亿	48.5
4	酿酒行业	2.56	3.46	0.03	水井坊	34/4	8.50	1.77	5.64	515万	346亿	5.25万亿	5.02万亿	2.41	8.26亿	52.5
5	汽车行业	1.49	-0.68	-0.02	长城汽车	141/23	6.13	1.05	2.96	1430万	291亿	3.33万亿	3.07万亿	0.41	10.3亿	32.2
6	券商信托	-0.07	0.11	-0.01	国投资本	29/11	2.64	0.70	3.08	1453万	169亿	3.26万亿	2.21万亿	0.53	55.7亿	20.7
7	保险	1.41	0.33	0.01	中国太保	7/0	全涨	0.33		173万	66.7亿	3.19万亿	1.96万亿	2.18	156亿	12.5
8	化工行业	1.12	-0.74	0.01	联泓新科	173/39	4.44	1.83	5.98	2348万	329亿	2.49万亿	1.69万亿	0.34	7.51亿	31.9
9	软件服务	0.57	1.25	-0.02	顺利办	133/77	1.73	1.93	6.10	2070万	283亿	2.43万亿	1.72万亿	0.18	6.09亿	56.7
10	机械行业	1.64	0.32	0.02	同力日升	200/41	4.88	1.83	5.92	3193万	311亿	2.37万亿	1.81万亿	0.28	8.66亿	26.9
11	食品饮料	1.01	1.80	0.01	金达威	66/24	2.75	1.23	3.81	684万	154亿	2.32万亿	1.59万亿	0.62	7.58亿	39.9
12	医疗行业	1.90	0.89	-0.01	正川股份	79/13	6.08	1.65	4.23	600万	237亿	2.23万亿	1.32万亿	0.96	4.94亿	38.2
13	房地产	0.69	-0.83	-0.02	中迪投资	92/31	2.97	0.63	2.23	1510万	103亿	2.02万亿	1.78万亿	0.57	21.0亿	9.6
14	电力行业	3.33	-0.54	0.01	通宝能源	68/8	8.50	1.70	5.29	4438万	281亿	1.97万亿	1.63万亿	0.32	42.0亿	15.2
15	家电行业	1.60	0.98	-0.01	科沃斯	44/11	4.00	0.88	2.51	498万	111亿	1.91万亿	1.62万亿	0.89	11.9亿	24.3
16	石油行业	0.68	-0.57	-0.01	贝肯能源	30/7	4.29	0.31	1.03	987万	43.2亿	1.68万亿	1.37万亿	0.13	97.3亿	26.7
17	通讯行业	0.62	-0.43	0.01	新易盛	81/25	3.24	1.11	3.57	680万	104亿	1.50万亿	8816亿	0.29	8.41亿	38.7
18	材料行业	1.86	-0.36	0.03	格林美	80/18	4.44	3.27	4.63	1907万	289亿	1.46万亿	1.16万亿	0.36	6.97亿	46.4
19	输配电气	2.48	0.39	0.01	天沃科技	108/14	7.71	2.47	7.16	2600万	267亿	1.43万亿	1.10万亿	0.24	9.96亿	31.0
20	专用设备	1.43	-0.22	0.02	迈为股份	127/35	3.63	2.17	6.66	980万	169亿	1.39万亿	8286亿	0.39	3.95亿	40.8
21	电子信息	0.73	1.32	0.00	金智科技	75/34	2.21	1.16	6.35	1740万	241亿	1.36万亿	1.25万亿	0.32	8.41亿	31.6
22	有色金属	2.03	-1.75	0.01	章源钨业	70/6	11.67	1.66	5.63	2532万	293亿	1.34万亿	1.13万亿	0.12	21.8亿	44.3
23	农牧饲渔	0.49	0.42	-0.03	新赛股份	37/27	1.37	1.76	5.17	1206万	161亿	1.27万亿	1.03万亿	0.74	11.2亿	16.5

图 3-7　东方财富行情软件中一级行业指数按总市值排名详细情况

　　大型指数是比行业指数更高一级的指数类型，一般会认为是大盘指数，即能科学反映整个股票市场行情的指数，如"上证综合指数""深圳成分指数""深圳综合指数""创业板指数""中小板指数""科创板指数"等等。除此之外，还有"沪深 300 指数""中证 500指数""中证 100""中证 500"等常用指数，这些指数都可以称作大型指数，用来反映某一市场或者整个市场整体波动的指数都可以称作大型指数。这里选取上证综合指数作为大型指数与医药行业指数进行比较。

　　具体操作步骤如下：在"医药制造"指数 K 线走势图上，点击右键选择"K 线叠加"→"添加叠加"→"上证指数"，就出现了如图 3-8 所示的叠加后 K 线图。

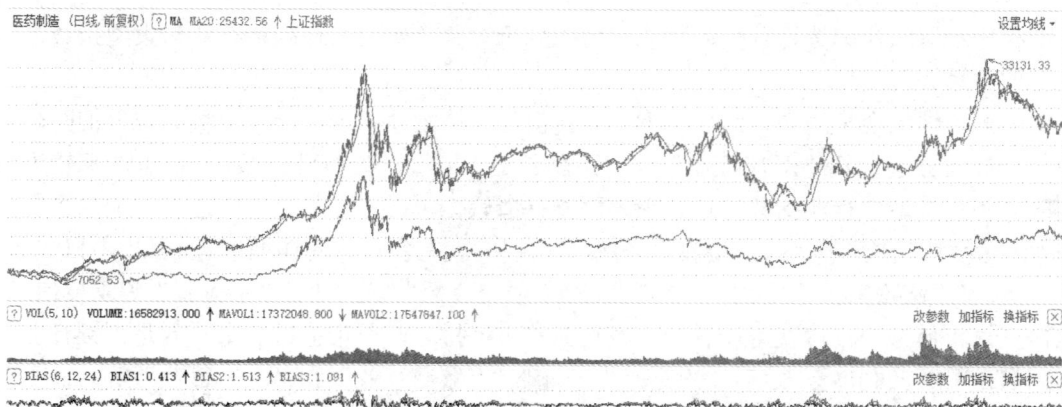

图 3-8　医药制造行业指数与上证指数叠加的长期走势图

　　从医药制造行业与上证指数的走势图可以很明显看出，从长期角度看，位于上方的医药制造行业的走势，明显远远好于位于下方的上证指数的走势。这说明，医药行业的表现是能超越大盘指数的投资领域,这也是很多医药行业的投资一直坚持投资医药股的理由。

不过，从短期来看，医药制造行业指数与上证指数之间的走势也许会有一些波动。从二者的走势图中可以发现，2020 年 11 月之后医药制造行业的指数持续走弱，而上证指数走势图比较稳定或略有走强，显然医药制造行业的走势比上证指数的走势更差，如图 3-9 所示。这也许对于长期医药投资者来说是个机会，可以利用医药股难得的回落机会买入医药制造行业。

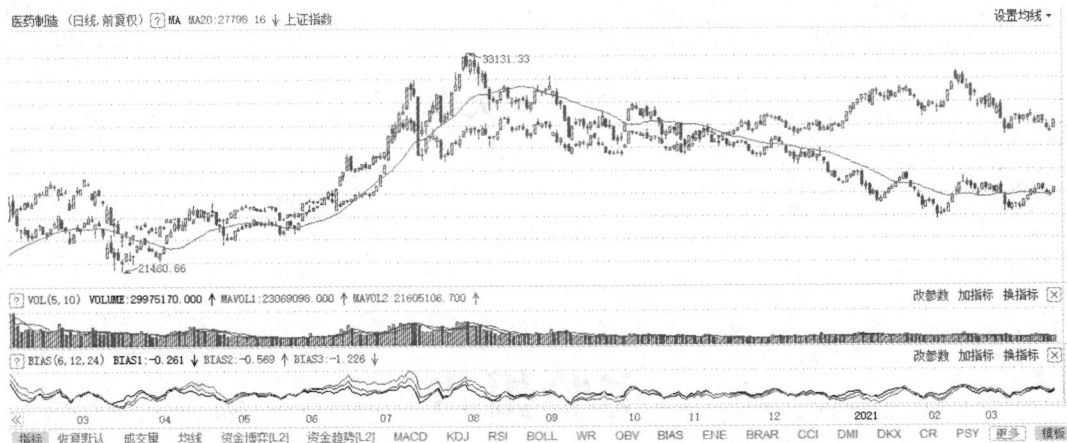

图 3-9　医药制造行业指数与上证指数叠加的长期走势图

当然，从短期角度来看，如果有行业指数的表现好过大盘指数表现的话，也许是值得关注的板块。比如电力板块，电力行业指数与上证指数走势的叠加如图 3-10 所示。

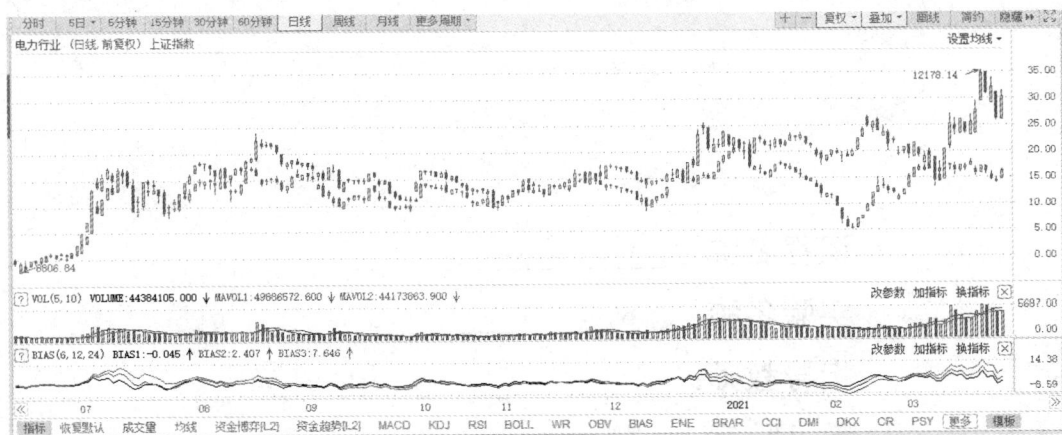

图 3-10　电力行业指数与上证指数叠加的长期走势图

从图 3-10 中可以看出，之前电力板块指数和上证指数几乎亦步亦趋，而从 2021 年 3 月份之后，电力板块指数一举超越了上证指数的表现。分析个中原因，这和碳中和、碳达峰的政策密切相关。

总之，在进行行业投资选择的时候，如果能把该行业指数的走势和对应的大型指数进行联动分析，先看看行业总体的表现是否超过大型指数的表现，再看看近期行业指数的表现是否强于大型指数的表现。做到这两点，在行业选择的时候会少走很多弯路。

第三节　中观行业定量分析与模拟实训设计

一、行业基本状况分析与模拟实训

××××大学

实验报告

(20　－20　　学年第　学期)

课程名称：＿＿＿＿＿＿＿＿＿＿＿＿

实验名称：＿＿＿＿＿＿＿＿＿＿＿＿

指导教师：＿＿＿＿＿＿＿＿＿＿＿＿

教 研 室：＿＿＿＿＿＿＿＿＿＿＿＿

专　　业：＿＿＿＿＿＿＿＿＿＿＿＿

年级班级：＿＿＿＿＿＿＿＿＿＿＿＿

姓　　名：＿＿＿＿＿＿＿＿＿＿＿＿

学　　号：＿＿＿＿＿＿＿＿＿＿＿＿

××学院实验报告

课程名称：

实验编号及 实验名称	实验六　行业基本情况分析与未来发展前景		教研室	
姓　　名		学　　号	班　级	
实验地点	实验日期		实验时数	
指导教师	同组其他成员		成　绩	

一、实验目的及要求

(一) 实验目的

学会准确掌握行业的属性，对行业的当期情况有一个清晰的认识。

(二) 实验要求

(1) 把握行业分析的主要内容，主要包括行业的生命周期阶段、行业的市场结构特征、影响行业发展的因素、行业的历史发展、行业的市场容量、商业模式、盈利水平等内容。

(2) 对行业的发展情况有一个大致的评价。

(3) 对行业未来短期、中期以及长期趋势有一个大致的预测。

二、实验环境及相关情况(包含使用软件、实验设备、主要仪器及材料等)

(1) 电脑及相关设备。

(2) 证券行情软件。

(3) 实时上网功能及流畅的网速。

(4) WIND、Choice 等金融数据库软件。

(5) 实训报告。

三、实验内容及步骤(包含简要的实验步骤流程)

(一) 实验内容

选择一个你比较熟悉的行业，试着从以下几个方面来分析一下行业的基本情况，进而再分析该行业未来的发展趋势。

(二) 实验步骤

(1) 行业概述：主要包括属性及行业概况。

(2) 行业发展历程回顾：主要包括行业历史发展情况、影响该行业变动的因素以及行业的演变历史。

（3）行业的发展现状分析：包括该行业的生命周期、市场的结构特征、市场容量、盈利水平等现状。

（4）行业发展趋势分析：主要包括行业未来趋势预测以及可持续发展分析。

四、实验结果(包括程序或图表、结论陈述、数据记录及分析等，可附页)

把行业分析的结论以及基本的逻辑支撑记录在实验结果中，同时对该行业的投资决策提出合理建议。

备注：

（1）使用手工方式填写实验报告时，必须字迹工整，一律使用黑色钢笔书写；使用电子文档方式编辑填写实验报告时，报告中各内容选用宋体五号字，行间距为单倍行距。

（2）"实验编号及实验名称"项的填写形式如"实验一 原始凭证模拟实验"。

（3）报告中可附页部分为第四项，附页使用 A4 打印纸，要标明所属报告中的内容编号，附页本身必须加编页码(如附四-1、附四-2 等)。

（4）实验日期的填写格式统一为年-月-日的形式，如 2021-01-01。

（5）实验日期可根据实验内容实际进行的时间分次如实填写；实验时数为实验大纲中对相应实验设置的具体课时数(节)。

（6）报告中实验成绩由实验指导教师采用百分制进行评定。

二、基于二次指数平滑法的行业发展前景预测与模拟实训

×××× 大学

实验报告

(20　－20　学年第　学期)

课程名称：_____

实验名称：_____

指导教师：_____

教　研　室：_____

专　　业：_____

年级班级：_____

姓　　名：_____

学　　号：_____

××学院实验报告

课程名称：

实验编号及 实验名称	实验七　行业发展前景定量预测			教 研 室	
姓　　名		学　　号		班　　级	
实验地点		实验日期		实验时数	
指导教师		同组其他成员		成　　绩	

一、实验目的及要求

（一）实验目的

用定量的方法分析行业的发展前景。

（二）实验要求

(1) 学会二次指数平滑法的计算方法及其基本应用。

(2) 选择一个行业，应用二次指数平滑法计算各期的指数平滑值。

(3) 对该行业未来的某一个时间点的行业发展前景进行预测。

二、实验环境及相关情况(包含使用软件、实验设备、主要仪器及材料等)

(1) 电脑及相关设备。

(2) 证券行情软件。

(3) 实时上网功能及流畅的网速。

(4) WIND、Choice 等金融数据库软件。

(5) 实训报告。

三、实验内容及步骤(包含简要的实验步骤流程)

（一）实验内容

选择一个或者多个有一定历史的、相对比较平稳的行业，应用二次指数平滑计算方法计算至少十期的一次、二次平滑值。同时预测该行业未来 1～5 年的发展前景。

（二）实验步骤

(1) 以银行业为例，选取市值靠前的十五家银行业上市公司(剔除邮储银行、上海银行和杭州银行)，记录它们的名称和代码。

(2) 分别记下自 2010 年到 2019 年十年以来的营业收入和净利润。

(3) 把这十五家银行的营业收入和净利润加总,作为衡量整个银行行业的营业收入和净利润指标。

(4) 用二次指数平滑法计算未来五年银行业营业收入和净利润的预测值。

四、实验结果(包括程序或图表、结论陈述、数据记录及分析等,可附页)

把通过二次指数平滑法计算的行业发展前景数值与实际数值之间进行比较,发现其中的差异,并试着找出其中的原因进行说明。

备注:

(1) 使用手工方式填写实验报告时,必须字迹工整,一律使用黑色钢笔书写;使用电子文档方式编辑填写实验报告时,报告中各内容选用宋体五号字,行间距为单倍行距。

(2) "实验编号及实验名称"项的填写形式如"实验一 原始凭证模拟实验"。

(3) 报告中可附页部分为第四项,附页使用 A4 打印纸,要标明所属报告中的内容编号,附页本身必须加编页码(如附四-1、附四-2 等)。

(4) 实验日期的填写格式统一为年-月-日的形式,如 2021-01-01。

(5) 实验日期可根据实验内容实际进行的时间分次如实填写;实验时数为实验大纲中对相应实验设置的具体课时数(节)。

(6) 报告中实验成绩由实验指导教师采用百分制进行评定。

三、行业变动与经济波动之间的定量分析与模拟实训

××××大学

实验报告

(20　　－20　　学年第　学期)

课程名称：＿＿＿＿＿＿＿＿＿＿＿＿＿

实验名称：＿＿＿＿＿＿＿＿＿＿＿＿＿

指导教师：＿＿＿＿＿＿＿＿＿＿＿＿＿

教 研 室：＿＿＿＿＿＿＿＿＿＿＿＿＿

专　　业：＿＿＿＿＿＿＿＿＿＿＿＿＿

年级班级：＿＿＿＿＿＿＿＿＿＿＿＿＿

姓　　名：＿＿＿＿＿＿＿＿＿＿＿＿＿

学　　号：＿＿＿＿＿＿＿＿＿＿＿＿＿

××学院实验报告

课程名称：

实验编号及 实验名称	实验八　行业变动与经济波动定量分析		教 研 室	
姓　　名		学　　号	班　　级	
实验地点		实验日期	实验时数	
指导教师		同组其他成员	成　　绩	

一、实验目的及要求

（一）实验目的

把握行业的变动与宏观经济波动之间的关系。

（二）实验要求

(1) 学会收集行业变动详细数据。

(2) 学会收集宏观经济波动详细数据。

(3) 从行业变动数据与宏观经济波动数据之间的关系来分析该行业当前是属于什么性质的行业特征，并对该行业特征有一个大致的评价。

二、实验环境及相关情况(包含使用软件、实验设备、主要仪器及材料等)

(1) 电脑及相关设备。

(2) 证券行情软件。

(3) 实时上网功能及流畅的网速。

(4) WIND、Choice 等金融数据库软件。

(5) 实训报告。

三、实验内容及步骤(包含简要的实验步骤流程)

（一）实验内容

通过收集行业变动数据和国内生产总值变动的数据，分析二者之间的实际关系。

（二）实验步骤

(1) 从国家统计局网站或者其他渠道收集行业变动的详细数据。

(2) 从国家统计局网站或者其他渠道收集国内生产总值波动的详细数据。

(3) 把行业变动数据与国内生产总值波动数据进行比较。

(4) 得出该行业与国内生产总值波动之间的关系。

(5) 判断行业当前所处的行业性质及其特征。

四、实验结果(包括程序或图表、结论陈述、数据记录及分析等,可附页)

把所研究的行业与国内生产总值之间关系的结论记录下来,从而根据行业所处的阶段,详细分析该阶段行业的特征,同时对该行业进行评价,提出相关投资建议。

备注:

(1) 使用手工方式填写实验报告时,必须字迹工整,一律使用黑色钢笔书写;使用电子文档方式编辑填写实验报告时,报告中各内容选用宋体五号字,行间距为单倍行距。

(2) "实验编号及实验名称"项的填写形式如"实验一 原始凭证模拟实验"。

(3) 报告中可附页部分为第四项,附页使用 A4 打印纸,要标明所属报告中的内容编号,附页本身必须加编页码(如附四-1、附四-2 等)。

(4) 实验日期的填写格式统一为年-月-日的形式,如 2021-01-01。

(5) 实验日期可根据实验内容实际进行的时间分次如实填写;实验时数为实验大纲中对相应实验设置的具体课时数(节)。

(6) 报告中实验成绩由实验指导教师采用百分制进行评定。

四、行业走势与大型指数之间的定量分析与模拟实训

××××大学

实验报告

(20　－20　　学年第　学期)

课程名称：_____

实验名称：_____

指导教师：_____

教 研 室：_____

专　　业：_____

年级班级：_____

姓　　名：_____

学　　号：_____

××学院实验报告

课程名称：

实验编号及 实验名称	实验九　行业走势与大型指数之间的定量分析		教 研 室	
姓　　名		学　　号	班　级	
实验地点		实验日期	实验时数	
指导教师		同组其他成员	成　绩	

一、实验目的及要求

（一）实验目的

掌握行业指数变动与大型指数变动之间的相关关系。

（二）实验要求

(1) 理解行业指数的理论意义和实际意义。

(2) 行业指数及其 K 线走势的熟悉与获得。

(3) 能够把行业指数走势图与大型指数走势图进行叠加，分析二者之间的关系。

二、实验环境及相关情况(包含使用软件、实验设备、主要仪器及材料等)

(1) 电脑及相关设备。

(2) 证券行情软件。

(3) 实时上网功能及流畅的网速。

(4) WIND、Choice 等金融数据库软件。

(5) 实训报告。

三、实验内容及步骤(包含简要的实验步骤流程)

（一）实验内容

选择不同的行业指数，从不同的视角去查看行业指数的变动情况，同时结合相应的大型指数进行联动分析。

（二）实验步骤

(1) 掌握行业分类的内容，同时在行情软件中查看各类行业分类及其指数走势。

(2) 判断行业与相关大型指数之间的关联。

(3) 在行业指数 K 线图上叠加大型指数走势图。

(4) 从短期及中长期的角度分析行业指数走势图与大型指数走势图之间的关系变动。

(5) 得出行业指数与大型指数之间波动的特征，并对该行业的未来演绎做一个预测。

四、实验结果(包括程序或图表、结论陈述、数据记录及分析等，可附页)

把所选行业指数与大型指数之间的相关关系结论记录下来，根据行业指数当前的演绎特征对该行业运行现状进行评价，提出行业投资相关建议。

备注：

(1) 使用手工方式填写实验报告时，必须字迹工整，一律使用黑色钢笔书写；使用电子文档方式编辑填写实验报告时，报告中各内容选用宋体五号字，行间距为单倍行距。

(2) "实验编号及实验名称"项的填写形式如"实验一　原始凭证模拟实验"。

(3) 报告中可附页部分为第四项，附页使用 A4 打印纸，要标明所属报告中的内容编号，附页本身必须加编页码(如附四-1、附四-2 等)。

(4) 实验日期的填写格式统一为年-月-日的形式，即如 2021-01-01。

(5) 实验日期可根据实验内容实际进行的时间分次如实填写；实验时数为实验大纲中对相应实验设置的具体课时数(节)。

(6) 报告中实验成绩由实验指导教师采用百分制进行评定。

第四章　微观公司定量分析与模拟实训

　　基本面的最终落脚点就是要选出投资对象，使看好的投资对象进入备选股票池，至于是否购买，还需要对公司进行定价，这个任务就是微观定量分析要做的事情。微观公司定量分析就是通过一系列财务分析和公司定价分析，选择估值合理或者被低估的股票成为最终的投资标的。

第一节　微观公司分析概述

　　作为微观分析中的公司分析应该是基本分析内容中最重要的一块，因为不管是宏观经济分析还是中观行业分析都是为微观分析选出具体的投资对象而做的先期铺垫工作。公司分析准确与否，将是影响投资成败的关键一环。微观公司分析大致可以从公司的基本情况、公司的竞争力、公司的财务、公司的财务预测以及公司的定量估值等几个角度来展开。

一、公司基本情况分析

(一) 公司历史沿革与重大事件

　　公司历史沿革主要是通过对公司历史的研读，了解一个公司演变的全过程。如果一个公司的发展历史一直都是比较稳当的，那这样的公司了解起来就相对比较简单，如果一个公司一直保持着稳定且优秀的发展历程，那么大多情况下就是一个好公司，只需等待合适的时机买入；如果一个公司历史发展一直都被人诟病，甚至是劣迹斑斑的，那么就要特别小心，这类"屡教不改"的公司可能会伤害中小股东的利益。

　　还有一类公司，它的历史沿革可能和公司的重大事件有关(如公司的重组、并购、业务转型等)，那就要具体情况具体分析，分析重大事件前后公司的具体表现，尤其是发生重大事件后的"新"公司的实际表现情况，而不能用原来的眼光来看待它。

(二) 公司的股权结构及股东情况

　　分析公司的股权结构时，主要是看股权分散与否。一般来说，股权越分散的公司，其经营存在着不确定性的可能性就越高，因为分散的股权很容易引起股权纷争。股权不稳定，公司的经营就会受到影响。我国证券市场发生过多起因为股权太分散导致股东争夺股权的案例，在大多数情况下，这些公司的未来发展都受到了很大的阻碍。

再看看大股东的情况,大股东主要有两大类:一类是国企或者国资控股,另一类是民企或者个人。国企或者国资控股的公司让人比较放心,投资者往往会觉得有国家信用在背书,比较稳定,但是国企受诟病的往往是经营效率不高;民企的经营比较灵活,但往往受大股东个人因素的影响较大,一旦大股东或者实际控制人出现问题,该公司马上会陷入困境。这两类公司对于不同的投资者可能有不同的选择,看投资者个人的认识和取舍。但不管是哪类公司,经营业务上能稳定成长,就是值得关注的好公司。

在股东方面,还要关注的一个内容是该公司的前十大股东中是否有机构进驻,尤其是一些比较有实力的机构进驻。当然,逆向投资的思维就是投资冷门股,越是被市场忽略的公司越是逆向投资者研究的对象。但是对于普通投资者而言,要想发现一块璞玉并打造成美玉似乎是很困难的事情。选择前十大股东中有机构投资者,主要是基金进驻的公司可能会是一条不错的选股思维,至少可以从这些机构的研报中去挖掘一些信息,在相互比对的基础上形成自己的独立思考,减少选择股票过程的难度。

(三) 公司业务

公司的业务就是公司生产的产品或者提供的服务。在研究一个公司的时候首先要搞清楚该公司的业务是什么,才能对其行业属性进行归类,也才能对一个公司的未来进行有针对性的资料收集、整理与分析研究。以格力电器(000651)为例,打开 F10 基本资料,选择"经营分析"栏目,可以很明显地看到格力电器的业务情况。在 2019 年的经营情况中,按行业分类时,制造业占比 97.31%。还看不出具体的业务,接着看"按产品分类",就能很清楚地看到格力电器经营的业务主要有"空调""生活电器""智能装备"和"其他"(主要是压缩机、漆包线、电机、电容等工业制成品)等。经营业务中有 92.17%是内销,外销的占比只有 5.14%,显然格力电器的业务主要在国内,只要在国内保持良好的销售势头,就能保障业绩的持续增长。格力电器的具体业务情况如图 4-1 所示。

| 000651 | 格力电器 | 最新价: 62.56 | 涨跌: -0.14 | 涨跌幅: -0.22 | 换手: 0.23% | 总手: 135173 | 金额: 8.46亿 |

| 操盘必读 | 股东研究 | 经营分析 | 核心题材 | 资讯公告 | 公司大事 | 公司概况 | 同行比较 |
| 盈利预测 | 研究报告 | 财务分析 | 分红融资 | 股本结构 | 公司高管 | 资本运作 | 关联个股 |

主营范围 | 主营构成分析 | 经营评述

	外销	118.93亿	17.11%	103.97亿	18.96%	14.97亿	10.20%	12.58%

2019-12-31	主营构成	主营收入(元)	收入比例	主营成本(元)	成本比例	主营利润(元)	利润比例	毛利率(%)
按行业分类	制造业	1568.89亿	79.18%	1037.03亿	72.27%	531.85亿	97.31%	33.90%
	其他(补充)	412.64亿	20.82%	397.96亿	27.73%	14.68亿	2.69%	3.56%
按产品分类	空调	1386.65亿	69.98%	871.92亿	60.76%	514.73亿	94.18%	37.12%
	其他(补充)	412.64亿	20.82%	397.96亿	27.73%	14.68亿	2.69%	3.56%
	其他	105.06亿	5.30%	102.26亿	7.13%	2.81亿	0.51%	2.67%
	生活电器	55.76亿	2.81%	42.71亿	2.98%	13.05亿	2.39%	23.40%
	智能装备	21.41亿	1.08%	20.14亿	1.40%	1.27亿	0.23%	5.94%
按地区分类	内销	1360.73亿	68.67%	856.98亿	59.72%	503.75亿	92.17%	37.02%
	其他(补充)	412.64亿	20.82%	397.96亿	27.73%	14.68亿	2.69%	3.56%
	外销	208.15亿	10.50%	180.05亿	12.55%	28.10亿	5.14%	13.50%

图 4-1　格力电器的业务情况

当然，要注意有些公司的业务很简单，可能只有一种或者两种，在分析的时候只要看这块业务的未来发展情况即可，简单明了，因此分析起来非常轻松[①]。但是当公司的业务多而复杂时，尤其要注意该公司利润占比较大的业务到底是什么，如格力电器 2019 年的利润有 94%以上是由空调业务贡献的，其他的如生活电器、智能装备等业务虽然一年收入也有几十亿，但对格力电器的整体业绩影响不是很大，更不用谈论手机或者超级汽车等还在萌芽中的业务预期了。只要空调业务保持正常的发展，基本上可以忽略其他占比较低的业务，不要让市场的噪声干扰了投资者对公司的整体判断。

二、公司竞争力分析

公司竞争力就是我们通常说的企业护城河的总称，也是公司未来发展的根本保障，竞争力的强大与否决定了公司能在市场中存活多久。公司竞争力在公司基本面分析中往往很容易被忽视，有些时候投资者会认为这块内容不是很重要，把研究重心倾向于公司的财务以及估值上。但试想一下，如果对于公司的竞争力没有很深刻地分析和认识的话，就算对公司的财务再了解，估值多么漂亮，这样的分析结果可靠性又有多少呢？强大的竞争力才是财务好看、估值有吸引力的前提。所以，在公司分析时应该要认真分析公司竞争力这部分的内容，分析公司竞争力可以从以下几个方面展开。

(一) 产品或服务的竞争力

公司提供的产品或者服务是竞争力的基础，如果该产品或者服务存在某一个方面甚至几个方面的竞争优势，那么这样的公司就值得重视，至少这类公司在行业内还是出类拔萃的。

1. 成本优势

成本优势是指公司的产品能以更低的成本获得高于同行业其他企业的盈利。成本优势是决定公司竞争优势的关键因素，尤其是在竞争激烈[②]的行业(比如百货零售业)。若成本低于同行业其他公司，公司就可以考虑从容采取降价的策略以提升市场份额。一般而言，成本优势可以通过规模、较高技术水平、廉价的原材料、提升人力成本潜力、通畅的营销渠道等手段来实现。

2. 技术优势

技术优势是指公司产品与同行业其他竞争对手相比拥有更高的技术含量，这是公司技术水平和研发能力的一个直接体现。技术优势与公司对研发的投入及效率有关，在技术密集型行业内的公司更是如此。新兴行业尤其要注意技术的更新换代，一个不注重技术迭代的公司很容易就会被市场淘汰。软件行业、信息技术、生物医药、航天航空、新技术等行业对于技术的依赖更强，传统行业对于技术的依赖相对较弱。

---

① 巴菲特等价值投资派代表人物对于公司业务的理解就是清晰易懂。业务越简单，越容易了解，公司的业务发展及战略远景更容易把握，这种业务简单明了的公司成为了他们的偏爱。

② 竞争激烈的行业尤其要注重成本优势。因为在竞争激烈的行业中，行业本身的毛利率就很低，具有成本优势的公司在行业中更有发言权，竞争能力更强。

3. 质量优势

质量优势是指公司的产品以高于其他同类产品的质量赢得市场的认可，从而取得竞争优势。一个公司的产品要在消费者心目中树立质量优势必须经历试用、认可、忠诚等过程。从第一阶段的试用开始，到最后一个阶段的忠诚为止，需要一个较长时间的过渡和积累，才可能使得其产品获得稳定的客户群。一般来说，靠质量优势沉淀下来的客户群具有很强的客户黏性，客户不会轻易转向其他公司的产品。

4. 品牌优势

狭义的品牌是一种名称、术语、标记、符号、图案等，或是它们的相互结合。一个品牌不仅是一种产品的标志，而且是产品质量、性能、满足消费者效用的可靠程度的综合表现。品牌竞争是产品竞争的深化和延伸，当行业的发展进入成熟阶段，行业竞争充分展开时，品牌就成为产品以及企业竞争力最重要的因素之一。品牌是公司无形的价值，并不能给公司带来直接价值，市场对于一些品牌的估值或者排名也只是对公司竞争力的一个参考而已，不能纳入对于该公司的估值范畴来考虑。

(二) 公司战略竞争力

1. 战略竞争力及获知途径

公司发展战略是企业面对严峻挑战与激烈环境变化时，为求得长期生存和不断发展而进行的总体性谋划。经营战略具有全局性、长远性和纲领性的特征，它从全局发展角度决定了公司的成长方向、成长速度及其实现方式。各个公司在制订发展战略时所考虑的因素往往差异很大，这就体现了公司战略方面的竞争能力，发展战略清晰且竞争力强的公司在未来胜出的概率大。

公司的发展战略可以从公司的相关公告、管理层的讲话、公司的重组及资产收购公告等资料中得到。所以，要经常关注公司的相关战略公告，尤其是公司的管理层在公众及媒体前发表的一些言论，如国内疫苗上市公司沃森生物公开说明要和上海艾博生物一起研发生产 mRNA 新冠疫苗，这说明沃森生物下一步战略方向的重点是契合时下最重要的新冠疫苗需求。投资者应该认真分析公司的发展战略，进而判断这些发展战略能否给公司带来收益并增强市场的竞争力。

2. 战略类型及其竞争力分析

公司的发展战略一般可以分为三种：成长型战略、稳定型战略以及收缩型战略等。三种不同的战略反映了公司未来的重心及其一系列的操作，所反映出来的股价表现也往往各不相同。

1) 成长型战略

成长型战略是以发展壮大企业为基本导向，致力于企业在产销规模、资产、利润或新产品开发等某一方面或者某几个方面获得增长。对于不断扩张的公司，尤其是成长期的公司，大多情况下会通过不断扩大厂房、增加生产线设备、拓展产业链的内延发展以及不断向外并购或者强强合作的外延发展来扩大自己的规模，壮大自己的实力。公司因为战略问题进入新领域时，一定要考虑在资源和能力上是否进行了充分的准备，否则失败的概率会很大。所以，成长型战略的风险还是比较大的，如果战略得以实现，公司的营收及利润增长很快。但一旦冒进而导致失败，其成本代价也很大。如新能源汽车锂电池最重要的中间品供应商宁德时代于 2021 年 2 月 2 日公告拟斥资 290 亿元扩产或新建四川宜宾、福建霞浦、广东肇庆等三个电池生产线项目，就是属于典型的成长型战略。新能源汽车行业未来发展顺利，宁德时代的布局显然很有前瞻性，其回报也是可观的；但是如果新能源汽车行业未来发展遇阻，那这样的大投入显然会给公司带来严峻的后果。

2) 稳定型战略

稳定型战略是指在内外环境的约束下，公司准备在战略规划期使公司的资源分配和经营状况基本保持在当前状态或基本水平上的一种发展战略。从经营风险的角度看，稳定型战略的风险是相对较小的。对于那些经历过成功且还处在良好上升期的公司大多会采取稳定型经营战略。如上市公司海天味业 2014 年上市之后，其发展非常稳健，营收增速保持在 15%，净利润增速保持在 20%。没有大的扩展，也没有快速的成长，显然是对自己过去的经营业绩表示满意，决定保持与既定或者过去相似的经营目标相一致，这属于稳定经营的典型。

3) 收缩型战略

收缩型战略，也称为撤退战略，是指公司因为经营状况恶化而采取的缩小生产规模或者取消某些业务的战略。收缩型战略初一看似乎是一种不好的战略，但其实是一种知错就改的战略。收缩型战略往往是公司在原来各个突击的大发展战略走不下去之后采取的壮士断腕的修正，是主动承认错误，将不良资产进行剥离，减少公司亏损，集中资源优势用于具备竞争的主要业务的战略。如上市公司杉杉股份剥离亏损的服装品牌运营业务、储能、充电桩等业务，把发展重心集中于锂电材料和偏光片双主业上，就是一种典型的收缩型战略。杉杉股份 2020 年年报显示其非核心业务不仅没有带来收益，亏损反而同比大幅度增加，合计归属于上市公司股东的净利润是 −2.96 亿元，亏损同比还扩大了 1.3 亿元。把这部分非核心业务剥离之后，从 2021 年 1 月开始这部分业务不再并表，只要杉杉股份 2021 年锂电材料和偏光业务主业经营正常，其业绩大幅度提升也是必然的。

此外，上市公司也会为了自身长远的发展进行一些战略重大调整考虑，尤其是一些绩差公司，希望通过重组等方式来改变发展战略，但投资者应该分析重组的效应，尽量远离重组的题材炒作。前些年，有些 ST 公司经常采取借壳上市的方式来个乌鸦变凤凰，也有些投资者热衷于这些题材炒作，确实也通过这样的投机操作赚到了一些钱。但是在注册制推出之后，这类所谓的"空壳"公司基本就丧失了"壳资源"炒作的意义了。作为价值投资者，应该远离这类投机操作，而对于真正处在战略转型中的公司予以密切关注，如2017 年的顺丰控股通过借壳鼎泰新材成功上市，鼎泰新材华丽转身，成了一家快递行业的巨头，这样的重组就是实质重组。

(三) 公司成长竞争力

1. 公司成长竞争力概念

上市公司的成长是指公司在自身的发展过程中，其所在的产业或行业得到国家政策倾斜(起码不是政策上严控的行业),具有很好的发展空间,产品前景广阔,公司规模呈逐年扩张、经营效益不断增长的趋势。这里对公司成长的定义是公司创造财富的潜力,只有有潜力创造财富的公司才是真正有成长性的公司。公司成长竞争力就是公司不断创造新价值的能力,成长竞争力是衡量公司经营状况和发展前景的一项重要指标。

2. 公司成长竞争力具体内容

上市公司的成长竞争力可以从多个角度进行分析,如公司的盈利能力、市场占有率、产品或者业务的市场前景、公司的营运效率、公司文化等。

1) 公司的盈利能力

(1) 盈利能力类型。要想获得理想的投资收益,就应该考虑公司的盈利能力如何,即公司未来能赚多少钱。只有公司赢利了,公司才有资金分配股利,公司的股价才能水涨船高,给投资者带来可观的收益。这就好比我们从事一项工作,从完成工作中获得基本工资的报酬,而工作完成得好,就可能有额外的奖金一样。所以,要看重公司未来到底能赚多少钱,即要看重公司的盈利能力。

根据公司盈利能力的大小可以分为三种类型。一是盈利能力现在已经很强的公司。盈利能力很强的公司一般是经营多年已经很成熟的公司,其持续的经营历史有据可查,唯一要做的就是判断其盈利能力能否一直持续下去,如贵州茅台、格力电器、海天味业、伊利股份、招商银行等都是盈利能力超强的公司,要做的工作就是考察未来几年这种超强的盈利能力是否可以持续下去。二是现在盈利能力一般,但是未来盈利能力可能变强的公司。这类公司一般是未来有项目要投产或者新产品要上市带来盈利能力提升的公司,如安科生物的水针如果能持续放量的话,那么其盈利能力大幅提升就是高概率事件;还有一些周期型股票,其产品价格在持续上升,将带来其盈利能力的爆发性增长,如 2020 年下半年有色金属、铁矿石、航运、化工等公司,其产品价格出现持续上涨,对其盈利能力的提升将是重大的促进,当然周期型公司的股票价格涨得快跌得也快,用周期型投资策略应对即可。三是现在还处在亏损,但是未来却有很强盈利能力的公司。这类公司大多处在初创期,很多产品还处在研发阶段,可能连营收都很少,净利润亏损甚至严重亏损,但是公司在从事一项未来很有发展前景的事业。如科创板的康希诺,连年亏损,2020 年亏损甚至达到了近 4 亿元,但是公司正在研发的疫苗很有市场前景,预计新冠疫苗克威莎产能将达到 5 亿剂,该疫苗一旦上市将给康希诺的盈利能力提升带来直接的巨大贡献,所以一个亏损的公司其股价能长期维持在 400 元上方也是有合理原因的。

(2) 盈利能力模式。投资者在分析盈利能力模式方面时要注意两大类公司,一是传统上认为的高毛利率公司,其盈利能力自然更强。这一点比较容易被认可和接受,一般认为公司的毛利率在 30% 以上的公司就是盈利能力比较强的公司。二是低毛利率也可能盈利能力很强的公司。它们属于薄利多销型的公司,可能也有较高的盈利水平。如快递行业的毛利率普遍较低,以龙头股顺丰控股为例,毛利率一直在 20% 以下,2020 年速运物流业务达到 81.37 亿票,单票收入 17.77 元,比 2019 年下降了 18.99%,但是公司实现营业收入 1539.87 亿元,净利润也达到了 73.26 亿元。对于薄利多销型的公司,也要警惕薄利多销陷阱,很多公司打着薄利多销的旗帜,但往往薄利了,可是并不多销,多数是企业间陷入了激烈的价格战，企业的利润反而下降了，股价因此也大幅度下跌。这些现象多出现在家电厂商之间，这是他们惯用的营销手段，结果往往是多败俱伤。

2) 公司的市场占有率

除了完全垄断的行业外，大部分行业一般都有几家龙头公司在行业中有较高的市场占有率。市场占有率高意味着该公司在行业中的竞争力强，比如空调行业中格力电器、美的集团、海尔智家的三足鼎立；充电桩行业特来电、国家电网和星星充电三家公司的市场占有率超过 60%；牛奶行业中伊利蒙牛市场占有率超过 50%；福耀玻璃在国内汽车玻璃市场的占有率达到 65%以上等等。这些市场占有率高的公司大多是行业的龙头公司，也意味着其竞争能力强，在配置股票时应该着重考虑，尽量选择市占率较高的公司进行分析，寻找并发现其中的投资机会。

不过，如果有些公司在行业里已经占有极高的市场占有率，反而要多加一份警惕，因为新进来者可能会蚕食鲸吞它们的市场份额。比如，在生长激素领域，长春高新一直是水针的国内独家提供商，但是新进来者如安科生物会不会对长春高新水针的市场占有率带来冲击呢？当然，如果行业的天花板还没有到顶，虽然市场份额会下降，但龙头公司依然还会保持一个不错的增长速度，其销售额还是会增加的，只是增长的幅度没有那么快而已。

3) 公司产品或者业务前景

公司的产品优势除了成本、质量、技术、品牌四大优势外，还应该注意有关产品或者业务是否有良好的前景，可以从以下两个方面分析。

(1) 提价权。典型的例子就是贵州茅台酒价格的持续提升，2001 年 8 月份上市的贵州茅台，其 53 度飞天茅台价格出厂价是 218 元，零售价是 260 元；此后经过多次提价，到 2017 年 12 月底，飞天茅台出厂价已经提到了 969 元，市场零售价达到了 2000 元；之后，虽然飞天茅台的出厂价格一直维持不变，但在 2020 年的零售价已经达到了 3000 元左右。提价权是判断产品或者服务是否有良好前景的一种重要指标，且是最有质量、最不需要追加投入的一种成长。只要提价，不需要增加任何成本，收入就增加了，增加的收入大部分都是利润，即利润的边际成本几乎为零。只要一个公司的产品或者服务一直在提价，这个公司的发展前景就会持续被看好。虽然这种公司的数量极少，很难遇到，属于可遇而不可求的情况，但是只要遇到了就要好好珍惜。

(2) 产品更新换代。一个公司很少能一辈子不用改变，只做一个产品，大多数公司一般都会开发新产品。开发新产品会共用已经积累起来的管理、品牌、渠道、资金等资源，新产品容易被市场认可，带来的新利润自然也比较可观。如云南白药一直是做止血中成药及系列产品的，所以当云南白药推出以止血为主打功效的云南白药牙膏之后，市场认可度非常高，主要就是利用云南白药品牌这块金字招牌以及其强大的管理、渠道优势等。当然，如果一个公司一直只做一个产品而暂时不用更新换代时，也至少说明该公司仍然处于竞争力很强的阶段，产品的市场需求依然旺盛，离需要改变还有一段时间，这时候就要先看公司的战略布局再做具体的评价。

4) 公司营运效率

公司营运效率是指公司运用其资产的有效程度，这个效率不仅是指以尽可能少的投入获得尽可能多的产出，还要注重效果，即完成的活动是否达到了组织的各方面目标。营运效率的高低取决于公司营运状况的好坏及管理水平的高低。一般来说，可以从以下几个方面来判断公司的营运效率。

(1) 资产营运效率。资产营运效率主要包括存货周转率、应收账款周转率、流动资产周转率、固定资产周转率、无形资产周转率等等。这里不逐一进行分析，而是把它们统称为资产周转率进行分析。资产周转效率越高，公司的资产周转速度越快，表明资产可供运用的机会越多，效率越高；反之，则表明资产利用效率越差。通常使用资产周转指标来反映资产周转效率，即一定时期内周转额与平均资产占用额的比率，这个指标的实质是运用资产所完成的工作量与资产平均占有量之间的关系。

(2) 内部创新管理体系。内部创新管理体系是指在内部组织形成创造性思维并将其转换为有用的产品、服务或者作业方法的过程，一个富有创造力的组织能不断将创造性思想转变为某种有用的结果。内部创新管理体系中必须设定企业的核心目标，鼓励运营管理人员制订、修正并履行计划、达成目标，提供给员工更好的学习和创新环境与机会，进而促进公司和员工的双向发展。如华为在"以客户为中心"核心价值观永不动摇的基础上，基于数据和事实的理性分析和科学管理，建立在计划和流程基础上的规范管理控制系统，以及客户导向和力求简单的产品开发策略，就是一种不断完善其自身的内部创新管理体系。

(3) 人力资源管理。人力资源管理是指对公司内外相关人力资源进行有效运用，满足公司当前及未来发展的需要，保障公司目标的实现与员工发展最大化的一系列活动的总称。人力资源管理包括人力资源规划、人员配置、培训与开发、绩效管理、薪酬福利管理以及劳动关系管理等等。在运营管理科学化发展的今天，建立学习和创新型组织，培养公司内部具有现代管理意识的人才团队对提高公司内部人员资源素质至关重要，鼓励员工学以致用，积极在工作中改善创新，建立一个能让内部员工以公司使命为荣、团队归属感强、彼此信任、公平公正的组织，这对实现公司的高效运营非常有帮助。如果听到的大多是员工对自己公司的抱怨甚至批评，这样的公司在投资时就要多加警惕；如果听到的大多是员工对自己公司的褒奖和满足感，那这样的公司大多凝聚力强，其发展前景也是很值得期待的。

5) 公司文化

为什么在公司成长竞争力中会加入公司文化的内容，主要是因为公司文化会影响一个公司成长的持久性。一般来说，一个文化建设比较差的公司，其成长能力也像是一座空中楼阁，很快就会消失。投资一个企业，要从长远着眼，从小处着手。小处着手要看业务发展，长远着眼要看公司文化。公司文化决定了公司长远会是什么样子，良好的公司文化是让公司长久强大下去的隐形竞争力，一旦形成健康的公司文化，会对公司的方方面面都产生长远的根本性影响，一个文化做得好的公司才是投资者长期持有下去的信心和保证。

在做投资时，把该公司的业务和文化搞清楚后，就不要太在意公司的一举一动，只要看看公司的核心东西有没有变化，或者有没有变化的趋势就行。比如房地产龙头企业万科在公司文化上就一直做得很出色，凭借着公司几十年对房地产市场的深耕，万科房子的质量有口皆碑，凭借着"盖有人住的房子"的理念，万科的房子真正从购房者的角度考虑问题，让万科的房子不管在交通便利还是舒适度方面都首屈一指；凭借着低头做事不断进取的精神，万科每一步都走得踏实稳健，积极乐观又能居安思危。这样的公司就是一个好公司的经典，至于公司又拿下哪一块地皮或者在竞拍中失去了什么机会等，都大可不必计较，除非公司的业务和文化发生大的转向。

(四) 公司管理竞争力

经营管理能力是指公司决策管理层管理运营公司的方式、方法、效率等的总称。管理能力可以从决策层、高级管理层的决策水平，企业的经营效率、内部调控机构的效率以及人事管理的效率等角度进行分析。在实际投资分析中，可以从管理层的更替频率，员工的流动情况，薪酬的变动情况等方面来具体分析上市公司管理层的经营管理能力。一个管理层更替频繁的公司其业务很难稳定，要注意回避管理层权力争夺的公司；当然，一个公司员工出现较大流动也是管理不善的信号，互联网、信息技术类行业公司的员工流动可能还相对比较多见，但传统制造业公司如果出现员工大幅度变动的话，可能就不是一个好的信号了；公司管理层的薪酬也应该和公司的业务提升水平相挂钩，如果一个公司已经出现净利润下滑的情况，管理层还在忙着提高薪资报酬的话，说明管理层不是在替全体股东考虑，尽量远离这样的公司。此外，有一个情况也要特别注意，那就是当一个公司的管理层经常在公众媒体前频频出境，爱出风头，高谈阔论地鼓吹自己公司的收益有多好，未来的前景有多光明，甚至频频参与一些和公司业务没有多大关系的社交活动(公益社会活动除外)，那就要及时警惕，因为往往容易膨胀的管理层大多已经开始不务正业了，这样的公司未来发展堪忧。

当然，也可以通过对公司资产营运效率和效益等相关指标的计算和分析，来评价公司管理层经营管理的水平。

(五) 公司竞争力分析总结

在分析公司竞争力时，大部分公司都不具备以上所有的竞争力，一般只在某些方面的竞争能力会比较突出。要着重分析这些竞争力是不是公司在市场立足的主要优势，对于不能决定公司长远发展的竞争优势不要太过于看重。比如，一个公司的产品在市场中有很强的竞争力，公司再来一个管理能力很强的管理人，也许后者会使公司的产品销售更上一层楼，但显然把关注的重点放在前者会更加合适。

当然，如果在决定公司发展的因素中出现了一些劣势或者负面的评价，那就要额外关注。例如网上购物时，看到的大多是好评，殊不知差评才是关注的重点，如果连差评都能接受的话，那么这类产品的市场接受度一定不会太差。如果公司出现的劣势也能被接受的话，那么这样的公司大概率也会是好公司，确定公司是好公司后，剩下的事情就是以合理甚至意外低估的价格买入的问题了。

三、公司财务分析

一家好企业才可能有好的财务数据，而不是有好的财务数据就是一家好企业。有好企业在前，自然好的财务数据就呈现出来了；如果只有好的财务数据摆在眼前，就要具体分析它是否是一家好的企业，不能颠倒顺序。所以，公司良好的基本情况是诞生好的财务数据的前提，好财务数据是好公司表现出的好结果。对公司财务分析可以从三个方面展开，一是上市公司的三大财务报表解读；二是公司主要的财务指标分析；三是财务预测的内容。

(一) 上市公司三大报表分析

上市公司的三大财务报表分别是：资产负债表、利润表和现金流量表。这三张财务报表的分析是看懂一家公司财务现状的基础，在弄懂一家公司的具体财务状况之前，先要认真阅读这三张财务报表的详细内容，在对重要的财务科目有一定的初步研究后，再去研究其他财务问题，就更能把握问题背后的本质。如通过对公司利润表的阅读后，发现公司的净利润构成中有占比超过一半是投资收益，那么即使公司目前有较高的每股收益，投资者心中也要清楚这种收益也许在下一年无法持续。

1. 资产负债表

资产负债表是一个公司静态的财务报表，它向投资者展现了公司拥有多少经济资源(资产)，同时为了这些经济资源借了多少债务(负债)以及扣除债务后的经济资源到底归谁所有(所有者权益)，资产负债表是按照权责发生制的原则编制的报表[①]。

资产负债表遵循的公式是：

$$资产 = 负债 + 所有者权益$$

在任何时刻，资产负债表中的资产永远都等于负债加上所有者权益之和。资产列在表格的左边，不管是流动资产还是非流动资产都是按照资产变现速度快慢自上而下排列，即资产变现速度快的列在上方，资产变现速度慢的列在下方。资产负债表的右边分为上下两个部分，上部分是负债，是与债权人相对应的权益；下部分是所有者权益，是与股东相对应的权益。所有者权益分为两部分，一部分是股东的原始投入，另一部分是公司的经营积累。原始投入分为股本和资本公积金，经营积累主要包括盈余公积金和未分配利润。

资产负债表分析主要从常用的一些财务科目来展开，资产中主要分析货币资金、应收账款、存货、固定资产、在建工程、无形资产、商誉等财务科目；负债中主要分析短期借款、应付账款、预收账款、其他应付款、长期借款、合同负债等财务科目；所有者权益中主要分析股本、公积金以及未分配利润等财务科目。表 4-1 是 X 公司 2020 年的资产负债简况表。

---

① 记账方式分为权责发生制和收付实现制两种方式。在权责发生制下，按照收入和费用的归属期间记录收入和费用，而不考虑现金是否流入或者流出；在收付实现制下，收入和费用按照现金的流入和流出进行记录。如公司的一笔产品 1 月份已经出售，但是 12 月份才能收到款项，在权责发生制下，公司 1 月份已经将产品发给了客户，交易已经发生，虽然没有收到货款，但是应该在 1 月份确认这笔销售收入；而在收付实现制下，销售收入应该在收到货款的 12 月份才能记录，因为虽然已经发生了交易，但是货款还没有实现收付。

表 4-1　X 公司 2020 年资产负债简况表

2020 年 12 月 31 日　　　　　　　　　　　　　　　　　　　　　　　　单位：万元

货币资金	1 000	短期借款	500
应收账款	500	应付账款	500
存货	1 500	预收款项	2 000
流动资产合计	3 000	其他应付款	500
		流动负债合计	3 500
		长期借款	1 000
		非流动负债	1 000
		股本	1 500
固定资产	3 000	资本公积金	1 000
在建工程	2 000	盈余公积金	1 000
无形资产	1 000	未分配利润	1 000
非流动资产合计	6 000	**所有者权益**	4 500
资产合计	9 000	**负债和所有者权益合计**	9 000

当然，不同行业的公司资产负债表中的财务科目分析重点可能还不一样，但有一点应该是一致的，即对资产或者负债中数额较大，资产或者负债占比较大的财务科目应该重点分析，而对资产或者负债占比较低的财务科目可以不重点分析甚至可以不分析。同时，一定要注意和往年相比变动较大的财务科目，分析其变动较大的原因，可以从财务附注中寻找并发现其中的原因。

2. 利润表

如果说资产负债表是一张照片的话，那么利润表就是一段影片，是一段时期内公司经营全过程的录影，是动态的一张报表。利润表是按照权责发生制编制的报表。利润表中主要包括三大块的内容，即收入、成本和利润。利润表中的收入主要是指营业收入；成本主要包括营业成本、税金及附加、销售费用、管理费用、财务费用、研发费用等；利润主要包括营业利润、营业外利润、利润总额以及净利润等。

进行利润表分析的时候应该把握一个简略的公式：

$$净利润 = 收入 - 成本费用 - 所得税$$

该公式可以更进一步细化为

营业收入 - 营业成本 - 三大费用 - 研发费用 + 公允价值变动收益 +

投资收益 + 营业外收支净额

= 利润总额

利润总额 - 所得税 = 净利润

表 4-2 是 X 公司 2020 年的利润表简况表。

表 4-2 X公司 2020 年利润表

2020 年	单位：万元
营业收入	2 279
营业成本	1 543
税金及附加	21
销售费用	136
管理费用	37
研发费用	71
财务费用	−39
营业利润	510
营业外利润	0.1
利润总额	510.1
所得税	76.5
净利润	433.6

分析利润表时应该注意除主营业务利润之外的其他收入利润在利润总额中占比的高低，如果其他收入(如投资收益、公允价值变动收益等、营业外收支等财务科目)占比太大的话，就要特别小心谨慎，因为这是非经常性损益(不是每一年都会有的损益)，之后的年份也许很难再有这样的收入。所以，在投资分析时，应该尽量选择利润贡献来源于主营业务收入的公司作为投资对象，这是长远投资要把握住的一个关键点。

3. 现金流量表

现金流量表也像是在某段时间里给公司拍摄的一段视频，记录了这段时间里公司现金流入和流出的实际情况，现金流量表是按照收付实现制编制的报表。

现金流量表主要包括三大内容，即经营活动现金流、投资活动现金流以及筹资活动现金流。经营活动现金流主要分析销售商品、提供劳务收到的现金，购买商品、接受劳务支付的现金，直接支付给职工及间接为职工支付的现金，支付的各项税费，支付的与其他经营活动有关的现金。投资活动现金流主要分析收回投资收到的现金，取得投资收益收到的现金，收到其他与投资活动有关的现金，构建固定资产、无形资产和其他长期资产支付的现金，投资支付的现金。筹资活动现金流主要分析吸收投资收到的现金，取得借款收到的现金，偿还债务支付的现金，分配股利、利润或者偿付利息支付的现金。表 4-3 是 X 公司2020 年的现金流量简况表。

表 4-3 X公司 2020 年现金流量简况表

2020 年	单位：万元
经营活动产生的现金流量净额	6 950
投资活动产生的现金流量净额	−1 919
筹资活动产生的现金流量净额	−2 948
现金净增加额	2 083

经营活动现金流净额是三大现金流中最重要的现金流，这个现金流净额为正数时，是比

较健康的现金流情况。公司大多数时候的经营活动现金流应该是正数,如果出现经营活动现金流多年都是负数,那样的公司也应该小心为上,因为一个只卖出东西而收不到钱的公司很快就会支撑不下去的。还要注意一点,那就是公司的经营活动现金流净额最好要高于公司的净利润。当然如果公司偶尔出现经营活动现金流净额低于净利润的情况也是可以理解的,但不能低于净利润太多,且时间不能太久。

投资活动产生的现金流净额如果为正数,说明公司收回投资获得收益。但投资活动现金流净额为负数时也不是不好,如果为负数的话,一般说明公司还在扩大投资,这时要注意分析投资项目的收益评估。在投资过程中,往往还更偏爱投资活动现金流经常为负数的公司。

筹资活动产生的现金流如果为正,要看看是银行借款增加还是债券融资所致。但筹资活动产生的现金流最好不要在大多数的年份都为正,说明公司还在不断举债,这就不是很好的现象了。但一些产品研发周期较长的公司例外,如生物医药行业的药物研发可能长达10年以上。筹资活动产生的现金流为负数,一般是公司的分红所致,这反而说明公司的现金流比较充沛,一个成熟期的公司,其筹资活动现金流大多为负数。

(二) 主要财务指标分析

公司财务指标种类繁多,对这些指标进行归纳总结,划入不同类型的财务指标种类,用于反映某一方面的问题,这样分析起来就相对容易。把一些常用的财务指标分析清楚,尽可能深入挖掘财务指标背后的指标形成逻辑及其分析意义。通常把常用的财务指标分为偿债能力财务指标、资本结构财务指标、经营效率财务指标以及盈利能力财务指标等四个大的类别来进行分析,这样能对公司的财务状况有一个相对详细的了解。

1. 偿债能力财务指标

偿债能力是指公司偿还即将到期债务的能力。由于公司的偿债能力直接关系到投资的安全性,偿债能力分析也被称为公司的安全性分析。偿债能力的指标内容比较多,这里列举一些常用的偿债能力指标来分析。

1) 流动比率和速动比率

公司的债务主要包括流动负债和非流动负债,投资者首先要着重关注公司的流动负债,因为这是短期内公司要立即偿还的债务,即使是非流动负债也会随着时间的推移转变为流动负债,将用容易变现的流动资产来偿还。分析公司的流动负债与流动资产之间的关系可以反映其短期偿债能力。一般来说,常用流动比率和速动比率来反映公司的短期偿债能力。流动比率是流动资产与流动负债的比值;速动比率是流动资产中把存货、预付账款、一年内到期的非流动资产和其他流动资产等这些流动性相对比较弱的流动资产排除在外后的流动资产与流动负债的比值。具体公式如下:

$$流动比率 = \frac{流动资产}{流动负债}$$

$$速动比率 = \frac{速动资产}{流动负债} = \frac{现金 + 交易性金融资产 + 应收账款 + 应收票据}{流动负债}$$

国际上公认的流动比率是 2:1,速动比率是 1:1,但是大多数国内上市公司的这两个比率会低一些，如像格力电器这样优秀的企业，其流动比率一直维持在 1.1：1～1.2：1 之间，没有超过 1.3：1 的情况，更不用说在 2：1 左右了。国内一些传统制造业上市公司的流动比率甚至更低，如钢铁龙头宝钢股份的流动比率常年都在 1：1 以下，速动比率更是在 0.7：1 以下，也没有出现债务无法偿还的危机。

当然，流动比率或者速动比率也不是越高越好、越低越坏。如一个公司的流动比率或者速动比率很高，可能是公司有大量的闲置资金，反而给人留下资产利用效率低的不好印象；一个公司的流动比率或者速动比率较低，但是应付账款很多也不一定是坏事，如一些公司比较强势，让供货商先供货后付款，反而是市场地位强势的表现。这些说明判断公司短期偿债能力时只看流动比率或者速动比率这单一指标是没有绝对意义的，应该结合多个指标和实际分析才能得出相对可靠的结论。任何财务指标都需要协同分析，其判断准确性才可能更高。这一结论也可以延伸到其他财务指标的判断上。

2) 现金比率

现金比率是速动资产扣除应收账款后的余额与公司流动负债的比率，反映公司直接用现金或者现金等价物而不依赖存货销售或者应收账款回收的情况下偿付流动负债的能力。现金比率一般是在公司因大量赊销而形成大量应收账款的情况下考察公司变现能力时所应用的指标，是公司直接偿付能力的体现。其计算公式如下：

$$现金比率 = \frac{货币资金 + 有价证券}{流动负债}$$

现金比率越高，说明公司变现能力越强，因此该比率也称变现比率。一般认为现金比率在 20% 以上比较好，当然也不是越高越好，过高可能意味着公司拥有过多的盈利能力、较低的现金流资产，公司的流动负债也未能得到合理的应用。

显然，现金比率是比流动比率和速动比率更严格的短期偿债能力指标，从比值大小的角度看，其顺序是流动比率＞速动比率＞现金比率；从对债务的偿还能力看，其顺序是现金比率＞速动比率＞流动比率。

有时也会用存货周转率、应收账款周转率等指标作为反映公司短期偿债能力的补充指标。这也是可以接受的，毕竟周转率越高，带来现金变现的能力也越强，这在道理上也是行得通的，尽管大多数情况下会把相关周转率指标作为经营效率的常用指标来看待。

3) 资产负债率

资产负债率是公司的负债总额同资产总额的比率。表示公司的总资产中有多少是通过负债来筹集的，该指标是评价公司偿债能力的综合指标，是衡量公司负债水平及风险程度的重要标志。其计算公式如下：

$$资产负债率 = \frac{负债总额}{资产总额} \times 100\%$$

对于资产负债率指标，不同的市场主体有不同的要求：对于债权人来说，资产负债率越低越好；对于投资人来说，在公司负债比率不发生偿债危机的情况下尽量多举债，通过杠杆作用提高公司的净利润水平；对于经营者来说，需要平衡借入资金带给公司利润的同时尽量降低债务的风险。

一般认为，资产负债率的适当水平是在 50% 左右，即公司的股东权益和债务相差不大，大致能达到资债相抵的水平。不过，不同行业不同公司的资产负债率可能相差会很大，如房地产、银行、建筑、公用事业、家电、钢铁等行业的资产负债率高达 60% 以上；而食品饮料业、文化传媒、生物医药等行业的资产负债率低于 40%。在分析资产负债率的时候一定要结合其历史水平给予一个比较公正的评价，出现资产负债率突然升高的情况时一定要分析其中的原因，有些是真正的有息负债提高了不少，投资者要重视，而像预收账款或者合同负债之类的非有息负债出现提高就没有太大的问题。有一个现象也值得注意，新上市的公司，由于其本身规模特别小，IPO 融资的资金规模相对较大，导致了公司的资产负债率特别低，就要注意募集资金投入及其后续的资产负债率变动情况，不要想当然地认为其资产负债率越低越好。

与资产负债率相对应的一个指标是股东权益率指标，它是用 1 减去资产负债率得到的，其公式如下：

$$股东权益率 = 1 - 资产负债率$$

或者

$$资产负债率 + 股东权益率 = 1$$

有些时候，习惯上会把资产负债率和股东权益率称作资本结构比率指标[①]，这也是可以的，因为这两个指标都是用来反映公司资本结构是否稳定的判断依据。既然资产负债率在 50% 左右是比较合理的，那么反过来，股东权益率也应该在 50% 左右才比较合理。

4）有息负债率

公司的债务中有些是不需要付出债务利息的债务，如来自经销商先付款后提货形成的预收账款、收取客户款项构成待履行的权利与义务关系的合同负债以及向供货商延期支付形成的应付票据和应付账款等，甚至可以认为这些无需付出债务利息的债务越多越好，毕竟占用这些债务不但不需要付出成本，还可能产生收益(表现在财务费用上是利息收入)。而有些债务是需要付出债务利息的，如银行借款、债券等，这些债务会给公司造成费用，从财务费用中减少公司利润。所以，在分析公司债务时，应该区分有息负债和无息负债，把有息负债单独列出来分析，这样的分析会更客观，更合理。

有息负债率是指公司在某一时点上有息负债总额与资产总额的比率，在一定程度上反映了公司未来的真正偿债压力。有息负债率的计算公式：

$$有息负债率 = \frac{有息负债总额}{资产总额}$$

有息负债总额 = 短期借款 + 一年内到期的非流动性负债 + 长期借款 + 应付债券

在分析公司债务水平时，不能只看公司的资产负债率，更要警惕有息负债率比较高的公司，如果有息负债率超过总资产的六成，这样公司算是比较激进的。但是如果一个公司在产业链中处于强势地位，其资产负债率虽然比较高，其实并不可怕。因为大多数情

---

① 资本结构是公司各类资本的价值构成及其比例关系。公司的资本一般包括股权资本和债务资本，资本结构财务指标就是这些资本之间的比例关系，是用以反映公司的稳定性以及在公司资金成本最小化的基础上实现股东财富最大化的一类财务指标。常见的资本结构财务指标一般包括股东权益比率、资产负债率、长期负债率以及股东权益与固定资产比率等。

况下，资产负债率高是由"无息负债/总资产"的数额较大造成的，扣除无息负债后，其资产负债率也许就会变得很低了。

2. 成长能力财务指标

投资一个公司时，把债务风险问题排除在外后，可能看中的一个关键内容就是该公司未来会怎么样，即公司的成长能力到底如何。公司的成长能力分析主要从营业收入增长率、净利润增长率、总资产增长率、净资产增长率等角度展开。

1) 营业收入增长率

营业收入是指公司在从事商品销售或者提供服务过程中所形成的收入的总和，是公司利润的来源。营业收入一般分为主营业务收入和其他业务收入，如果不是为了特别分析业务中某项或者某几项业务的具体经营情况，一般情况下也只用营业收入来反映公司的经营情况。营业收入增长率是指对一定期间内公司的营业收入与上一年同期间的营业收入比较，反映营业收入是增长还是下降的指标，通常用百分比来表示。营业收入增长率的公式如下：

$$营业收入增长率 = \frac{本期营业收入 - 上期营业收入}{上期营业收入} \times 100\%$$

营业收入增长率可以直观反映公司本期取得的收入与上年同期数据相比的变化程度，通过这个变化可以反映一个的公司成长情况。一般认为，公司的营业收入增长率在20%以上，说明公司还处在成长期；公司的营业收入增长率在10%～20%，说明公司处在成熟期；公司的营业收入增长率在10%以下，说明公司已经进入衰退期，如果没有新的业务来补充甚至替代的话，公司很快就可能陷入增长困境。特别是公司营业收入增长率出现负增长，就是很值得警惕的信号。如果只是一时的异常，如疫情等突发情况导致的收入一时滑坡或者因销售策略出现问题导致营业收入下滑等原因，公司未来的业务收入将很快恢复甚至又开始增长，那这样的负增长反而可能是买入该公司股票的很好时机。

应用营业收入增长率分析问题时应该注意以下几点：一是营业收入的构成分析，即把分产品的营业收入或者分地域的营业收入进行区分，看哪些产品、哪些区域销售得好；二是营业收入的季节性分析，有些公司营业收入的季节性变化非常明显，那就不能从单个季度来分析营业收入，而是应该结合历史营业收入分布情况客观分析，如生产月饼的元祖股份(603886)一年的营业收入大多是由第三季度贡献的，所以对于其他季度的营业收入大可不必太在意；三是营业收入的环比增长分析，除非一个公司正处在成长期中，如果一个公司正处在成长期中，其营业收入环比增长都会比较快，但是非成长期公司其环比增长也许就不一定为正增长了，可能出现负增长的情况。

2) 净利润增长率

净利润增长率是指公司当期净利润相比上期净利润的增长或下降幅度，净利润增长率反映了公司在当期的经营成果。净利润增长率的计算公式如下：

$$净利润增长率 = \frac{当期净利润 - 上期净利润}{上期净利润} \times 100\%$$

净利润增长率反映了公司实现价值最大化的扩张速度，是综合衡量公司资产营运管理业绩的重要指标，是公司成长状况和发展能力的重要反映。净利润增长率越大，说明公司收益增长越快，在市场中的竞争能力也越强。在考察净利润增长率这个财务指标时，应该在一个比较长的时间内(如 5 年以上)把它与同行业其他公司的该指标进行比较，如果该指标高于行业的平均水平，基本上可以确认该公司至少在行业内是一个有良好增长潜力的公司。

投资者在应用净利润增长率分析问题时，应该注意以下几点：一是净利润增长的质量，如果净利润增长确确实实是由营业收入尤其是主营业务收入贡献的，这样的净利润增长才是高质量的增长，也是值得投资者去着重关注的。在分析净利润增长率时，大多数时候更应该关注扣非净利润增长率财务指标，扣非净利润增长率就是扣除非经常性损益后的净利润增长率，是和公司营业收入直接相关的净利润增长率，这样的比率比较真实，也有持续性。二是净利润增长率与营业收入增长率的关系。大多数情况下净利润增长率应该是与营业收入增长率相差不大的；如果净利润增长率大于营业收入增长率，就是比较理想的一种情况，一般一个公司在毛利率提升、规模效应呈现或者中间费用控制比较好的情况下才有净利润增长率超过营业收入增长率的情况；如果净利润增长率低于营业收入增长率，且一直持续较长时期，就要警惕，说明公司的经营开始出现不良信号。三是上期的净利润为负数时，就无法得到净利润增长率的具体数值了，这时只能说与上期相比扭亏为盈，因为一个整数不能成为一个负数的多少倍。

3) 总资产增长率

总资产增长是指公司当期总资产增加额与上期总资产总额的比率。在分析公司成长能力时，更多人关注的是营业收入增长率和净利润增长率两个财务指标，而相对不是很关注总资产增长率和净资产增长率。主要原因是前两个财务指标比较直观，也被认为是投资者赚钱的直接推动力；后两个指标似乎只跟公司的成长关系更紧密，跟投资者赚钱的关系更疏远。但是，在分析公司成长能力时还是要把这两个财务指标一同分析，毕竟只有公司真正地成长了，股价才能持续上扬，投资者赚钱才有保障。总资产增长率的计算公式如下：

$$总资产增长率 = \frac{当期总资产 - 上期总资产}{上期总资产} \times 100\%$$

总资产增长率一般代表着公司资产规模的扩大或者收缩,如果公司当期的资产增长了,说明公司的成长性有较好表现。有些地方也会用资产增长率来判断公司所处的阶段，认为资产增长率稳定在 10%以上时，说明公司产品处在成长期，保持良好的增长势头，是成长型公司；如果资产增长率稳定在 5%～10%之间，说明公司产品已经进入稳定期，是成熟型公司，但可能不久将进入衰退期，需要及时研究新产品，以免公司的发展出现停滞；如果资产增长率低于 5%，说明公司的产品可能进入衰退期，是衰退型公司，营业收入很可能要出现滑坡，净利润下滑，要在市场中保持一定的份额已经比较困难了。看来，在分析公司处在何种生命周期阶段时，除了营业收入增长率是一个常用的财务指标外，也不能忽视总资产增长率这个财务指标。

4) 净资产增长率

净资产增长率是指公司当期净资产增加额与上期净资产总额的比率。净资产增长率反映公司股东拥有的资本规模是在扩张还是在收缩，这也是衡量公司资产规模变动和成长状况的重要指标。净资产增长率的计算公式如下：

$$净资产增长率 = \frac{当期净资产 - 上期净资产}{上期净资产} \times 100\%$$

净资产增长率为正，说明公司的股东权益在增加。净资产增长率越高，说明公司的股东权益增加速度越快，股东享有的资产总额增加速度越快。

在应用净资产增长率时应该注意以下三个问题：一是净资产的增加额。一个公司如果不分红派息的话，净资产增加额是当期公司净利润的增加额；如果分红派息的话，净资产增加额是用当前公司净利润扣除上期分红派息得到。二是净资产增长率与总资产增长率之间的关系。总资产增长率除了公司经营获得利润后的内生增长外，还可能来自对外举债的外延增长来实现。虽然看起来都是在成长，但净资产增长率是公司实实在在地成长，总资产增长率却可能只是表面的成长，净资产增长率与总资产增长率之间没有必然的因果关系，这一点尤其要注意。三是净资产增长率与净资产收益率之间的关系。净资产增长率是代表公司成长能力的指标，反映了公司股东权益增值的速度；净资产收益率是代表公司盈利能力的指标，反映了股东权益的获益能力有多强。净资产收益率越高，净资产增长率一般也会越高。在公司经营中，如果保持着较高的净资产收益率，又保持着较高的净资产增长率，表明该公司的未来发展将非常强劲。

3. 盈利能力财务指标

盈利能力是公司赚取利润的能力，这是投资者、债权人、管理者都比较看重的内容。特别是从投资者角度看，盈利能力可能是投资者最为看重的内容，因为投资的大方向就是选择盈利能力强并且可持续的公司作为投资对象，这是投资的基本动机。所以，很多投资者把盈利能力作为投资考虑的主要问题。

公司业绩好不好不能只看公司营业收入增长率和净利润增长率，还要看公司的盈利能力，盈利能力主要从毛利率、净利率、资产收益率、净资产收益率、净利润现金流比率等指标进行分析。

1) 毛利率

毛利率是公司毛利与营业收入的百分比，其中毛利是营业收入与营业成本的差额，公式表达为

$$毛利率 = \frac{毛利}{营业收入} \times 100\%$$

其中：

$$毛利 = 营业收入 - 营业成本$$

营业收入是一家公司赢利的基础，营业成本不包括销售费用、管理费用、研发费用以及财务费用在内的生产产品或者提供服务所发生的成本，当营业收入增长总额超过营业成本增加总额时，公司的毛利率是提升的。要注意毛利和营业利润是不一样的，毛利是营业总收入与营业总成本的差额，营业利润是在毛利的基础上扣除中间费用再加上投资收益后的差额。

毛利率当然越高越好，代表消费者愿意付出比行业内其他公司同类产品更高的价格，该公司产品在市场中的竞争力越强。高毛利率对于公司来说有两大好处：一是在正常销量的情况下，高毛利率意味着卖同样多的产品可以带来更多的营业收入；二是高毛利的公司

可以通过降价促销在激烈的竞争中取得竞争优势，在行业中不断扩大市场份额。尤其在同一个行业中，毛利率排名靠前的公司一般都是行业内竞争实力比较强的公司，也往往更容易成为行业内龙头股的公司。

在应用毛利率这个盈利能力财务指标时应该把握以下三个方面的内容：一是要在同行业内对比毛利率，不同行业的毛利率没有可比性。二是优秀公司的毛利率一定高于行业平均水平，且至少要看近三五年的毛利率水平大多都要高于行业的平均水平。三是毛利率应该是稳定或者还能提升的，当看到毛利率下降时一定要警惕，分析其背后的原因，毛利率下降往往是投入品价格提升而公司产品价格没有跟着提升或者公司降价销售导致的，一般来说都是公司竞争力在下降的征兆。

2) 净利率

净利率是指公司的净利润与营业收入的比值，综合反映一个公司或者一个行业的盈利能力。毛利率是公司盈利能力评估的第一步，净利率是盈利能力评估的第二步。净利率的计算公式如下：

$$净利率 = \frac{净利润}{营业收入} \times 100\%$$

净利润＝营业收入 − 营业成本 − 营业税金及附加 − 销售费用 − 管理费用 −

研发费用 − 财务费用 ＋ 各种收益[①] ＋ 营业外收支净额 − 所得税

净利率也是越高越好，如果净利润增长速度快于收入增长速度，那么净利率数值会不断提升，说明公司的盈利能力在增强；如果一个公司的净利率在下降，一定要认真分析其盈利能力下降背后的实质原因是什么，可能是一个公司问题出现的信号。

净利率的高低直接受毛利率高低的影响，同时还受公司期间费用和其他收益或损失的影响。正常情况下，如果公司没有大额的资产减值或者大额的其他损益的话，大多只要关注三大费用和研发费用，即期间费用即可。期间费用控制得好的公司管理层一定是替股东省钱并替股东负责的管理层，且大多数情况下即使是其经营成本费用已经远远低于其竞争对手，他们依然会继续寻找更多降低成本费用的方法；而那些大手大脚花钱的管理层就不是这样的。所以净利率指标不仅反映公司盈利能力，也是衡量管理层管理能力的很好指标。但是如果公司当期有大额其他损益的话，就要分析各种可能的具体原因，净利润计算时尽量采取"扣非后净利润"会更真实一些。

3) 资产收益率

资产收益率(Return On Asset，ROA)，又称资产回报率，是用公司的净利润除以总资产得到的，用来衡量每单位资产创造多少单位的净利润，是考察公司在利润目标实现的情况下，投入的相关总资产的利润实现效果。其计算公式如下：

$$资产收益率 = \frac{净利润}{总资产} \times 100\%$$

总资产＝净资产＋总负债

---

① 各种收益主要包括：投资收益、汇兑收益、净敞口套期收益、公允价值变动净收益、信用减值损失、资产减值损失、资产处置收益和其他收益。

资产收益率越高表明公司资产利用越好，说明公司在增加收入和节约资金使用等方面取得了良好的效果。资产收益率分析的意义在于以下四个方面：一是体现了公司资产运用效率和资金利用效果之间的关系；二是在公司资产一定的情况下，利用总资产收益率指标可以分析公司赢利的稳定性和持久性；三是反映公司经营的风险程度；四是可以反映公司综合经营管理水平的高低。

资产收益率指标不仅能用来反映公司盈利能力水平的高低，也是能决定公司是否应该举债经营的重要依据。一般认为，当公司的资产收益率高于公司的融资成本时，应该多通过举债的方式来经营，即提高公司的杠杆比率；当公司的资产收益率低于公司融资的成本时，应该尽量避免举债，甚至应该尽快偿还原先已经借的但未偿还的债务，降低公司的杠杆水平。

4) 净资产收益率

(1) 净资产收益率定义及基本公式。净资产收益率(Return On Equity，ROE)，又称股东权益回报率，是用公司净利润除以净资产得到的，用来衡量每单位净资产创造多少单位的净利润。该指标是衡量公司盈利能力最常用，也是非常重要的财务指标之一[1]，投资者在分析公司盈利能力时有时可能会忽略资产收益率，但往往不会忘记净资产收益率。净资产收益率指标计算公式如下：

$$净资产收益率 = \frac{净利润}{净资产} \times 100\%$$

或者

$$净资产收益率 = \frac{每股收益}{每股净资产}$$

净资产收益率指标值越高，说明每单位净资产带来的收益(净利润)越多，也说明公司的获利能力越强。一般认为，一个公司的净资产收益率指标值能达到15%以上，那该公司的获利能力很强。如果一个公司的净资产收益率指标值能多年维持在20%以上，那该公司很可能就是一家极其优秀的公司，就是值得长期注意的公司。毕竟从长远投资的角度看投资收益回报大多来自盈利能力强的优秀公司，净资产收益率高且长期稳定的公司就是这类公司的最典型代表。

(2) 与资产收益率关联的净资产收益率指标的计算。结合上面的资产收益率指标进一步考察净资产收益率的计算，因为资产收益率是公司的净利润与公司总资产的比率，而总资产是公司的净资产和负债之和，所以净资产收益率与资产收益率之间的关系可以进一步表达为

$$净资产收益率(ROE) = \frac{资产收益率(ROA)}{杠杆比率(L)}$$

杠杆比率(Leverage Ratio)是公司总资产与公司净资产的比率。

从这个公式也可以看出，净资产收益率是在不考虑公司负债的情况下，公司盈利能力的水平到底如何，是股东权益的真实回报率。

(3) 净资产收益率指标的两种计算方式。净资产收益率指标有两种计算方式：一种是全面摊薄净资产收益率；另一种是加权平均净资产收益率。

---

① 巴菲特最看重的财务指标就是净资产收益率指标。

全面摊薄净资产收益率的公式：

$$全面摊薄净资产收益率 = \frac{报告期净利润}{期末净资产}$$

全面摊薄净资产收益率是一个静态的指标，反映的是报告期期末那一个时刻静态的净资产收益率情况。

加权平均净资产收益率的公式：

$$加权平均净资产收益率 = \frac{报告期净利润}{平均净资产}$$

$$平均净资产 = \frac{期初净资产 + 期末净资产}{2}$$

加权平均净资产收益率是一个动态的指标，反映的是公司在经营期间用净资产赚到利润的水平。

实际投资时，一般更多关注加权平均净资产收益率，因为这样的计算方式更合理，毕竟净利润也是一整年赚到的利润。

(4) 净资产收益率指标的应用及注意问题。净资产收益率指标综合性[1]很强，几乎适用于所有行业。可以说，绝大多数优秀公司的净资产收益率都很高，且从一个比较长的时间看，其净资产收益率也持续在较高的位置。当然，也许一个有较高净资产收益率指标的公司不是好公司，但是净资产收益率指标较低的公司大多数情况下都不是好公司。所以，很多市场投资成功人士都把净资产收益率指标当做选股时重要的财务指标，尤其是对于长期投资者而言更是如此。

在应用净资产收益率指标时也应该注意以下几个问题：

① 净资产收益率可能存在调节的问题。净资产收益率是净利润与净资产的比值，提高净资产收益率指标可以通过增加净利润来实现，也可以通过降低净资产来实现。如果一个公司的净利润没怎么增长，但是通过加大现金分红比率使净资产减少依然可能提高净资产收益率指标，这会造成净资产收益率一直较高的假象。当然如果偶尔出现这种情况还情有可原，可是如果经常出现这种情况就要小心为妙。

② 有些公司因为负债太高导致 ROE 虚高，特别是总资产收益率与净资产收益率相差比较大的时候，ROE 虚高更严重。分析 ROE 时要结合 ROA 一起考虑，即同步查看 ROE 和 ROA，分析其中的原因，判断公司经营的风险程度，多一份谨慎和客观的心态。

③ 净资产收益率指标用的是净利润来计算，这个净利润可能存在失真问题。如果一个公司存在较多营业外的收入，那么公司的净利润也是含有较多水分的，但是净资产收益率指标无法反应这部分非经常性损益，导致该指标失真。这时应该结合扣非净资产收益率指标来判断。

④ 一个公司的净利润很高，但是如果应收账款很多，经营性现金流不足，即使已经得到净利润很高的结果，如果未来无法收回应收账款，这样的利润也是表面繁荣，这样计算出的净资产收益率也会一时好看而已。

---

[1] 综合性就是把系统的各部分各方面和各种因素联系起来，考察其中的共同性和规律性。任何一个系统都可以看作是由许多要素为特定因素而组成的综合体。

5) 净利润现金比率

净利润现金比率是指一个公司经营活动产生的现金流净额与净利润之间的比率，用于考量净利润的含金量与真实性，也是反映公司真实盈利能力和盈利质量的指标。其计算公式如下：

$$净利润现金比率 = \frac{经营现金流净额}{净利润}$$

$$经营现金流净额 = 经营活动现金流入 - 经营活动现金流出$$

当经营现金流净额大于或者等于净利润的时候，可以认为该净利润是比较可靠的；甚至经营现金流净额略低于净利润时，净利润也被认为是比较健康的。而当一个公司的净利润远远低于经营现金流净额，就要引起足够的警惕，这时候的净利润大多是失真的，至少说明公司收回现金的能力较差，未来很容易出现坏账，甚至公司财务都有造假的可能。

4. 营运能力财务指标

营运能力是公司经营运行各项资产的能力，是分析公司经营是否高效，能否利用现有的资产为公司带来最大的经济效益的综合能力。营运能力财务指标用来反映公司营运资产的效率和效益。营运资产的效率是指公司营运各类资产的周转率和周转速度，营运资产的效益是指公司营运各类资产获得的收入和获取现金的能力。营运能力分析不仅可以评价公司资产营运的效率，还可以发现公司在资产营运中存在的问题，是偿债能力分析、成长性分析以及盈利能力分析的重要补充。营运能力分析主要从资产周转能力和资产获现能力两个大方向来展开。

1) 资产周转能力

资产周转能力是以资产负债表和利润表相关数据为基础，来衡量公司用各类资产创造营业收入的有效程度，即公司营运能力的效率。公司的资产主要包括总资产、流动资产、非流动资产等，流动资产中又有常见的应收账款、存货等。因此资产的周转能力可以分为总资产周转率与周转天数、流动资产周转率与周转天数、固定资产周转率和周转天数、应收账款周转率和周转天数以及存货周转率与周转天数等。因为这些周转能力指标的分子都是营业收入，只是分母用各自不同类型的资产，虽然数据结果不一样，但是其逻辑思维和分析方法大同小异。因此，一种资产周转率和周转天数的分析方法大致也可用在其他资产周转率和周转天数的分析上。这里以总资产周转率和周转天数为例进行分析，其他周转能力指标同理进行分析。总资产周转率公式：

$$总资产周转率 = \frac{营业收入}{总资产平均余额}$$

$$总资产平均余额 = \frac{期初资产总额 + 期末资产总额}{2}$$

上述总资产周转率公式中的分母总资产之所以用期初资产总额与期末资产总额的平均余额，是因为其分子营业收入来自动态的利润表，是一年四个季度的累计数，而分子则来自静态的资产负债表，是一个时点数，为了使得分子、分母在时间上保持一致性，将分母折算为平均数的方法也算是一种纠正。当然即使用总资产的平均数，其计算结果也往往只是一个大致数而已。实际计算时，有时为了简便考虑，也可直接按某一期的期末数据来计算，前提是分析的口径一致即可。

　　总资产周转比率越高，总资产支撑的营业收入倍数越大，也说明单位总资产带来的营业收入越高，公司利用总资产的效率越高。所以，同样的资产，流动性越高，就能创造更多的收入，相应提高资产的机会成本，提高公司的偿债能力，同时也带来更多的收益。

　　周转天数公式：

$$总资产周转天数 = \frac{计算期天数}{总资产周转率}$$

　　如果是会计年度，计算期天数一般用 360 天，而不用 365 天，也是考虑计算方便。总资产周转天数越短，代表公司资产周转快，对资产的营运能力强；否则代表周转速度慢，公司对于资产的营运能力弱。

　　对于一些公司来说，他们营运资产能力的高低将直接决定着这个公司效益的高低。尤其对于重资产的公司更是如此，其更加强调对公司资产的营运，如房地产行业的存货周转率与周转天数。

　　2）资产获现能力

　　资产获现能力指标主要是以资产负债表和现金流量表为主要依据，来衡量公司营运能力的质量。资产获现能力指标主要包括销售获现比、总资产现金回收率、每股经营活动现金流等。

　　(1) 销售获现比。资产销售获现比也称销售获现倍数，指销售商品、提供劳务收到的现金与营业收入之间的比值，反映公司通过销售商品获取现金的能力。其计算公式如下：

$$销售获现比 = \frac{销售商品、提供劳务收到的现金}{营业收入}$$

　　如果销售获现比等于 1，说明公司本期销售商品、提供劳务获得的现金与营业收入基本一致；如果一个公司能长期保持销售获现比等于 1，说明该公司市场地位稳定、资金周转良好，资金处于良性循环之中。不过要注意的是本期销售商品、提供劳务获得的现金与本期营业收入之间不是因果关系，因为销售商品、提供劳务获得的现金来自现金流量表采取收付实现制，而营业收入来自利润表采取的是权责发生制。本期的营业收入来自本期，而本期销售商品、提供劳务获得的现金可能来自本期因销售产生的现金流入，也可能来自以前的某一期或某几期销售所形成的应收账款。除此之外，还有与销售收入有关的预收账款也会影响着本期的现金流入。所以，当销售获现比大于 1 时，要注意分析是公司前期的应收账款在本期得以收回，还是前期的应收账款收回额大于本期未收回的应收账款，再或者是本期的预收账款较之上年出现增长所致。

　　(2) 总资产现金回收率。总资产现金回收率也称总资产现金回收倍数，指经营活动现金流净额与总资产平均余额之比，反映的是公司运用全部资产获取现金的能力，用于衡量公司总资产获现能力的强弱。总资产现金回收率计算公式如下：

$$总资产现金回收率 = \frac{经营活动现金流净额}{总资产平均余额}$$

$$总资产平均余额 = \frac{年初总资产 + 年末总资产}{2}$$

　　总资产现金回收率越高，表明公司资产的利用效率越高，公司的资产质量越好，资产获现能力越强，这也是衡量一个公司资产综合营运能力的重要指标。总资产现金回收率可以与其他一些非现金类指标结合起来一起分析，以发现其中的不同。如总资产现金回收率与总资产净利率指标比较，如果二者相差不大，说明公司的利润比较健康，否则应该分析差距背后的原因。

　　(3) 每股经营活动现金流。每股经营活动现金流是指经营活动现金流净额与流通在外的普通股总股数的比率，反映流通在外的每股普通股平均获得的现金流量。每股经营活动现金流计算公式如下：

$$每股经营活动现金流 = \frac{经营活动现金流净额}{流通在外的普通股总股数}$$

　　每股经营活动现金流是从经营活动角度分析普通股每股的现金流入情况，在评价当期资本支付和股利支付能力时，每股经营活动现金流量比较全面、真实，该比率越大，表明公司进行资本支出和支付股利的能力就越强。

　　有些投资者在进行指标分析时往往过分看重每股收益指标而忽略每股经营活动现金流指标，即过于看重结果，而忽略过程和质量。在权责发生制下产生的每股收益虽然比较直观，但是每股收益的构成比较复杂，每股收益可能来自营业收入，也可能来自营业外收支或者投资收益。即使每股收益当期比较漂亮，但是因大量的应收账款存在导致未来发生坏账损失而让当前的每股收益失真。只有在每股收益比较不错的情况下，再考查每股经营活动现金流指标，确保每股经营活动现金流比较健康，这样的每股收益才是真正让人放心的收益。很多出现问题的上市公司，一开始每股收益都是很不错的，但是其每股经营活动现金流让人忧心。一旦出现了经营上的问题，就会导致股价一落千丈。例如上市公司 SJ 环保[①]在 2017 年之前的每股收益都非常靓丽，尤其在 2015 年、2016 年和 2017 年连续三年都出现净利润翻番的惊人业绩表现，但细心的投资者通过观察发现其每股经营活动现金流很低，且之前几年的每股经营活动现金流也都很低，这不能不让人怀疑一个经营现金流收入低的公司是靠什么持续经营的？终于在 2018 年该公司开始出现股价崩盘的走势，令人唏嘘。当然，还有每股经营活动现金流非常不理想的园林上市公司——DF 园林，也出现了类似的情况，这就不得不让人对于该类公司产生警惕了。

(三) 公司的财务预测

　　以上有关公司财务报表及财务指标的分析与研究更多在于对公司过去及现状的财务状况有一定熟悉和了解，也为判断公司未来的发展前景打下基础。投资是预测未来的活动，这就需要对未来的财务有一个提前的测算，再选用一定的估值方法给公司定价，选择被低估的公司进行投资，等待均值回归后以获得预期收益或者超额收益。显然，财务预测在投资过程中是一个很关键的步骤，甚至远远超过了估值的重要性。因为财务预测是对未知的探索，是所谓投资中艺术性的内容；而估值是科学的计算，即所谓投资中科学性的东西，这就是"投资既是一门科学、又是一门艺术"的诠释。

---

① 本教材中一些反面案例涉及的上市公司不直接表明是哪个公司，只用相关的符号或者替代名来表示。

1. 财务预测定义

财务预测是根据财务活动的历史资料、现实条件和相关要求，结合公司当前面临和即将面临的各种变化因素，运用一定的方法，对公司未来的财务活动和财务成果作出科学的预计和测算。财务预测是财务管理的环节之一，在投资中财务管理的主要任务在于测算公司未来的财务发展变化情况，为投资决策依据提供重要的支撑。

公司财务预测兼具主观性和客观性，财务预测的主观性表现在财务预测是基于人为因素而采取特定的假设来进行的；财务预测客观性表现在财务预测还是尽力模仿公司真实的运行规律，基于公司的实际情况进行预测，有客观的依据，而不是脱离实际的空想。

2. 财务预测分类

财务预测的类型比较多，按预测对象可以分为投资预测、筹资预测、成本预测和利润预测；按预测性质可以分为定性预测和定量预测；按预测时间的长短可以分为长期预测、中期预测和短期预测；按预测值多寡可以分为单项预测和多项预测；按预测态势可以分为表态预测和动态预测等等。

3. 财务预测方法

财务预测的方法种类繁多，从大的方面看，可以分为定性预测法和定量预测法。

定性预测法是通过判断事物所具有的各种因素、属性进行预测的方法。它是在直观材料的基础上，依靠个人经验的综合分析，对事物的未来状况进行预测。经常采用的定性预测方法主要有现场调查、座谈、访问、专家会议、现场观察等。

定量预测法是通过分析事物各项因素、属性的数量关系，进而来预测公司财务的方法，相对比较客观。它的特点是根据历史数据找出内在规律，运用连贯性原则和类推性原则，通过数学运算对事物未来状况进行的数量预测。财务预测的定量方法也比较多，常用方法主要有序列预测法(主要包括算术平均法、加权平均法、指数平滑法和最小二乘法等)、相关因素预测法(主要包括一元线性回归法、多元线性回归法等)、概率分析预测法(主要包括马尔科夫预测法等)等。

在投资决策过程中，应该更多地从定量预测法角度来预测，这样的预测才有理有据。当然，财务预测结果可能因为方法不同而存在较大的差异，也可能因为主观判断的不同而出现较大的差异，这就需要用一颗平衡心来看待这个差异。不同的人预测同一家公司的财务也许有不同的结果，真的就像"一千个人的眼里有一千个哈姆雷特"一样。但不管预测的结果究竟谁更接近于实际值，都要保持一份相对比较保守的心态而不是过于乐观，对接下来的公司估值持一份谨慎且负责的态度，也是公司价值评估必须要秉持的理念。

4. 公司财务预测流程与要点

财务预测的内容比较多，主要的财务预测包括销售收入预测、资金需求预测以及利润预测等方面。在对一个公司进行评价时，首先看重的是该公司能赚多少钱，接着看赚钱能力能否持续，再看公司在持续运营中可能面临哪些风险，如债务风险、资本投入不足风险等等。所以，对一个公司进行财务预测时，首先考虑的应该是销售收入预测、成本费用、利润预测，再对公司进行合理的评价，尤其在从中短期角度分析时，更应该把这三大块的财务预测内容放在优先考虑的位置。

1) 预测未来时期的营业收入

公司的营业收入是公司利润预测的基础,也是公司资产预测的基础,所以公司财务预测大多从营业收入的预测开始。营业收入的公式如下:

营业收入=商品销售数量(服务量)×销售单价(服务单价)

一个公司的营业收入就是各类商品或者服务收入的总和,也就是主营业务收入和其他业务收入之和。当然,构成营业收入的销量可以分产品或者分区域拆开来计算;销售单价则和公司的产品策略、推广策略、定价策略、竞争优势、市场需求、行业政策以及宏观经济环境的变化等因素有关。

如果一个公司的经营状况没有出现太大的变化,在计算营业收入时可以从公司过往的发展规律特征和习惯来进行预测即可。通过预测原有经营业务的增长情况和价格可能出现的变化情况,直接求得公司的销售收入。

要注意的是公司也可能出现新业务带来新的销售收入,这时就要重新审视公司的营业收入。尤其当一个公司有新的产品出现时,而这个产品的营业收入和之前公司的业务收入相比非常突出,甚至远远超过之前的业务收入时,就更应该把这个新产品当做营业收入的主要分析对象。如沃森生物(300142)是一家生产疫苗的公司,2019年之前,沃森生物的疫苗产品品种也不少,但是这些疫苗基本上没有什么太强大的竞争力,公司营业收入并不突出,扣非净利润一直很低甚至多年为负数。可是,2020年4月上市的13价肺炎球菌多糖结合疫苗一下子让沃森生物的营业收入在2019年的基础上翻了三倍,扣非净利润更是翻了六倍。因为当前全世界只有辉瑞公司(全球首家)和沃森生物(我国首家)才能提供13价肺炎球菌多糖结合疫苗。因此,在分析沃森生物的营业收入时,应该把更多研究重点放在这个新产品上。对于公司的新产品可以从订单、储备项目、重组项目及其新增业务等角度来进行分析。

因此,在预测公司营业收入时可以从原有业务和新增业务两个角度着手,公司的这些业务信息资料可以从公司的实时公告、定期报告、股东大会、上市公司调研、高管电话会议以及管理层访谈的相关内容中来获得。在关注公司营业收入的变化情况时,应该多关注公司的相关公告,以便做出及时、合理的跟踪与判断。

2) 预测未来时期的成本费用项目

公司的成本费用项目一般包括成本和费用两方面的内容,成本是指生产产品所发生的直接费用和间接费用的总和,主要包括营业成本和其他业务成本。费用是公司日常经营活动中发生的、会导致所有者权益减少的费用,主要包括营业税金及附加、管理费用、销售费用、财务费用、研发费用等。在计算成本费用项目时要注意的一点就是公司的各种成本费用一般都和营业收入有一定的比例关系。计算时可以参考历史的这些特定关系值来确定成本费用,这会让成本费用的计算有一定的依据,当然也会得到更加合理的计算结果。

在计算公司的成本时,可以根据产品的毛利率来测算。有两种思路,一种是从总的毛利率水平来计算总的成本,即用公司的营业收入扣除毛利润后就是公司的总成本,计算公式是:

营业总成本=营业总收入×(1−毛利率)

另一种是分产品计算,根据不同产品的毛利率来分别计算成本,计算公式和营业总成本计算公式一样,之后加总各种产品的成本来求得总成本。前一种计算成本的方式比较简单，但比较笼统；后一种计算成本的方式比较烦琐，但更为精确，尤其是在一个公司产品比较多样的情况下，分产品的成本计算更细致、更能区分公司成本构成的详细情况，使分析更有针对性。

在计算公司费用时，一种常见的做法就是把费用和收入挂钩，基于历史百分比数据，得出一个费用和收入的百分比关系，直接用营业收入和这个百分比相乘，得出公司的当期费用。如果分项分析公司费用，就要区分固定费用比率和变动费用比率的费用项目，最后将固定费用和变动费用加总起来得出总的费用。如折旧和摊销费用、银行借款利息费用等就属于固定费用比率项目，用历史上形成的相对固定的费率直接计算求得；但是，有些费用可能与相关收入之间并不存在线性关系，如研发费用[①]、管理费用等就属于变动费用比率项目，这就需要根据实际变动的情况去分别计算，而不能用历史的特定百分比直接计算求得了。当然，有些公司可能会利用费用项目来调节利润，尤其是管理费用和销售费用经常被用来调节利润，这时候要计算出比较真实的费用数额，难度就很大了。当出现这种情况时，只能根据公司实际披露的费用情况来及时纠正自己的相关计算结果，并持续跟踪公司历来的费用调节习惯，至少在心理层面做好准备，不至于出现调节问题时错愕不已。

3) 预测未来时期的净利润

在计算公司的营业收入和营业成本费用后，还要对公司的其他收益进行考察，营业外收支情况也会影响到利润总额。从营业收入中扣除营业成本费用，再加减其他收益和营业外收支之后就可以得到该公司的利润总额，利润总额还要考虑所得税的扣减问题。如果只是计算扣除非经常性净利润的话，就不会把其他收益和营业外收支净额考虑在内，直接扣减所得税后就可以得到公司的净利润了。

对公司所得税进行计算时，一个惯用的思路就是用法定税率计算所得税，但这实际上往往存在误区。公司实际经营中会涉及递延所得税资产和递延所得税负债，如果直接用法定税率，意味着公司的所有税前利润都是应纳税利润，而没有任何递减项，这也说明了公司会计口径的利润和税务口径的利润是一致的，但是这在实践中几乎是不可能的。其实，在税收这一部分，还应当考虑税前利润对以前年度亏损的弥补。所以，实际计算税收的问题还是比较复杂的。税率的扣除问题也可以参考往年的大体税率大小进行速算。

第二节　微观公司定量分析的具体内容

一、公司定量分析概述

公司定量分析主要是指以公司财务数据为数据来源，按照某种数学处理方式加工整理，得出公司某一方面数量结果的分析方式。公司定量分析的目的是通过对公司可量化数据的分析，对公司经营情况给予评价，并为投资判断提供依据。

当然，和传统的财务分析中使用各种方法对财务科目进行处理得出财务某一方面的内

---

① 研发费用视公司的研发需求而确定，有些公司会按一定的比率支出研发费用，但是有些公司的研发费用可能就没有规律性，要由公司的历史研发费用支出情况或者公司的相关公告来确定。

容(如用比率分析法、趋势分析法分析近几年资产负债率的变化情况，如用结构分析法分析公司当期的资本结构是否稳定等情况)不同，公司定量分析更侧重于业绩定量分析和公司估值定量分析的相关内容。所以，公司定量分析的内容更注重用数学模型和数学方法处理与公司定价问题相关的问题，这是微观公司分析最后的落脚点，也是微观公司分析各部分内容汇总最关键的一环。

二、公司价值决定与定量分析思路

公司价值决定首先要解决的问题是公司的价值是由什么因素决定的。从经典的费兰奇三因素模型到诸多学者四因素模型的拓展，再回到费兰奇五因素模型来考察影响股票收益率的主要因素，也许股票价格波动会受到很多宏观因素、市场因素等的影响，但是从微观因素来看，公司的业绩被渐渐发现并纳入主要影响因素。

(一) 公司价值决定模型

1. 三因子模型

公司价值的影响因素存在着诸多不同的看法。较早的资本资产定价模型(Capital Asset Pricing Model，CAPM)的创立者夏普(1964)、林特纳(1965)、莫辛(1966)提出的股票收益只与整个股票市场的系统风险有线性关系的基本理念，即 $R_{it} - R_{Ft} = \beta_i (R_{Mt} - R_{Ft})$，也就是股票的期望收益只与市场的系统风险有关，成为了现代金融市场价格理论的支柱。但是，这个以单一风险因素来描述资产收益率的理念受到了多方面的挑战。比如，Stattman(1980)发现股票收益率与账面市值比呈显著的正相关关系；Banz(1981)也发现股票收益还与其市场价值有关，他通过实证证明市场风险溢价的解释能力很弱，公司的市值对股票收益率的解释能力更强。因此，在一系列研究之后，Fama 和 French 于 1993 年指出可以建立一个三因子模型来解释股票的回报率，这三个因子分别是市场资产组合因子(R_M-R_F)、市值因子(SMB)以及账面市值比因子(HML)。三因子模型认为，股票的超额回报率可以由它对三个因子的风险暴露来解释。三因子模型的基本公式为

$$R_{it} - R_{Ft} = \alpha_i + \beta_i (R_{Mt} - R_{Ft}) + s_i \text{SMB}_t + h_i \text{HML}_t + e_{it}$$

式中，R_{it} 表示股票组合 i 在时间 t 的收益率；R_{Ft} 表示 t 时刻的无风险利率，一般用国债收益率来表示；R_{Mt} 表示以市值为权重的市场组合收益率；$R_{Mt} - R_{Ft}$ 表示市场的风险溢价；SMB_t 表示 t 时期流通市值低的公司组合与流通市值高的公司组合的回报率之差(Small minus Big)；HML_t 表示 t 时期账面市值比高的价值型公司组合与账面市值比低的成长型公司组合的回报率之差(High Minus Low)；α_i 是常数项；β_i、s_i、h_i 分别是三个因子的系数；e_{it} 表示残差。

因此，三因子模型下股票的预期回报率公式为

$$E[R_{it}] - R_{Ft} = \beta_i (R_{Mt} - R_{Ft}) + s_i \text{SMB}_t + h_i \text{HML}_t$$

其中，$E[R_{it}]$ 表示股票 i 的期望回报率；其他符号代表的含义与三因子模型基本公式中的符号一致。

但是也要看到，三因子模型并不代表资本资产定价模型的完结，三因子模型还有很多

未被解释的部分，如短期反转、中期动量、市场波动、偏度、投机交易等。

2. 四因子模型

1) 动量因子四因素模型

在 20 世纪末、21 世纪初曾经一度非常火热的动量效应研究认为，买入过去股价表现好的公司，同时卖出过去股价表现较差的公司，能获得显著的市场回报。Carhart(1997)将过去股价走势较好的赢家组合和过去股票走势较差的输家组合的收益率之差作为动量因子 WML(Winners Minus Losers)，并将其加入三因子模型中构建了四因子模型。动量因子四因素模型以投资者的行为偏差为理论基础，认为收益率好的股票通常还能带来更高的收益，收益率不理想的股票通常会持续低迷，这种动量效应大多数情况会持续一段时间。动量四因子模型下股票的预期回报率公式为

$$E[R_{it}] - R_{Ft} = \beta_i(R_{Mt} - R_{Ft}) + s_i\mathrm{SMB}_t + h_i\mathrm{HML}_t + d_i\,\mathrm{UMD}_{it}$$

式中，UMD_{it} 为高收益率股票的收益率与低收益率股票的收益率之差，d_i 为动量因子的系数。Jegadeesh 和 Titman(2001)还验证了动量策略的收益率，并发现动量因子有助于解释股票组合收益的差异。学者 Griffin(2003)研究发现，全球多个交易所都存在着动量效应，认为动量效应与宏观经济形势无关，在经济周期的各个环节下动量效应策略都能取得一定收益。

但是，随着动量效应在市场被验证之后，人们发现动量效应策略并没有如理论研究得出的结论那么让人放心，动量效应策略随着时间的变化居然不稳定，时常还出现剧烈变化，这让市场参与者敬而远之。我国学者郑方镳(2007)发现，无论牛市、熊市还是平衡市，我国股票收益率在随后的交易中多表现反转现象，原因在于我国投资者存在资产配置交易和过度投机行为。对于动量效应策略，可能存在问题的另一种解释是投资者在股票上涨过多后减仓导致原先一直上涨的股票下跌，股票杀跌过多后抢反弹导致原先一直下跌的股票上涨。

2) 流动性因子四因素模型

与 Carhart 动量因子不同的是，Pastor 和 Stambaugh(2003)从流动性角度考虑影响股票收益率的因素。流动性因子四因素模型认为，某项资产的流动性水平以及期望收益率在一定时期内会保持相对的稳定性，但股价的短期波动不可预测，如有大笔超出其流动性深度的订单突然出现，就会造成股价的剧烈波动，使得短期收益率波动上升，随后市场的价值发现功能开始起作用，出现收益反转效应。流动性差的股票对投资者的吸引力更弱，理应提供更高的风险补偿。流动性四因子模型下股票的预期回报率公式为：

$$E[R_{it}] - R_{Ft} = \beta_i(R_{Mt} - R_{Ft}) + s_i\mathrm{SMB}_t + h_i\mathrm{HML}_t + d_i\mathrm{LIQ}_{it}$$

式中，LIQ_{it} 为低流动性股票与高流动性股票流动性之差，d_i 为流动性因子的系数。

3. 五因子模型

2015 年 Fama 和 French 在原有的三因子模型框架上增加了盈利因子 RMW 和投资因子 CMA，进一步改进为五因子模型。

五因子模型下股票的预期回报率公式为

$$E[R_{it}] - R_{Ft} = \beta_i(R_{Mt} - R_{Ft}) + s_i\mathrm{SMB}_t + h_i\mathrm{HML}_t + d_i\mathrm{RMW}_t + c_i\mathrm{CMA}_t$$

式中，RMW$_t$表示t时期盈利能力强的公司组合的收益率与盈利能力差的公司组合的收益率之差，盈利能力用上一期的营业收入减去营业成本以及管理费用、财务费用、销售费用等费用后的营业利润与上一期的所有者账面价值之比来衡量；CMA$_t$表示t时期投资水平低的公司组合的回报率与投资水平高的公司组合的回报率之差，其中投资水平用$t-1$期总资产的增长除以$t-2$期总资产来衡量；d_i、c_i是盈利因子和投资因子的系数。在国际资本市场上，大多数情况下五因子模型的应用效果优于三因子模型，所以五因子模型得到了更广泛的应用。

值得注意的是，对于多因子模型的应用仍然集中于整个股票市场，对于特定行业的应用相对较少，更谈不上对于个股价值的应用。因此，对于个股价值影响因素的分析还值得进一步探讨。

(二) 影响公司价值的因素

1. 影响公司股价波动的因素

影响公司股票价格波动的因素很多，一般来说可以分为宏观经济因素、中观行业因素、微观公司因素、市场因素、政治因素、法律因素以及其他因素等。这些影响因素是一个多而复杂的系统，从不同的角度看，可能有不同的认识以及不同的分析方法。影响公司股票价格波动的因素如表 4-4 所示。

表 4-4　影响公司股票价格波动的因素

影响股票价格波动的大类因素	影响股票价格波动的具体因素	认识与分析方法
宏观经济因素	宏观经济周期 宏观经济政策 宏观经济运行	系统性影响，从市场全局性角度进行的分析
中观行业因素	行业市场结构 行业生命周期 行业发展前景 区域经济发展	非系统性影响，从某一行业或者某几个行业进行的分析
微观公司因素	公司产品及业务 公司竞争力 公司财务 公司估值	非系统性影响，从某微观公司个体进行的分析
市场因素	技术分析及操作方法 市场投机因素 市场效率因素 市场运行规律	系统性影响，从市场全局性角度进行的分析
政治因素	政局稳定 国际政治往来	系统性影响，从市场全局性角度进行的分析
法律因素	健全的法律规范体系 监管部门的管制行为	系统性影响，从市场全局性角度进行的分析
其他因素	文化因素 自然因素 心理因素	系统性影响，从市场全局性角度进行的分析

　　把这么多影响公司价格波动的因素进行综合考虑，是一项庞大的工程，也是一件很难全面考虑的事情。所以，在研究公司股价波动的影响因素时，大多是从某一个方面或者某几个方面来展开的。当然，这样的分析也只能建立在投资者在认知上所确立的影响股价波动的主要因素的基础上。

2. 影响公司价值波动的因素

　　影响公司价值波动的因素很复杂，毕竟即使市场的投机因素浓烈，市场运行处在极端不规律的状态，甚至存在股市因为外力的冲击而关门歇业[1]等，公司还是那个公司，公司的价值还是增加的，如果公司运营一直处在良好的状态中，公司的利润也在持续提升之中。

　　所以，研究股价的波动影响因素也许没那么简单，特别是每天都有那么多信息因素不断冲击着市场，影响着投资者的情绪波动，而投资者的情绪波动也会影响股市的波动，产生索罗斯的反身性[2]效应。当然，对于股票价值的判断也会影响股价的波动，如一个公司在没有预告的情况下突然发布下一期的业绩增长在 300%以上，显然公司股价在这样的利好刺激下短期内会有很强劲的上扬走势，至于未来的股价会不会持续上涨则取决于公司的盈利能否持续增长下去。

　　而如果只从公司价值研究的角度来分析的话，就简单多了，甚至连宏观经济都不是很需要考虑，只需要对中观行业的未来有一个大致了解之后，再仔细分析微观公司的未来业绩增长情况，从一个相对长期的角度来研究公司价值的波动，进而跟踪公司股价的波动。这样的研究思路会把研究的精力放在微观公司的相关因素上，从而忽略宏观经济因素、市场因素、技术因素等，这样的研究很显然会省去很多不必要的其他因素影响的干扰。

　　如果把影响公司价值的非公司因素排除在外，那么单单从公司微观的角度来分析，影响公司价值的因素就主要集中在公司这个焦点上了。公司微观因素主要和公司自身的发展情况、管理情况、财务情况以及未来的战略情况等有直接关系。而最能反映公司自身这些因素变化特征的就是公司的财务指标变动，这些财务指标主要包括偿债能力指标、成长能力指标、盈利能力指标以及营运能力指标等。根据这些财务指标的变动情况，不同的市场参与主体可以根据自己的需要来判断公司价值的大小。

　　从投资者的角度来看，公司的价值变动就是影响股价长期波动的最主要原因。因此，只要能掌握公司价值变动情况，就能大致预测公司的股价波动，最多只是"输了时间不输钱"[3]而已。对于公司价值，有一系列估值模型可用来预测，估值的方法还是比较多的，且大多数估值方法还是建立在对相关财务指标的考量上。在众多的财务指标中，公司业绩变动的财务指标很显然是比较重要的财务指标之一。只要能准确预测公司未来的业绩情况

---

① 股神巴菲特说过，他从不试图从股市里赚钱，他购买的股票是建立在假设明天股市立即关门，5 年之内都不开市的基础之上的。

② 反身性也叫反射性，它是一种双向反馈机制。在金融市场中，投资者的行为受到金融市场运行的影响，投资者基于对市场的认识进而采取行动，这种行动也会对市场的运行状态产生一定的影响，有时甚至是巨大、显著的影响，即投资者可以用影响他们本人或者其他参与者的决策的思想和观点来更直接地影响现实。这是一个双向反馈机制，投资者的观点和事件的实际发展进程都不可能不受其影响。

③ "输时间"就是耐心等待的时间；"不输钱"就是只要以低于公司价值的价格买入被低估的股票，等均值回归之后，大概率情况下是会赚到钱的。

(主要是净利润的变动情况)，就能大致估算股票的价格。因为中长期投资者会认同一种情况，那就是公司的业绩变动才是决定股票价值变动的主要原因，估值的变动影响着投资者对该公司投资的变化，进而引起股价的波动。其实，从费兰奇三因子模型到五因子模型的转变，也正是考虑了公司的业绩变动这个因素，才把盈利能力差距加入模型来一并考虑的。

(三) 公司价值定量分析思路

公司价值定量分析就是从能定量的角度来对公司的价值进行一系列考量与分析，比较明确的思路主要有两个方向。第一个思路就是从财务指标的角度来分析决定公司价值的主要因素有哪些。这一般要从实证的角度来构建公司价值与相关财务指标之间的关系，从而确定影响公司价值的主要财务指标。这样的分析是对公司价值决定的过程进行考量，即公司的价值到底由什么因素确定，而对于公司价值决定的结果并没有做出具体评价。第二个思路就是利用各种估值模型对公司进行估值测算，这才是对公司价值的结果做确定评价的方式。对于同一家公司，应该结合公司的实际，采取两种以上估值法对公司进行估值，然后从中发现估值的合理性以及可能存在的问题。当然，不同的估值方法得出的估值结果大多数情况下会不一样，这也是估值让人诟病的地方，也是很多市场参与者甚至场外人士蔑视[1]估值的理由。不过，对公司进行估值非常重要的一点是估值过程就是对公司的了解不断深入的过程，也许估值的结果未必精确，但离合理的估值会更接近。用股神巴菲特的话说就是"宁要模糊的正确，勿要精确的错误"。对公司进行估值就是在做"模糊的正确"的事情。本章接下来的内容主要以第二个思路为主要分析方向，对公司价值进行定量分析。

此外，公司价值定量分析还有一条可以尝试的方向就是在各种估值模型下，进一步通过构建不同的组合策略，验证相关策略的有效性。不过，这似乎更接近组合投资的内容，因此放在第六章组合定量分析的相关内容中来详细阐述。

三、公司估值模型与定量分析

进行公司价值分析一个很简单的思路就是要问公司现在赚多少钱，公司未来几年能赚多少钱，公司现在值多少钱，公司未来能值多少钱。其实就是公司盈利能力以及公司价值评估的问题。公司盈利取决于该公司的商业模式、行业空间与格局、公司竞争力以及公司文化等问题。公司价值评估需要根据公司的盈利情况给予不断调整，这需要通过一些估值模型来对公司进行综合评价。

公司的价值评估可以从绝对估值模型和相对估值模型两个角度展开。常用的绝对估值模型包括股利贴现模型和自由现金流模型，常用的相对估值模型包括市盈率模型、市净率估值法、市销率估值法以及市盈增长率估值法等。

(一) 绝对估值模型

绝对估值模型就是通过一定的数学方法给公司一个合理的绝对数价格估计，并与当前

---

[1] 有些市场参与者会认为估值没用。既然不同的估值方法都出现了自相矛盾的结果，那这样的估值还有什么意义呢？因此他们会从其他角度来投资股票(如量化策略)，而非估值的角度。

的市场价格进行比较，对该公司在某一必要收益率水平下做出是否适合投资的判断。绝对估值模型的基本原则就是今天的一元钱比明天的一元钱更值钱，把未来的现金流与一个贴现因子相乘，就得到未来一元钱的现在价值，即现值＝$C \times$ 贴现因子，贴现因子等于 $\dfrac{1}{1+r}$，其中 r 是必要收益率，必要收益率因公司的不同而有所不同。

绝对估值模型的公司价值来源于未来流入的现金流，把这一笔笔现金流分别以一定的折现率折现到现在，再进行加总就得到了相应的价值。绝对估值模型的公司价值的计算公式为

$$V = \sum_{t=0}^{\infty} \frac{\mathrm{CF}_t}{(1+r)^t}$$

该模型叫作贴现现金流模型，即 DCF(Discounted Cash Flow)模型，也称收入的资本化模型。其中，V 为公司的内在价值，t 为时间，CF_t 为第 t 期的现金流入，r 为贴现率或者必要收益率。由于贴现现金流模型是基于未来现金流的预期，所以未来现金流为正，可以比较可靠地估计出未来现金流的发生并且能确定恰当贴现率的公司可以使用该模型。对于陷入财务困境的公司、正在重组的公司、拥有未被利用资产的公司以及周期型的公司不适用贴现现金流模型。以下即将学习的股利贴现模型和自由现金流模型都是贴现现金流模型的进一步拓展和具体应用。

1. 股利贴现模型

1) 股利贴现模型概述

股利贴现模型(Divident Discount Model，DDM)是由威廉姆斯和戈登于 1938 年提出的，为定量分析虚拟资本、资产和公司价值奠定了理论基础，也为证券投资的基本分析(主要是公司估值)提供了强有力的理论依据。

在股利贴现模型下，股票内在价值用股票每年股利收入的现值之和来评价。股利就是上市公司给予股东的分红，按照股东的持股比例来分配，每一股股票所分得的红利就是每股股利。股利贴现模型的逻辑就是如果永远持有某个上市公司股票，那么每年从公司获得的股利贴现值就是该股票的内在价值。

2) 股利贴现模型的常见类型

股利贴现模型可能有很多种，但大致可以分为三种常见的估值模型，即零增长模型、不变增长模型以及多元增长模型。

(1) 零增长模型。零增长模型假设股利增长率为 0，即未来各期的股利按一个固定的数额 D_0(D_0 为第 0 期发放的股利)来发放，即第一期之后的股利没有增长，均按照这个数额发放。也就是说，贴现现金流公式中的 CF_t 固定不变($\mathrm{CF}_t = D_0$)，于是贴现现金流公式就变成了一个公比为 $\dfrac{1}{1+r}$ 的等比数列。很显然，因为 r 为正数，所以公比 $q = \dfrac{1}{1+r}$ 的值小于 1，根据等比数列求和公式：

$$S = \frac{a_1(1-q^n)}{1-q}$$

其中 $a_1 = \dfrac{1}{1+r}$，求得

$$S = \frac{a_1(1-q^n)}{1-q} = \frac{\dfrac{1}{1+r}\left[1-\dfrac{1}{(1+r)^n}\right]}{1-\dfrac{1}{1+r}} = \frac{1-\dfrac{1}{(1+r)^n}}{1+r-1} = \frac{1}{r}$$

因为 $\dfrac{1}{(1+r)^n} \approx 0$，所以零增长模型下股票估值的计算公式为

$$V = \sum_{t=0}^{\infty} \frac{\mathrm{CF}_t}{(1+r)^t} = \frac{D_0}{r}$$

式中，r 为贴现率，即投资者要求的必要回报率。该公式和债券的定价公式几乎一样，因为债券如果没有到期期限(无期债券)限制的话，就是典型股利保持不变的股票。实际中几乎不大可能出现股利保持不变的公司，但是优先股的股利支付可以近似认为是固定不变的[①]，所以零增长模型适用于优先股的定价。

(2) 不变增长模型。不变增长模型假定股利按照一个不变的增长率 g 持续增长，即下一期的股利是前一期股利乘以 $1+g$ 得到的，即 $D_t = D_{t-1} \times (1+g) = D_0 \times (1+g)^t$。依然套用贴现现金流模型得到：

$$V = \sum_{t=0}^{\infty} \frac{\mathrm{CF}_t}{(1+r)^t} = \sum_{t=0}^{\infty} \frac{D_0 \times (1+g)^t}{(1+r)^t} = D_0 \sum_{t=0}^{\infty} \frac{(1+g)^t}{(1+r)^t}$$

显然，该式也是等比数列，公比 $q = \dfrac{1+g}{1+r}$，$a_1 = \dfrac{1+g}{1+r}$。运用等比数列求和公式，可以得到

$$\sum_{t=0}^{\infty} \frac{(1+g)^t}{(1+r)^t} = \frac{a_1(1-q^n)}{1-q} = \frac{\dfrac{1+g}{1+r}\left[1-\dfrac{(1+g)^n}{(1+r)^n}\right]}{1-\dfrac{1+g}{1+r}} = \frac{(1+g)[1-0]}{(1+r)-(1+g)} = \frac{1+g}{r-g}$$

假定 $g<r$，得出

$$\frac{(1+g)^n}{(1+r)^n} \approx 0$$

因此

$$V = D_0 \frac{1+g}{k-g} = \frac{D_1}{r-g}$$

在实际应用中，要找到股利增长不变的案例还是很难的，站在公司的发展角度，也没有哪个公司会按速率增长不变的计划来支付股利。不过，不变增长模型为接下来多元增长模型的顺利推演作了铺垫。

---

① 固定股息优先股在持有期内各期支付的股息都是相等的。

(3) 多元增长模型。多元增长模型分阶段考虑公司股利增长并对其进行估值。多元增长模型包括两阶段增长模型、三阶段增长模型和多阶段增长模型。即使是最简单的两阶段模型也可能对不同阶段进行不同的假定：第一阶段是不变增长，第二阶段也是不变增长；第一阶段是无规则变动，第二阶段是不变增长；第一阶段是零增长，第二阶段是不变增长；第一阶段是无规则变动，第二阶段是零增长；第一阶段是不变增长，第二阶段是零增长；等等。在使用多元增长模型时，要根据实际情况来对不同阶段进行假设。这里为叙述方便考虑，采用第一阶段和第二阶段都是不变增长情况的两阶段增长模型进行分析。

假定 m 期之前股利支付按照 g_1 增长，m 期之后股利支付按照 g_2 增长，必要收益率设为 r，分两阶段来考虑不变增长下的估值。

第一阶段，m 期之前的估值计算过程如下：

$$V_1 = D_0 \sum_{t=0}^{m} \frac{(1+g_1)^t}{(1+r)^t} = D_0 \times \frac{\dfrac{1+g_1}{1+r}\left[1-\dfrac{(1+g_1)^m}{(1+r)^m}\right]}{1-\dfrac{1+g_1}{1+r}}$$

$$= D_0 \times \frac{(1+g_1)\left[1-\dfrac{(1+g_1)^m}{(1+r)^m}\right]}{r-g_1} = \frac{D_1\left[1-\dfrac{(1+g_1)^m}{(1+r)^m}\right]}{r-g_1}$$

第二阶段，m 期之后的估值直接套用不变增长模型公式，但是要注意估算出来的价值应该是第 m 期期末的价值，还要折现到初期(第 0 期期末或者第 1 期期初)的价值，即乘以一个折现因子 $\dfrac{1}{1+r^m}$，具体计算如下：

$$V_2 = \frac{D_{m+1}}{r-g_2} \times \frac{1}{(1+r)^m}$$

因此，两阶段都是不变增长的多元增长模型公式如下：

$$V = V_1 + V_2 = \frac{D_1\left[1-\dfrac{(1+g_1)^m}{(1+r)^m}\right]}{r-g_1} + \frac{D_{m+1}}{r-g_2} \times \frac{1}{(1+r)^m}$$

当然，即使是两阶段模型也可以根据实际情况进行不同的假设，公司价值的计算公式也按类似方法进行推导。应用时，多元增长模型更加符合实际，采用两阶段估值模型对公司进行估值显然更为方便，在实际应用中也更具操作性。

3) 股利贴现模型应用时应该注意的问题

在应用股利贴现模型时，应该注意以下三个问题：

(1) 股利贴现模型适用于分红较多且分红相对稳定的公司。对于初创公司、成长公司、周期公司以及业绩波动较大且股利分红不稳定的公司尽量不要用该模型。

(2) 股利贴现模型要进行一定的假设，如对公司不同阶段的假设，对公司不同阶段成长性的假设，对必要收益率的假设等。对于这些假设，不同的人有不一样的标准。即使是同一个人在不同时段也会有不同的假设，导致估值结果可能会存在较大的偏差。

(3) 对估算的结果不要有太精确的要求。对于这样的估值不要要求有太精准的预测结果，毕竟公司的合理价值本身也不存在，估值只是在深度了解公司的基础上给予估值者心理上的一根评价标杆。不过，有一点应该要把握，那就是在估值时采用谨慎偏保守的态度，如果此时估出来的价格还具有投资价值，那么肯定比乐观态度下估出的价值更让人乐于接受。谨慎保守的做法就是在假设必要收益率时尽量取较大的数值，在假设公司成长性时取较小的增长速率。

4) 股利贴现模型定量分析相关设定与案例

(1) 股利现金流的弊端及其替代设定。对于股利贴现模型，从公式以及模型特点来看，还是比较合乎逻辑的。但是一个不能回避的问题就是上市公司的股利分红真有规律可循吗？尤其是 A 股上市公司不仅股利分红比例不高，而且很不稳定，即使被认为是现金流稳定、分红比较可靠的蓝筹股，每年的分红也没有规律可循。所以，对于股利特征很难做出合理预测，这就对该模型的适用性提出了挑战。

针对这种情况，应该对股利这个变量进行调整，如果考虑的不是不稳定的分红，而是公司收益这个变量，就会更加稳定和可靠。当然，很多人会提出疑问，如果不是公司的稳定分红，怎么能算股票投资者的现金流收入呢？可以做这样的解释：一是好的公司不分红反而会创造更大的收益，留存收益在高净资产收益率下回报更高，就好比巴菲特的伯克希尔常年不分红就是这个原因；二是对于部分投资者来说，获得分红后就会把分红进行再投资，分红不分红并没有太大的差异[1]；三是有些人质疑如果分红后不再投资，而是拿去消费或者用于其他，则当分红总额超过持股成本后，即使公司破产倒闭，自己的投资也还能保持赢利，但如果不分红而留存收益的话，则一旦公司破产，这笔投资就会血本无归。其实，当使用股利贴现模型时，考虑的对象就是比较稳健且有发展前景的公司，倒闭的概率极低，且持股也绝不会一直到永远，能持股几年就已经很不错了，能持股十年以上的那更是凤毛麟角。况且作为价值投资者，只要发现公司的表现达不到自己的预期，就会远离市场，而不会长期坚守直到公司破产倒闭。因此，选择收益替代股利这个因素还是有一定的可行性。当然，在相关的计算上也更具实际操作性[2]，至少在收益的预测上就比对公司分红的预测更具规律性，尽管用收益替代分红计算公司价值可能会受到各方的诟病。

(2) 必要收益率的设定。必要收益率的处理有两种方法：一种是股票的必要收益率和股权风险溢价相挂钩计算出来的，通过一个简单的计算公式便可以求出必要收益率水平，即

必要收益率＝无风险利率＋贝塔系数[3]×(市场平均回报率－无风险利率)

---

① 有人认为还要扣除个人所得税，分红相当于资产缩水，但是国家税务总局规定，个人从公开发行和转让市场取得的上市公司股票，持股期限超过 1 年的，股息红利所得暂免征收个人所得税。所以，对于长期投资者而言，可不考虑税收这个问题。

② 计算原理或者计算模型再漂亮，只是理论上完美，而不能在实际操作中运用，那么这样的原理或者模型就失去了其实际意义。

③ 贝塔系数的具体计算将在第六章组合定量分析与模拟交易中介绍。为了使行文流畅与结构合理，本章只给出简单的计算公式和大致的结果，忽略其中的计算过程。

　　另一种是直接给出一个确定的必要收益率数值，这个数值是根据公司的风险特性，结合必要收益率计算的历史经验给出的。风险较大的公司其必要收益率也较大，但大多不超过 15%[①]；风险较小的公司其必要收益率也相应较小，但一般也不能低于 8%[②]。

　　(3) 阶段期限及增长率设定。除了股利这个不太好处理的问题之外，如果采用多元增长模型来预测公司的内在价值，就涉及股利贴现模型中对于分阶段中期限的选择、不同阶段中增长率的选择等带有较大主观性的问题。在考虑这些问题时，有一个基本的原则就是尽量保守一些。下面以两阶段都是不变增长模型为例来分析这个问题。一是期限的确定，期限尽量不要太长，一般控制在 10 年甚至 5 年以内，因为对一个公司的投资，往往先看重的是未来几年的成长，第一阶段大多是增长的快速阶段，即 g_1 是比较大的，而公司的快速增长也大多不会长期持续。二是增长率的设定问题，第一阶段增长率的设定一定要保守，除非有充分的证据证明公司有非常清晰且确定的增长情况出现，否则第一段的增长率尽量控制在 30% 以内，一个公司能在 5 年的时间里连续保持 30% 的成长已经非常优秀了；第二阶段增长率的设定更要保守，其数值要小于第一阶段的增长率，因为第二阶段是无限时期阶段，增长率数值可设置为 5%～8%，当然也有保守的投资者认为第二阶段的增长率为零，那是在假设第二阶段为零增长的情况下来考虑的。

　　(4) 股利贴现模型定量分析案例。以 GL 上市公司为例，最近五年的复合增长率为 25%，过去一年每股收益为 3.71 元(即 $D_0 = 3.71$ 元)，由于公司的股票是比较稳定增长的成熟期股票，且公司比较优质，预计从今年开始的未来五年复合增长率为 20%，从第六年开始到无限时期的增长率为 3%。市场的平均回报率为 10%，当前的无风险利率是 3.2%(国债 10 年期的收益率是 3.19)，当前股价是 60 元。试着用两阶段估值模型计算该公司的内在价值。

　　① 计算 GL 公司的必要收益率。必要收益率的公式为

　　　　必要收益率 = 无风险利率 + 贝塔系数 ×(市场平均回报率 − 无风险利率)

式中，无风险利率是 3.2%，市场平均回报率是 10%，只有贝塔系数还是个未知数。贝塔系数一般有两种计算方法，即定义法和回归法。其中，回归法用于计算证券投资回报率与市场指数回报率，由回归系数得到资产的贝塔系数值，模型直观易懂，同时借助于统计软件的帮助使得计算的过程非常简捷方便，成为能被普遍接受的贝塔系数计算方法。以下内容是用 Excel 统计软件来计算股票的贝塔值。

　　a. 整理出 GL 公司和深圳综合指数(399106)各自月[③]收益率的时间序列数据。因为 GL 公司属于深圳证交所主板市场的股票，所以对应的大型指数选用深圳综合指数。时间上以 2010 年 1 月到 2020 年 12 月 11 年的时间为考察期，同时对于其中因停牌而无法在同一周内出现的数据进行剔除，最后获得了 126 个月的数据作为样本进行分析。表 4-5 整理了深

---

① 15% 的设定也可以看成是投资者相对满意的回报率。如果常年是 15% 的回报率，则是一个很不错的报酬。

② 8% 的设定原因是成熟国家的长期股权回报大致为 8% 的水平，发展中国家会稍微高一些，为 10% 左右。

③ 作者本来想用日或者周为时间单位来进行分析，结果发现个股有不规则的停牌。由于数量过于庞大，因此不能一一剔除停牌的交易日，于是试着把时间周期延长考虑。即使是以月为时间周期，也有停牌的情况出现，但是只有 6 个月的时间不吻合情况出现，剔除也比较方便。当然，有些研究也用月收益率来求得贝塔系数，还只用了 5 年的时间，而本案例用了 11 年的时间跨度，应该更能合理计算出二者之间的贝塔系数。

综指和 GL 公司 126 个月的部分数据，仅当作示范。

表 4-5 深综指和 GL 公司 126 个月的部分数据

时间	深综指月收益率	GL 公司月收益率
2010-01-29	−0.067 33	−0.171 83
2010-02-26	0.046 303	0.084 654
2010-03-31	0.033 199	0.084 921
2010-04-30	−0.081 38	−0.219 68
2010-05-31	−0.071 17	−0.043 83
2020-08-31	0.017 112	−0.036 04
2020-09-30	−0.063 58	−0.018 61
2020-10-30	0.022 577	0.081 081
2020-11-30	0.023 471	0.134 649
2020-12-31	0.035 432	−0.060 56

b. 通过回归分析得出深综指和 GL 公司的贝塔系数。在 Excel 工具栏中单击"数据"按钮，找到"数据分析"按钮。如果找不到，就需要手动加载这个工具按钮，即单击"文件"→"选项"→"加载项"→"转到"命令，然后选择"数据工具库"复选框，单击"确定"按钮后，"数据"功能区的最右边就会出现"数据分析"按钮。

单击"数据分析"按钮，在跳出的"分析工具"栏下选择"回归"选项，再单击"确定"按钮即可，如图 4-2 所示。

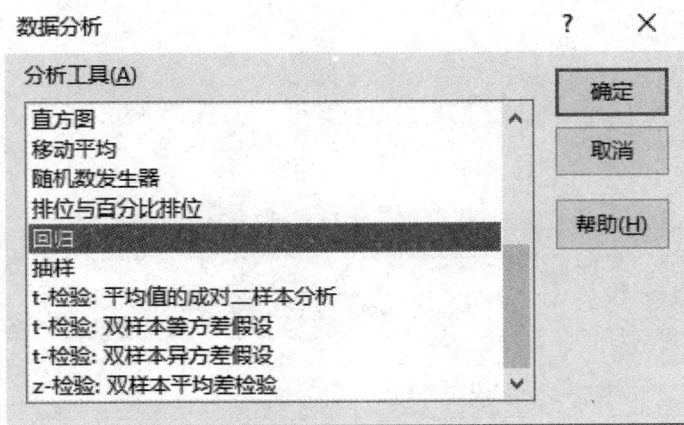

图 4-2 调出数据分析工具中的"回归"按钮

在"回归"选项框中的"Y 值输入区域"和"X 值输入区域"分别把 GL 公司月收益率和深综指月收益率数据填入，即分别输入"$G1$G126"和"$F1$F126"，在"输出选项"中选择"新工作表组"后单击"确定"按钮，即可获得回归分析的各项参数。指定回归分析的数据区域即相关输入如图 4-3 所示。

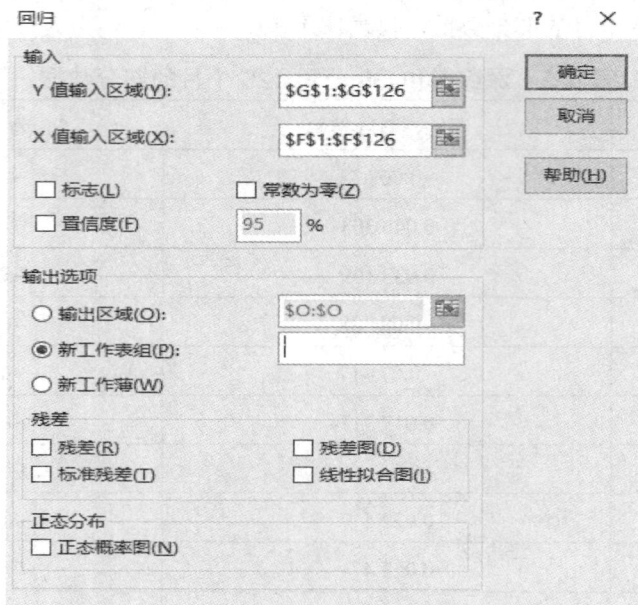

图 4-3　指定回归分析的数据区域及输出区域操作示范

c. 分析回归结果的各项参数。回归分析的各项参数结果如图 4-4 所示，在方差分析的左下角显示的"X Variable"就是想要得到的贝塔系数，即 GL 公司的贝塔系数大约是 0.62。

SUMMARY OUTPUT

回归统计	
Multiple R	0.517746
R Square	0.268061
Adjusted R	0.262158
标准误差	0.079556
观测值	126

方差分析

	df	SS	MS	F	ignificance F
回归分析	1	0.287429	0.287429	45.41292	5.35E-10
残差	124	0.784824	0.006329		
总计	125	1.072252			

	Coefficients	标准误差	t Stat	P-value	Lower 95%	Upper 95%	下限 95.0%	上限 95.0%
Intercept	0.015076	0.007112	2.119722	0.036023	0.000999	0.029154	0.000999	0.029154
X Variable	0.61919	0.091883	6.738911	5.35E-10	0.437328	0.801052	0.437328	0.801052

图 4-4　回归分析的各项参数结果

得出 GL 公司的贝塔系数后，就可以求出 GL 公司的必要收益率：

GL 公司必要收益率 = 3.18% + 0.62 × (10% − 3.18%)

$$= 3.18\% + 0.62 \times 6.82\%$$

$$\approx 7.41\%$$

② 明确期限和增长率。显然，这是两个阶段都属于不变增长的情况。第一阶段的增长率为 20%，时间是 5 年；第二阶段的增长率是 3%，时间持续到未来无限时期。

③ 采用两阶段不变增长模型计算该公司的内在价值：

$$V = V_1 + V_2 = \frac{D_1\left[1 - \frac{(1+g_1)^m}{(1+r)^m}\right]}{r - g_1} + \frac{D_{m+1}}{r - g_2} \times \frac{1}{(1+r)^m}$$

$$= \frac{3.71 \times (1+20\%) \times \left[1 - \frac{(1+20\%)^5}{(1+7.41\%)^5}\right]}{7.41\% - 20\%} + \frac{3.71 \times (1+20\%)^5 \times (1+5\%)}{7.41\% - 3\%} \times \frac{1}{(1+7.41\%)^5}$$

$$= 26.19 + 181.12$$

$$= 207.3 \text{（元）}$$

④ 做出判断。GL 公司在两阶段增长速度分别为 20%和 3%以及第一阶段增长周期为 5 年的情况下，要获得 7.41%的必要回报率还是比较容易的。也就是说，在当前预期水平下，60 元的价格显然被低估了不少。

当然，在进行股权投资时也许 7.41%的必要回报率很难让人满意，如果提升到比较能让人接受的 10%左右，其他条件保持不变的话，则 GL 公司的合理价格会变成 110.24 元，几乎下降了一半。

显然，对于必要回报率要求的高低将对公司估值产生非常重要的影响。

2. 自由现金流模型

如果公司不分红而是用盈利持续投资来达到扩张成长的目的，那么股利就不存在，自然股利这个因素也就被排除在影响公司内在价值因素之外了。为了解决没有股利甚至股利不确定的问题，引入了自由现金流的概念[①]。自由现金流是指在不影响公司持续发展的前提下，可供分配给资本供应者自由使用的最大现金流额度。对公司产生的现金流进行分析，去除维持营运必需的现金支出后，剩余的就是公司的自由现金流。对公司持续产生的自由现金流进行贴现，加总这些贴现值就得到了公司的内在价值。这就是自由现金流模型的理论基础。

1) 自由现金流模型概述

自由现金流(Free Cash Flow，FCF)是指由公司产生的、满足再投资需要之后剩余的现金流量，是公司经营活动现金流净额扣除资本性支出后的差额，用于衡量公司实际持有的能够回报股东(和债权人)的最大现金流额度。自由现金流作为一种公司价值评估的新方法，是由美国西北大学拉巴波特(Alfred Rappaport)、哈佛大学詹森(Michael Jensen)等学者于 20 世纪 80 年代提出的，已经成为公司价值评估领域理论最健全、使用最广泛的指标之一，美国证监会更是要求公司在每年的年报中必须披露这一指标。

自由现金流表示的是公司获取的将来可以自由支配的现金，如果公司自由现金流充

---

① 把股利贴现模型的股利替换为收益，也是基于同样的考虑。

沛，则公司可以偿还债务，开发新产品，增加股息支付以及回购股票等。自由现金流可以分为公司自由现金流[①]和股权自由现金流[②]。

(1) 公司自由现金流。公司自由现金流(Free Cash Flow of Firm，FCFF)是公司支付了所有营运费用、进行了必需的固定资产与营运资产投资后可以向所有投资者分派的税后现金流量。公司自由现金流是公司所有权利要求者(包括普通股股东、优先股股东和债权人)的现金流总和。公司自由现金流用于计算公司整体价值，包括股权价值和债务价值。自由现金流的计算方法繁多[③]，科普兰教授(Tom Copeland)教授(1990)的自由现金流计算公式应用得比较普遍，其计算公式如下：

自由现金流＝息税前利润－税金＋折旧及摊销－资本性支出－追加营运资本

科普兰教授详尽地阐述了自由现金流量的计算方法：自由现金流量等于公司的税后净营业利润(即将公司不包括利息收支的营业利润，扣除实付所得税税金之后的数额)，加上折旧及摊销等非现金支出，再减去营运资本的追加和物业厂房设备及其他资产方面的投资。它是公司所产生的税后现金流量总额，可以提供给公司资本的所有供应者，包括债权人和股东。

康纳尔(Bradford Cornell)教授(1993)对自由现金流的定义与科普兰教授的类似，他认为：自由现金流是由公司所创造的现金流入量减去公司所有的支出(包括在工厂、设备以及营运资本等之上的投资)后所剩下的净现金流量，这些现金流量是可以分配给投资者的。康纳尔教授的自由现金流的计算公式如下：

自由现金流＝(营业利润＋股利收入＋利息收入)×(1－所得税率)＋
递延所得税增加＋折旧－资本支出－营运资本增加

达姆达兰(Aswath Damodaran)教授(1996)对自由现金量的定义也是在参照科普兰的观点后提出的。达姆达兰教授的自由现金流的计算公式如下：

自由现金流量＝息税前利润×(1－所得税)＋折旧－资本支出－营运资本增加

汉克尔(K. S. Hackel)(1996)提出自由现金流等于经营活动现金净流入减资本支出，再加上资本支出和其他支出中的随意(discretionary)支出部分。因为这些随意支出可节省下来却不会影响公司的未来增长。汉克尔认为，只要不是为了维持公司持续经营的现金支出，都应该加回到自由现金流中；公司可以在不影响持续经营的情况下避免这些支出，若公司

---

① 公司自由现金流即公司整体自由现金流。

② 自由现金流的名称众多，如增量现金流(Excess Cash Flow)、剩余现金流(Surplus Cash Flow)、可分配现金流(Distributable Cash Flow)、可自由使用现金流(Disposable Cash Flow)、多余现金流等。自由现金流的共同之处是在不危及公司生产与发展的前提下可供分配给股东(和债权人)的最大现金额。

③ 自由现金流的概念最早是由美国学者莫迪利安尼和米勒提出的。1961 年他们首次阐述了公司价值和其他资产价值一样也取决于其未来产生的现金流量的思想，并建立了米勒-莫迪利安尼公司实体价值评估公式。之后的学者受益于他们的思想，提出了自己的自由现金流模型，美国西北大学的拉波特教授(1986)构建了拉巴波特价值评估模型，詹森教授(1986)提出了自由现金流理论，科普兰教授(1990)详尽阐述了自由现金流的计算方法，康奈尔教授(1993)提出的自由现金流的定义与科普兰教授的定义类似，达莫达兰教授(1996)对自由现金流量的定义也参照了科普兰的观点。

没有进行这些支出，则公司的自由现金流会得以增加。汉克尔的自由现金流的计算公式[1]如下：

$$自由现金流 = 经营活动现金流 - 资本支出 + 随意性资本支出$$

当然也有根据现金流来源和运用的平衡关系来计算自由现金流的方法，其具体计算公式如下：

$$自由现金流 = 期末起初的现金流增加额 + 支付的现金股利 - 通过举债收到的净现金 -$$
$$通过发行股票收到的净现金 + 随意性现金流出 + 随意性投资$$

显然，对于计算自由现金流的方法，不同的学者或者不同的市场专业人士都有自己的看法，他们提出了自己认可的计算自由现金流的公式。其实，每一种计算方法也都有各自的优势和缺点[2]，在使用过程中应该结合各国以及各市场的实际，同时结合自己在实践中运用的有效检验结果，选择自己认为最适合的自由现金流计算方法。

(2) 股权自由现金流。股权自由现金流(Free Cash Flow of Equity，FCFE)是站在股东的角度去衡量公司能分配给股东的剩余现金流量，股权自由现金流用于计算公司的股权价值。股权自由现金流是用公司自由现金流减去债权人自由现金流得到的，即

$$公司自由现金流 = 股权自由现金流 + 债权人自由现金流$$

股权自由现金流是公司的股权投资者所拥有的对该公司产生的现金流的剩余要求权，即拥有的在公司偿还包括债务在内的所有债务，以及满足了投资需要、运营成本之后的全部剩余现金流。股权自由现金流的计算公式也有多种。

① 达姆达兰教授的股权自由现金流，其计算公式如下：

$$股权自由现金流 = (营业利润 + 股利收入 + 利息收入 - 利息支出) \times$$
$$(1 - 所得税税率) + 递延所得税增加 + 折旧 - 资本支出 -$$
$$营运资本增加 - 优先股股利 + 新发行债务 - 偿还本金$$

达姆达兰教授的股权自由现金流就是在扣除经营费用、本息偿还和为保持预定现金流增长率所需的资本支出、增加的营运资本支出之后的现金流量。

在达姆达兰教授股权自由现金流基础上更进一步简化公式如下：

$$股权自由现金流 = 息税前利润 - 税金 + 折旧及摊销 - 资本性支出 -$$
$$追加营运资本 - 债务本金偿还 + 新发行债务$$

② 考虑经营活动现金流净流量的股权自由现金流，其基本思路就是净利润不等于公司可以自由使用的现金流，其计算公式如下：

$$股权自由现金流 = 经营活动现金流净流量 - 资本支出 - 优先股股利 +$$
$$新发行债务 - 偿还本金$$

---

[1] 汉克尔的自由现金流公式根据现金流量表、资产负债表和损益表得到。根据损益表和资产负债表得到的自由现金流计算公式是：自由现金流 = 息税后盈余 + 折旧 - 资本性支出。

[2] 标准普尔认为，自由现金流是用税前净利润减去资本性支出，相应的计算公式是：自由现金流 = 税前利润 - 资本性支出。很明显，标准普尔的定义及计算方法过于简单，因为没有考虑到利润与现金流量存在差别，更没有考虑到折旧、税收等因素。所以在实际应用中，可能会出现较大的偏差。

③ 考虑长期经营性资产和长期经营性负债变动的股权自由现金流。其计算公式如下：

$$股权自由现金流 = 息税前利润 - 所得税影响 + 净非现金费用 - 营运资本变动额 +$$
$$长期经营性负债变动额 - 长期经营性资产变动额 - 资本开支 -$$
$$税后利息支出 + 新增净债务$$

④ 股权自由现金流还可以简单地表述为"利润+折旧−投资"，计算公式如下：

$$股权自由现金流 = 税后利润 - (1 - 负债率) \times (资本支出 - 折旧与摊销) -$$
$$(1 - 负债率) \times 营业流动资产增加$$

式中，税后利润是属于股东的，但是要扣除净投资。净投资中股东负担的部分是"(1−负债率)×净投资"，其他部分的净投资由债权人提供。

2) 自由现金流模型应用及要注意的问题

(1) 自由现金流的作用。自由现金流的作用除了体现在它是公司价值评估体系中最为重要的环节之一外，在衡量公司经营业绩及投资价值上的表现也更优于净利润、市盈率、经营活动现金净流量等指标。在大量的证券研究报告中，经常会看到用自由现金流来评价公司经营的好坏以及公司是否具有投资价值。因为用自由现金流综合考虑各项指标后可计算出公司的价值，所以比用单一的指标来评价公司更为合理，自由现金流的提出正是弥补了会计上单一指标的不足。和会计上的利润相比，自由现金流是按照收付实现制来确定的，自由现金流理论认为，只有主要的或者主营业务中产生的且持续的营业利润才是保证公司可持续发展的源泉，因此非正常经营活动所产生的非经常性收益是不计入自由现金流的。同时，自由现金流理论还考虑了公司存货增减变动的影响、股权资本成本的问题等，而这些在会计利润上往往无法得到体现。

可见，自由现金流的作用比较明显，甚至有些投资者把公司产生自由现金流的能力摆在考察指标的第一位。

(2) 自由现金流应用中需注意的问题。自由现金流的使用要有一定的假设，即公司在被估价时有正的现金流，并且未来的现金流可以较可靠地加以估计，也能根据现金流的相关特征确定恰当的折现率，那么该公司就适合运用自由现金流模型。在运用自由现金流模型时要注意以下一些局限：陷入财务困难的公司、拥有未被利用资产的公司、拥有未被利用专利或者产品选择权的公司、涉及并购事项的公司、非上市公司等如果使用自由现金流模型对公司进行价值评估时比较困难。

要正确使用自由现金流对公司的价值进行评估，必须充分考虑公司自由现金流产生的基本因素及其对预期自由现金流的影响。公司自由现金流的预测要与公司有关的财务信息或者非财务信息相结合，并将这些信息所引起的变化反映在预期现金流的考察中，这样会使估值的结果更加实际。

同时，由于会计制度的时常变更，也可能导致有些行业时常要调整报表相关财务科目数据，在运用连续几年的数据进行比较时往往可比性会降低。

3) 自由现金流模型定量分析

自由现金流模型定量分析的思路就是计算出公司的自由现金流，然后分阶段以贴现现金流的方式来计算公司的价值。本书计算自由现金流的公式参考被业界所广泛认可的科普兰教授提出的自由现金流的计算方法。

(1) 自由现金流评估过程。自由现金流评估过程分为以下几步。

① 选定预测期间。根据公司持续经营原则，对公司的未来经营进行预测，通常情况下选择未来 5～10 年作为预测期间。为了考虑预测的难度问题以及长期预测的有效性问题，一般以 5 年最为常见。

② 确定当年的自由现金流。在确定各年的自由现金流时要先确定未来的净利润、税金、折旧及摊销、资本性支出以及追加营运资本等五个方面的内容。

在净利润预测方面，可以用计算未来几年收入以及成本的方法来推演公司的净利润，这部分内容可以参考财务预测流程的推演过程。

税金可以根据公司的税率或者往年的税收比率来求得。

折旧与摊销可以根据之前几年的折旧和摊销比率来测算。当公司的固定资产及无形资产数额较大时，折旧与摊销的数额较大时，可以参见公司的折旧与摊销相关说明。

资本性支出是公司固定资产、无形资产等长期资产构建的支出金额以及与之相关的贷款利息支出。这部分支出在现金流量表中体现在"构建固定资产、无形资产和其他产期资产所支付的现金"财务科目中。

营运资本是因存货、应收款项的增加而需要占用的资金，这一部分的计算相对复杂一些。追加营运资本等于本期资金需求减去上期资金需求，资金需求等于经营性流动资产减去经营性流动负债，其中

经营性流动资产＝应收票据＋应收账款＋预付账款＋存货

经营性流动负债＝应付票据＋应付账款＋预收账款

在算出以上五个部分的自由现金后，就可以根据科普兰教授的自由现金流公式"自由现金流＝息税前利润－税金＋折旧及摊销－资本性支出－追加营运资本"求得公司当年的自由现金流。

③ 预测未来年份的自由现金流。公司未来年份的自由现金流计算要根据投资者自己对公司未来增长情况的假定进行预测。为了计算方便及计算上可行，必须参照本节"股利贴现模型"中"股利贴现模型的常见类型"的三种假设，不同假设带来的自由现金流的预测结果显然是不一样的。

(2) 计算公司的资本成本。公司的资本成本(Weighted Average Cost of Capital，WACC)也称作公司加权平均资本成本率，它是投资者的预期投资加权平均收益率。因此 WACC 体现了两面性特征：既是投资者的预期回报率，也是公司需要创造满足投资者预期回报率的价值，即公司的资本成本率。公司的资本成本 WACC 等于公司股权资本回报率与债务资本回报率的加权平均值，具体公式如下：

$$WACC = K_d W_d + K_e(1 - W_d)$$

式中，K_d 表示税后债务资本成本，W_d 表示债务资本比重，K_e 表示股权资本成本，$1 - W_d$ 表示股权资本成本。债务资本成本可以分为银行借款成本和公司债券成本，对债务成本进行加权平均求得。股权资本成本参照本节"股利贴现模型定量分析相关设定与案例"中必要收益率的相关计算。求得公司的债务资本成本和股权资本成本后，就可以通过加权平均计算获得公司的资本成本 WACC。

（3）对现金流进行贴现并加总现值计算公司的价值。通过以上步骤的计算，就可以通过自由现金流模型来求得公司的价值。以最常用的两阶段模型为例，公司的自由现金流模型的计算公式[①]如下：

$$V = \sum_{t=0}^{m} \frac{FCF_0(1+g_1)}{(1+WACC)^t} + \frac{FCF_m(1+g_2)}{(WACC-g_2)(1+WACC)^m}$$

式中，FCF_0 是 $t=0$ 期的自由现金流，FCF_m 是 $t=m$ 期的自由现金流，g_1、g_2 代表两阶段增长中的第一阶段和第二阶段的增长率，WACC 是公司的资本成本，m 是第一期的期间。

（二）相对价值模型

当我们打开一份股票的研究报告时，经常看到的内容是"预计公司 2021—2023 年度营业收入分别是 1116.05 亿元、1280.66 亿元和 1480.83 亿元，同比增长 13.89%、14.75%、15.63%；归母净利润 541.58 亿元、626.28 亿元和 729.43 亿元，同比增长 15.98%、15.64%、16.47%，对应 2021—2023 年每股收益为 43.11 元、49.86 元和 58.07 元，目前价格对应 PE 倍数是 47、41、35 倍，推荐评级"。

该研究报告中采用的估值方法就是相对价值模型。相对价值模型一般参考能够引用的指标或者可以参照的公司，对即将估值的公司进行评价。在相对价值模型中，大多数情况下采用的是乘数估值的方法。

1. 市盈率模型及其定量分析

1）市盈率模型概述及其应用

（1）市盈率模型概述。市盈率也称 PE、本益比、股价收益比率等，是用股价除以每股收益得到的，简单地说就是股价相对于每股收益的放大倍数。当然，如果公司出现除权问题时，要注意的是股价已经是除权价后的股价，但是有些行情软件里的每股收益往往没有及时调整。所以，计算市盈率时，最好用公司的市值除以净利润得到，这样就不需要去特意关注是否用随着除权而调整后的每股收益了。因此，计算公司市盈率的公式有两个：

$$市盈率(PE) = \frac{股价}{每股收益或者市盈率}$$

$$市盈率(PE) = \frac{总市值}{净利润}$$

市盈率的单位是"倍"，常见说法是该公司的市盈率是 10 倍或者 100 倍。市盈率模型的优点是告诉投资者在当前利润不变的情况下，以当前价格买入公司的股票需要多少年才能收回成本。理论上，一个市盈率是 50 倍的公司需要 50 年才能回本，而一个市盈率是 5 倍的公司只需要 5 年就能回本。市盈率的倒数就是当前该股票的投资报酬率，即每股收益/股价，也就是以当前股价买入一只股票，未来每年预计能获得的收益率水平。当然，前提

[①] 掌握了股利贴现模型的计算方法后，对于这个公式应该不会陌生。自由现金流模型的两阶段模型和股利贴现的两阶段模型都是现金流贴现模型演化而来的，其逻辑思维一样。和股利贴现模型唯一不同的就是用自由现金流替代了股利而已。

是公司的每股收益保持不变。这样看，市盈率模型本质上是永续的零增长模型。

一个公司只有赢利的时候才谈市盈率估值，亏损的时候计算的市盈率是负数，用负数计算出来的公司价值是没有意义的，即市盈率模型失效。当一个公司处在微利，计算出来的市盈率可能高达成千上万，这样的市盈率分析也没有多大的意义，可能要采用其他方法对这类公司进行评价。在分析市盈率时，要在市盈率的正常区间来分析，这样才更有意义。当然，不同国家市场、不同地区，其市盈率区间会不一样，比如美国股票市场市盈率整体处在 10～20 倍之间波动，我们国家经济增长速度较快，整体市盈率处在 15～30 倍是比较合理的区间；不同行业的市盈率也会有不一样，如近年来银行业的市盈率一直在 7 倍附近，而软件服务行业的市盈率达到了 60 倍左右；不同公司的市盈率当然也千差万别，即使是同一个公司，在不同的时间段，其市盈率也会差异很大，如格力电器的市盈率在 2018 年年末时其市盈率只有 8 倍左右，而 2020 年年末时其市盈率达到了 25 倍。

(2) 市盈率模型应用及需注意的问题。使用市盈率指标进行股票分析时，除了传统习惯上的市盈率绝对数计算与判断外，还应该从以下几个角度来展开分析。

① 静态市盈率和动态市盈率的相对变化。静态市盈率，即该公司的在某一个时点的市盈率，在计算某个公司的静态市盈率时，一般有两种方式，一种是用当前总市值除以上一年度的净利润，具体公式如下：

$$静态市盈率 = \frac{当前总市值}{上一年度净利润}$$

还有一种是用当前总市值除以最近四个季度的净利润，如计算 2020 年 5 月 16 日某个公司市盈率，应当用这一天的收盘价乘以其总股本计算总市值；然后计算近四个季度的净利润，往前数四个季度，就是 2020 年一季度、2019 年四季度、2019 年三季度、2019 年二季度这四个季度的净利润总和，计算公式如下：

$$静态市盈率 = \frac{当前总市值}{近四个季度净利润} = \frac{当前股价 \times 总股本}{近四个季度净利润总和}$$

这样计算出来的静态市盈率更准确，尤其是计算时间已经是在当年的第四季度时，如果还在用上一年度的净利润似乎就不是很准确了。

通常，投资者看到的静态市盈率大多是前一种计算方式，即市盈率(Last Year Ratio，LYR)；但是自己实际计算静态市盈率时，还是应该使用后一种静态市盈率(Trailing Twelve Months，TTM)的计算方式更合理，有些软件也会披露 TTM 市盈率，如无法获得最近十二个月的净利润，那么用最近四个季度就可以。

动态市盈率，是指下一年度或者未来几年根据预测净利润计算的市盈率[①]，即该公司的预期市盈率。动态市盈率的计算方法是用现在的总市值除以下一年度或者未来几年预测的净利润。其计算公式如下：

$$动态市盈率 = \frac{当前总市值}{下一年度净利润}$$

---

① 在一些行情软件上也会披露动态市盈率，一般情况下用当期总市值除以当前报告期年化净利润，当期报告期年化净利润用一季度的净利润乘以 4 或者中报净利润乘以 2 得到，这显然没有考虑到季节性因素，计算得到的动态市盈率似乎偏草率一些，只能作为参考。

计算动态市盈率的目的是从公司未来发展的角度来看待公司。例如，如果一个公司当前的静态市盈率是 100 倍，该公司所属行业的整体市盈率是 70 倍，显然对该公司的动态市盈率高估了；但是如果该公司下一年净利润的增长率是 100%，计算下一年度该公司的市盈率只有 50 倍，即下一年市盈率＝100 倍/(1 + 100%)＝50 倍，下一年行业的整体市盈率仍维持 70 倍，显然对该公司的动态市盈率低估了。当然，如果一个公司未来净利润增长率是负增长的，那么公司的动态市盈率反而会上升，就算现在再有吸引力，未来也会因市盈率变得高估而失去吸引力的。

② 该公司当前市盈率在历史市盈率区间所处的水平。判断一个股票的市盈率到底是高还是低，也许从绝对值来看，很难直接给出结论，比如不能直接说一个市盈率为 5 倍的股票就一定比一个市盈率为 50 倍的股票更低估、更有投资价值。其实，每一个股票都有自己的市盈率区间，也就是该股票过去经常处在的一个市盈率范围。把该股票当前的市盈率和历史市盈率范围进行对比，看看当前的估值状况在历史市盈率范围处在什么位置，可能对于该股票的评价会更客观一些。

当然，要注意的是如果公司所处的发展阶段不同，其市盈率区间也应该有所不同。例如，公司原来处在高速增长阶段，其市盈率区间相对较高很正常；但是，如果公司由高速增长落到了慢速增长或者是负增长的话，那么其市盈率区间也应该相应下调才对，不能用原来的高市盈率区间来看待了。至于变化后的市盈率区间到底是多少才合适，这只有通过相近行业、相类似股票的市盈率区间情况来做一个对比参照才能得到。

③ 该公司市盈率和行业平均市盈率的比较。当不同行业上市公司间的市盈率无法直接比较时，应该把该公司的市盈率与同行业的公司进行比较，也可以得出该公司是否低估的结论。对同一个行业内的上市公司进行市盈率排名，同时得出该行业的平均市盈率，当行业内优质公司的市盈率低于行业的平均市盈率时，显然这类公司是被低估的。当然，即使是在同一个行业内，由于公司各自的特质不同，导致通过市盈率高低的比较仍无法直接得出到底是否低估的结论，甚至出现认为在行业内某些公司被低估而买入该公司的股票却没有如期出现上涨的情况，这些都是可能的，也是很多见的。但不可否认的是，通过详细的分析，对在行业内明显被低估的优质股进行投资从中长期角度来看，即使不是一个明智的选择，也应该在投资时给予足够的重视。

其实，国内市场一直存在一个偏见：新上市的公司、小市值公司未来增长的速度更快，其享有的市盈率普遍高于已上市较久、大市值公司的市盈率，这在各个行业中也基本普遍存在。而事实是行业优质公司恰恰是因为过去强有力的竞争优势导致其不断领跑行业，规模才做大，行业的市场份额只会不断向那些大公司集中，中小公司只是少数几家且大多只是一小段时间的快速发展，正是这种偏见导致了优质股的低估而给价值投资者创造了买入的机会。

(3) 市盈率模型应用总结。市盈率模型到底有没有用？有些投资者认为市盈率没用，尤其是当一个股票的市盈率超过 100 倍或者亏损没有市盈率时却仍在一直猛涨，而一个股票市盈率只有 10 倍或者更低却在一直下跌时，他们会否定市盈率的作用甚至贬低市盈率一无是处。这只是因为他们站在短期角度看问题，短期来看股价的涨跌也许真和市盈率的高低没有太大的关系。但是，从长期角度看，不论是市场的整体还是行业，包括最常见的个股，都受到市盈率的制约，即高市盈率的要回落、低市盈率的要上涨，这是股票市场长期运行的必然规律，即价值回归规律。

2) 市盈率模型定量分析

市盈率的计算公式比较简单，对于当前的静态市盈率甚至动态市盈率的计算都是比较简单的任务。在进行市盈率模型的应用时，如果能判断该公司市盈率的高低，也许会让投资决策更有依据，这样的投资效果也会更加理想。

那如何判断一个公司市盈率的高低？首先应该获得该股票的历史市盈率区间，然后计算该股票当前的市盈率大小，之所以要先找到该股票当前市盈率在历史市盈率区间中的位置，是因为从历史的经验判断：如果当前市盈率在市盈率区间的较高值附近，股价往往开始回落；在市盈率区间的较低值附近，股价往往止跌涨升。下面以格力电器(000651)为例，对格力电器进行市盈率的定量分析，其具体做法如下：

(1) 在格力电器的日 K 线图上进行前复权操作，具体的操作流程是：在日 K 线图上点击鼠标右键，在出现的对话框中选择"除权处理"→"前复权"，可以很清楚地看到格力电器日线的历史走势图。之后，点击下方技术指标分析栏工具栏中"市盈率"栏目，就可以看到格力电器的历史市盈率分布图。格力电器的日 K 线走势图和市盈率分布图详细情况可以从图 4-5 中看出。

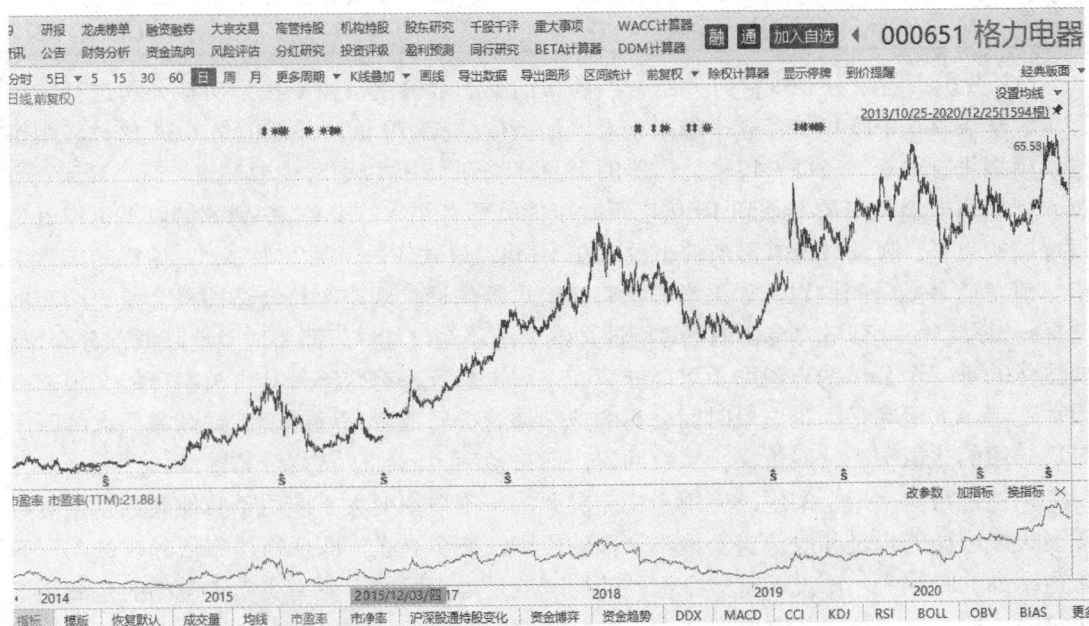

图 4-5　格力电器日 K 线走势图和市盈率分布图

(2) 收集市盈率每一年的最高值和最低值，具体做法是：把鼠标移动到 K 线图中市盈率指标分布图中市盈率的高点和低点位置，列表分别记录下每一年市盈率最高值和最低值的具体日期和市盈率大小。从格力电器历史市盈率分布来看，除了在 2006 年、2007 年和 2008 年大牛市时其市盈率最高值可以达到 40 倍左右外，大多数年份中其市盈率区间分布还算比较平稳，也从简便分析角度考虑，选取 2010 年到 2020 年以来的市盈率分布区间进行考察。具体数据详见表 4-6。

表 4-6　格力电器近 10 多年来的市盈率高、低值分布区间

年份	最高市盈率		最低市盈率	
	具体时间	实际倍数	具体时间	实际倍数
2010 年	2010.04.01	20.02	2010.07.05	11.38
2011 年	2011.03.08	16.77	2011.12.12	8.95
2012 年	2012.05.31	12.52	2012.12.07	9.98
2013 年	2013.08.20	11.17	2013.11.11	9.00
2014 年	2014.01.02	10.02	2014.10.27	6.34
2015 年	2015.06.01	13.33	2015.09.29	6.69
2016 年	2016.12.01	13.33	2016.11.18	9.81
2017 年	2017.07.11	15.35	2017.05.09	11.52
2018 年	2018.01.26	17.57	2018.12.10	7.68
2019 年	2019.11.04	14.25	2019.01.02	7.68
2020 年	2020.12.02	25.70	2020.03.23	10.89

（3）分析市盈率分布规律，并结合当前市盈率的数值用市盈率模型对该公司进行估值评价。从表 4-6 中收集的市盈率结果来看，最高值是 25.70 倍，最低值是 6.34 倍。应用市盈率模型进行分析，当每一年格力电器的市盈率涨到 15 倍以上时就要注意，逢高减磅；当每一年格力电器的市盈率跌到 10 倍以下时可能就要有买入的准备，跌到 8 倍以下也许就是很好的买点了。假设格力电器当前市盈率在 16 倍，该做何决策呢？很显然，这样的市盈率指标值在逢高减磅的位置，如果没有持有格力电器的话，观望等待合适的机会是更明智的选择；如果已经持有格力电器的话，不管是继续涨还是继续跌，都要适当地降低部分仓位。要注意的是一个公司的市盈率不可能一直在高限上运行，有些年份其市盈率可能会脱离高限往上走，大概率是因为这段时间公司的业绩增速提升或者市场过度下跌刺激买盘踊跃。等这一段的热情褪去，股价又会重新回落，而市盈率也回到了常规分布区间。

当然，市盈率模型的区间应用于稳定股票的正确概率要大于应用于其他股票。市盈率模型大多遵循的也是和股价买卖策略一样的原则：低买高卖，即低市盈率低的时候买，等市盈率高的时候卖。不过，有一个例外的情况就是周期股的市盈率买卖点遵循的是高买低卖策略，即在高市盈率的时候买，而在低市盈率的时候卖。

2. 市盈增长率模型

1）市盈增长率模型概述及其应用

（1）市盈增长率模型概述。当两个公司的市盈率相同时，谁更好呢？比如 30 倍市盈率的贵州茅台和 30 倍市盈率的格力电器。这很难从市盈率的绝对倍数直接得出结论。也许和两个公司所处的行业(赛道)、公司的规模、所属生命周期阶段、公司的市场结构等因素有

关。但从长期角度来看，和公司的成长性关系会更大一些。

于是，著名的基金经理彼得·林奇发明了一个股票估值的新模型——市盈增长率模型，即 PEG 模型。PEG 模型是用公司的市盈率除以公司的盈利增长率得到的，具体公式如下：

$$市盈增长率PEG = \frac{市盈率}{增长率} = \frac{PE}{Gc}$$

式中，PE 是公司的静态市盈率，G 是公司未来 3 到 5 年的净利润复合增长率。显然，PEG 模型是在市盈率的基础上，结合公司未来的成长性来考察该公司是否被高估或者低估的，它弥补了市盈率模型对公司未来成长考虑不足的缺陷。一般认为，PEG 指标值等于 1，是公司估值合理的情况；PEG 指标值低于 1，是公司被低估的情况，理论上指标值越低说明越被低估；PEG 指标值高于 1，是公司被高估的情况，理论上指标值越高说明越被高估。

PEG 模型可以告诉投资者，同一行业内，在市盈率相同的情况下优先选择那些增长速度高的公司，或者在相同增长速度下优先选择那些市盈率相对较低的公司。当然，在不同行业之间的比较时，PEG 模型也可以作为参考，但效果肯定比同行业内 PEG 模型的应用效果差一些，因为行业的特性、行业成长的速度以及行业成长的确定性等都可能影响着市场资金的偏好及流动。

(2) 市盈增长率模型应用及其注意的问题。PEG 模型是在市盈率的基础上着重考虑了公司的未来成长性，所以重视未来成长性才是该模型考虑的核心内容。但是，往往会出现这种情况：计算出 PEG 指标值后，根据 PEG 模型理论，指标值越小的公司更有投资价值，股价也更可能上涨；但市场却出现了指标值越大的公司更早上涨，上涨也更快。这时不要忽视 PEG 模型背后的决定因素——成长性。出现背离 PEG 模型结论的情况大多数发生在短期内净利润增速高的公司身上，即使这类公司估值相对偏高，但是其较高的净利润增速会让投资者对这类公司的未来产生较高的预期，就算支付更高的成本，也愿意买入这类公司。

显然，在买入这类公司时，投资者已经不是用 PEG 模型来衡量公司估值的高低，而是更倾向于公司的未来成长，使得 PEG 模型出现失效的局面。当然还有一个问题，就是对于公司未来成长性的预期也许在当时的市场中并没有像后来被证实的那么高，也许只有少部分的大资金提前预期到了其高成长性而买入，推高了股价更早、更快上扬。如 2020 年的山西汾酒与贵州茅台的走势就是如此，当市场在津津乐道谈论较低 PGE 的贵州茅台股价能到 2000 元还是 3000 元的时候，不知不觉之间拥有较高 PEG 的山西汾酒不断创着新高。当年山西汾酒涨幅为 322%，远远胜过贵州茅台 71% 的涨幅。至于今后几年山西汾酒能否再领涨于贵州茅台，大概率还是取决于山西汾酒的净利润增速及其持续性，彼时的 PEG 模型也许能更准确反映这种变化。

2) 市盈增长率模型定量分析

(1) 市盈率增长率模型的案例分析。先举一个简单的市盈增长率的案例，假设一个公司的总股本是 100 万股，每股股价 10 元，总市值 1000 万元，净利润是 50 万元，那么当前静态市盈率是 20 倍，假设投资者以 1000 万元的成本全部收购该公司 100% 的股份。光看市盈率这个指标值，第一感觉就是该公司如果不增长、净利润维持不变的话，投资该公司要 20 年才能回本。现在假设该公司年收益分别以 30%和 10%的增长率增长的话，那么投资该公司分别需要多少年才能收回成本？假设当年所有利润全部用于分红，不考虑红利再投资的问题。

第一种增长率 30%的情况，第一年净利润 50 万，收回成本 50 万，成本由 1000 万变成 950 万；第二年净利润 65 万，收回成本 65 万，成本由 950 万变成 885 万；第三年净利润 84.5 万，收回成本 84.5 万，成本由 885 万变成 800.5 万；依此类推，直到第七年净利润 240.77 万，收回成本 240.77 万，成本只剩下 122.46 万；第八年净利润 313.00 万，收回成本 313.00 万，成本变成了负 190.54 万。在公司增长 30%的情况下，收回全部投资只需要近 8 年的时间。

第二种增长率 10%的情况，第一年净利润 50 万，收回成本 50 万，成本由 1000 万变成 950 万；第二年净利润 55 万，收回成本 55 万，成本由 950 万变成 895 万；第三年净利润 60.5 万，收回成本 60.5 万，成本由 895 万变成 834.5 万；依此类推，直到第十一年净利润 129.69 万，收回成本 129.69 万，成本只剩下 73.43 万；第十二年净利润 142.66 万，收回成本 142.66 万，成本变成了负 69.23 万。在公司增长 10%的情况下，收回全部投资需要 12 年的时间，和第一种增长 30%的情况相比，多花了 4 年的时间。这就是公司的成长性在起作用，公司的成长速度会影响到收回投资成本的时间，这也是彼得·林奇提出要在公司成长的大背景下去理性看待市盈率的精妙之处。两种增长率下收回全部投资的整个流程具体情况详见表 4-7。

表 4-7　两种不同增长率水平下公司净利润创造、成本回收对比情况

年数	增长 30%的情况			增长 10%的情况		
	净利润/万元	收回成本/万元	剩余成本/万元	净利润/万元	收回成本/万元	剩余成本/万元
第 1 年	50	50	950	50	50	950
第 2 年	65	65	885	55	55	895
第 3 年	84.5	84.5	800.5	60.5	60.5	834.5
第 4 年	109.59	109.59	690.91	66.55	66.55	767.95
第 5 年	142.47	142.47	548.44	73.21	73.21	694.74
第 6 年	185.21	185.21	363.23	80.53	80.53	614.21
第 7 年	240.77	240.77	122.46	88.57	88.57	525.64
第 8 年	313.00	313.00	−190.54	97.44	97.44	428.2
第 9 年				107.18	107.18	321.02
第 10 年				117.90	117.90	203.12
第 11 年				129.69	129.69	73.43
第 12 年				142.66	142.66	−69.23

（2）市盈率增长率模型定量分析。市盈增长率模型定量分析应用最理想的方向应该是

用市盈率与增长率之间的关系来跟踪市盈率变化的总体趋势，从中观察上市公司在不断成长的情况下，就算其股价节节攀升，但是其市盈率绝对值能相对维持平稳的全过程。这里仍然以格力电器为分析案例，分析一下格力电器近十年来的市盈率变化以及其业绩增长率之间的定量变动关系。收集格力电器 2010—2019 年每年最后一个交易日的市盈率，同时收集年业绩增长率，并算出格力电器的市盈增长率指标，察看市盈增长率模型下的指标值的变动情况，用以分析该指标的使用效果。注意有些年份的增长率为负数，此时就不计算其市盈增长率指标了，用"—"表示。具体情况如表 4-8 所示。

表 4-8　格力电器市盈增长率模型的相关计算

年份	年底最后一个交易日市盈率(倍)	当年的增长率/%	市盈增长率指标值
2010 年	13.40	46.76	0.29
2011 年	9.45	22.48	0.42
2012 年	11.29	40.92	0.28
2013 年	10.21	47.30	0.22
2014 年	8.51	30.22	0.28
2015 年	9.42	−11.46	—
2016 年	10.73	23.39	0.46
2017 年	13.38	44.86	0.30
2018 年	7.65	16.97	0.45
2019 年	14.50	−5.75	—

从表 4-8 的计算结果来看，格力电器的市盈增长率一直处在很低的位置。主要原因是格力电器的市盈率很低，而增长率还是相当不错的。在收集的十年时间数据中，只有 2015 年和 2019 年的年增长率是下滑的，其他年份都是正增长，格力电器的成长性还是很优秀的。在 2010 年到 2019 年的十年期间，格力电器的利润增长 7.48 倍，股价涨幅是 8.87 倍，其市盈率一直都在低位徘徊，其市盈增长率指标值也都在 0.5 以下相对比较低的水平。只要格力电器的业绩能继续保持不错的增长，其股价还能持续上涨也是大概率事件。从市盈增长率指标值来看，格力电器在这样的增长速度下，大多时间仍然处在低估值状态，值得长期跟踪关注。

3. 市净率模型

1）市净率模型概述及其应用

（1）市净率模型概述。市净率(Price to Book value，PB)指的是公司的每股股价与每股净资产的比率，也可以用股票的总市值除以公司的净资产。其计算公式如下：

$$市净率 = \frac{每股价格}{每股净资产} = \frac{股票市值}{净资产}$$

从公式上看，市净率反映了股票的市场价值和公司账面上净资产之间的比率关系，其含义是获得公司每一元的净资产要付出多少倍的成本。常见的说法是当市盈率用于股票投资分析时，一般认为市净率较低的股票，投资价值较高，反之则投资价值较低。但是往往一个相反的市场实际情况是一些优秀的股票其市净率大多比较高，如大牛股贵州茅台的市净率常年保持在 5～10 倍之间，2007 年牛市时其市净率甚至高达 20 倍以上，恒瑞医药的市净率常年也保持在 8～15 倍之间。而一些低市净率的股票却常常表现不佳，如钢铁龙头公司宝钢股份的市净率近十来年一直在 1 倍左右徘徊，股价却一直低迷；煤炭龙头中国神华的市净率也一直在 1～2 倍之间徘徊，其股价也是长期在底部徘徊，几乎没有像样的涨幅。

这些低市净率的公司往往都是行业比较一般、资产质量比较差，发展前景也比较不明朗的公司，市场往往不会给出太高的倍数来购买这类公司的资产。而那些市场价值远高于账面价值的公司，大多资产质量高、市场前景看好，有较强的发展潜力，公司净资产越高，预示着其创造价值的能力也越强，股价也应该越高，市场给出更高的倍数来购买高市净率的公司。于是出现了这样的情况：低市净率的公司表现较差，表现较好的公司反而大多是高市净率的公司。

但不管对于哪类公司而言，对于同一个公司来说，市净率越低的时候其投资价值越高；相反，投资价值越低。

(2) 市净率模型应用及其注意的问题。市净率模型应用时应该注意以下几个问题：

① 公司净资产比较真实的公司适合用市净率模型。比如金融行业，以银行为例，银行的大部分资产和负债是金融资产和金融负债。在计算其净资产时，银行上市公司的净资产比较真实，大多是实打实的，不会有折旧，用市净率模型来估值可能更贴近其真实的价值。

② 对于重资产的公司估值也可以考虑用市净率模型。对于像钢铁、煤炭、造船、高端装备等行业的公司，行业发展已经进入衰退期，发展不稳定，用市盈率模型估值时很难有一个相对稳定的评价标准(有些年份亏损，有些年份赢利，比较不稳定，不好用市盈率模型估值)，可以考虑用市净率进行估值。而对于像软件、信息技术、生物医药等轻资产行业的公司估值，就不适宜用市净率模型。

③ 对于微利或者亏损的公司考虑用市净率模型。微利或者亏损的公司，以上所述模型诸如市盈率模型、市盈增长率模型就不大适合了，这时考虑用市净率模型。且净资产比净利润更稳定，更利于这类公司的评价。

2) 市净率模型定量分析

市净率模型的定量分析主要围绕市净率的高低组合来展开，即考虑低市净率组合以及高市净率组合的市场回报差异，用以评价不同市净率组合的好坏。在实际市场实践中，很少用高市净率组合来作为研究方向，大多考虑的是低市净率组合的情况。市净率模型的含义意味着低市净率预示着公司在当前市场中处在被低估的状态，既然是低估，那么是否就能获得比高估股票更好的投资回报呢？在这样的假设下，有些学者试着通过构建低市净率组合来研究和验证这类公司能否跑赢市场。一个基本的思路就是低市净率组合的投资收益率和高市净率组合的比较，还有就是低市净率组合的投资收益率和相关指数的比较。

采取一个极端的例子，在公司的市值跌破净资产(或者每股股价低于每股净资产)的情况下(俗称破净股),通过构建破净股策略来验证低市净率投资策略的有效性。

具体做法是:在东方财富 Choice 软件上输入"60"回车,即可获得沪深两市的全部股票的报价,点击上下左右键的右键"→",找到工具栏中的"市净率"按钮,点击"市净率"按钮后出来的股票是按市净率由高到低排列,再点击一次,就是由低到高的顺序排列,具体如图 4-6 所示。

序号	代码	名称		最高	最低	今开	昨收	振幅%	量比	市盈率(TTM)	市盈率(LYR)	市净率↑	流通市值	总市值	所属行业
1	002427	ST尤夫		6.30	6.03	6.28	6.21	4.35	0.52	-3.66	-3.57	-409.14	26.74亿	26.80亿	合成纤维及料
2	300268	佳沃股份		9.86	9.53	9.76	9.85	3.35	0.98	-3.30	-10.18	-79.58	12.85亿	16.72亿	渔业
3	002473	ST圣莱	*	4.88	4.64	4.68	4.74	5.06	0.95	-4.24	-4.24	-65.90	7.66亿	7.66亿	小家电
4	600198	大唐电信	‡	—	—	—	6.10	—	—	-8.97	-5.98	-27.76	53.71亿	53.81亿	通信设备
5	000673	*ST当代		2.17	2.17	2.17	2.28	0.00	0.18	69.58	69.58	-12.21	17.13亿	17.18亿	影视动漫
6	600225	*ST松江		1.81	1.72	1.79	1.81	4.97	1.13	-1.46	-1.76	-11.49	16.05亿	16.09亿	房地产开发
7	002147	*ST新光	‡	1.81	1.72	1.72	1.72	5.23	1.37	-1.08	-1.08	-9.60	9.72亿	33.09亿	房地产开发
8	603157	*ST拉夏	*	2.04	1.92	2.01	2.02	5.94	0.84	-0.78	-0.78	-8.95	2.80亿	10.52亿	服装家纺
9	002188	*ST巴士		3.18	3.05	3.17	3.20	4.06	1.79	-7.84	-7.84	-7.88	7.35亿	8.92亿	电子元件
10	000585	*ST东电		1.58	1.52	1.57	1.58	3.80	1.34	21.02	21.02	-7.18	9.39亿	13.45亿	输变电设备
11	600306	*ST商城		7.62	7.13	7.62	7.49	6.54	0.27	-9.02	-9.02	-5.76	13.40亿	13.45亿	零售
12	300278	华昌达		3.03	2.83	3.00	2.99	6.69	0.82	-2.84	-2.95	-5.32	12.62亿	16.64亿	通用设备
13	600898	*ST美讯		5.58	5.48	5.53	5.53	1.81	0.89	-1.66	-1.63	-4.23	13.89亿	13.89亿	消费电子设
14	002072	*ST凯瑞		4.27	4.17	4.25	4.24	2.36	0.71	-3.69	-3.69	-4.18	6.50亿	7.48亿	互联网服务
15	600239	云南城投		—	—	—	2.09	—	—	-1.14	-1.30	-3.92	33.56亿	33.56亿	房地产开发
16	000707	*ST双环	‡	2.69	2.61	2.68	2.65	3.02	0.88	-3.09	-2.52	-3.70	12.11亿	12.11亿	化学原料
17	002464	*ST众应	*	2.31	2.31	2.31	2.43	0.00	0.04	-3.79	-3.79	-2.99	12.05亿	12.05亿	互联网商务
18	600961	株冶集团		6.66	6.40	6.44	6.44	4.04	1.69	21.61	21.61	-2.53	34.34亿	34.34亿	基本金属
19	300071	华谊嘉信	‡	—	—	—	1.91	—	—	-2.33	-2.21	-2.43	12.17亿	12.82亿	营销服务

图 4-6 按市净率由低到高顺序排名的沪深股票情况

如上图所示,由低到高顺序排名的股票中,排在前面的有些股票,其市净率为负数,不做考虑。选择市净率为正的低市净率股票作为考察对象,同时剔除被"ST"的风险股票后,选取低市净率股票作为组合标的。注意一个市场实际情况,就是当市场越低迷时,破净股数量越多;当市场越火热时,破净股数量越少。对于前者,应该是低市净率策略考察的最佳市场机会。同时要注意的是,不要把所有的破净股全部纳入组合标的来考虑,应该结合公司的表现,如剔除有问题的公司、剔除业绩增速大幅度下滑或者出现负增长较严重的公司,同属一个行业时尽量不要重复等,按以上原则来构建破净股组合。当然,构建破净股组合也应该考虑时间因素,到底是短期视角还是中长期的视角,从中长期视角会相对合理一些,因为短期影响因素较为复杂,中长期因素更侧重于公司的资产质量和长远发展前景。

4. 市销率模型

1) 市销率模型概述及其应用

(1) 市销率模型概述。市销率(Price to Sales,PS)又称收入乘数,是指股票市价总值与营业收入的比率,也可以用每股价格除以每股营业收入。具体公式如下:

$$市净率 = \frac{每股价格}{每股净资产} = \frac{股票市值}{净资产}$$

市销率越低,说明公司股票目前的投资价值越大。公司通过增加营业收入来创造价值,营业收入越高,则创造的价值就越多,市场价值也就越大。

(2) 市销率模型应用及其注意的问题。市销率模型是肯尼斯·费雪提出来的,他在 1984 年出版的《超级强势股》一书中首次介绍了市销率的应用。他认为有些公司的利润非常不稳定,但是其销售却相对保持稳定,仅仅采用考量净利润的市盈率指标失之偏颇,建议多重视市销率,后来市销率渐渐成为投资的核心参考指标之一。在运用市销率模型时应该注意以下几个问题:

① 市销率采用营业收入作为分母,不像市盈率或者市净率等指标受到折旧、存货、资产减值准备等会计政策的影响,它比净利润、净资产更真实、更准确、更可靠。

② 相对成熟的公司,业绩也比较稳定,通常使用市盈率估值比较合适;但是尚未赢利甚至严重亏损、不过未来前景比较看好的公司,使用市销率估值更为可靠。比如创业公司、高科技公司等。

③ 市销率适用于以销售业务为主且销售成本较低的公司或者较为稳定的服务业公司的估值。比如电商企业、云计算公司以及金融、教育等专业咨询服务类公司等,它们大多不会过多考虑短期赢利问题,其重要的目标是抢占市场,扩大销售,为未来赢利奠定基础。

④ 不同的行业,市销率往往差距很大,在同一市场板块或者子板块的股票中使用市销率比较有用。

2) 市销率模型定量分析

市销率模型的定量分析往往不能单单用一个市销率指标来作为选股的唯一标准,可以参考肯尼斯·费雪的市销率两步走选股法进行定量分析。

(1) 用市销率进行初选,找出市销率比较低的公司。如避开市销率超过 1.5 的公司,任何市销率超过 3 的公司要绝对回避;积极寻找市销率低于 0.75 的超级成长股。

(2) 从低市销率股票中剔除不良公司,甄别出超级成长股。在低市销率股票中选择营业收入增长稳定、净利润增长稳定的公司;避开大肆利用杠杆的公司,挑选出毛利率或者净利率较高的公司,因为这些公司的市场竞争力更强。

肯尼斯·费雪的市销率两步走选股法在我国应用时可以作为适当的参考,对于市销率指标可以适当放宽,可以根据不同的行业进行不同的市销率指标值的设定。

第三节　微观公司定量分析与模拟实训设计

公司定量分析的主要内容就是财务以及各类估值模型,最终形成一份综合的上市公司投资价值分析报告。

在完成相关模拟实训内容及任务时,可能也会涉及一些定性的问题,本来应该排除在定量分析与模拟实训设计之外,但是为了内容的完整性以及上下的连贯性,还是把这些定性的模拟实训内容加入这部分定量分析与模式实训相关设计的内容中,形成一套相对完善的公司投资价值分析模式。

本章的实训报告主要包括公司产品、公司竞争力、公司财务、公司财务预测、股票贝塔系数计算、股利贴现模型、自由现金流模型、市盈率模型、市盈增长率模型、市净率模型、市销率模型、公司价值投资分析报告撰写等 12 个。

一、公司的产品分析与模拟实训

××××大学

实验报告

(20　－20　　学年第　学期)

课程名称：＿＿＿＿＿＿＿＿＿＿＿＿

实验名称：＿＿＿＿＿＿＿＿＿＿＿＿

指导教师：＿＿＿＿＿＿＿＿＿＿＿＿

教　研　室：＿＿＿＿＿＿＿＿＿＿＿＿

专　　　业：＿＿＿＿＿＿＿＿＿＿＿＿

年级班级：＿＿＿＿＿＿＿＿＿＿＿＿

姓　　　名：＿＿＿＿＿＿＿＿＿＿＿＿

学　　　号：＿＿＿＿＿＿＿＿＿＿＿＿

××学院实验报告

课程名称：

实验编号及 实验名称	实验十　公司分析之产品分析		教 研 室	
姓　　名		学　　号	班　　级	
实验地点		实验日期	实验时数	
指导教师		同组其他成员	成　　绩	

一、实验目的及要求

（一）实验目的

了解上市公司的产品情况，并会对不同公司的产品进行比较。

（二）实验要求

(1) 熟练掌握 F10 基本资料中公司产品的查询。

(2) 对类似产品在生活中能尽可能去了解。

(3) 学会注意不同公司产品的比较，发现其竞争优势或者规避竞争劣势。

二、实验环境及相关情况(包含使用软件、实验设备、主要仪器及材料等)

(1) 电脑及相关设备。

(2) 证券行情软件。

(3) 实时上网功能及流畅的网速。

(4) WIND、Choice 等金融数据库软件。

(5) 实训报告。

三、实验内容及步骤(包含简要的实验步骤流程)

（一）实验内容

熟知上市公司的产品，并且能对上市公司产品的具体情况进行了解，比较同行业或者相近行业中产品的异同。

（二）实验步骤

(1) 任意选择 5 家上市公司，分别记下以下资料。(以 202×年年报的数据为标准)

股票名称	股票代码	所属行业	公司产品情况(包括名称，收入占比，毛利率)	近三年营收同比增长率、净利润同比增长率

(2) 认真分析你身边的产品，包括你用过的以及可以了解得到的产品，寻找至少 2 家相对应的上市公司股票，记下股票名称、代码、产品情况、该产品占收入的比重、该产品占利润的比重、产品毛利率等基本信息。

(3) 选 2 家和你正在研究的公司最接近的公司，试着分析其产品 202×年的收入，毛利率、该产品收入占比、该产品利润占比等信息。

四、实验结果(包括程序或图表、结论陈述、数据记录及分析等，可附页)

思考：选择一个公司某种程度上就是选择该公司的产品，你在选择一个公司的产品时会看中哪些基本因素？把相关结论写在以下空白处。

备注：

(1) 使用手工方式填写实验报告时，必须字迹工整，一律使用黑色钢笔书写；使用电子文档方式编辑填写实验报告时，报告中各内容选用宋体五号字，行间距为单倍行距。

(2) "实验编号及实验名称"项的填写形式如"实验一　原始凭证模拟实验"。

(3) 报告中可附页部分为第四项，附页使用 A4 打印纸，要标明所属报告中的内容编号，附页本身必须加编页码(如附四-1、附四-2 等)。

(4) 实验日期的填写格式统一为年-月-日的形式，如 2021-01-01。

(5) 实验日期可根据实验内容实际进行的时间分次如实填写；实验时数为实验大纲中对相应实验设置的具体课时数(节)。

(6) 报告中实验成绩由实验指导教师采用百分制进行评定。

二、公司的竞争力分析与模拟实训

×××× 大学

实验报告

(20　　－20　　学年第　学期)

课程名称：＿＿＿＿＿＿＿＿＿＿＿＿

实验名称：＿＿＿＿＿＿＿＿＿＿＿＿

指导教师：＿＿＿＿＿＿＿＿＿＿＿＿

教　研　室：＿＿＿＿＿＿＿＿＿＿＿＿

专　　　业：＿＿＿＿＿＿＿＿＿＿＿＿

年级班级：＿＿＿＿＿＿＿＿＿＿＿＿

姓　　　名：＿＿＿＿＿＿＿＿＿＿＿＿

学　　　号：＿＿＿＿＿＿＿＿＿＿＿＿

××学院实验报告

课程名称：

实验编号及实验名称	实验十一　公司分析之公司竞争力分析		教 研 室	
姓　　　名	学　　号		班　　级	
实验地点	实验日期		实验时数	
指导教师	同组其他成员		成　　绩	

一、实验目的及要求

（一）实验目的

学会掌握公司竞争力内容的资料收集与分析。

（二）实验要求

(1) 收集公司竞争力相关资料。

(2) 不同公司竞争力内容的收集渠道。

(3) 不同公司竞争力内容的比较。

二、实验环境及相关情况(包含使用软件、实验设备、主要仪器及材料等)

(1) 电脑及相关设备。

(2) 证券行情软件。

(3) 实时上网功能及流畅的网速。

(4) WIND、Choice 等金融数据库软件。

(5) 实训报告。

三、实验内容及步骤(包含简要的实验步骤流程)

（一）实验内容

通过对公司竞争力内容的资料收集，学会把握公司的竞争力及其发展前景分析，同时对不同公司不同行业的竞争力内容差别对待。

（二）实验步骤

(1) 收集资料。记下公司竞争力的内容。

(2) 从四个维度分析你将要作为分析标的公司的竞争力(如产品竞争力、管理竞争力、技术优势、战略优势、品牌优势、市场占有率等)，选择一个你最看重的竞争力，分析并说明理由。

(3) 将与该公司最接近的上市公司拿来作为比较的对象，试分析它们之间竞争力的差异。

四、实验结果(包括程序或图表、结论陈述、数据记录及分析等，可附页)

具体分析该公司的竞争力后，你对该公司的初步印象如何？

备注:

(1) 使用手工方式填写实验报告时，必须字迹工整，一律使用黑色钢笔书写；使用电子文档方式编辑填写实验报告时，报告中各内容选用宋体五号字，行间距为单倍行距。

(2) "实验编号及实验名称"项的填写形式如"实验一 原始凭证模拟实验"。

(3) 报告中可附页部分为第四项，附页使用 A4 打印纸，要标明所属报告中的内容编号，附页本身必须加编页码(如附四-1、附四-2 等)。

(4) 实验日期的填写格式统一为年-月-日的形式，如 2021-01-01。

(5) 实验日期可根据实验内容实际进行的时间分次如实填写；实验时数为实验大纲中对相应实验设置的具体课时数(节)。

(6) 报告中实验成绩由实验指导教师采用百分制进行评定。

三、公司的财务分析与模拟实训

××××大学

实验报告

(20　　－20　　学年第　学期)

课程名称：_____

实验名称：_____

指导教师：_____

教 研 室：_____

专　　业：_____

年级班级：_____

姓　　名：_____

学　　号：_____

<h1 style="text-align:center">××学院实验报告</h1>

课程名称：

实验编号及 实验名称	实验十二　公司分析之公司财务分析		教 研 室	
姓　　名		学　号		班　级	
实验地点		实验日期		实验时数	
指导教师		同组其他成员		成　绩	

一、实验目的及要求

（一）实验目的

学会分析公司的财务报表和具体财务指标。

（二）实验要求

(1) 下载年度报告以及半年报、季度报告。

(2) 相关报告的主要内容详细阅读。

(3) 三张财务报表重点内容阅读，并对报表的阅读结果进行简要评价。

(4) 了解主要的财务数据含义及其背后的意义。

(5) 通过主要财务数据指标分析上市公司的质量。

(6) 把握重要的财务数据作为投资决策依据。

二、实验环境及相关情况(包含使用软件、实验设备、主要仪器及材料等)

(1) 电脑及相关设备。

(2) 证券行情软件。

(3) 实时上网功能及流畅的网速。

(4) WIND、Choice 等金融数据库软件。

(5) 实训报告。

三、实验内容及步骤(包含简要的实验步骤流程)

（一）实验内容

通过对公司财务报表的解读与分析，把握公司过去和现在的财务现状，通过对公司财务指标的分析，把握投资机会；通过主要财务数据指标来分析上市公司各方面的质量，把握最重要的财务数据，作为投资决策依据。

（二）实验步骤

(1) 下载一家上市公司的 2020 年年报(从上海证券交易所或者深圳证券交易所下载)你选择的公司股票代码及名称是(　　　　　　)。

(2) 略读上市公司年报的编制结构和主要内容，同时记下以下相关数据资料。

① 分析董事会报告内容，认真阅读，并分别对董事会报告中的未来发展展望等内容进行评析。

② 会计师出具的审计报告意见分别有哪几种？对上市公司可能有什么影响？同时记下该上市公司的审计报告意见。

③ 记下该上市公司三大报表(合并报表)的主要会计科目(把握原则：占比大以及变动大等原则)及其近两年数据，试着分析评价各报表的质量。

a. 合并资产负债表。

会计科目	2019 数据	2020 数据	同比增减	增减原因分析
货币资金				
应收账款				
存货				
固定资产				
在建工程				
资产总额				
短期借款				
长期借款				
预售账款				
负债总额				
股东权益				

分析：

b.合并利润表。

会计科目	2019 数据	2020 数据	同比增减	增减原因分析
营业收入				
营业成本				
销售费用				
管理费用				
财务费用				
投资收益				
营业外收入				
营业外支出				
营业利润				
净利润				

分析：

c.合并现金流量表。

会计科目	2019 数据	2020 数据	同比增减	增减原因分析
经营活动现金流净额				
投资活动现金流净额				
筹资活动现金流净额				

分析：

④ 选择你要写投资价值分析报告的上市公司，记录以下主要财务指标，并试着分析财务指标值的大小及其原因(数据以 2020 年为准)：

a. 偿债能力分析指标。

流动比率＝流动资产/流动负债＝

速动比率＝(流动资产－存货)/流动负债＝

资产负债率＝(负债总额/资产总额)×100＝

现金比率＝(货币资金＋有价证券)/流动负债＝

有息负债率＝有息负债总额/资产总额＝

应收账款周转率＝销售收入/平均应收账款＝

b. 成长能力财务指标。

营业收入增长率＝(本期营业收入－上期营业收入)/上期营业收入×100%＝

净利润增长率＝(当期净利润－上期净利润)/上期净利润×100%＝

总资产增长率＝(当期总资产－上期总资产)/上期总资产×100%＝

净资产增长率＝(当期净资产－上期净资产)/上期净资产×100%＝

c. 盈利能力财务指标。

毛利率＝毛利/营业收入×100%＝

净利率＝净利润/营业收入＝

资产收益率＝净利润/总资产×100%＝

净资产收益率＝净利润/净资产×100%＝

经营现金流净额＝经营活动现金流入－经营活动现金流出＝

d. 营运能力财务指标。

总资产周转率＝营业收入/总资产平均余额＝

销售获现比＝销售商品、提供劳务收到的现金/营业收入＝

每股经营活动现金流＝经营活动现金流净额/流通在外的普通股总股数＝

四、实验结果(包括程序或图表、结论陈述、数据记录及分析等，可附页)

(1) 对于公司财务报表的分析，你初步判断该公司的财务亮点以及财务问题在哪里？

(2) 请写出你认为最重要的三个财务数据指标，并说明其中的原因。

备注：

(1) 使用手工方式填写实验报告时，必须字迹工整，一律使用黑色钢笔书写；使用电子文档方式编辑填写实验报告时，报告中各内容选用宋体五号字，行间距为单倍行距。

(2) "实验编号及实验名称"项的填写形式如"实验一　原始凭证模拟实验"。

(3) 报告中可附页部分为第四项，附页使用 A4 打印纸，要标明所属报告中的内容编号，附页本身必须加编页码(如附四-1、附四-2 等)。

(4) 实验日期的填写格式统一为年-月-日的形式，如 2021-01-01。

(5) 实验日期可根据实验内容实际进行的时间分次如实填写；实验时数为实验大纲中对相应实验设置的具体课时数(节)。

(6) 报告中实验成绩由实验指导教师采用百分制进行评定。

四、公司的财务预测与模拟实训

××××大学

实验报告

(20　－20　　学年第　学期)

課程名称：_____

实验名称：_____

指导教师：_____

教　研　室：_____

专　　　业：_____

年级班级：_____

姓　　　名：_____

学　　　号：_____

××学院实验报告

课程名称：

实验编号及实验名称	实验十三　公司分析之公司财务预测		教研室	
姓　　名		学　　号	班　级	
实验地点		实验日期	实验时数	
指导教师		同组其他成员	成　绩	

一、实验目的及要求

（一）实验目的

学会对公司未来 1～3 年的利润进行预测。

（二）实验要求

(1) 理解公司成长性(业绩增长率)的重要性。

(2) 学会收集公司过去增长率数据。

(3) 学会预测公司未来的增长率。

二、实验环境及相关情况(包含使用软件、实验设备、主要仪器及材料等)

(1) 电脑及相关设备。

(2) 证券行情软件。

(3) 实时上网功能及流畅的网速。

(4) WIND、Choice 等金融数据库软件。

(5) 实训报告。

三、实验内容及步骤(包含简要的实验步骤流程)

（一）实验内容

了解公司成长性的重要意义，同时学会对公司未来业绩增长率进行预测。

（二）实验步骤

(1) 请随意挑选三家上市公司，列表格记录这三家公司近五年来的营业收入及其增长、净利润及其增长率，扣非后净利润及其增长率，并试着分析其营业收入和净利润增长率的趋势。

(2) 列表格分析这三家上市公司的 202×年一季度业绩及其增长情况，并试着参考往年四个季度的业绩分布情况，简要预测该公司 202×年的业绩情况(思路：很多公司一季度的业绩往往在该公司一年的业绩中作用较大)。

(3) 详细分析公司相关资料中有关公司未来发展的文字，主要包括建设中的项目、即将投产的项目、手中持有的订单等，分析未来 1～3 年的增长率。可以从以下两个角度分别展开预测：

① 原有业务的增长率。

② 新增业务的增长率。

四、实验结果(包括程序或图表、结论陈述、数据记录及分析等，可附页)

在对该公司过往、现在以及未来的业绩进行分析与预测后，请评价一下该公司的整体发展情况。

备注：

(1) 使用手工方式填写实验报告时，必须字迹工整，一律使用黑色钢笔书写；使用电子文档方式编辑填写实验报告时，报告中各内容选用宋体五号字，行间距为单倍行距。

(2) "实验编号及实验名称"项的填写形式如"实验一　原始凭证模拟实验"。

(3) 报告中可附页部分为第四项，附页使用 A4 打印纸，要标明所属报告中的内容编号，附页本身必须加编页码(如附四-1、附四-2 等)。

(4) 实验日期的填写格式统一为年-月-日的形式，如 2021-01-01。

(5) 实验日期可根据实验内容实际进行的时间分次如实填写；实验时数为实验大纲中对相应实验设置的具体课时数(节)。

(6) 报告中实验成绩由实验指导教师采用百分制进行评定。

五、股票贝塔系数的计算与模拟实训

××××大学

实验报告

(20 －20   学年第   学期)

课程名称：＿＿＿＿＿＿＿＿＿＿＿＿＿

实验名称：＿＿＿＿＿＿＿＿＿＿＿＿＿

指导教师：＿＿＿＿＿＿＿＿＿＿＿＿＿

教 研 室：＿＿＿＿＿＿＿＿＿＿＿＿＿

专　　业：＿＿＿＿＿＿＿＿＿＿＿＿＿

年级班级：＿＿＿＿＿＿＿＿＿＿＿＿＿

姓　　名：＿＿＿＿＿＿＿＿＿＿＿＿＿

学　　号：＿＿＿＿＿＿＿＿＿＿＿＿＿

××学院实验报告

课程名称：

实验编号及 实验名称	实验十四 公司分析之贝塔系数的计算		教 研 室	
姓　　名		学　　号	班　　级	
实验地点		实验日期	实验时数	
指导教师		同组其他成员	成　　绩	

一、实验目的及要求

（一）实验目的

计算股票的贝塔系数。

（二）实验要求

(1) 理解贝塔系数的理论意义和实际意义。

(2) 学会计算股票的收益率和大型指数的收益率。

(3) 能够把股票收益率和大型指数收益率用回归的方法求得股票的贝塔系数。

二、实验环境及相关情况(包含使用软件、实验设备、主要仪器及材料等)

(1) 电脑及相关设备。

(2) 证券行情软件。

(3) 实时上网功能及流畅的网速。

(4) WIND、Choice 等金融数据库软件。

(5) 实训报告。

三、实验内容及步骤(包含简要的实验步骤流程)

（一）实验内容

分别计算各家股票的贝塔系数。

（二）实验步骤

(1) 收集股票和对应大型指数之间的收益率数据。

(2) 通过回归分析得出股票和大型指数之间的贝塔系数。

(3) 利用贝塔系数分析该股票的波动与市场波动之间的关系及其特征。

四、实验结果(包括程序或图表、结论陈述、数据记录及分析等，可附页)

思考如果一只股票的贝塔系数很低甚至接近于零，是否就意味着该股票的风险很小或者没有风险？同时思考当一只股票贝塔系数的计算结果非常低的时候，是直接用于计算必要收益率？还是要调整这个贝塔系数？如何调整？

备注：

(1) 使用手工方式填写实验报告时，必须字迹工整，一律使用黑色钢笔书写；使用电子文档方式编辑填写实验报告时，报告中各内容选用宋体五号字，行间距为单倍行距。

(2) "实验编号及实验名称"项的填写形式如"实验一 原始凭证模拟实验"。

(3) 报告中可附页部分为第四项，附页使用 A4 打印纸，要标明所属报告中的内容编号，附页本身必须加编页码(如附四-1、附四-2 等)。

(4) 实验日期的填写格式统一为年-月-日的形式，如 2021-01-01。

(5) 实验日期可根据实验内容实际进行的时间分次如实填写；实验时数为实验大纲中对相应实验设置的具体课时数(节)。

(6) 报告中实验成绩由实验指导教师采用百分制进行评定。

六、股利贴现模型的定量分析与模拟实训

×××× 大学

实验报告

(20 　－20 　学年第　学期)

课程名称：＿＿＿＿＿＿＿＿＿＿＿＿＿

实验名称：＿＿＿＿＿＿＿＿＿＿＿＿＿

指导教师：＿＿＿＿＿＿＿＿＿＿＿＿＿

教 研 室：＿＿＿＿＿＿＿＿＿＿＿＿＿

专 业：＿＿＿＿＿＿＿＿＿＿＿＿＿

年级班级：＿＿＿＿＿＿＿＿＿＿＿＿＿

姓 名：＿＿＿＿＿＿＿＿＿＿＿＿＿

学 号：＿＿＿＿＿＿＿＿＿＿＿＿＿

××学院实验报告

课程名称：

实验编号及 实验名称	实验十五　公司分析之股利贴现模型		教 研 室	
姓　　名		学　号	班　级	
实验地点		实验日期	实验时数	
指导教师		同组其他成员	成　绩	

一、实验目的及要求

(一) 实验目的

用股利贴现模型评估公司的价值。

(二) 实验要求

(1) 学会股利贴现模型的相关计算。

(2) 各种股利贴现模型的应用及其注意问题。

(3) 应用股利贴现模型对上市公司进行简单的估值。

(4) 应用股利贴现模型估值结果对公司进行评价。

二、实验环境及相关情况(包含使用软件、实验设备、主要仪器及材料等)

(1) 电脑及相关设备。

(2) 证券行情软件。

(3) 实时上网功能及流畅的网速。

(4) WIND、Choice 等金融数据库软件。

(5) 实训报告。

三、实验内容及步骤(包含简要的实验步骤流程)

(一) 实验内容

选择一家相对比较稳定的公司，最好还有常年的分红行为，利用多元增长模型对该公司进行估值。

(二) 实验步骤

(1) 选择发展相对稳定的公司，考察其历史的增长情况、分红情况、股价表现情况等。

(2) 考虑采取何种估值模型。

(3) 可能的情况下给该公司进行分阶段的增长假设。

(4) 考虑合理的必要收益率取值。

(5) 用股利贴现模型对该公司进行估值。

四、实验结果(包括程序或图表、结论陈述、数据记录及分析等，可附页)

应用股利贴现模型估值并结合当前股价情况对该公司进行合理的评价。同时思考以下问题：每个估值者应用股利贴现模型估算同一家公司时出现了估值结果较大的差异，如何看待这样的现象？

备注：

(1) 使用手工方式填写实验报告时，必须字迹工整，一律使用黑色钢笔书写；使用电子文档方式编辑填写实验报告时，报告中各内容选用宋体五号字，行间距为单倍行距。

(2) "实验编号及实验名称"项的填写形式如"实验一 原始凭证模拟实验"。

(3) 报告中可附页部分为第四项，附页使用 A4 打印纸，要标明所属报告中的内容编号，附页本身必须加编页码(如附四-1、附四-2 等)。

(4) 实验日期的填写格式统一为年-月-日的形式，如 2021-01-01。

(5) 实验日期可根据实验内容实际进行的时间分次如实填写；实验时数为实验大纲中对相应实验设置的具体课时数(节)。

(6) 报告中实验成绩由实验指导教师采用百分制进行评定。

七、自由现金流模型的定量分析与模拟实训

××××大学

实验报告

(20　　－20　　学年第　学期)

课程名称：＿＿＿＿＿＿＿＿＿＿＿＿＿＿

实验名称：＿＿＿＿＿＿＿＿＿＿＿＿＿＿

指导教师：＿＿＿＿＿＿＿＿＿＿＿＿＿＿

教　研　室：＿＿＿＿＿＿＿＿＿＿＿＿＿＿

专　　　业：＿＿＿＿＿＿＿＿＿＿＿＿＿＿

年级班级：＿＿＿＿＿＿＿＿＿＿＿＿＿＿

姓　　　名：＿＿＿＿＿＿＿＿＿＿＿＿＿＿

学　　　号：＿＿＿＿＿＿＿＿＿＿＿＿＿＿

××学院实验报告

课程名称：

实验编号及 实验名称	实验十六　公司分析之自由现金流模型			教 研 室	
姓　　名		学　　号		班　　级	
实验地点		实验日期		实验时数	
指导教师		同组其他成员		成　　绩	

一、实验目的及要求

（一）实验目的

用自由现金流贴现模型评估公司的价值。

（二）实验要求

(1) 学会计算公司的自由现金流。

(2) 各种自由现金流贴现模型的应用及其注意问题。

(3) 应用自由现金流贴现模型对上市公司进行简单估值。

(4) 应用自由现金流贴现模型估值结果对公司进行评价。

二、实验环境及相关情况(包含使用软件、实验设备、主要仪器及材料等)

(1) 电脑及相关设备。

(2) 证券行情软件。

(3) 实时上网功能及流畅的网速。

(4) WIND、Choice 等金融数据库软件。

(5) 实训报告。

三、实验内容及步骤(包含简要的实验步骤流程)

（一）实验内容

选择一家业务发展比较稳定、且自由现金流相对比较充沛的公司，利用两阶段模型对该公司进行估值。

（二）实验步骤

(1) 选择自由现金流较充沛的公司，简要计算其近五年的自由现金流情况。

(2) 分析并确定该公司未来自由现金流的增长情况。

(3) 确定该公司的资本成本。

(4) 用两阶段估值模型对该公司进行估值。

四、实验结果(包括程序或图表、结论陈述、数据记录及分析等，可附页)

应用自由现金流模型估值并结合当前的公司市场价值现状对该公司进行合理的评价。同时思考以下问题：自由现金流模型估值结果和股利贴现模型中的估值结果有什么差异，如何解释？

备注：

(1) 使用手工方式填写实验报告时，必须字迹工整，一律使用黑色钢笔书写；使用电子文档方式编辑填写实验报告时，报告中各内容选用宋体五号字，行间距为单倍行距。

(2) "实验编号及实验名称"项的填写形式如"实验一 原始凭证模拟实验"。

(3) 报告中可附页部分为第四项，附页使用 A4 打印纸，要标明所属报告中的内容编号，附页本身必须加编页码(如附四-1、附四-2 等)。

(4) 实验日期的填写格式统一为年-月-日的形式，如 2021-01-01。

(5) 实验日期可根据实验内容实际进行的时间分次如实填写；实验时数为实验大纲中对相应实验设置的具体课时数(节)。

(6) 报告中实验成绩由实验指导教师采用百分制进行评定。

八、市盈率模型的定量分析与模拟实训

××××大学

实验报告

(20　－20　　学年第　学期)

课程名称：＿＿＿＿＿＿＿＿＿＿＿＿＿＿

实验名称：＿＿＿＿＿＿＿＿＿＿＿＿＿＿

指导教师：＿＿＿＿＿＿＿＿＿＿＿＿＿＿

教 研 室：＿＿＿＿＿＿＿＿＿＿＿＿＿＿

专　　业：＿＿＿＿＿＿＿＿＿＿＿＿＿＿

年级班级：＿＿＿＿＿＿＿＿＿＿＿＿＿＿

姓　　名：＿＿＿＿＿＿＿＿＿＿＿＿＿＿

学　　号：＿＿＿＿＿＿＿＿＿＿＿＿＿＿

××学院实验报告

课程名称：

实验编号及 实验名称	实验十七　公司分析之市盈率模型		教 研 室	
姓　　名		学　　号	班　　级	
实验地点		实验日期	实验时数	
指导教师		同组其他成员	成　　绩	

一、实验目的及要求

（一）实验目的

用市盈率模型对公司的价格进行评价。

（二）实验要求

（1）学会掌握市盈率的基本计算。

（2）计算公司历史市盈率区间。

（3）用市盈率模型对具体的公司进行价值评价。

二、实验环境及相关情况(包含使用软件、实验设备、主要仪器及材料等)

（1）电脑及相关设备。

（2）证券行情软件。

（3）实时上网功能及流畅的网速。

（4）WIND、Choice 等金融数据库软件。

（5）实训报告。

三、实验内容及步骤(包含简要的实验步骤流程)

（一）实验内容

用市盈率模型对公司进行合理的价值评估。

（二）实验步骤

1. 计算上市公司的市盈率

选择十家(多家)上市公司(也可以自己选择多家上市公司)，计算其当前 LYR 静态市盈率和 TTM 静态市盈率，看看这十家上市公司的两种静态市盈率有什么特点。如有可能的话，预测当前一期的动态市盈率。

股票及代码	当前的 LYR 静态市盈率	当前的 TTM 静态市盈率	当期一期的动态市盈率
000651 格力电器			
000333 美的集团			
600690 海尔智家			
600519 贵州茅台			
600276 恒瑞医药			
000002 万 科 A			
600036 招商银行			
601318 中国平安			
600660 福耀玻璃			
600887 伊利股份			

2. 市盈率区间及其应用

选择一只相对比较稳定的股票，也可以是以上表格十家公司股票中的一只，或者自己比较看好的股票，收集该股票近 10 年以来的市盈率高低值，同时计算该股票当前的市盈率指标值，用市盈率模型分析该股票的当前估值情况。

四、实验结果(包括程序或图表、结论陈述、数据记录及分析等，可附页)

对该公司的当前市盈率水平进行客观评价。同时思考以下问题：运用市盈率区间法评价一个公司的价值水平可能存在哪些缺陷？

备注：

(1) 使用手工方式填写实验报告时，必须字迹工整，一律使用黑色钢笔书写；使用电子文档方式编辑填写实验报告时，报告中各内容选用宋体五号字，行间距为单倍行距。

(2) "实验编号及实验名称"项的填写形式如"实验一 原始凭证模拟实验"。

(3) 报告中可附页部分为第四项，附页使用 A4 打印纸，要标明所属报告中的内容编号，附页本身必须加编页码(如附四-1、附四-2 等)。

(4) 实验日期的填写格式统一为年-月-日的形式，如 2021-01-01。

(5) 实验日期可根据实验内容实际进行的时间分次如实填写；实验时数为实验大纲中对相应实验设置的具体课时数(节)。

(6) 报告中实验成绩由实验指导教师采用百分制进行评定。

九、市盈增长率模型的定量分析与模拟实训

×××大学

实验报告

(20　－20　　学年第　学期)

课程名称：＿＿＿＿＿＿＿＿＿＿＿＿＿

实验名称：＿＿＿＿＿＿＿＿＿＿＿＿＿

指导教师：＿＿＿＿＿＿＿＿＿＿＿＿＿

教　研　室：＿＿＿＿＿＿＿＿＿＿＿＿＿

专　　业：＿＿＿＿＿＿＿＿＿＿＿＿＿

年级班级：＿＿＿＿＿＿＿＿＿＿＿＿＿

姓　　名：＿＿＿＿＿＿＿＿＿＿＿＿＿

学　　号：＿＿＿＿＿＿＿＿＿＿＿＿＿

××学院实验报告

课程名称：

实验编号及实验名称	实验十八　公司分析之市盈增长率模型		教 研 室	
姓　　　名		学　　　号	班　　级	
实验地点		实验日期	实验时数	
指导教师		同组其他成员	成　　绩	

一、实验目的及要求

(一) 实验目的

用市盈率增长模型对公司的价值进行评价。

(二) 实验要求

(1) 学会掌握市盈率增长的基本计算。

(2) 用市盈率增长率模型对具体的公司进行价值评价。

二、实验环境及相关情况(包含使用软件、实验设备、主要仪器及材料等)

(1) 电脑及相关设备。

(2) 证券行情软件。

(3) 实时上网功能及流畅的网速。

(4) WIND、Choice 等金融数据库软件。

(5) 实训报告。

三、实验内容及步骤(包含简要的实验步骤流程)

(一) 实验内容

选择一家公司，对该公司的历史市盈率进行计算，同时能对该公司的当前估值水平用市盈增长率模型进行评价。如果能对公司未来的增长率进行预测，请利用市盈增长率模型对公司进行动态市盈增长率的计算，并评价该公司。

(二) 实验步骤

(1) 计算或收集该公司的市盈率水平。

(2) 收集该公司的历史增长率。

(3) 计算该公司市盈增长率指标值。

(4) 查看市盈增长率指标值的大小及其变化特征。

(5) 结合当前的市盈增长率指标，对该公司的估值用市盈增长率模型进行评价。

(6) 进一步计算该公司未来几年的市盈增长率指标值，并做估值评价。

四、实验结果(包括程序或图表、结论陈述、数据记录及分析等，可附页)

利用市盈增长率模型对该公司进行评价，从中得出什么结论，同时思考市盈增长率模型在运用的时候有哪些不足之处。

备注:

(1) 使用手工方式填写实验报告时，必须字迹工整，一律使用黑色钢笔书写；使用电子文档方式编辑填写实验报告时，报告中各内容选用宋体五号字，行间距为单倍行距。

(2) "实验编号及实验名称"项的填写形式如"实验一 原始凭证模拟实验"。

(3) 报告中可附页部分为第四项，附页使用 A4 打印纸，要标明所属报告中的内容编号，附页本身必须加编页码(如附四-1、附四-2 等)。

(4) 实验日期的填写格式统一为年-月-日的形式，如 2021-01-01。

(5) 实验日期可根据实验内容实际进行的时间分次如实填写；实验时数为实验大纲中对相应实验设置的具体课时数(节)。

(6) 报告中实验成绩由实验指导教师采用百分制进行评定。

十、市净率模型的定量分析与模拟实训

×××大学

实验报告

(20　–20　学年第　学期)

课程名称：＿＿＿＿＿＿＿＿＿＿＿＿＿＿＿

实验名称：＿＿＿＿＿＿＿＿＿＿＿＿＿＿＿

指导教师：＿＿＿＿＿＿＿＿＿＿＿＿＿＿＿

教　研　室：＿＿＿＿＿＿＿＿＿＿＿＿＿＿＿

专　　业：＿＿＿＿＿＿＿＿＿＿＿＿＿＿＿

年级班级：＿＿＿＿＿＿＿＿＿＿＿＿＿＿＿

姓　　名：＿＿＿＿＿＿＿＿＿＿＿＿＿＿＿

学　　号：＿＿＿＿＿＿＿＿＿＿＿＿＿＿＿

××学院实验报告

课程名称：

实验编号及 实验名称	实验十九　公司分析之市净率模型		教 研 室	
姓　　名		学　　号	班　　级	
实验地点		实验日期	实验时数	
指导教师		同组其他成员	成　　绩	

一、实验目的及要求

（一）实验目的

用市净率模型对公司的价值进行评价。

（二）实验要求

(1) 掌握市净率的基本计算。

(2) 不同市净率股票的详细分类。

(3) 构建低市净率组合。

(4) 评估低市净率组合的投资收益情况。

二、实验环境及相关情况(包含使用软件、实验设备、主要仪器及材料等)

(1) 电脑及相关设备。

(2) 证券行情软件。

(3) 实时上网功能及流畅的网速。

(4) WIND、Choice 等金融数据库软件。

(5) 实训报告。

三、实验内容及步骤(包含简要的实验步骤流程)

（一）实验内容

通过市净率的相关计算评价公司的价值，同时能结合低市净率策略构建投资组合。

（二）实验步骤

1. 计算上市公司的市净率

选择十家上市公司(也可以自己选择多家上市公司)，学会计算这些公司的市净率，并分析这些公司市净率的分布特征。

股票及代码	当前股价	当前净资产	当前市净率
000651 格力电器			
000333 美的集团			
600690 海尔智家			
600519 贵州茅台			
600276 恒瑞医药			
000002 万　科　A			
600036 招商银行			
601318 中国平安			
600660 福耀玻璃			
600887 伊利股份			

2. 低市净率组合构建及其应用

选择市净率低的股票和市净率高的股票，把握一定的原则，通过构建低市净率股票组合和高市净率股票组合，分析组合在一定期间的投资回报率情况，比较组合间的投资效果。也可以结合指数的回报率来评价市净率组合效果的好坏。

四、实验结果(包括程序或图表、结论陈述、数据记录及分析等，可附页)

思考：低市净率的股票是否更具有投资价值？

备注：

(1) 使用手工方式填写实验报告时，必须字迹工整，一律使用黑色钢笔书写；使用电子文档方式编辑填写实验报告时，报告中各内容选用宋体五号字，行间距为单倍行距。

(2) "实验编号及实验名称"项的填写形式如"实验一　原始凭证模拟实验"。

(3) 报告中可附页部分为第四项，附页使用 A4 打印纸，要标明所属报告中的内容编号，附页本身必须加编页码(如附四-1、附四-2 等)。

(4) 实验日期的填写格式统一为年-月-日的形式，如 2021-01-01。

(5) 实验日期可根据实验内容实际进行的时间分次如实填写；实验时数为实验大纲中对相应实验设置的具体课时数(节)。

(6) 报告中实验成绩由实验指导教师采用百分制进行评定。

十一、市销率模型的定量分析与模拟实训

××××大学

实验报告

(20 −20 学年第 学期)

课程名称: _____

实验名称: _____

指导教师: _____

教 研 室: _____

专　　业: _____

年级班级: _____

姓　　名: _____

学　　号: _____

××学院实验报告

课程名称：

实验编号及 实验名称	实验二十　公司分析之市销率模型		教 研 室	
姓　　名		学　　号	班　　级	
实验地点		实验日期	实验时数	
指导教师		同组其他成员	成　　绩	

一、实验目的及要求

(一) 实验目的

用市销率模型对公司的价值进行评价。

(二) 实验要求

(1) 掌握市销率的基本计算。

(2) 用市销率模型对不同的公司进行评估。

二、实验环境及相关情况(包含使用软件、实验设备、主要仪器及材料等)

(1) 电脑及相关设备。

(2) 证券行情软件。

(3) 实时上网功能及流畅的网速。

(4) WIND、Choice 等金融数据库软件。

(5) 实训报告。

三、实验内容及步骤(包含简要的实验步骤流程)

(一) 实验内容

通过市销率的相关计算评价公司的价值。

(二) 实验步骤

(1) 选择可以用市销率进行评估的股票品种。

(2) 选择一家公司，用市销率模型计算其近年来的市销率区间。

(3) 通过对当前该股票的市销率计算，评价该公司的价值情况。

四、实验结果(包括程序或图表、结论陈述、数据记录及分析等，可附页)

思考市销率模型的应用环境，列举三个可以用市销率模型进行估值的行业，并总结市销率模型应用的规律特征。

备注：

(1) 使用手工方式填写实验报告时，必须字迹工整，一律使用黑色钢笔书写；使用电子文档方式编辑填写实验报告时，报告中各内容选用宋体五号字，行间距为单倍行距。

(2) "实验编号及实验名称"项的填写形式如"实验一 原始凭证模拟实验"。

(3) 报告中可附页部分为第四项，附页使用 A4 打印纸，要标明所属报告中的内容编号，附页本身必须加编页码(如附四-1、附四-2 等)。

(4) 实验日期的填写格式统一为年-月-日的形式，如 2021-01-01。

(5) 实验日期可根据实验内容实际进行的时间分次如实填写；实验时数为实验大纲中对相应实验设置的具体课时数(节)。

(6) 报告中实验成绩由实验指导教师采用百分制进行评定。

十二、公司价值投资报告撰写与模拟实训

××××大学

实验报告

(20   -20   学年第   学期)

课程名称：＿＿＿＿＿＿＿＿＿＿＿＿＿＿

实验名称：＿＿＿＿＿＿＿＿＿＿＿＿＿＿

指导教师：＿＿＿＿＿＿＿＿＿＿＿＿＿＿

教 研 室：＿＿＿＿＿＿＿＿＿＿＿＿＿＿

专   业：＿＿＿＿＿＿＿＿＿＿＿＿＿＿

年级班级：＿＿＿＿＿＿＿＿＿＿＿＿＿＿

姓   名：＿＿＿＿＿＿＿＿＿＿＿＿＿＿

学   号：＿＿＿＿＿＿＿＿＿＿＿＿＿＿

××学院实验报告

课程名称：

实验编号及 实验名称	实验二十一　公司分析之公司价值投资报告撰写		教 研 室	
姓　　名		学　　号		班　　级	
实验地点		实验日期		实验时数	
指导教师		同组其他成员		成　　绩	

一、实验目的及要求

（一）实验目的

用相对规范的方式撰写公司的价值投资分析报告。

（二）实验要求

(1) 掌握公司价值投资分析报告的撰写模式。

(2) 用具体实例来撰写公司的价值投资分析报告。

二、实验环境及相关情况(包含使用软件、实验设备、主要仪器及材料等)

(1) 电脑及相关设备。

(2) 证券行情软件。

(3) 实时上网功能及流畅的网速。

(4) WIND、Choice 等金融数据库软件。

(5) 实训报告。

三、实验内容及步骤(包含简要的实验步骤流程)

（一）实验内容

选取一家公司作为研究对象，要求每个学员尽量不要雷同，对公司的基本情况、财务状况、发展前景等内容进行分析，能够计算公司的投资价值，并提出投资的建议。

要求：在这份实训报告中完成之后，以 PPT 课件形式再完成一份，以备课堂讨论交流。

（二）实验步骤

从以下七个方面完成公司价值投资分析报告的撰写：

(1) 公司概况及业务介绍。

(2) 公司所属行业分析。

(3) 公司竞争力分析。

(4) 公司财务分析。

(5) 公司财务预测。

(6) 公司价值评估。

(7) 公司投资评价。

四、实验结果(包括程序或图表、结论陈述、数据记录及分析等，可附页)

通过对该公司的分析之后，你的投资策略是什么？在对公司进行综合分析后，你觉得最难的内容是哪一部分？并说明理由。

备注：

(1) 使用手工方式填写实验报告时，必须字迹工整，一律使用黑色钢笔书写；使用电子文档方式编辑填写实验报告时，报告中各内容选用宋体五号字，行间距为单倍行距。

(2)"实验编号及实验名称"项的填写形式如"实验一　原始凭证模拟实验"。

(3) 报告中可附页部分为第四项，附页使用 A4 打印纸，要标明所属报告中的内容编号，附页本身必须加编页码(如附四-1、附四-2 等)。

(4) 实验日期的填写格式统一为年-月-日的形式，如 2021-01-01。

(5) 实验日期可根据实验内容实际进行的时间分次如实填写；实验时数为实验大纲中对相应实验设置的具体课时数(节)。

(6) 报告中实验成绩由实验指导教师采用百分制进行评定。

第五章　技术定量分析与模拟实训

　　技术分析大多是定性分析，是从直观的图表分析开始，用以往股价走过的轨迹及接下来走势形成的经验来预测当前图表特征下未来市场的变动方向、幅度及时间等详细内容。技术定量分析是从技术分析的基本内容开始，通过技术分析的基本原理发现一些可以定量化的操作，为投资决策奠定技术上的依据。由于技术分析来源于市场，所以技术定量分析也大多是依据可以量化的图表特征关系而进行的相关分析。

第一节　技术分析概述

　　所谓证券的技术分析，是相对于基本分析而言的。正如之前的内容所述，宏观经济定量分析、中观行业定量分析以及微观公司定量分析着重于对一般经济情况、行业动态以及各个公司的经营管理状况等因素的综合分析。技术分析却是通过图表或者股价走势特征的记录，研究市场过去及现在的行为变化，以推测未来股价的变动趋势。证券投资技术分析是以传统证券投资学理论为基础，通过对市场行为的研究，从股价变化的图表入手，对股票市场波动规律进行分析和总结并预测股价未来波动趋势的方法的总称。技术分析的主要目的是通过判断市场趋势并跟随趋势的周期性变化特征来对股票及其他金融衍生品的交易制订决策。

　　技术分析包括价、量、时三大要素。"价"就是价格，所有的价格及价格走过的轨迹都可以称作"价"的内容；"量"就是价格对应的成交量，成交量往往被认为比较真实的市场要素，价格也许可以做假，但成交量相对真实；"时"就是价格形成所需要的时间，时间越近(即近期)形成的价格及成交量对未来走势的影响作用越大。

　　所有的技术分析都是建立在三大理论假设之上的。三大理论假设一是市场行为包括一切信息，市场中所有的信息(过去的、现在的、将来的信息)都包含在市场行为中，即市场是有效的；二是价格沿趋势波动，即价格在没有出现技术上的变盘信号之前还是沿着之前的趋势运行，不会无缘无故地轻易改变；三是历史会重演，之前市场特征带来的市场变动会在以后同样的市场特征下再演绎一遍，而不会出现不一致的情况。所有技术分析内容的应用都是在相信以上三大理论假设的前提下才有效。

　　技术分析区别于其他分析方法的关键在于它更像一门艺术，技术分析是投资者经验的不断总结，带有较浓的主观色彩，是证券市场中万千投资者的经验结晶，投资者都可以根据自己对于市场的理解和体会发明各种技术分析方法。因此，技术分析的方法繁多而且复杂，常见的技术分析方法主要有 K 线理论、切线理论、均线理论、形态理论、技术指标理论等①。

一、K 线理论

K 线也称日本线，起源于日本的米市，最早是日本米商用来记录大米价格波动情况的一种表示方法。K 线组合分析是将一段时间内的 K 线按时间顺序进行排列，形成一张记录股票历史走势的 K 线图表，用于判断后市走势。K 线理论是证券技术分析的基础，当前 K 线理论在证券市场中依然比较常见。

(一) K 线的画法

一只股票每天的价格波动可能经历的股票价位比较多，比较重要的价位有四个，分别是开盘价、收盘价、最高价、最低价。开盘价是每个交易日的第一笔成交价格，当前我国股票市场采用集合竞价的方式产生开盘价。最高价、最低价是每个交易日中成交价格曾经出现过的最高和最低的价格位置，它们反映的是当时股票价格上下波动幅度的大小。收盘价是多空双方②经过一天的争夺后最终达成的共识，是供需双方的暂时平衡点，具有指明当前价格下多空双方实力大小③的重要功能。收盘价是最重要的，技术分析方法中最关心的也是收盘价。根据以上四个价格就可以画出 K 线的形状。具体方法如下：

(1) 收集开盘价、收盘价、最高价和最低价四个价格。
(2) 在开盘价、收盘价处用 "—" 标记，在最低价、最高价处用 "." 标记。
(3) 将开盘价和收盘价横杆两端连接起来，形成方格状，叫作实体。
(4) 将最高价、最低价与收盘价或开盘价相连，形成的线叫作影线。
(5) 如果开盘价低于收盘价，则 K 线实体保持原状或涂红，称作阳线。
(6) 如果开盘价高于收盘价，则 K 线实体涂黑，称作阴线。

需要注意的一点就是，大多数情况下阳线代表上涨，阴线代表下跌。当然也有例外，因为判断股票涨跌应该是和前一个交易日的收盘价相比，而不是和今天的开盘价相比。如果当日的开盘价高于收盘价，是一根阴线；但是如果当日的收盘价高于昨日的收盘价，则尽管是阴线，但今日的价格还是上涨的。对于阳线也可以用同样的思路来判断。因此，在判断股价和前一个交易日相比是涨还是跌时，不能单单凭着 K 线的颜色来判断。但大多数情况下阳线确实是上涨，阴线确实是下跌，习惯上就是这么来表达的。

(二) 单根 K 线及其意义

看懂单根 K 线是进行 K 线分析的基础，单根 K 线可以有较多的形状，但总的来说可以分为两大类，即实体线和无实体线。实体线是 K 线包含有实体的 K 线，根据实体的大小分为大实体线(大阳线、大阴线)和小实体线(小阳线、小阴线)；无实体线指的是没有实体的 K 线(开盘价等于收盘价的情况)，如十字星、一字线等就是比较典型的无实体线。

---

① 本书涉及的技术分析方法部分是在作者于 2017 年出版的《证券投资试验教程》(大连理工出版社)的技术分析内容的基础上修改并完善的。
② 买方称作多方、多头，卖方称作空方、空头。
③ 当前是阳线，显然多方占优势；当前是阴线，显然是空方占优势。

由单根 K 线就可以判断出多空双方的优势，这主要依靠实体的长度和上下影线^①的长度。一般来说，上影线越长，下影线越短，阳线实体越短，越有利于空方占优，不利于多方占优；反之，上影线越短，下影线越长，实体越长，越有利于多方占优，不利于空方占优。

(三) K 线组合及其判断

K 线组合常见的是两三根 K 线的组合，也可以是多根 K 线的组合，但很少超过五根 K 线，K 线根数太多就会形成其他类型的技术分析方法，如形态理论等。K 线组合大致可以分为反转组合形态和持续组合形态两大类。由于 K 线组合的种类太多，本书只列举其中比较经典的 8 种反转组合形态和 2 种持续组合形态。下面内容中 1～8 为反转突破形态，9、10 是持续组合形态，实际操作中也是反转突破形态的种类远远大于持续组合形态的种类。

1. 锤形线和上吊线

锤形线和上吊线都有如下具体特征：

(1) 小实体在交易区域的上方。

(2) 下影线的长度应该比实体的长度长得多，至少是 3 倍以上。

(3) 上影线非常短，甚至短到可以认为没有。

如图 5-1 所示，锤形线处于下降趋势的底部。在疯狂卖出被遏制后，市场又回到或者接近了当天的最高点，因为投资者担心踏空，就疯狂买入，使得股价从低位回升。若收盘价高于开盘价，则产生一根阳线，这种情况更有利于上涨。第二天较高的开盘价和更高的收盘价将使得锤形线的牛市含义得到确认。

如图 5-2 所示，上吊线处于上升趋势的顶部。当天开盘(且大多是高开)后开始出现疯狂卖盘的情况，虽然收盘价又回到与当天开盘价相当的位置，但是在高位出现这种走势意味着大涨后市场开始出现分歧，看多筹码开始出现松动。如果第二天开盘价较低，收盘价也低于前一天的收盘价，则上吊线的熊市含义会得到确认。

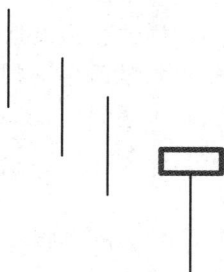

图 5-1　锤形线

图 5-2　上吊线

2. 包含型

包含型的具体特征如下：

(1) 该形态出现之前一定有相当明确的趋势。

---

① 在实体上方的影线称作上影线，在实体下方的影线称作下影线。

(2) 第二天的实体必须完全包含前一天的实体。

(3) 前一天的颜色反映趋势(绿色是下降趋势，红色是上升趋势)。

(4) 包含型的第二根实体颜色与第一根的颜色相反。

如图 5-3 所示，熊市包含型处于上升趋势中，只有小成交量的配合和小阳实体的发生。第二天以新高开盘，然后是迅速卖出并伴随大的成交量。收盘比前一天的开盘更低，上升趋势已经被破坏。如果第三天的价格仍然保持在较低位置，则上升趋势将小反转。

如图 5-4 所示，牛市包含型的情况出现在下降趋势的末期，一根大阳线把前一个交易日的阴线包含其中，预示着强势牛市的到来。

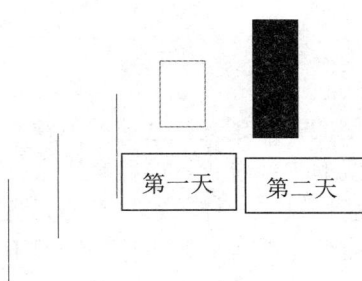

图 5-3　熊市包含型　　　　　　　　　图 5-4　牛市包含型

3. 被包含型

被包含型的特征如下：

(1) 长实体之前有趋势存在。

(2) 第一天长实体的颜色反映市场的趋势。

(3) 长实体之后是小实体，小实体被完全包含在长实体的实体区域之内。

(4) 小实体与长实体的颜色最好相反。

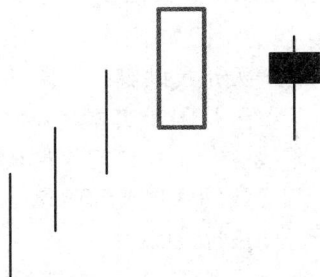

如图 5-5 所示，牛市被包含型处于下降趋势进行了一段时间之后，一根伴随平均成交量的长阴线出现，维持了熊市的走势。第二天，价格高开，动摇空头，引起价格上升。虽然收盘的价格没有突破第一根长实体的开盘价，但是价格上升的意愿逐步加强，这一天的成交量可能超过前一天，第三天将会反转。

如图 5-6 所示，熊市情况则刚好相反，在涨升的末期出现 K 线被包含在前一根大阳线的阳线实体之内，预示着走弱信号的到来。

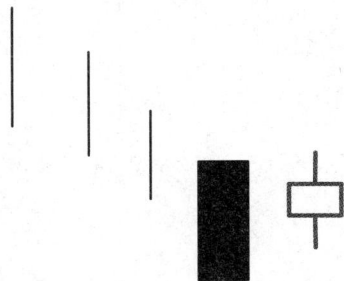

图 5-5　牛市被包含型　　　　　　　　　图 5-6　熊市被包含型

4. 倒锤线和射击之星

倒锤线的具体特征如下：

(1) 小实体在价格区域的较低部分形成。

(2) 不要求有缺口，只要求在一个趋势之后下降。

(3) 上影线的长度一般至少是实体长度的 2 倍。

(4) 下影线短到可以认为不存在。

射击之星的具体特征如下：

(1) 在上升趋势之后，以向上的价格缺口开盘。

(2) 小实体在价格区域的较低部分。

(3) 上影线的长度至少是实体长度的 3 倍。

(4) 下影线短到可以认为不存在。

图 5-7 所示为倒锤线的价格特征。市场以跳空低开，延续了之前的下跌，之后价格开始出现强劲反弹，使得最高价格超过了前一天阴线的中部位置，尾盘被空方打回到几乎和开盘差不多的价位，留下了长长的上影线，像锤子倒过来一样。第二天的开盘是判断趋势反转成败的关键。如果第二天的开盘高于倒锤线实体，趋势反转，这种情况下上升的意愿就很强烈了。

图 5-8 所示为射击之星的价格特征。射击之星处于上升趋势中，市场跳空向上开盘，出现新高，但之后的价格被打回来，到最后收盘的时候几乎收在当天的较低位置。第二天再出现跳空低开，基本确立了下跌的开始。

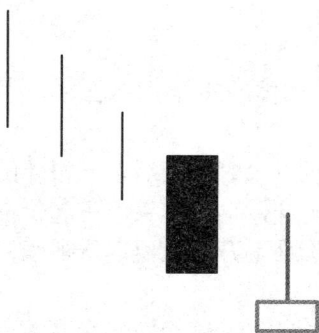

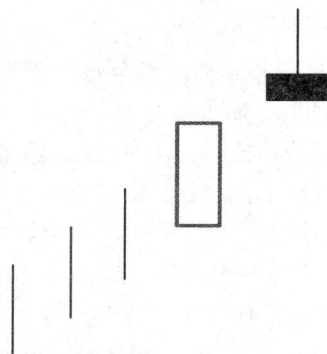

图 5-7　倒锤线　　　　　　　　　　　图 5-8　射击之星

5. 刺穿线和黑云盖顶

刺穿线的特征如下：

(1) 第一天是反映继续下降的长阴线实体。

(2) 第二天是阳线实体，开盘低于前一天的最低点。

(3) 阳线这一交易日的收盘在第一天的实体之内，但是高于第一天的实体的中点。

(4) 刺穿线的两根线都应该是长实体。

黑云盖顶的特征如下：

(1) 第一天是继续上升的长阳线。

(2) 第二天是开盘高于第一天最高点的阴线。

(3) 第二天阴线的收盘低于第一天阳线实体的中部。

图 5-9 所示为刺穿线的价格特征。形成于下降趋势中的长阴线实体保持了下降的含义。第二天的跳空低开进一步加强了下降的含义。然后市场反弹了，且收盘高于长阴线实体的中点。阳线穿入阴线的幅度越大，反转的幅度越大。

图 5-10 所示为黑云盖顶的价格特征。市场是在上升趋势中，形成了一条长阳线。第二天市场跳高开盘，这是保持上升趋势的。收盘的时候价格下降到阳线实体的中间之下。阴线刺进前一根阳线的程度越深，顶部反转的机会越大。

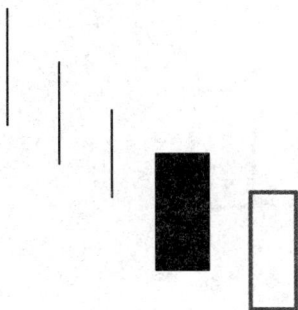

图 5-9 刺穿线

图 5-10 黑云盖顶

6. 早晨之星和黄昏之星

早晨之星和黄昏之星的具体特征如下：

(1) 第一天实体的颜色大多与趋势方向一致，早晨之星是阴线，黄昏之星是阳线。

(2) 第二天的星型线与第一天之间有缺口，颜色不重要。

(3) 第三天的颜色与第一天相反。

(4) 第一天是长实体，第三天基本上也是长实体。

如图 5-11 所示，早晨之星第一根是大阴线，加强了下降的趋势。第二天价格向下跳空出现新低，交易发生在较小的范围内，收盘价同开盘价接近持平，形成了一根十字线或者接近于十字线的小阴线或者小阳线，这两根 K 线只能判断股价走势还在下跌趋势中。第三天价格跳空高开，收盘更高，形成了一根大阳线，大阳线和第一根大阴线相当，反转趋势形成。

如图 5-12 所示，黄昏之星与早晨之星的状况正好相反，是上升趋势出现反转的组合形态。

图 5-11 早晨之星

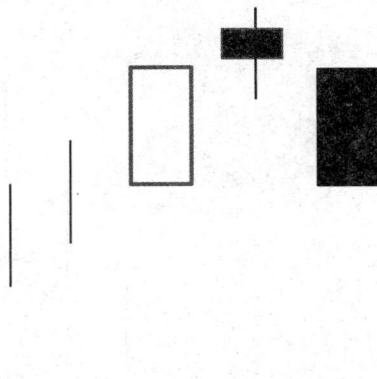

图 5-12 黄昏之星

7. 红三兵

红三兵的特征如下：

(1) 三根连续的长阳线，每天出现更高的收盘价。

(2) 每天的开盘价应该在前一天的实体之内。

(3) 每天的收盘价应该在当天最高点或接近最高点。

如图 5-13 所示，在下降趋势中出现红三兵，这是强烈反转的代表信号。每天开盘较低，收盘价却是最近新高。这种状况非常看涨，不容忽视。

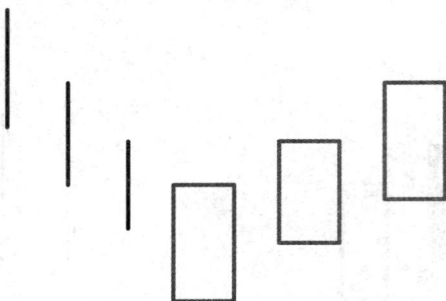

图 5-13　红三兵

8. 三乌鸦

三乌鸦的具体特征如下：

(1) 连续三天长阴线。

(2) 每天的收盘出现新低。

(3) 每天的开盘在前一天的实体之内。

(4) 每天的收盘等于或接近当天最低。

如图 5-14 所示，三乌鸦与红三兵正好相反。上升趋势中，三乌鸦呈阶梯逐步下降，市场要么靠近顶部，要么已涨了一段时间而处于一个较高位置。之后出现长阴线，明确下降趋势。后两天伴随着空头抛压，价格进一步下降。

图 5-14　三乌鸦

9. 并排阳线

并排阳线的具体特征如下：

(1) 在趋势方向做出缺口。

(2) 第二天是阳线。

(3) 第三天也是阳线，其大小和开盘价与第二天阳线差不多。

图 5-15 所示为牛市并排阳线的价格特征。市场处于上升趋势中，形成了加强牛市的长阳线。第二天，市场跳高，开盘出现缺口，收盘价仍较高，留下一根小阳线。第三天，市场开盘很低，基本上与昨日开盘等同，但空方力量迅速衰竭，市场攀上较高位置，输出一根和第二天差不多的小阳线，在大阳线的上方形成两根差不多的并排阳线，说明上升还将继续。

图 5-16 所示为熊市并排阳线的价格特征。当长阴线后的一天开盘是一个大的下降缺口的时候，下降趋势得到了加强。第二天市场交易在开盘之后较高的位置运行，但没有封闭缺口。第三天开盘较低，与第二天的开盘持平，第三天价格上升且收盘较高，但还未封闭缺口，和第二天的阳线相差不大，说明下降趋势将继续。

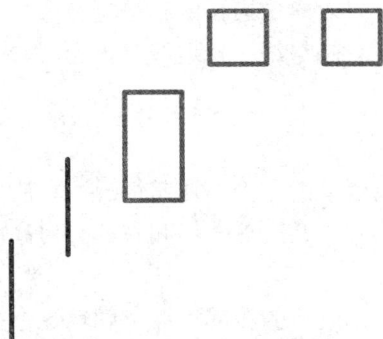

图 5-15　牛市并排阳线　　　　　　　　　图 5-16　熊市并排阳线

10. 上升三法和下降三法

上升三法组合形态和下降三法组合形态的具体特征如下：

(1) 第一根长实体的形成表示了当前的趋势。

(2) 长实体之后被一组小实体所跟随，小实体的颜色最好与长实体相反。

(3) 小实体沿与当前趋势相反的方向或高或低排列，并保持在第一天实体的最高和最低所限定的范围之内。

(4) 最后一天应该是很强劲的一天，其收盘价高于或低于第一根长实体的收盘价。

图 5-17 所示为上升三法的价格特征。长阳线形成于上升趋势中，之后是一群抵抗原上升趋势的小实体。这些反向的 K 线一般是阴线，但更重要的是这些小实体都在长阳线的最高和最低范围内，强势的情况是小实体还没有跌破阳线中部位置。最后一根 K 线的开盘高于第一根 K 线收盘价，且收盘价出现新高，维持了原来的趋势。

如图 5-18 所示，下降三法 K 线组合与上升三法 K 线组合的走势及判断方法正好相反，它是下降趋势经过短暂停顿后继续下降的组合形态。

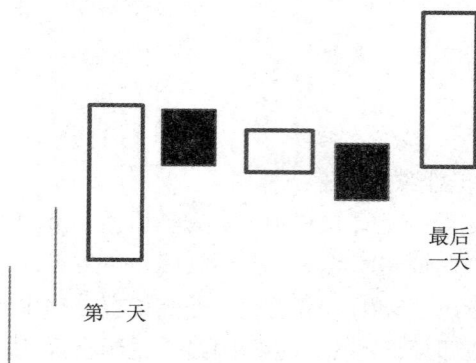

图 5-17　上升三法　　　　　　　　　图 5-18　下降三法

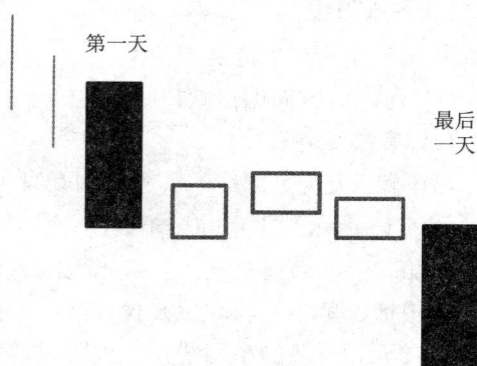

二、切线理论

切线理论实际上就是在图形上切出一条线，通过这条线来判断股价运行的支撑位和压力位，从而对股价的后市运行进行预判。切线理论也可以对股价运行的趋势进行分析，把握股价运行方向。其研究的主要内容有支撑线、压力线、趋势线、轨道线等内容。

(一) 趋势

趋势是指股票价格的波动方向，或者说是股票市场运动的方向。通常情况下，股票市场的价格变动中间有曲折，每个转折点就形成一个峰或谷。通过这些峰和谷的相对高度，投资者可以清楚看到趋势的方向。

股价运行中如果基本上确定了上升或下降的趋势，则股价的波动大概率朝着这个方向运动。上升的行情里，虽然也会有回落，但这不影响上升的大趋势，不断出现的新高会使投资者忽略偶尔出现的股价下降。下降行情里的情况则相反，不断出现的新低会使下降趋势得以确定，下降趋势形成。

趋势有 3 个方向：上升方向、下降方向和水平方向。

(1) 上升方向。如果图形中后面的每个峰和谷都高于前面的峰和谷，则趋势就是上升方向。这就是常说的一底比一底高或底部抬高。

(2) 下降方向。如果图形中后面的每个峰和谷都低于前面的峰和谷，则趋势就是下降方向，这就是常说的一顶比一顶低或顶部降低。

(3) 水平方向。水平方向也被称为无趋势方向或横盘趋势方向。如果图形中后面的峰和谷与前面的峰和谷相比，没有太明显的高低之分，几乎在同一个水平区域上，这时的趋势就是水平方向。水平方向趋势是被大多数人忽视的一种方向，不过这种方向在市场上出现的机会是相当多的。就水平方向本身而言，也是极为重要的。大多数技术分析方法在对处于水平方向的市场进行分析时，往往很难给予极高的关注。三种趋势的示意图如图 5-19 所示。

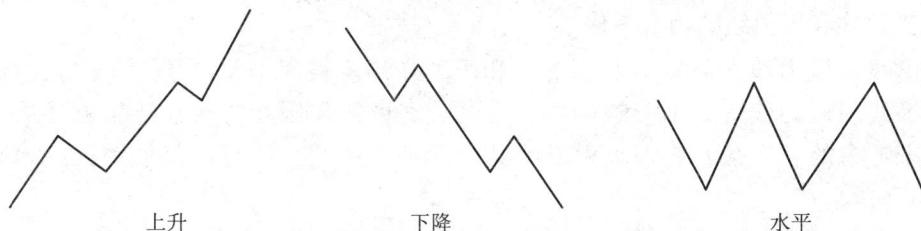

图 5-19　三种不同的股价趋势示意图

(二) 支撑线与压力线

支撑线又称抵抗线，是指当股价跌到某个价位附近时停止下跌，甚至回升。支撑线起阻止股价继续下跌的作用。支撑线是图形上每一谷底最低点的横切线(水平切线)。通常价位在支撑线附近时，投资者具有相当高的买进意愿，因为认为短期股价已经跌得差不多了。

压力线又称阻力线，是指当股价上涨到某个价位附近时停止上涨，甚至回落。压力线起阻止股价继续上升的作用。压力线是图形上每一高峰最高点的横切线(水平切线)。通常价位在压力线附近时，投资者有较强的抛售意愿，因为认为短期股价已经涨得过猛了，可以获利了结。

1. 支撑线与压力线的作用

支撑线和压力线的作用是阻止或暂时阻止股价向一个方向继续运动。我们知道股价的变动是有趋势的，要维持这种趋势，保持原来的变动方向，就必须打破阻止其继续前进的障碍。由此可见，支撑线和压力线有迟早会被突破的可能，它们不足以长期阻止股价保持原来的变动方向，只不过是暂时停顿而已。

同时，支撑线和压力线又有彻底阻止股价按原方向变动的可能。当一个趋势终结或者说走到尽头了，它就不可能创出新的低价或者新的高价。这样，支撑线和压力线就显得异常重要。

在上升趋势中，如果下一次未创出新高，即未突破压力线，则这个上升趋势就已经处在很关键的位置了；如果再往后的股价又向下突破了这个上升趋势的支撑线，这时就产生了一个非常强烈的警告信号，预示着趋势要变化了。这通常意味着这一轮上升趋势已经结束，下一步的走向是下跌。

同样，在下降趋势中，如果下次未创新低，即未突破支撑线，则这个下降趋势就已经处在很关键的位置；如果下一步股价向上突破了这个下降趋势的压力线，这时就发出了这个下降趋势将要结束的强烈信号，下一步股价将是上升的趋势。支撑线和压力线示意图如图 5-20 所示。

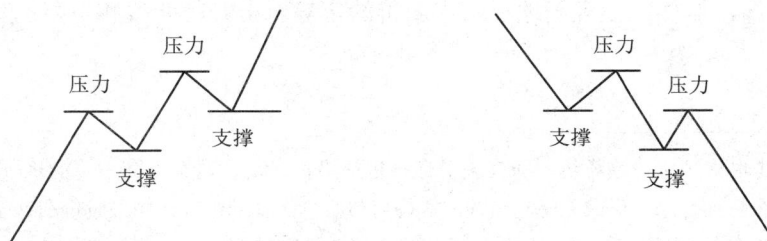

图 5-20　支撑线和压力线示意图

2. 支撑线和压力线的相互转化

支撑线和压力线之所以能起到支撑和压力作用，很大程度在于心理因素方面，这就是支撑线和压力线理论上存在的主要依据。支撑线和压力线相互转化也是从心理因素转变来考虑的。当然，心理因素不是其中的唯一依据，还存在其他依据，如历史会重演等。

当支撑线被打破后，股价下跌，即使股价有反弹，也很难反弹到之前的支撑位置，原来的支撑线现在变成压力线，支撑与压力作用正好转换；当压力线被突破后，股价上扬，即使股价有回落，也很难回落到之前的压力位置，原来的压力线现在反而变成支撑线，压力与支撑的作用正好转换。

(三) 趋势线和轨道线

1. 趋势线

所谓趋势线，就是上涨行情中两个以上低点的连线以及下跌行情中两个以上高点的连线。前者被称为上升趋势线，后者被称为下降趋势线。上升趋势线的功能在于能够显示出股价上升的支撑位在不断抬高，一旦股价在波动过程中跌破支撑线，就意味着行情可能出现反转，即由涨转跌；下降趋势线的功能在于能够显示出股价下跌过程中回升的压力，顶部在不断降低，一旦股价在波动中向上突破压力线，就意味着股价可能会止跌回升，即由跌转涨。

1) 趋势线的画法

首先，必须确认有趋势存在。也就是说，在上升趋势中，必须确认两个依次上升的低点；在下降趋势中，必须确认两个依次下降的高点，才能确认趋势的存在，连接两个点的直线才有可能成为趋势线。要得到一条真正起作用的趋势线，需经多方面的验证才能最终确认，不合条件的一般应予以删除。注意，不是所有的股价走势都有明显的趋势，勉强画出的趋势线其有效性也会大大下降。

其次，画出直线后，还应得到第三个点的验证才能确认这条趋势线是有效的。画趋势线时应尽量先画出不同的实验性趋势线[①]。一般来说，所画出的直线被股价触及的次数越多，越能确认其作为趋势线的有效性，用它来进行预测就越准确、越有效。

最后，要不断地修正原来的趋势线。以上升趋势线的修正为例，当股价跌破上升趋势线后又迅速回到该趋势线上方时，应将原来使用的低点之一与新低点相连接，得到修正后的新上升趋势线，这样能更准确地反映出股价的走势。上升趋势线和下降趋势线示意图如图 5-21 所示。

---

① 实验性趋势线也称试探性趋势线，即在股价运行过程中，出现了两个不断下降的峰(或者不断上升的谷)，把这两个峰连起来，形成下降趋势线。等待后市股价的变动情况，如果股价在这条下降趋势线下方运行，则这条趋势线是有效的；如果这条趋势线很快被突破，则这条趋势线就是失效的，要继续通过实验获得。

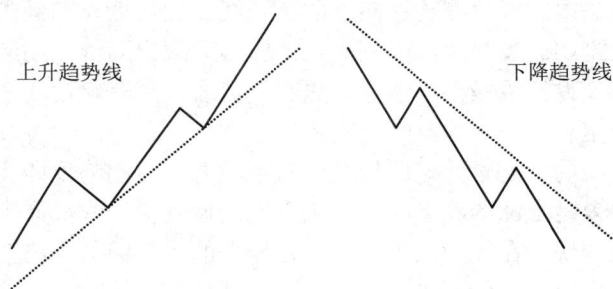

图 5-21　上升趋势线和下降趋势线示意图

2) 趋势线的作用

趋势线的作用主要体现在两个方面：一是对价格未来的变动起约束作用，使价格总是保持在这条趋势线的上方(上升趋势线)或下方(下降趋势线)，其实就是起支撑和压力作用；二是趋势线被突破后，说明股价下一步的走势将要反转，被突破的趋势线越重要、越有效，其转势的信号越强烈。被突破的趋势线原来所起的支撑和压力作用将相互交换角色，即原来是支撑线的，现在将起压力作用，原来是压力线的，现在将起支撑作用。

2. 轨道线

轨道线又称通道线或管道线，是以趋势线为基础的线。在已经得到了一条趋势线后，通过第一个峰(上升趋势线中)或者第一个谷(下降趋势线中)可以作出这条趋势线的平行线，这条平行线就是轨道线。轨道线是趋势线概念的进一步延伸。以通过上升趋势线做出轨道线为例，当股价沿着趋势线上涨到某一价位(峰)时，会遇到阻力，回落至另一低价位(这个低点高于前一个低点)后获得支撑，之后股价又开始上涨，突破前一个高点(峰)。在第一个峰做上升趋势线的平行线，就得到了对应的轨道线，如图 5-22 所示；反之，可得下降趋势线的轨道线。

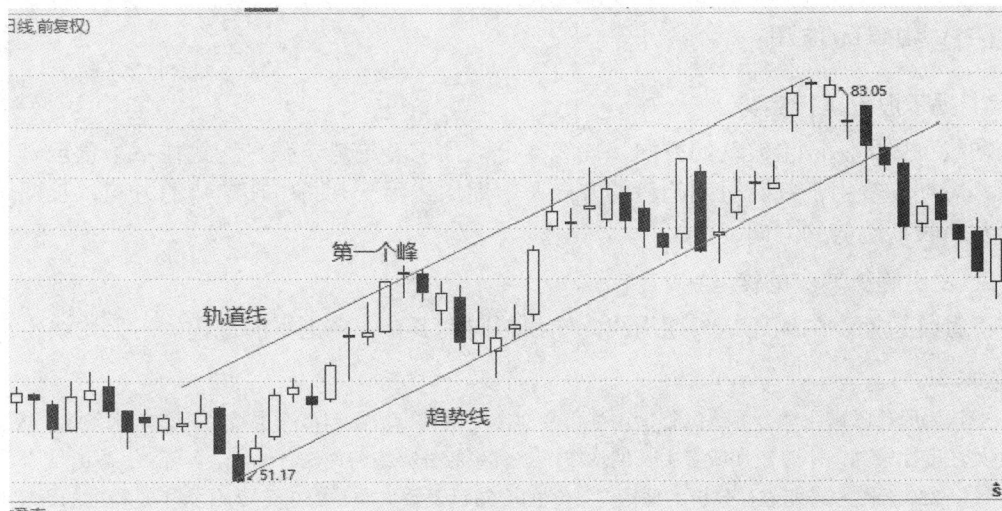

图 5-22　通过上升趋势线做对应的轨道线

　　轨道线的作用就是限制股价在连接高点的延长线及连接低点的延长线之间来回波动，不至于让股价波动太剧烈。当轨道线确立后，比较容易找出股价波动的高点和低点位置，投资者可依此判断来高抛低吸股票。注意，先有趋势线，后有轨道线，有趋势线不一定有轨道线，有轨道线一定有趋势线。

　　与股价突破趋势线的判断不同，股价突破轨道线并不是趋势反向变动的开始，而是趋势加速的开始，即原来是上涨的趋势，接下来上涨的速度会加快，原来是下跌的趋势，接下来下跌的速度也会加快。在图形的表现上就是原来的趋势线斜率将会变大，趋势线看起来更加陡峭。

三、均线理论

　　均线就是将过去一段交易日收盘价的算术平均价连起来的一条曲线。例如，将当日的收盘价加上过去 9 个交易日的收盘价求算术平均，得出平均价，之前的每个交易日也以此类推算出平均价，将这些平均价用一条线连接起来，就得到该股票的 10 日均线。

(一) 均线的类别

　　按时间长短不同，均线可分为短期均线、中期均线和长期均线三种。

　　习惯上，投资者将 5 日、10 日均线称为短期均线。短期均线对价格或者指数的波动更灵敏，变化较快，比较容易被 K 线触碰甚至穿越。

　　投资者常把 20 日(月线)、30 日、60 日(季线)均线称为中期均线。其中以 20 日线作为警告线，当股价向下穿越 20 日线时，上升行情有可能结束，转为下跌；把 60 日线作为生命线，当股价向下穿越 60 日线时，判断行情由强转弱，及时减仓或者清仓出局，60 日线一般被当作中期的牛熊分界线[①]。

　　投资者一般把 120 日(半年线)、250 日(年线[②])均线称为长期均线。长期均线是时间较长的大周期操作借鉴的均线，以"年"作为投资周期的投资者一般会把年线作为牛熊分界线。

(二) 均线的作用

1. 揭示股价运行趋势

　　均线可以揭示股价波动的方向，均线往上，预示着趋势走强，均线往下，预示着趋势向弱。短期均线用于判断短期趋势的方向，中期均线用于判断中期趋势的方向，长期均线用于判断长期趋势的方向。

2. 发出趋势转变的信号

　　不管是短期、中期还是长期均线，均线转向大多有一个走平的过程，向上均线走平后

---

① 一般认为股价跌破牛熊分界线，行情由牛市变熊市，或者行情由熊市变牛市。所以，这条线一般受到的关注度比较高，不管短期或者中长期均线，都有牛熊分界线的说法。

② 年线以 250 天作为周期进行分析的原因是一年的交易日天数大约是 250 天。为什么不是精准的数字呢？因为每年的放假天数不一，所以习惯上就这么约定俗成地定了下来，没有必要那么精确。半年线也是基于同样的思路。

开始下跌，向下均线走平后开始上涨。特别是当股价向上突破均线或者向下突破均线时就很可能是趋势转变的节点，要重点注意。

3. 具有助涨助跌作用

股价穿越某一重要均线后上涨或者下跌，一般会在这条均线的上方或者下方运行一段时间。在股价上升趋势中，股价向上突破均线，当股价回落到该均线时会止跌，这时该均线起到助涨的作用；而在股价下跌趋势中，股价向下跌破均线，当股价向上到该均线附近时会受到阻力而回落，这时该均线起到助跌作用。

(三) 均线的葛南维尔八大法则判断

(1) 移动平均线从下降逐渐走平，而股价从下向上突破移动平均线时，是买入时机。

(2) 股价在移动平均线之上运行，回调没有跌破移动平均线又再度上涨时，是加仓买入时机。

(3) 股价虽然跌破移动平均线，但不久股价又重回移动平均线之上，且移动平均线保持上升趋势，是买入时机。

(4) 股价在移动平均线以下运行，突然暴跌，离移动平均线太远，很可能会反弹，向移动平均线靠近，是买入时机。

(5) 股价在移动平均线之上运行，突然大涨，离移动平均线太远，极有可能回调，向移动平均线靠近，是卖出时机。

(6) 移动平均线从上升逐渐走平，而股价从上向下跌破移动平均线时，是卖出时机。

(7) 股价在移动平均线下方运行，反弹没有突破移动平均线又再度下跌时，是卖出时机。

(8) 股价反弹虽然冲上移动平均线，但很快又跌到移动平均线之下，且移动平均线保持下跌趋势，是卖出时机。

四、形态分析

股票价格运行的形态可以分为反转形态和持续形态。反转形态表示出现某一形态[①]后市场将开始改变原有的趋势，向相反的方向发展；持续形态则表示出现某一形态后市场将继续顺着原有趋势的方向发展。

(一) 反转形态

反转形态存在的前提是市场原先确有趋势出现，经过横向运动后改变了原有的方向。反转形态主要包括头肩形、双重性、圆弧形、喇叭形以及 V 形等多种形态。

1. 头肩形

头肩形是一种典型的反转形态，它将带来明显的大趋势反转。头肩形一般分为头肩顶、头肩底以及复合头肩形 3 种类型。下面以头肩顶为例进行说明。

头肩顶形态是最为常见的反转形态之一。顾名思义，图形由左肩、头部、右肩及颈线

---

① 价格运行的轨迹会形成某一形态，即下面将要学习的各种反转形态和持续形态。

组成。在股价上升过程中出现了 3 个峰顶，这 3 个峰顶分别称为左肩、头部和右肩。头肩顶形态示意图如图 5-23 所示。从图形上看，左肩、右肩的最高点基本相同，而头部最高点比左肩、右肩最高点都要高。另外，股价在上冲失败向下回落时形成的两个低点又基本上处在同一水平线上，这根线就是通常说的颈线。当股价第 3 次上冲失败回落时，这根颈线就会被击破，于是头肩顶形态正式宣告成立。在头肩顶形成过程中，左肩的成交量最大，头部的成交量略小些，右肩的成交量最小。成交量呈递减现象，说明股价上升时追涨力量越来越弱，股价有涨到头的意味。

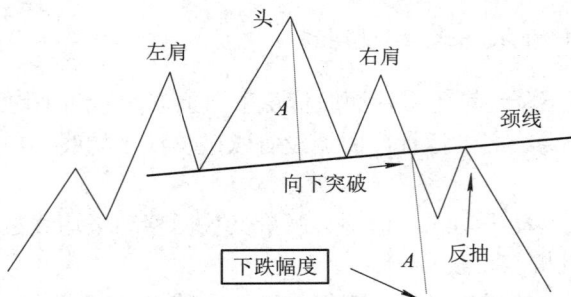

图 5-23　头肩顶形态示意图

2. 双重形

双重形也是一种比较重要的反转形态。它与头肩形相比，没有肩部，只是由两个等高的峰或谷组成。双重形也有双重顶、双重底的情况。下面以双重顶为例进行说明。

双重顶是当股票急速涨升至某一价位时，由于短线获利回吐的卖压出现，成交量扩大，股价自峰顶滑落，然后成交量随股价的下跌而逐渐萎缩，股价止跌回升后又开始往上盘升，涨升至与前一峰(顶)附近价位时，成交量再增加，但比前一峰顶所创造出的成交量少，上档卖压再现，股价再度下跌，之后跌破颈线，形成一直往下跌的走势。颈线就是在双峰间的低点画出的一平行线。由于双重顶完成后突破颈线，从形态上看，它非常类似于英文字母"M"，因此双重顶又可称 M 头。双重顶形态的出现预示着股价即将下跌，如图 5-24 所示。当然，双重形继续演变下去也可能演化成三重形甚至多重形形态。

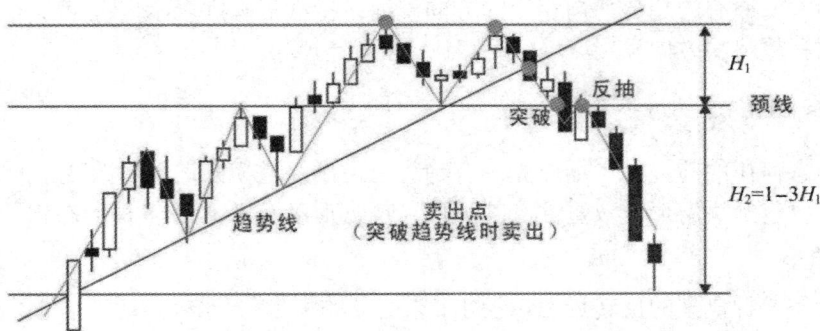

图 5-24　双重顶形态

3. 圆弧形

圆弧形态又称为碟形、圆形、碗形等。圆弧形在实际中出现的机会较少，但是一旦出现就是绝好的机会，它的反转深度和高度是不可测的。在识别圆弧形时，成交量很重要。无论是圆弧顶还是圆弧底，在它们形成过程中，成交量都是两头多，中间少，越靠近顶或底，成交量越少，到达顶或底时，成交量最少。在突破后一段，都要有相当大的成交量。圆弧形形态如图 5-25 所示。

图 5-25　圆弧形形态

除了以上几种比较经典的反转形态以外，还有比较常见的反转形态，如喇叭形、V 形等，在这里就不一一进行说明了。

(二) 持续形态

持续形态指股票价格经过一段时间的横向运行之后，股价将维持原有的运动方向。与反转形态相比，持续形态形成的时间较短，这可能是市场惯性的作用，保持原有趋势比扭转趋势更容易。在持续形态形成的过程中，价格振荡幅度应当逐步收敛，同时，成交量也应逐步萎缩。最后在价格顺着原趋势方向突破时，会伴随大的成交量。

1. 三角形

三角形形态属于持续整理形态，主要分为以下三种：

(1) 对称三角形形态：该情况大多发生在一个大的趋势中，指原有趋势暂时处于休整阶段，之后还会继续原有的方向，两种对称三角形形态示意图如图 5-26 所示。

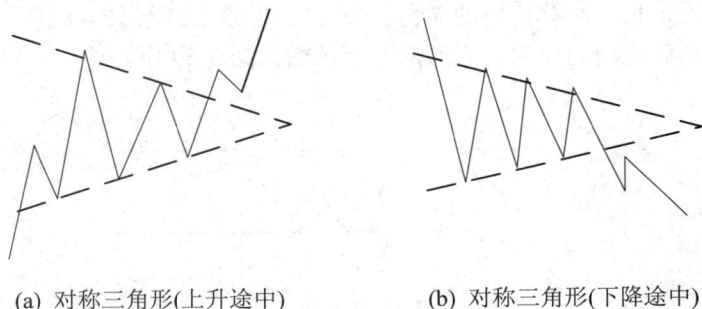

(a) 对称三角形(上升途中)　　　　　　(b) 对称三角形(下降途中)

图 5-26　两种对称三角形形态示意图

(2) 上升三角形形态：是对称三角形的变形体。上升三角形比对称三角形有更强烈的向上突破的意识。如果原有趋势是向上的，遇到上升三角形后，几乎可以肯定今后是向上突破；如果原有趋势是下降，出现上升三角形还是以看涨为主，有反转的可能，上升三角形形态示意图如图 5-27 所示。

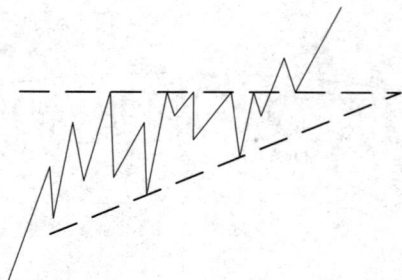

图 5-27　上升三角形形态示意图

(3) 下降三角形形态：与上升三角形正好相反，主要是向下突破，下降三角形形态示意图如图 5-28 所示。

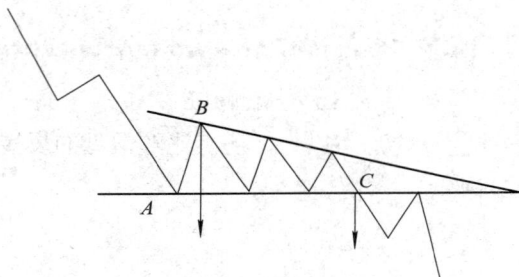

图 5-28　下降三角形形态示意图

2. 矩形形态

矩形又叫箱形，是一种典型的整理形态。说明价格在两条横着的水平直线之间上下波动，作横向延伸运动。矩形形态在形成初期，多空双方互不相让，相互僵持，时间一长就形成两条明显的上下界线。随着时间的推移，双方僵持的能力减弱，市场趋于平淡，成交量逐步减少。

与别的形态不同，矩形形态为投资者提供了短线炒作的机会。即在矩形的下边界处买入，在上边界处抛出，来回做波段进出，以获取横向整理中的波段收益。

矩形被突破后，也有测算价格的能力。形态的高度就是矩形的高度。而矩形形态的上下界线则具有支撑和压力的作用。矩形形态示意图如图 5-29 所示。

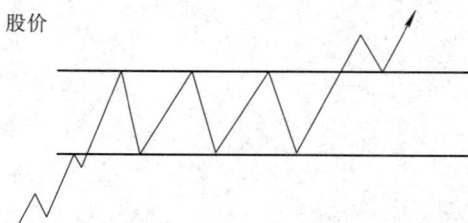

图 5-29　矩形形态示意图

矩形在形成的过程中极有可能演变成三重形态。正是由于矩形的这种出错可能性，在面对该类型的形态时，几乎一定要等到突破之后才能采取行动，因为三重形态是反转形态，而矩形形态则是整理形态，对形态判断会影响对未来趋势判断。

3. 旗形

旗形大多发生在市场极度活跃，价格运动剧烈、近乎直线上升或下降的情况下。由于价格运动过于迅速，市场必然有所休整，旗形就是休整的形式。

旗形上下平行线起支撑和压力作用，某一条平行线被突破就是旗形完成的标志。旗形测算功能是旗形被突破后，价格至少要升降一个旗杆的高度。

旗形形态的示意图如图 5-30 所示，其应用的要点如下：

(1) 旗形出现之前，应该有一个旗杆。

(2) 旗形持续时间不能太长。

(3) 上升途中，旗形形成之前和被突破之后，成交量都很大，而在旗形形成的过程中，成交量是从左往右逐渐减少。

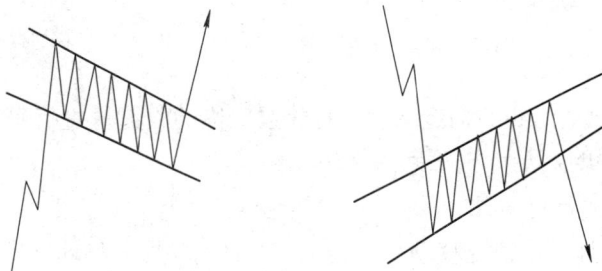

图 5-30　上升途中的旗形和下降途中的旗形形态示意图

4. 楔形

楔形形态与三角形形态非常类似，也是呈三角形形态。与三角形形态中的三角形不同的地方就是楔形的上下两条边都是朝着同一个方向倾斜。楔形可分为上升楔形和下降楔形两种，示意图如图 5-31 所示。

(a) 上升楔形　　　　　　　　　　　　　　(b) 下降楔形

图 5-31　楔形形态示意图

楔形形态也与旗形形态相类似，都属于短期内的调整形态，其形成原因皆为股价前期有一段急速变动，股价波动幅度大，且角度接近垂直，形成旗杆，多方或空方经过一段冲刺后，股价在短期内呈反向小幅回调，形成楔形。

楔形的成交量也是由左向右递减的，但它的成交量不像旗形维持在一定的水平上，而是萎缩较快，其形态内的股价波动幅度也比旗形小得多。同样，楔形整理的时间不会太长，一般在 8～15 日内，如果时间太久，形态力量将消失，也可能造成股价反转的格局。

在上升趋势中出现楔形，预示着后市看好。在股价向上突破颈线时成交量并不一定要放大，而是在未来的涨势中逐步增量，直至目标位。在下跌趋势中，股价在楔形整理后，向下突破时成交量也不需要放大，这是由于楔形整理时间较旗形整理时间长，多方或空方情绪化操作减少造成的。

五、技术指标理论

技术指标分析是依据一定的数量统计方法，建立一个数学模型或给出一个数学上的计算公式，计算出数值，用于反映当前股市所处的状态，为后市投资操作提供指导的一类分析方法。

证券市场上的技术指标有超过 1000 种，常用的有 30 多种。从它们的功能角度而言，技术指标总体可以分为三大类：一是摆动类指标，常用的如 KDJ、RSI、WR 等；二是趋向类指标，常用的如 MACD、MA、EXPMA 等；三是能量类指标，常用的如 OBV、VOL、VR 等。以下列举六个最常用的技术指标。

(一) MACD

MACD 指标是根据均线的构造原理，对股票价格的收盘价进行平滑处理，求出算术平均值后进行计算而得的，是一种趋向类指标。

1. MACD 指标的计算方法

在应用上，首先计算出快速移动平均线(即 EMA1)和慢速移动平均线(即 EMA2)；然后以这两个数值作为测量两者(快慢速线)间的离差值(DIF)的依据；再求 DIF 的 N 周期的平滑移动平均线 DEA(也叫 MACD、DEM)线。在实践中，将各点的 DIF 和 DEA(MACD)连接起来就会形成在零轴上下移动的两条快速(短期)和慢速(长期)线，即为 MACD 图。

下面以 EMA1 的参数为 12 日，EMA2 的参数为 26 日，DIF 的参数为 9 日为例来介绍 MACD 的计算过程。

1) 计算移动平均值(EMA)

12 日 EMA 的计算式为

$$\text{EMA(12)} = \text{前一日EMA(12)} \times \frac{11}{13} + \text{今日收盘价} \times \frac{2}{13}$$

26 日 EMA 的计算式为

$$\text{EMA(26)} = \text{前一日EMA(26)} \times \frac{25}{27} + \text{今日收盘价} \times \frac{2}{27}$$

2) 计算离差值(DIF)

DIF 的计算式为

$$\text{DIF} = \text{今日 EMA(12)} - \text{今日 EMA(26)}$$

3) 计算 DIF 的 9 日 EMA

根据离差值计算其 9 日的 EMA，即离差平均值，也就是求 MACD 值。为了不与指标原名相混淆，该离差值又名 DEA 或 DEM。

$$今日DEA(MACD) = 前一日DEA \times \frac{8}{10} + 今日DIF \times \frac{2}{10}$$

计算出的 DIF 和 DEA 的数值均为正值或负值。

　　理论上，在持续的涨势中，12 日 EMA 线在 26 日 EMA 线之上，其间的正离差值(+DIF)会越来越大；反之，在跌势中离差值可能变为负数(-DIF)，也会越来越大，而在行情开始好转时，正负离差值将会缩小。指标 MACD 正是利用正负的离差值(±DIF)与离差值的 N 日平均线(N 日 EMA)的交叉信号作为买卖信号的依据，即再度以快慢速移动平均线的交叉原理来分析买卖信号。另外，MACD 指标在股票软件上还有个辅助指标——BAR 柱状线(即 MACD 值)，其公式为 BAR = 2 × (DIF − DEA)。投资者可以利用 BAR 柱状线的收缩来决定买卖时机。

2. MACD 指标的简单研判

　　MACD 指标的研判标准主要是围绕快速和慢速两条均线及红、绿柱线状况以及它们的形态展开。一般分析方法主要从以下三个方面出发，DIF 和 MACD 值及线的位置、DIF 和 MACD 的交叉情况和 MACD 指标中的柱状图分析。

　　1) DIF 和 MACD 的值及线的位置

　　当 DIF 和 MACD 均大于 0 并向上移动时，一般表示股市处于多头行情中，可以买入或持股。

　　当 DIF 和 MACD 均小于 0 并向下移动时，一般表示股市处于空头行情中，可以卖出股票或观望。

　　当 DIF 和 MACD 均大于 0(即在图形上表示为它们处于零线以上)但都向下移动时，一般表示股票行情处于退潮阶段，股票将下跌，可以卖出股票和观望。

　　当 DIF 和 MACD 均小于 0 时(即在图形上表示为它们处于零线以下)但向上移动时，一般表示行情即将启动，股票将上涨，可以买进股票或持股待涨。

　　2) DIF 和 MACD 的交叉情况

　　当 DIF 与 MACD 都在零线以上，而 DIF 向上突破 MACD 时，表明股市处于一种强势之中，股价将再次上涨，可以加码买进股票或持股待涨，这就是 MACD 指标"黄金交叉"的一种形式。

　　当 DIF 和 MACD 都在零线以下，而 DIF 向上突破 MACD 时，表明股市即将转强，股价跌势已尽，将止跌向上，可以开始买进股票或持股，这是 MACD 指标"黄金交叉"的另一种形式。

　　当 DIF 与 MACD 都在零线以上，而 DIF 却向下突破 MACD 时，表明股市即将由强势转为弱势，股价将下跌，这时应卖出大部分股票而不能买入股票，这就是 MACD 指标"死亡交叉"的一种形式。

　　当 DIF 和 MACD 都在零线以上，而 DIF 向下突破 MACD 时，表明股市将再次进入极度弱市中，股价还将下跌，可以卖出股票或观望，这是 MACD 指标"死亡交叉"的另一种形式。

3) MACD 指标中的柱状图分析

当红柱状持续放大时，表明股市处于牛市行情中，股价将继续上涨，这时应持股待涨或短线买入股票，直到红柱无法再放大时才考虑卖出。

当绿柱状持续放大时，表明股市处于熊市行情之中，股价将继续下跌，这时应持币观望或卖出股票，直到绿柱开始缩小时才可以考虑少量买入股票。

当红柱状开始缩小时，表明股市牛市即将结束(或要进入调整期)，股价将大幅下跌，这时应卖出大部分股票而不能买入股票。

当绿柱状开始收缩时，表明股市的大跌行情即将结束，股价将止跌向上(或进入盘整)，这时可以少量进行长期战略建仓而不要轻易卖出股票。

当红柱开始消失、绿柱开始放出时，这是股市转市信号之一，表明股市的上涨行情(或高位盘整行情)即将结束，股价将开始加速下跌，这时应开始卖出大部分股票而不能买入股票。

当绿柱开始消失、红柱开始放出时，这也是股市转市信号之一，表明股市的下跌行情(或低位盘整)已经结束，股价将开始加速上升，这时应开始加码买入股票或持股待涨。

(二) KDJ

随机指标 KDJ 一般是根据统计学的原理，通过一个特定的周期(常为 9 日、9 周等)内出现过的最高价、最低价及最后一个计算周期的收盘价及这三者之间的比例关系，来计算最后一个计算周期的未成熟随机值 RSV，然后根据平滑移动平均线的方法来计算 K 值、D 值与 J 值，并绘成曲线图来研判股票走势。

1. KDJ 指标的计算

指标 KDJ 的计算比较复杂，首先要计算周期(n 日、n 周等)的 RSV 值，即未成熟随机指标值，然后再计算 K 值、D 值、J 值等。以日 KDJ 数值的计算为例，其计算公式为

$$n \text{日 RSV} = (C_n - L_n) \div (H_n - L_n) \times 100$$

式中，C_n 为第 n 日收盘价；L_n 为 n 日内的最低价；H_n 为 n 日内的最高价。RSV 值始终在 1～100 间波动。

其次，计算 K 值与 D 值：

$$当日 K 值 = \frac{2}{3}^{①} \times 前一日 K 值 + \frac{1}{3} \times 当日 \text{RSV}$$

$$当日 D 值 = \frac{2}{3} \times 前一日 D 值 + \frac{1}{3} \times 当日 K 值$$

若无前一日 K 值与 D 值，则可分别用 50 来代替，此时

$$J^{②} = 3D - 2K$$

---

① 式中的平滑因子 1/3 和 2/3 是可以人为选定的，不过目前已经约定俗成，固定为 1/3 和 2/3。在大多数股市分析软件中，平滑因子已经被设定为 1/3 和 2/3，不需要作改动。

② J 的实质是反映 K 值和 D 值的乖离程度，从而领先 K、D 值找出头部或底部。J 值范围可超过 100。

2. KDJ 指标的简单研判

随机指标 KDJ 主要是通过 K、D 和 J 这三条曲线的所构成的图形关系来分析股市上的超买超卖，走势背离及 K 线、D 线和 J 线相互交叉突破等现象，从而预测股价中、短期及长期趋势。

1) KDJ 的取值

(1) 取值范围：KDJ 指标中，K 值和 D 值的取值范围都是 $0 \sim 100$，而 J 值的取值范围可以超过 100 和低于 0。通常就敏感性而言，J 值最强，K 值次之，D 值最慢，而就安全性而言，J 值最差，K 值次之，D 值最稳。

(2) 超买超卖信号：根据 KDJ 的取值，可将其划分为几个区域，即超买区、超卖区和徘徊区。按一般划分标准，K、D、J 这三值在 20 以下为超卖区，是买入信号；K、D、J 这三值在 80 以上为超买区，是卖出信号；K、D、J 这三值在 $20 \sim 80$ 之间为徘徊区，宜观望。

(3) 多空力量对比：当 K、D、J 三值在 50 附近时，表示多空双方力量均衡；当 K、D、J 三值都大于 50 时，表示多方力量占优；当 K、D、J 三值都小于 50 时，表示空方力量占优。

2) KDJ 曲线的形态

当 KDJ 曲线在 50 上方的高位时，如果 KDJ 曲线的走势形成 M 头或三重顶等顶部反转形态，可能预示着股价由强势转为弱势，股价即将大跌，应及时卖出股票。如果股价的曲线也出现同样形态则更可确认，其跌幅可以用 M 头或三重顶等形态理论来研判。

当 KDJ 曲线在 50 下方的低位时，如果 KDJ 曲线的走势出现 W 底或三重底等底部反转形态，可能预示着股价由弱势转为强势，股价即将反弹向上，可以逢低少量吸纳股票。如果股价曲线也出现同样形态更可确认，其涨幅可以用 W 底或三重底形态理论来研判。

KDJ 曲线的形态中 M 头和三重顶形态的准确性要大于 W 底和三重底。

此外，KDJ 指标曲线还可以通过画趋势线、压力线和支撑线等方法来进一步研判。

3) KDJ 曲线的交叉

当股价经过一段很长时间的低位盘整行情，并且 K、D、J 三线都处于 50 线以下时，一旦 J 线和 K 线几乎同时向上突破 D 线时，表明股市即将转强，股价跌势已经结束，将止跌向上，可以开始买进股票，进行中长线建仓。这是 KDJ 指标"黄金交叉"的一种形式。

当股价经过一段时间上升过程中的盘整行情，并且 K、D、J 线都处于 50 线附近徘徊时，一旦 J 线和 K 线几乎同时再次向上突破 D 线，成交量再度放出时，表明股市处于一种强势之中，股价将再次上涨，可以加码买进股票或持股待涨，这就是 KDJ 指标"黄金交叉"的一种形式。

当股价经过前期一段很长时间的上升行情后，股价涨幅已经很大的情况下，一旦 J 线和 K 线在高位(80 以上)几乎同时向下突破 D 线时，表明股市即将由强势转为弱势，股价将大跌，这时应卖出大部分股票而不能买入股票，这就是 KDJ 指标的"死亡交叉"的一种形式。

当股价经过一段时间的下跌后，而股价向上反弹的动力缺乏，各种均线对股价形成较强的压力时，KDJ 曲线在经过短暂的反弹到 80 线附近，但未能重返 80 线以上时，一旦 J 线和 K 线再次向下突破 D 线时，表明股市将再次进入极度弱市中，股价还将下跌，可以再卖出股票或观望，这是 KDJ 指标"死亡交叉"的另一种形式。

4) KDJ 曲线的背离

KDJ 曲线的背离分为顶背离和底背离两种。

(1) 顶背离：当股价 K 线图上的股票走势一峰比一峰高，股价在一直向上涨，而 KDJ 曲线图上的 KDJ 指标的走势是在高位一峰比一峰低，这叫顶背离现象。顶背离现象一般是股价将高位反转的信号，表明股价中短期内即将下跌，是卖出的信号。

(2) 底背离：当股价 K 线图上的股票走势一峰比一峰低，股价在向下跌，而 KDJ 曲线图上的 KDJ 指标的走势是在低位一底比一底高，这叫底背离现象。底背离现象一般是股价将低位反转的信号，表明股价中短期内即将上涨，是买入的信号。

5) K、D、J 曲线运行的状态

当 J 曲线开始在底部(50 以下)向上突破 K 曲线时，说明股价的弱势整理格局可能被打破，股价短期将向上运动，投资者可以考虑少量长线建仓。

当 J 曲线向上突破 K 曲线并迅速向上运动，同时 K 曲线也向上突破 D 曲线，说明股价的中长期上涨行情已经开始，投资者可以加大买入股票的力度。

当 K、D、J 曲线开始摆脱前期窄幅盘整的区间并同时向上快速运动时，说明股价已经进入短线强势拉升行情，投资者应坚决持股待涨。

当 J 曲线经过一段快速向上运动的过程后开始在高位(80 以上)向下掉头时，说明股价短期上涨过快，将开始短线调整，投资者可以短线卖出股票。

当 D 曲线开始在高位向下掉头时，说明股价的短期上涨行情可能结束，投资者应中线卖出股票。

当 K 曲线开始在高位向下掉头时，说明股价的中短期上涨行情已经结束，投资者应全部清仓离场。

当 K、D、J 曲线从高位同时向下运动时，说明股价的下跌趋势已经形成，投资者应坚决持币观望。

6) KDJ 曲线与股价曲线的配合使用

当 KDJ 曲线与股价曲线从低位(K、D、J 值均在 50 以下)同步上升，表明股价中长期趋势向好、短期内股价有望继续上涨趋势，投资者应继续持股或逢低买入。

当 KDJ 曲线与股价曲线从高位(K、D、J 值均在 50 以上)同步下降，表明短期内股价将继续下跌趋势，投资者应继续持币观望或逢高卖出。

当 KDJ 曲线从高位回落，经过一段时间强势盘整后再度向上并创出新高，而股价曲线也在高位强势盘整后再度上升创出新高，表明股价的上涨动力依然较强，投资者可继续持股待涨。

当 KDJ 曲线从高位回落，经过一段时间盘整后再度向上，但到了前期高点附近时却掉头向下、未能创出新高时，而股价曲线还在缓慢上升并创出新高，KDJ 曲线和股价曲线在高位形成了相反的走势，这可能就意味着股价上涨的动力开始减弱，KDJ 指标出现了顶背离现象。此时投资者应千万小心，一旦股价下跌，应果断及时离场。

当 KDJ 曲线在长期弱势下跌过程中，经过一段时间弱势反弹后再度向下并创出新低，而股价曲线也在弱势盘整后再度向下创出新低，表明股价的下跌动能依然较强，投资者可继续持币观望。

当 KDJ 曲线从低位向上反弹到一定高位、再度向下回落，但回调到前期低点附近时止跌企稳、未能创出新低时，而股价曲线还在缓慢下降并创出新低，KDJ 曲线和股价曲线在低位形成相反的走势，这可能就意味着股价下跌的动能开始衰弱，KDJ 指标出现了底背离现象。此时投资者也应密切关注股价动向，一旦股价向上就可以短线买入，等待反弹的出现。

(三) RSI

相对强弱指标 RSI 又叫力度指标，是根据股票市场上供求关系平衡的原理，通过比较一段时期内单个股票价格的涨跌幅度或整个市场的指数涨跌幅度来分析判断市场上多空双方买卖力量的强弱程度，从而判断未来市场走势的一种技术指标。

1. RSI 指标的计算方法

RSI 的计算公式为

$$RSI_n = \frac{A}{A+B} \times 100\%$$

式中：A 是 n 天中股价上涨幅度之和；B 是 n 天中股价下跌幅度之和；$A+B$ 是 n 天中股价波动总幅度大小。

RSI 的计算只涉及收盘价，可以选择不同的参数，一般选择 5 日、9 日、14 日等。RSI 的取值介于 0～100 之间。

2. RSI 的简单研判

1) 不同参数的两条或多条 RSI 曲线的联合使用

同 MA 一样，天数越多的 RSI 考虑的时间范围越大，结论越可靠，但速度慢，这是无法避免的。参数小的 RSI 称为短期 RSI，参数大的 RSI 称为长期 RSI。这样，两条不同参数的 RSI 曲线的联合使用法则可以完全参照 MA 中的两条 MA 线的使用法则。

2) 根据 RSI 取值的大小判断行情

将 RSI 的取值范围 1～100 分成 4 个区域，根据 RSI 的取值落入的区域进行操作，0～20 区间为极弱状态区间，应该买入；20～50 为较弱的状态区间，应该卖出；50～80 为较强的状态区间，应该买入；80～100 为极强状态区间，应该卖出。

3) 从 RSI 的曲线形状判断行情

当 RSI 在较高或较低的位置形成头肩形和多重顶(底)时，是采取行动的信号。这些形态一定要出现在较高位置和较低位置，离 50 越远越好，越远结论越可信，出错的可能性就越小。形态理论中有关这类形状的操作原则在这里都适用。

(四) BOLL

BOLL 指标又叫布林线指标，由约翰·布林创造，是利用统计原理，求出股价的标准差及其信赖区间，从而确定股价的波动范围及未来走势，利用波带显示股价的安全高低价位，因而也被称为布林带。其上下限范围不固定，随股价的滚动而变化。

1. BOLL 指标的计算方法

BOLL 布林线一共有三条线，分别为上轨线、中轨线和下轨线。上轨线 UP 是 UP 数值的连线，用黄色线表示；中轨线 MB 是 MB 数值的连线，用白色线表示；下轨线 DN 是 DN 数值的连线，用紫色线表示。其计算公式如下：

$$中轨线 = N 日的移动平均线$$
$$上轨线 = 中轨线 + 两倍的标准差$$
$$下轨线 = 中轨线 - 两倍的标准差$$

2. BOLL 的简单研判

1) BOLL 的三条线运行及判断

当布林线的三条线同时向上运行时，股价强势特征明显，应该以看涨为主，投资者应该持股待涨或者逢低介入。

当布林线的三条线同时向下运行时，股价弱势特征明显，应该以看跌为主，投资者应该持币观望或者逢高卖出。

当布林线的上轨线向下运行，而中轨线和下轨线却还在向上运行时，这时股价在整理态势中。如果股价是处于长期上市趋势中，表明股价是在上涨途中的强势整理，投资者应该持股观望或者逢低介入；如果股价是在长期的下跌中，表明股价是下跌途中的弱势反弹，投资者应该持币观望或者逢高减磅。

2) BOLL 与股价变动的判断

当股价从布林线的中轨线以下向上突破布林线时，预示着股价开始走强。特别是当股价继续向上突破布林线上轨时，股价的强势特征确立，股价短线将大涨，投资者应该持股或短线买入。当布林线突破上轨后继续向上涨升，且布林线的上中下轨线方向也同时向上时，强势特征明显，股价还将上扬，直到股价开始掉头向下的特征出现时考虑止盈。

(五) BIAS

乖离率(BIAS)是测量股价偏离均线大小程度的指标。当股价偏离市场平均成本过大时，都会有一个回归的过程，即所谓的物极必反。

1. BIAS 指标的计算方法

BIAS 的计算公式如下：

$$BIAS = \frac{收盘价 - 收盘价的N日简单平均数}{收盘价的N日简单平均数} \times 100\%$$

BIAS 指标表示收盘价与移动平均线之间的差距。当股价的正乖离扩大到一定极限时，表示短期获利越大，则获利回吐的可能性越高；当股价的负乖离扩大到一定极限时，则空头回补的可能性越高。BAIS 指标 N 比较常见的取值是 6 日、12 日和 24 日，尽管取值可能有所不同，但分析方法和研判功能差异不大。

2. BIAS 的简单研判

乖离率可分为正乖离率与负乖离率。若股价大于平均线，则为正乖离；股价小于平均线，则为负乖离。当股价与平均线相等时，则乖离率为零。正乖离率越大，表示短期超买越大，则越有可能见顶；负乖离率越大，表示短期超卖越大，则越有可能见底。

乖离率的数值大小也可以直接用来研究股价超买超卖的判断，如以 6 日乖离率为例，在弱势市场中，当乖离率达到 −5 以上时，表示股价超卖，可以考虑试探性买入，当乖离率达到 5 以上时，表示股价超买，可以考虑卖出；在强势市场中，当乖离率达到 −10 以上时，表示股价超卖，为短线买入的机会，当乖离率达到 10 以上时，表示超买，为短线卖出机会。由于我国沪深交易所的股价波动率比较大，乖离率的取值范围可以考虑适当放大。

习惯上，经常会把 BIAS 与随机指标和布林线结合使用。

(六) OBV

OBV 称作能量潮(On Balance Volume)，它通过统计成交量的变动趋势来推测股价变动的趋势，股价的变动与成交量的扩大或缩小密切相关。

1. OBV 指标的计算方法

OBV 是将成交量值予以数量化并制成趋势线，配合股价趋势，从价格的变动及成交量的增减关系，推测市场气氛。在市场中，投资者对股价未来趋势的分歧会通过成交量的变化反映出来，具体表现为分歧越大，交易量越多。OBV 的理论基础是市场价格的变动必须有成交量配合，股价上升时成交量必须增加，但并不一定要求成交量的变化与股价的变化成正比。价格升降而成交量不相应升降，则市场价格的变动难以继续。由此可以看出 OBV 的出发点是基于成交量为股价变动的先行指标，短期股价的波动与公司业绩并不完全吻合，而是受人气的影响，因此从成交量的变化可以预测股价的波动方向。其计算公式为

$$当日 OBV = 前一日 OBV + 今日成交量$$

注：如果当日收盘价高于前日收盘价取正值，反之取负值，平盘取零。

OBV 利用股价和股票成交量的指标来反映人气兴衰，人为地按照股价的涨跌将成交量设为正负，并进行累加运算。OBV 把股价上升时的成交量视为人气积聚，做相应的加法处理，而把股价下跌时的成交量视为人气离散并做减法运算。OBV 指标方向的选择反映了市场主流资金对持仓兴趣增减的变化。OBV 指标的曲线方向通常有三个：向上、向下、水平。N 字和 V 字是最常见的形态。

2. OBV 的简单研判

OBV 指标一般是短线投资者应当主要参考的指标，长线投资者不宜受 OBV 指标的影响。在应用 OBV 指标时应该遵守以下一些原则：

(1) OBV 指标作为成交量的指标，它不能单独使用，必须与价格曲线同时使用才能发挥作用。

(2) 当股价上涨，OBV 指标同步向上，反映在大盘或个股的信号就是一个价涨量增的看涨信号，表明市场的持仓兴趣在增加。反之，股价上涨，OBV 指标同步呈向下或水平状态，实际上就是一个上涨动能不足的表象，表明市场的持仓兴趣没有多大变化，这样大盘

或个股的向上趋势都将难以维持。

(3) 当股价下跌，OBV 指标同步向下，反映在大盘或个股的信号就是一个下跌动能增加的信号。市场做空动能的释放必然会带来股票价格大幅下行，这种情况发生时，投资者应该首先想到的是设立好止损位和离场观望。在这种情况下，回避风险成为第一要点。

(4) 当股价变动，OBV 指标呈水平状态，这种情形在 OBV 指标的表现中最常见到。OBV 指标呈水平状态，首先表现为目前市场的持仓兴趣变化不大，其次表现为目前的大盘或个股为调整状态，投资者最好的市场行为是不要参与调整。当股价下跌，OBV 指标呈水平状态是股价下跌不需要成交量配合的一个最好的表象。这种股价缩量下跌的时间的延长，必将带来投资者的全线套牢。

第二节　技术定量分析的具体内容

技术定量分析的具体内容从可以定量的角度来考虑，不过并非所有技术分析的内容都可以定量分析，在某种程度上技术分析更偏向于定性分析，因此技术定量分析的具体内容也是从可以定量的角度来考虑问题的，应尽量选择可以定量的内容来展开。

一、K 线理论的定量分析

(一) K 线理论定量分析思路

K 线理论研究的是一根 K 线或 K 线组合的相关内容，但是仅仅根据对 K 线或 K 线组合的分析来进行定量操作是有一定难度的。应用 K 线理论分析的思路是从已知的 K 线图中思考是否有可以进行定量的相关操作。

在 K 线组合基础上进行定量操作的难度还是很大的，真要对 K 线组合进行定量分析，也仅仅只是通过相关计算找出想要的 K 线组合罢了。毕竟 K 线组合大多数情况来源于投资者的经验，其研判功能在被市场充分认识后，判断的有效性会降低很多[1]。

因此，试着对单根 K 线用定量方法来操作，一个相对理想的方向就是 K 线创新高的切入思维，一只好股票的价格应该是持续上涨，尽管中间会有波动，但是其股价总是持续不断地创着新高。如果能把这些新高的股票找出来，再运用相关投资操作策略，至少在找出好股票方面可以少走一些弯路。

(二) K 线理论定量分析方向

K 线理论定量分析以单根 K 线创新高为依据，通过寻找股价"新高"这一定量因素再结合 K 线理论实现技术选股的目的。其具体做法如下：

第一步，在东方财富行情软件中的工具栏点击"功能"按钮，选择"条件选择"，也可以直接按热键"Ctrl + T"，进入"条件选股"界面，如图 5-32 所示。

---

[1] 本来也考虑 K 线的反包定量分析，但是由于其不稳定，且失败率比较高，所以最终还是考虑放弃。

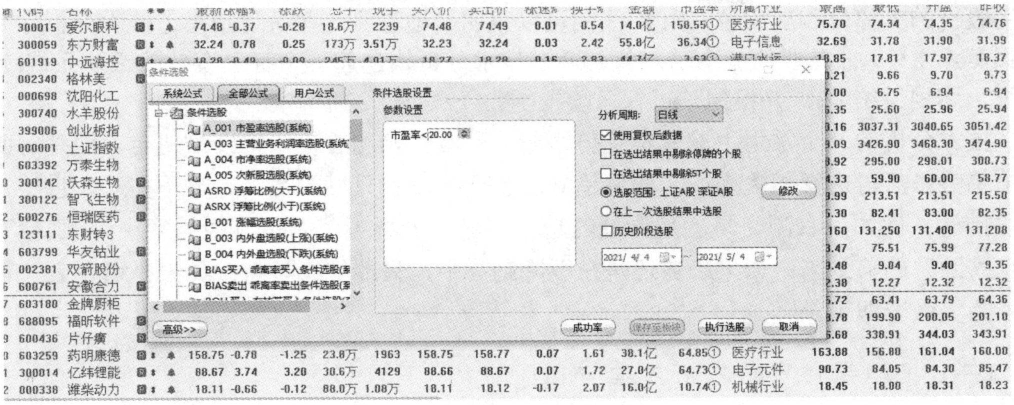

图 5-32 "条件选股"界面

第二步，选择"C_112 创历史新高(系统)"功能键，执行选股后，就可以看到选股结果和当日有多少只股票创出历史新高。把这些创出新高的股票保存至需要的板块中，就可以随时调用分析。注意，选出的新高股票可能是当日 K 线创出新高的股票，可能是收盘价创出新高，也可能是盘中最高价创出新高，如图 5-33 所示。

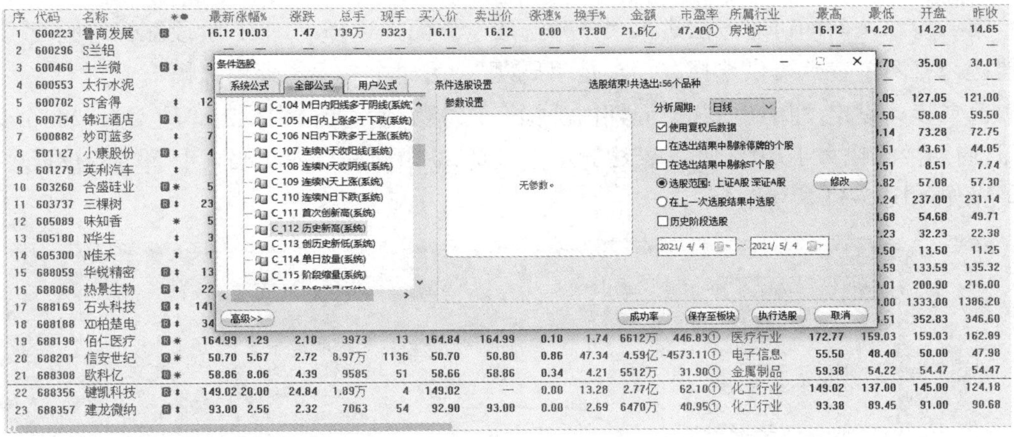

图 5-33 依据 K 线新高选出的当日股价创出历史新高的股票

第三步，分析当日创出新高的股票，同时结合其基本面分析，就可以对这些通过单根 K 线选出的强势股票进行选择。当然对于一些短线投资者来说，这些强势股运用动量策略可能获得短期的可观收益，同时也需要做好严格的止损策略。

对于想要"便宜股票"的投资者而言，可以通过"C_113 创历史新低(系统)"，在不断创新低的股票中慧眼识珠地发现被错杀的好股票。不过，这个"新低"策略有一个很大的问题就是一个真的在走下坡路的公司其股价会一直新低。一旦买入这样的公司，亏损深不见底，所以更要设好止损位来控制风险。

二、切线理论的定量分析

(一) 切线理论定量分析思路

切线理论分析的基本功能就是分析股价运行的趋势是上升、下降以及水平波动，同时判明股价的支撑位和压力位。由 K 线图可以很明显地看到这些关键信息。技术分析除了判断买卖点之外，很重要的一个功能就是通过技术分析构建起一个行之有效的跟随系统(趋势系统、均线系统等)，并根据其进行风险控制。

技术分析的一个常用用途就是趋势跟随，即不去预测股价未来会如何走，而是等股价走出趋势以后再进行相关操作，如果趋势没有出来，就只好等待。趋势不在了，也要及时采取措施。例如，右侧交易就是典型的趋势跟随，如果投资者是典型的多头①，那就要等待止跌回升趋势到来；如果趋势还是在下降趋势中，只能继续等待；如果是做空者，顺着下跌趋势做空即可。

(二) 切线理论定量分析方向

用切线理论进行趋势跟随的定量分析方向就是通过构建一定的定量指标找到处在上升趋势、下降趋势或者水平趋势的投资对象。以定量分析找到上升趋势的投资对象为例来学习切线理论定量分析相关内容。

上升趋势一定是近期股价处在上升的趋势中，这里通过行情软件"条件选股"功能进行相关操作，具体做法如下：

第一步，按前面讲述方法进入"条件选股"界面，选择"JDZF 阶段涨幅选股(系统)"功能键，有两个参数可供选择，一个是"周期"，另一个是"周期内涨幅"。

第二步，设定"周期"和"周期内涨幅"具体数值，如分别设定"周期为 20 个交易日""周期内涨幅大于 30%"，其表达的意思就是 20 个交易日内涨幅大于 30%的投资对象。具体操作如图 5-34 所示。

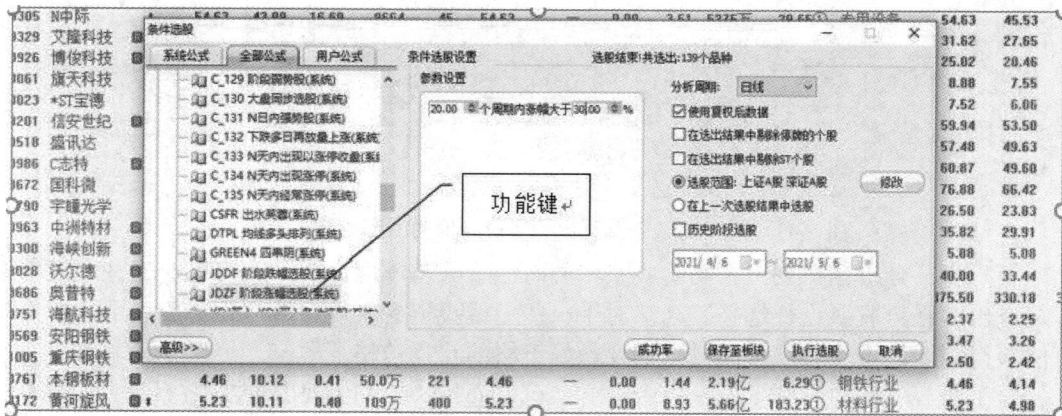

图 5-34　参数设置为"20 个交易日内涨幅大于 30%"阶段涨幅功能键选股操作

第三步，执行选股后，就可以看到按照以上参数设置后得到的投资对象股票池。通过对股票池内的投资对象进行分析筛选，就可以找到符合自己要求的上升趋势中的投资对象。

---

① 多头是指市场的做多投资者，当市场出现上涨行情时，这类投资者才出手买入。如果市场一直在下跌，这类投资者会远离市场，等待机会的出现再出手。

　　例如，在股票池中选择马钢股份(600808)作为切线理论定量分析对象，马钢股份显然在上升趋势中，第一条切线是上升趋势线，其斜率比较平坦，股价温和上扬，每次股价回落至趋势线附近就得到支撑而止跌回升；第二条趋势线依然是上升趋势线，但是其斜率明显更加陡峭，说明股价的上涨斜率变大，上涨速度更快，有加速赶顶[①]的迹象，具体表现情况如图 5-35 所示。

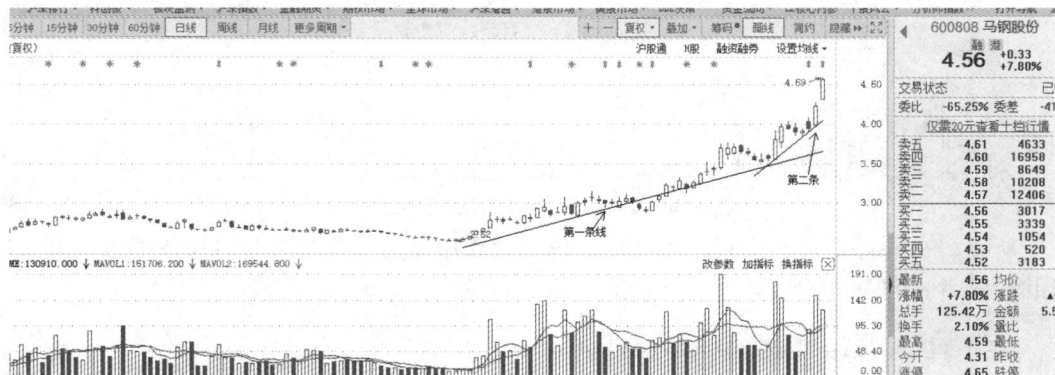

图 5-35　马钢股份切线理论操作图

　　当然，也可以通过条件选股中"JDDF 阶段跌幅选股(系统)"结合定量指标来选择下降趋势中的投资对象，或者通过"C_123 平台整理(系统)"并结合定量指标来选择水平趋势的投资对象。不管是上升趋势、下降趋势还是水平趋势，用切线理论相关定量分析方法选出的投资对象，最多也只能解释切线理论是影响选股思维的主要因素，至于能否作为投资对象，还需要投资者自己判断或者结合其他因素综合考虑来决定。

三、均线理论的定量分析

(一) 均线理论定量分析思路

　　趋势跟随交易方法种类较多，切线理论、均线理论等方法都是比较著名的趋势跟随方法。显然，均线理论在应用时也主要是起跟随趋势的目的。均线理论的周期比较多，所以均线的根数也比较多。很多条均线缠绕在一起时也许很难清晰看到均线的跟随作用，用单根均线来跟随股价波动的趋势，也许就可以很清晰地看到均线理论所起到的作用。以 ZC 公司均线和股价的走势图为例，分析股价和单根均线(24 日线的走势图)的波动关系，24 日均线在 ZC 公司股价上涨过程起到支撑的作用(股价跌到均线位置就掉头向上)，跟随股价的上升、均线也在上升；24 日均线在股价下跌的过程起到压力的作用(股价涨到均线位置就掉头向下)，跟随着股价的下跌，均线也在下跌。均线理论对于股价的跟随作用在 ZC 公司股票上体现得淋漓尽致，具体情况如图 5-36 所示。

[①] 加速赶顶的意思是股价之前的走势比较温和，可能也涨幅比较大，但是所用时间比较长；之后股价偏离之前的上涨速度，涨速加快，涨幅可能也比较大，但所用的时间更短。后一波的大涨之后，股价很可能就见顶了。

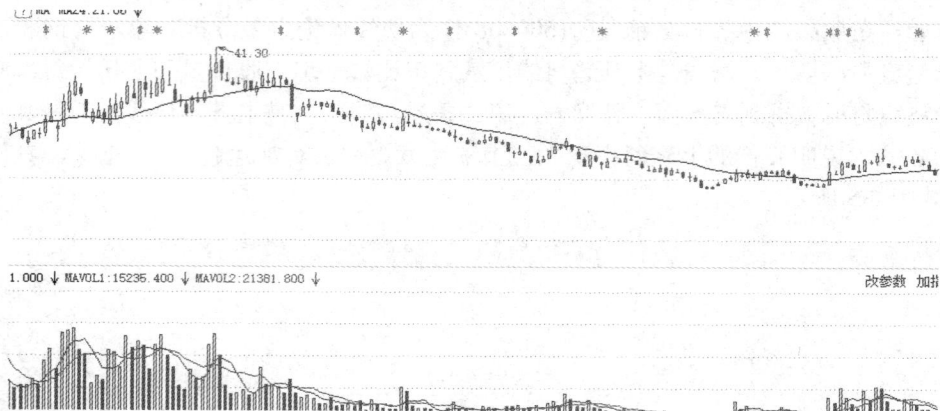

图 5-36　ZC 公司 24 日均线趋势跟随图

所以，在进行定量分析时，均线的股价跟随作用是可以定量且可以操作的方法，可以帮助投资者找到基于均线理论基础上的可投资对象。

(二) 均线理论定量分析方向

均线理论趋势跟随的定量分析就是通过能操作的定量方法构建各类评价系统，通过均线的变动反映股价的运动，一个很简单的办法就是通过构建各种均线的排列方式来寻找多头市场中的股票(均线多头发散)或者空头市场中的股票(均线空头发散)，如在行情软件中可以用"DTPL 均线多头排列(系统)""KTPL 均线空头排列(系统)"等功能键通过各类参数设置就能找到符合各类定量条件的投资对象。

当然，在行情软件中还可以借用的均线理论分析策略功能包括"MA 买入-均线买入条件选股(系统)""MA 卖出-均线卖出条件选股(系统)"等。量化投资领域比较常用的双均线策略的思维也来源于此。以比较经典的 20 日均线和 60 日均线为例进行相关的定量操作说明，具体做法如下：

第一步，按前面讲述的方法进入"条件选股"界面，选择"MA 买入-均线买入条件选股(系统)"功能键，有两个参数可供选择，两个参数都是周期时间的选择。

第二步，设定两个"周期"时间的具体数值，如分别设定"20 日均线"和"60 日均线"，代表"20 日均线和 60 日均线黏合在一起"，由于是买入条件选股，所以更确切的意思是"短期均线—20 日均线向上突破较长期均线—60 日均线"的情况，具体操作如图 5-37 所示。

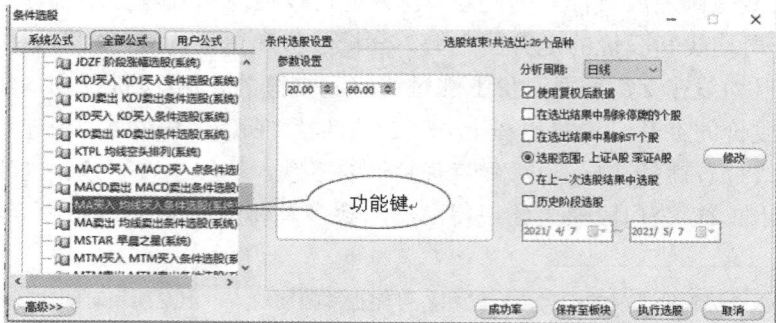

图 5-37　参数设置为"20 日均线"和"60 日均线"的均线买入条件选股操作图

　　第三步，执行选股后，就可以看到按照以上参数设置后得到的均线买入条件选股选出的投资对象股票池。当然还要对这些符合选股条件的股票进行查看，分析是否符合相关要求，有时还要结合其他因素综合考虑后才能确定最终可以投资的对象。

　　以 LBKJ 公司的均线买入条件选股为例进行说明。LBKJ 股价长期下跌，且 20 日均线一直在 60 日均线下方运行，近期虽然 60 日均线还在缓慢下降，但是 20 日均线已经停止下降并开始上升接近 60 日均线，二者出现黏合走势，出现 20 日均线即将向上突破 60 日均线的走势。这就是通过设置参数选股的结果，也是后市倾向于看涨的均线多头买入信号，具体情况如图 5-38 所示。

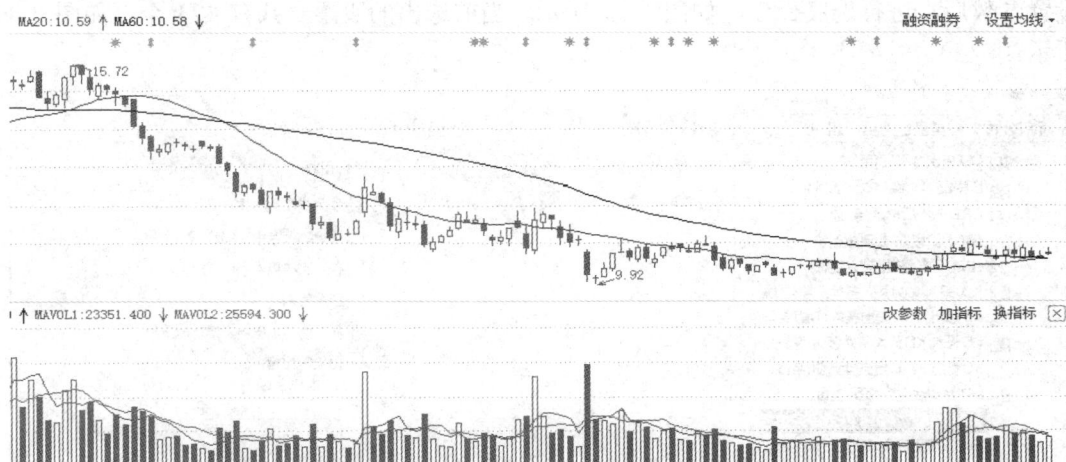

图 5-38　LBKJ 公司均线理论选股结果及其相关操作图

　　均线理论趋势跟随受到诟病较多的地方就是这类趋势指标发出的信号较为迟钝。通常情况下，这类指标发出行情趋势由弱转强的信号时，行情趋势已经开始一段时间了；而当发出行情趋势已经结束的信号时，行情趋势已经回落较长时间了。要纠正均线理论的迟滞性问题，就必须结合其他的技术分析指标来共同研判，才能尽量降低迟滞性给投资操作带来的负面影响。

四、技术指标的定量分析

(一) 技术指标定量分析思路

　　不管是摆动类技术指标、趋向类技术指标、还是能量类技术指标，都是想告诉指标使用者股票的合适买卖时机。这也是很多利用技术指标作为参考的投资者最看重的地方，因为明确的买卖时机才能给自己的操作带来指导。但在采用技术指标进行分析时往往会出现技术指标失灵的情况，也就是有技术指标失效的弊端。为解决这个问题，一般需要参考几种比较常用、错误率相对较低的技术指标，把两种或者两种以上的技术指标联合起来进行综合判断，提升技术指标应用的成功率。

　　因此，在使用技术指标定量分析股票时，比较明确的思路就是把几种常用的、使用成功率比较高的技术指标根据投资者需要设置各类参数值，选出符合投资者要求的股票品种，然后在对应股票池中精挑细选出最满足技术指标要求的投资对象。

(二) 技术指标定量分析

技术指标定量分析以最简单的两种技术指标综合应用作为案例来分析，其他技术指标综合应用案例可以类同比较应用。选用"趋向类指标 MACD"和"摆动类指标 RSI"两种指标的结合来做具体的分析，具体做法如下：

第一步，进入"条件选股"界面，首先选择"MACD 买入 MACD 买入点条件选股(系统)"功能键，有三个参数可供选择，一个是"快速移动平均线"，一个是"慢速移动平均线"，还有一个是"N 日移动平均线 DEA"。以 MACD 最佳参数设置值分别是 12、26 和 9 设置参数后，进行选股操作，如图 5-39 所示。当前选出的股票一共有 173 个，如图 5-40 所示。

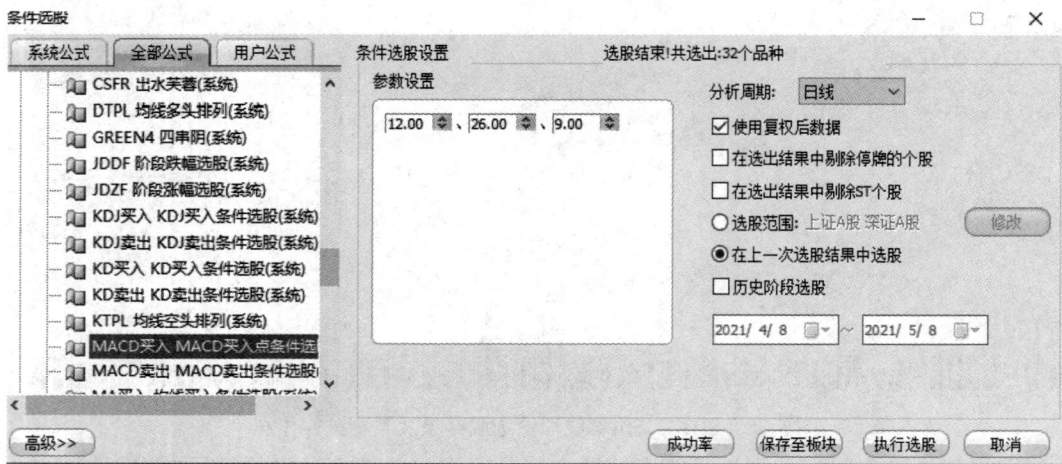

图 5-39　MACD 买入点条件选股参数设置

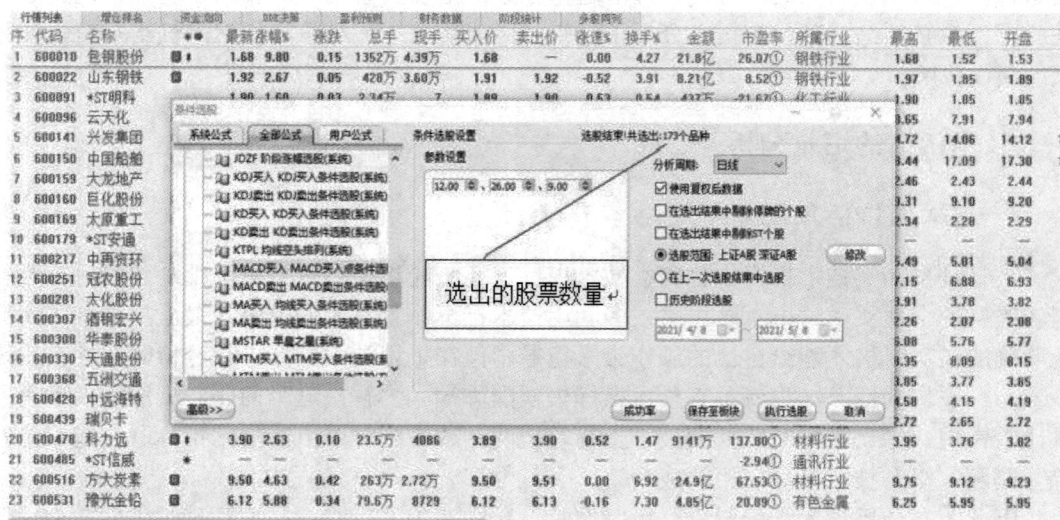

图 5-40　MACD 买入点条件选股选出的股票数量

　　第二步，在选出的符合 MACD 买入点条件选股的股票池中，进一步用"RSI 买入 RSI 买入条件选股(系统)"继续选股，参数设置选择"短期 6 日 RSI"和"中期 20 日 RSI"，同时注意在右侧选择框中勾选"在上一次选股结果中选股"，具体如图 5-41 所示。

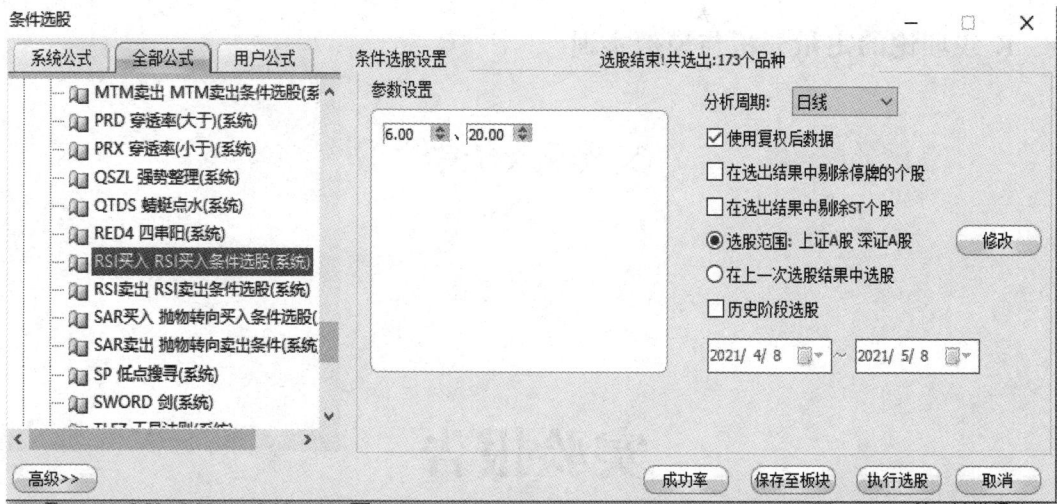

图 5-41　RSI 买入条件选股及相关参数设置

　　第三步，执行选股后就得到符合"MACD 买入 MACD 买入点条件选股(系统)"和"RSI 买入 RSI 买入条件选股(系统)"两种技术指标相关参数设置要求的股票，得到了有 94 个品种的备用股票池，具体如图 5-42 所示。

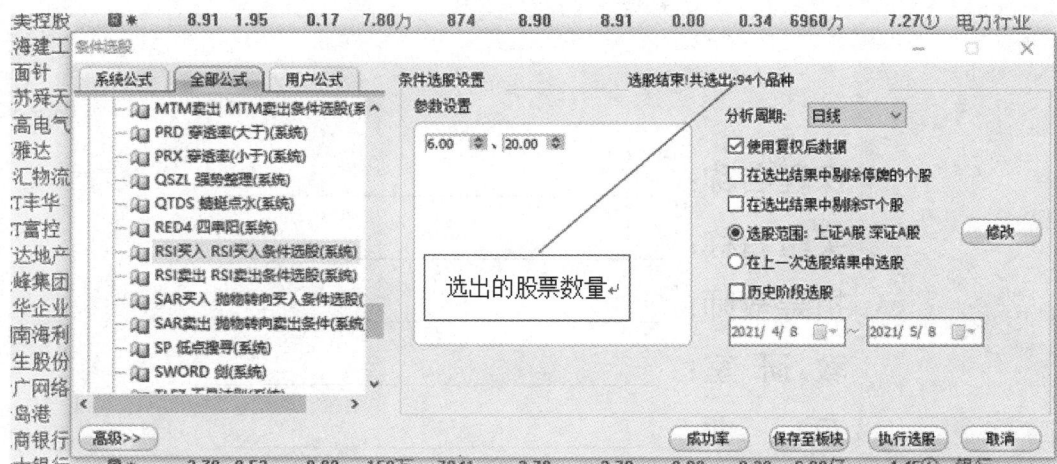

图 5-42　符合 MACD 和 RSI 两种技术指标买入条件选股结果

第三节　技术定量分析与模拟实训设计

一、K 线理论的定量分析与模拟实训

××××大学

实验报告

(20 — 20 学年第 学期)

课程名称：_____

实验名称：_____

指导教师：_____

教　研　室：_____

专　　业：_____

年级班级：_____

姓　　名：_____

学　　号：_____

××学院实验报告

课程名称：

实验编号及 实验名称	实验二十二　技术定量分析之 K 线理论定量分析		教 研 室	
姓　　名	学　号		班　　级	
实验地点	实验日期		实验时数	
指导教师	同组其他成员		成　　绩	

一、实验目的及要求

（一）实验目的

对 K 线理论进行定量分析操作。

（二）实验要求

(1) 学会 K 线的画法。

(2) 掌握 K 线判断的方法。

(3) K 线组合的不同种类及其判断方法。

(4) 应用 K 线理论进行相关定量分析操作。

二、实验环境及相关情况(包含使用软件、实验设备、主要仪器及材料等)

(1) 电脑及相关设备。

(2) 证券行情软件。

(3) 实时上网功能及流畅的网速。

(4) WIND、Choice 等金融数据库软件。

(5) 实训报告。

三、实验内容及步骤(包含简要的实验步骤流程)

（一）实验内容

学会画 K 线，对于 K 线的意义及判断功能要熟练掌握，并通过对单根 K 线的分析或者 K 线组合的分析来实现定量模拟操作。

（二）实验步骤

(1) 单根 K 线的画法。选取某个股票画出最近 20 个交易日的 K 线，同时分析这些 K 线的分布有何特点。说明单根 K 线的意义。

(2) 用一只股票作为分析对象，用一种 K 线组合理论进行分析。

(3) 利用 K 线选出当日 K 线创新高的股票，同时分析这些新高股票有何特点。将有潜力的个股纳入观察对象。

四、实验结果(包括程序或图表、结论陈述、数据记录及分析等，可附页)

试着对 K 线分析的效果进行分析，同时说明如何解决 K 线分析中出现的失效现象。

备注：

(1) 使用手工方式填写实验报告时，必须字迹工整，一律使用黑色钢笔书写；使用电子文档方式编辑填写实验报告时，报告中各内容选用宋体五号字，行间距为单倍行距。

(2) "实验编号及实验名称"项的填写形式如"实验一 原始凭证模拟实验"。

(3) 报告中可附页部分为第四项，附页使用 A4 打印纸，要标明所属报告中的内容编号，附页本身必须加编页码(如附四-1、附四-2 等)。

(4) 实验日期的填写格式统一为年-月-日的形式，如 2021-01-01。

(5) 实验日期可根据实验内容实际进行的时间分次如实填写；实验时数为实验大纲中对相应实验设置的具体课时数(节)。

(6) 报告中实验成绩由实验指导教师采用百分制进行评定。

二、切线理论的定量分析与模拟实训

×××× 大学

实验报告

(20　　－20　　学年第　学期)

课程名称：_____

实验名称：_____

指导教师：_____

教　研　室：_____

专　　　业：_____

年级班级：_____

姓　　　名：_____

学　　　号：_____

<h1 style="text-align:center">××学院实验报告</h1>

课程名称：

实验编号及 实验名称	实验二十三　技术定量分析之切线理论定量分析		教 研 室	
姓　　名		学　号		班　　级	
实验地点		实验日期		实验时数	
指导教师		同组其他成员		成　　绩	

一、　实验目的及要求

（一）实验目的

对切线理论进行定量分析操作。

（二）实验要求

(1) 学会切线的画法。

(2) 掌握切线理论三种不同的趋势。

(3) 趋势线和轨道线的具体应用。

(4) 应用切线理论进行相关定量分析操作。

二、　实验环境及相关情况(包含使用软件、实验设备、主要仪器及材料等)

(1) 电脑及相关设备。

(2) 证券行情软件。

(3) 实时上网功能及流畅的网速。

(4) WIND、Choice 等金融数据库软件。

(5) 实训报告。

三、　实验内容及步骤(包含简要的实验步骤流程)

（一）实验内容

(1) 学会在不同的 K 线图形上画出关键的支撑压力位，寻找可能的趋势线，在趋势线的基础上看看是否有轨道线。

(2) 利用行情软件中"条件选股"功能，设置定量参数，选出符合设置参数要求的股票池，主要报告上升趋势、下降趋势以及水平趋势相关股票池，并从中列举比较理想的投资对象。

（二）实验步骤

(1) 选择一张 K 线图，在 K 线图上画出支撑位和压力位。画出趋势线的同时，找找是否存在轨道线。

(2) 用"条件选股"功能找出当前的上升趋势股票池，如"周期为 30 个交易日内、涨幅大于 20%"的股票池，并从挑选比较一个您认为有发展前途的股票进行相关解析。

四、实验结果(包括程序或图表、结论陈述、数据记录及分析等，可附页)

在对股票进行切线理论定量分析之后，选择符合参数设定的五只股票作为样本股票，在 K 线图上进行切线理论相关分析，同时把相关的图形粘贴在以下空白处。

备注：

(1) 使用手工方式填写实验报告时，必须字迹工整，一律使用黑色钢笔书写；使用电子文档方式编辑填写实验报告时，报告中各内容选用宋体五号字，行间距为单倍行距。

(2) "实验编号及实验名称"项的填写形式如"实验一 原始凭证模拟实验"。

(3) 报告中可附页部分为第四项，附页使用 A4 打印纸，要标明所属报告中的内容编号，附页本身必须加编页码(如附四-1、附四-2 等)。

(4) 实验日期的填写格式统一为年-月-日的形式，如 2021-01-01。

(5) 实验日期可根据实验内容实际进行的时间分次如实填写；实验时数为实验大纲中对相应实验设置的具体课时数(节)。

(6) 报告中实验成绩由实验指导教师采用百分制进行评定。

三、均线理论的定量分析与模拟实训

×××× 大学

实验报告

(20 －20 学年第 学期)

课程名称：＿＿＿＿＿＿＿＿＿＿＿＿＿

实验名称：＿＿＿＿＿＿＿＿＿＿＿＿＿

指导教师：＿＿＿＿＿＿＿＿＿＿＿＿＿

教 研 室：＿＿＿＿＿＿＿＿＿＿＿＿＿

专 业：＿＿＿＿＿＿＿＿＿＿＿＿＿

年级班级：＿＿＿＿＿＿＿＿＿＿＿＿＿

姓 名：＿＿＿＿＿＿＿＿＿＿＿＿＿

学 号：＿＿＿＿＿＿＿＿＿＿＿＿＿

××学院实验报告

课程名称：

实验编号及实验名称	实验二十四　技术定量分析之均线理论定量分析		教 研 室	
姓　　名		学　　号		班　　级	
实验地点		实验日期		实验时数	
指导教师		同组其他成员		成　　绩	

一、实验目的及要求

(一) 实验目的

对均线理论进行定量分析操作。

(二) 实验要求

(1) 掌握均线理论的来源及其原理。

(2) 掌握均线理论葛南维尔八大法则的相关研判原理。

(3) 运用均线理论对股票后市的走势进行研判。

(4) 应用均线理论进行相关定量分析操作。

二、实验环境及相关情况(包含使用软件、实验设备、主要仪器及材料等)

(1) 电脑及相关设备。

(2) 证券行情软件。

(3) 实时上网功能及流畅的网速。

(4) WIND、Choice 等金融数据库软件。

(5) 实训报告。

三、实验内容及步骤(包含简要的实验步骤流程)

(一) 实验内容

(1) 学会根据不同的均线周期设置不同的均线，同时利用均线理论对股票的后市走势进行研判。学会用单根、两根以及多根均线的相关操作来进行不同的分析。

(2) 利用行情软件中"条件选股"功能，设置定量参数，选出符合设置参数要求的股票池，能够利用的均线理论分析策略包括"DTPL 均线多头排列(系统)""KTPL 均线空头排列(系统)""MA 买入–均线买入条件选股(系统)""MA 卖出–均线卖出条件选股(系统)"等选股功能。

(二) 实验步骤

(1) 选择一张 K 线图，在 K 线图上用短期、中期、长期均线对该股票进行分析。同时能利用单根、两根以及多根均线的相关操作来进行不同的分析。

　　(2) 用"条件选股"功能中的"MA 买入-均线买入条件选股(系统)"找出均线发出买入信号的股票,并详细查看其中股票池的总体情况,选择一只你认为后市走势会上涨的股票,应用均线理论进行分析。

四、实验结果(包括程序或图表、结论陈述、数据记录及分析等,可附页)

　　在对股票进行均线理论定量分析之后,你对选出的股票池有什么看法?列举几家后市走势可能失败(即不涨反跌)的投资品种,并分析出现这种现象的原因。同时把相关的图形及分析粘贴在以下空白处。

备注:

　　(1) 使用手工方式填写实验报告时,必须字迹工整,一律使用黑色钢笔书写;使用电子文档方式编辑填写实验报告时,报告中各内容选用宋体五号字,行间距为单倍行距。

　　(2) "实验编号及实验名称"项的填写形式如"实验一 原始凭证模拟实验"。

　　(3) 报告中可附页部分为第四项,附页使用 A4 打印纸,要标明所属报告中的内容编号,附页本身必须加编页码(如附四-1、附四-2 等)。

　　(4) 实验日期的填写格式统一为年-月-日的形式,如 2021-01-01。

　　(5) 实验日期可根据实验内容实际进行的时间分次如实填写;实验时数为实验大纲中对相应实验设置的具体课时数(节)。

　　(6) 报告中实验成绩由实验指导教师采用百分制进行评定。

四、技术指标的定量分析与模拟实训

××××大学

实验报告

(20　　－20　　学年第　学期)

课程名称：_____

实验名称：_____

指导教师：_____

教　研　室：_____

专　　业：_____

年级班级：_____

姓　　名：_____

学　　号：_____

××学院实验报告

课程名称：

实验编号及实验名称	实验二十五 技术定量分析之技术指标定量分析		教 研 室	
姓　名		学　号	班　级	
实验地点		实验日期	实验时数	
指导教师		同组其他成员	成　绩	

一、实验目的及要求

（一）实验目的

对技术指标理论进行定量分析操作。

（二）实验要求

(1) 掌握各种技术指标的原理及计算方法。

(2) 掌握各种技术指标的相关研判原理。

(3) 运用技术指标对股票后市的走势进行研判。

(4) 应用技术指标进行相关定量分析操作。

二、实验环境及相关情况(包含使用软件、实验设备、主要仪器及材料等)

(1) 电脑及相关设备。

(2) 证券行情软件。

(3) 实时上网功能及流畅的网速。

(4) WIND、Choice 等金融数据库软件。

(5) 实训报告。

三、实验内容及步骤(包含简要的实验步骤流程)

（一）实验内容

(1) 掌握不同技术指标的原理以及计算方法，同时利用技术指标理论对股票的后市走势进行研判。学会用一种或者多种技术指标的相关操作来进行不同的分析。

(2) 利用行情软件中"条件选股"功能，对各类技术指标设置定量参数，选出符合设置参数要求的股票池，能够利用技术指标判断法则确定满足投资者需要的投资对象。

（二）实验步骤

(1) 选择一个股票的走势图，结合各种技术指标理论，对该股票的当前走势做出基于技术指标理论的分析，同时对其未来的走势做出基于技术指标角度的简要预测。

(2) 用"条件选股"功能中的"BOLL 买入布林线买入条件选股(系统)""KDJ 买入 KDJ 买入条件选股(系统)""MACD 买入 MACD 买入点条件选股(系统)""RSI 买入 RSI 买入条件选股(系统)""MR 买入威廉指标买入条件选股(系统)"等技术指标选股方法中的一种或者几种的综合应用,选出满足技术指标选股条件的股票池,然后从中选择您个人认为后市相对看涨的投资对象。

四、实验结果(包括程序或图表、结论陈述、数据记录及分析等,可附页)

在对股票进行技术指标定量分析之后,您对选出的股票池有什么看法?特别是在这么多的股票池品种中,很多品种都是会被过滤掉的,您会如何把握?把您的实验结果和实验总结写在以下空白处。

备注:

(1) 使用手工方式填写实验报告时,必须字迹工整,一律使用黑色钢笔书写;使用电子文档方式编辑填写实验报告时,报告中各内容选用宋体五号字,行间距为单倍行距。

(2) "实验编号及实验名称"项的填写形式如"实验一 原始凭证模拟实验"。

(3) 报告中可附页部分为第四项,附页使用 A4 打印纸,要标明所属报告中的内容编号,附页本身必须加编页码(如附四-1、附四-2 等)。

(4) 实验日期的填写格式统一为年-月-日的形式,如 2021-01-01。

(5) 实验日期可根据实验内容实际进行的时间分次如实填写;实验时数为实验大纲中对相应实验设置的具体课时数(节)。

(6) 报告中实验成绩由实验指导教师采用百分制进行评定。

第六章　组合定量分析与模拟实训

组合定量分析就是通过定量分析的方法来构建投资组合，涉及组合仓位控制以及组合成分股的量化配比，这是分散非系统性风险的一种普遍做法。不同的投资者进行组合分散的思路也许不一样，但至少都知道要分散，通过构建一个包含多种标的的资产组合才是长期投资的理性做法。

第一节　组合分析概述

证券投资组合管理[①]是指投资者对各种证券资产，如股票、债券及衍生工具等进行分析、调整和控制，形成合理的资产组合，以实现资产风险最小化和收益最大化的经济行为。证券投资组合管理的目的主要有两个方面：一是最大限度地降低投资的风险，将风险控制在投资者可以接受的范围之内，即在收益相同的情况下风险最低；二是尽可能提高组合的收益率，即在风险相同的情况下收益最高。简言之，理论上证券投资组合管理的目的是追求投资净效用最大化。

随着资本市场的发展，证券投资组合管理的作用将越来越大。未来资本市场发展的一大趋势就是财富管理。证券组合投资是财富管理领域的重要工具，证券投资组合管理也成了一个专门的行业，参与的人将越来越多，证券投资管理行业的发展前景非常明朗。

一、证券投资组合管理概述

（一）证券投资组合理论的形成

传统的证券投资组合理论是根据投资者对证券投资收益的要求，更多地从资本保值增值的角度来分析和研究如何构建证券组合。证券投资组合管理分析的重点依然是各类证券，即对各类证券资产的投资收益和风险进行综合分析和比较，选择投资收益较高而风险较低的证券资产，进而构建一个证券资产组合。证券投资组合管理可以说是单个证券投资分析的延伸和拓展。

---

① 证券投资组合管理是在本书作者于 2017 年出版的《证券投资试验教程》(大连理工出版社)的组合投资内容的基础上修改并完善的。

　　证券投资组合管理是由美国纽约市立大学巴鲁克学院的经济学教授马柯维茨提出的。1952 年马柯维茨在《金融杂志》上发表了《资产组合的选择》一文，将概率论和线性代数的方法应用于证券投资组合研究上，探讨了不同类别、运动方向各异的证券之间的内在关联性。马柯维茨于 1959 年出版了《证券组合选择》一书，详细论述了证券组合的基本原理，从而为现代证券投资组合管理奠定了基础。

　　马柯维茨的资产组合理论不仅揭示了组合资产风险的决定因素，还揭示了资产的期望收益是由其自身风险大小来决定的结论。马柯维茨的风险定价思想在他创建的"均值-方差"或者"均值-标准差"二维空间中投资机会集的有效边界上表现得很清楚。现代证券投资组合不仅关心单个证券资产的期望收益和风险，更重视证券资产之间收益和风险的相互关系，即根据对证券资产组合总体收益和风险的分析评价，在投资者可支配资源的范围内，选择能使证券资产组合收益最大化和风险最小化的证券资产，从而构建一个证券资产组合。

　　马柯维茨的现代资产组合理论主要解决减少投资风险可能性的问题。该理论认为分散投资对象可以减少个别公司的风险，因此个别公司的风险就显得不太重要。证券市场的风险有两个：一个是非系统性风险，另一个是系统性风险。前者是个别公司自身的风险，是针对单个公司投资回报不确定而言的，通过证券投资组合可以降低个别公司的风险；后者指整个市场所产生的风险，是无法通过分散风险来减轻的，是针对整体投资回报不确定而言的，通过证券投资组合并不能规避整个系统的风险。

(二) 证券投资组合管理的理论前提

　　和众多金融投资理论有各种各样的前提假定一样，证券投资组合管理的使用也是有一定前提条件的，具体如下：

　　(1) 假设市场是有效的，市场价格已经反映过去、现在甚至未来可以预先判断的信息。投资者是理性的，能熟悉金融市场上收益与风险的变动规律及其内在原因。

　　(2) 投资者以期望收益来衡量未来实际收益率的总体水平，以收益率的方差(或者标准差)来衡量未来不确定收益的风险，且投资者在投资方案中只关心投资的期望收益率和方差。投资者能根据金融资产的预期收益率和标准差来选择投资组合，他们所选取的投资组合具有较高的收益率或者较低的风险。

　　(3) 投资者是风险规避者，即在收益相等的情况下，投资者会选择风险较低的投资组合，在风险相同的情况下，投资者会选择收益较高的投资组合。投资者会追求投资净效用最大化，将根据均值、方差以及协方差来选择最佳投资组合。

　　(4) 假定多种证券资产之间的风险都是不完全相关的，如果能把握每种证券资产之间的相关系数，就有可能选出最低风险收益比的证券投资组合。

(三) 证券投资组合的目标

　　虽然构建证券投资组合要综合考虑收益和风险两个目标因素，但这是一条普遍的原则。在细化证券投资组合目标时，通常还要因人、因时考虑证券资产组合的目标。

　　(1) 因人的因素而确定的组合目标。人的因素主要是指投资者偏好问题。投资者偏好主要包括风险回报态度以及投资者的资金性质。风险回报态度主要是投资者对于市场的认识以及自己的风险回报需求，如风险爱好者可能会接受较高的收益回撤[①]以换取较高的风险回报，风险厌恶者可能偏爱较低的收益回撤只求获得稳定的回报即可。资金性质主要是指用于投资组合的资金的使用时间限制。如果资金的使用期限较长，则投资组合目标应设置得相对平稳，追求资产的长期稳定增长；如果资金的使用期限较短，则投资组合目标应设置得较高，用资产的快速增长来获得短时间的高收益。

(2) 因时的因素而确定的组合目标。时的因素主要是指市场整体所处的发展阶段。如果市场整体比较低迷，这时的投资回报就不要期待太高，低回报甚至保本收益也许就是很不错的组合目标；但如果市场整体比较繁荣，则看似不错的组合回报也可能会落后于市场的平均回报。

不过，对于绝大多数投资者而言，组合回报在任何时候都应该考虑正收益。至于组合回报有多高，因人而异，但有一点需要把握，那就是不要期待太高的目标，因为太高的回报大多不能持续[②]。

二、证券投资组合的构建与调整

(一) 构建证券投资组合的步骤

证券投资组合的构建是证券投资组合管理的核心步骤，将直接决定组合的收益和风险的大小。证券投资组合的构建过程如下：

(1) 确定证券投资组合的资产范围。大多数证券投资组合的资产类别主要是股票、债券和基金等。当然，随着证券市场容量的不断扩大，资产的类别也开始增加，更多金融衍生工具的加入也是一种必然趋势。

(2) 分析各种证券或者资产的预期回报率及风险。在分析各种证券或者资产收益以及风险的基础上，要和构建证券投资组合的目标相一致。

(3) 确定各种证券或资产在投资组合中的权重。权重的选择可以等量配比或者根据目标需要进行比例调整。

(二) 证券投资组合的调整

由于证券市场的复杂多变性，各种证券资产的预期收益及风险会因为市场环境的变化而出现较大的波动。为了能适应投资者的目标要求，必须选择合适的时机，对证券投资组合做如下两个方面的调整：

(1) 对证券组合中的具体证券品种做出必要的调整。例如，增加或者提高有利于提升证券组合收益或者降低证券组合风险的证券资产；剔除或者降低不利于提升证券组合收益或者降低证券组合风险的证券资产。这个过程应该是一个持续不断动态调整的过程。

(2) 对证券组合中品种的投资比率做必要的调整。证券投资组合在运行过程中会出现

---

① 回撤指的是在某一特定的时期内，账户净值由最高值向后推移，直到净值回落到最低值时，期间净值减少的幅度。回撤在交易中是时常发生的，也是投资者必须接受的事实。

② 从长达 10 年以上的时间来看，能稳定保持在 20% 以上的投资回报率已经属于凤毛麟角了。

其投资品种仓位变动的问题，表现好的投资品种仓位在不断提升，表现差的投资品种仓位持续下降。对于表现差的品种，是在不被看好的情况下，也许会被清仓，但是如果依然对该品种看好，可能还会加仓，只不过仓位上有一定的限制(最高持仓限额)；对于表现好的品种，其持仓占比会一直提升，此时应该考虑持仓限制的问题(到达持仓限额时适当卖出部分持仓，让持仓限额约束起作用，也会降低表现好的品种的持仓成本，有利于安心持股)，至少不应该再持续加仓，因为单个证券的持仓比重太高会导致组合的风险过于集中，而这也是组合投资分散持仓的大忌。

三、证券投资组合管理策略

(一) 消极型投资策略

1. 消极型投资策略及其应用

消极型投资策略是建立在随机漫步理论和混沌理论之上的，其核心思想是单个证券的非系统性风险是难以消除的。该策略认为，股票价格的未来变动用任何一种方法都无法准确预测，只有通过建立一个充分分散化的投资组合才能化解非系统性风险。消极型投资以获得市场的平均收益为目标，而不是去寻找那些定价过低或者规避过高的证券，并尽量减少交易成本。

消极型投资策略一旦被投资者确认为自己的投资风格后，就不会轻易改变。其好处在于节省了投资的交易成本、研究成本、人力成本，也避免了不同风格收益之间相互抵消的问题。

2. 消极型投资具体策略

1) 简单型消极投资策略

简单型消极投资策略是在确定投资组合目标后，开始逐步买入对应的投资品种，一旦证券投资组合构建完成，就会在较长的一段时间内不再发生积极的买入或者卖出行为，买卖的时机也不是投资关注的重点。这种策略在长期价值投资组合策略上比较多见，如破净策略投资、低估值投资策略或者长期价值投资策略等。

2) 指数型消极投资策略

指数型消极投资策略是采用股票价格指数来代表市场投资组合，又称指数化投资策略，是构造指数基金，购买整个市场的做法。指数化投资策略具有投资风险小、投资成本低、投资流动性强、长期收益稳定、运行时间长等优势。

有些基金经理人采用误差跟踪法来实现与市场的拟合优化，当然也会做一些适当的主动性调整来实现与积极型投资策略的结合，市场称之为增强型指数基金或者优化型指数基金。

(二) 积极型投资策略

1. 积极型投资策略及其应用

积极型投资策略认为市场不是有效的，证券的价格不能完全反映影响价格的信息，证券价格存在错误定价的情况，投资者通过其良好的分析判断能力以及信息方面的优势，寻找错误定价的证券，通过低价买入和高价卖出的做法，获取超出市场平均水平的收益率。

积极型投资策略通过对不同类型证券的收益情况作出预测和判断，主动改变投资组合中资产的类别和权重以期获得超额收益。

2. 积极型投资策略的分类

积极型投资策略主要包括以技术分析为基础的投资策略、以基本分析为基础的投资策略和市场异常策略等三大类。

1) 以技术分析为基础的投资策略

以技术分析为基础的投资策略是指以股票交易的技术走势图和相关市场数据为基础，预测单个股票或者市场总体变化趋势，进而进行相关市场操作的一种投资策略。道氏理论、波浪理论、切线理论、均线理论、技术指标理论等均属于以技术分析为基础的投资策略。

2) 以基本分析为基础的投资策略

以基本分析为基础的投资策略是以公司基本面为基础进行的分析，通过对公司的基本状况进行分析(这些方面主要包括公司的业务情况、公司竞争力、公司财务状况以及未来的利润预测等)，并通过估值模型对公司进行合理的定价，寻找被低估的股票并买入，等待公司的股价回到合理估值后再卖出的行为。

3) 市场异常策略

市场异常策略是以市场中出现的异常事件为核心进行操作的策略。常见的异常策略主要包括小公司效应、低市盈率效应、被忽略公司效应、市场风格轮转效应、日历效应以及遵循内部人交易等策略。

四、证券投资组合统计量的计算以及相关理论

(一) 期望收益率

1. 单一证券的期望收益率

假定收益率的概率分布如表 6-1 所示。

表 6-1　收益率的概率分布

收益率 r_i/%	r_1	r_2	r_3	⋯	r_n
概率 p_i	p_1	p_2	p_3	⋯	p_n

度量收益水平的指标——期望收益率 $E(r)$ 的计算公式如下：

$$E(r) = \sum_{i=1}^{n} p_i r_i$$

2. 组合证券的期望收益率

投资组合的期望收益率是投资组合中所有证券预期收益率的加权平均，证券组合 p 的

收益率 r_p 为

$$r_p = x_1 r_1 + x_2 r_2 + \cdots + x_n r_n = \sum_{i=1}^{N} x_i r_i$$

其中：r_p 为证券组合 p 的收益率；x_i 为投资组合中证券 i 所占比重，$x_1 + x_2 + \cdots + x_n = 1$；$r_i$ 为证券 i 的收益率。

(二) 方差和标准差

1. 单一证券的方差

度量风险水平的指标——方差 σ^2 的计算公式如下：

$$\sigma^2(r) = \sum_{i=1}^{n} \left[r_i - E(r) \right]^2 p_i$$

2. 组合的方差

组合的方差的计算公式如下：

$$\sigma_p^2 = \sum_{i=1}^{N} \sum_{j=1}^{N} x_i x_j \, \mathrm{cov}(x_i x_j) = \sum_{i=1}^{N} \sum_{j=1}^{N} x_i x_j \sigma_i \sigma_j \rho_{ij}$$

单一证券和组合证券的标准差就是各自方差的开平方。由 N 种证券组成的证券组合的标准差的计算公式为

$$\sigma_p = \left[\sum_{i=1}^{N} \sum_{j=1}^{N} x_i x_j \, \mathrm{cov}_{ij} \right]^{\frac{1}{2}}$$

其中，x_i、x_j 为证券 i、证券 j 在证券组合中的投资比率，即权数；cov_{ij} 为证券 i 与证券 j 的收益率之间的协方差；$\sum_{i=1}^{N} \sum_{j=1}^{N}$ 表示的是双重加总符号，表示所有证券的协方差都要相加。

以上公式又可以写成：

$$\sigma_p = \left[\sum_{i=1}^{N} \sigma_i^2 x_i^2 + \sum_{j=1}^{N} \sigma_j^2 x_j^2 + 2 \sum^{N} \mathrm{cov}_{ij} \, x_i x_j \right]^{\frac{1}{2}}$$

因为

$$\mathrm{cov}_{ij} = \rho_{ij} \sigma_i \sigma_j$$

所以

$$\sigma_p = \left[\sum_{i=1}^{N} \sigma_i^2 x_i^2 + \sum_{j=1}^{N} \sigma_j^2 x_j^2 + 2 \sum^{N} \rho_{ij} \sigma_i \sigma_j x_i x_j \right]^{\frac{1}{2}}$$

式中，$\sigma_i \sigma_j$ 是第 i 种证券与第 j 种证券标准差的乘积。

(三) 协方差

协方差是反映二维随机向量中两个分量取值间相互关系的数值。协方差用于揭示资产组合两种证券未来可能收益率之间的相互关系。协方差的计算公式如下：

$$\mathrm{cov}_{ij} = \frac{1}{2} \sum_{t=1}^{n} p_t (r_{i,t} - E(r_i))(r_{j,t} - E(r_j))$$

其中：cov_{ij} 是证券 i 与证券 j 的协方差；r_i、r_j 是证券 i 与证券 j 的各种可能收益率水平；$E(r_i)$、$E(r_j)$ 是 i 与证券 j 的预期收益率；p_t 是各种可能的概率，p_t 满足 $\sum_{t=1}^{n} p_t = 1$。

(四) 相关系数

相关系数反映两个随机变量的概率分布之间的相互关系。相关系数可用于衡量两种证券收益率之间的相关程度。相关系数是标准化的计量单位，取值在 ±1 之间。相关系数的公式为

$$\rho_{ij} = \frac{\mathrm{cov}_{ij}}{\sigma_i \sigma_j}$$

相关系数更直观地反映了两种证券收益率的相互关系：

(1) 若 $\rho = 1$，为完全的正相关性，变动方向和变动程度一致，组合风险是个别风险的加权平均。

(2) 若 $\rho = -1$，为完全的负相关性，变动程度一致但变动方向相反，风险可以抵消。

(3) 若 $\rho = 0$，为完全不相关，收益变动方向和程度不同，分散投资有助于降低风险。

(五) 资本资产定价模型

资本资产定价模型(CAMP)阐述了在投资者都采用马柯维茨的理论进行投资管理的条件下市场均衡状态的形式，把资产的预期收益与预期风险之间的理论关系用一个简单的线性关系表达了出来，即认为一个资产的预期收益率与衡量该资产风险的一个尺度 β 值之间存在正相关关系。资本资产定价模型的假设条件如下：

(1) 所有的投资者都根据马柯维茨模型选择资产组合。

(2) 所有投资者具有相同的投资期限。

(3) 所有投资者以相同的方法对信息进行分析和处理，具有相同的预期。

(4) 资本市场是完全的，没有税负，没有交易成本。

(5) 所有资本都是无限可分的。

(6) 所有投资者都具有风险厌恶的特征。

(7) 投资者永不满足。

(8) 存在无风险利率，且所有投资者都能用这一利率水平不受限制地贷出(即投资)或借入资金。

(9) 市场是完全竞争的。

(10) 信息充分、免费并且立即可得。

资本资产定价模型认为，每个投资者具有优化其资产组合的倾向，最终所有投资者的资产组合会趋于一致。某种资产在一个投资者资产中的权重等于该资产在市场组合中所占的比例。资本资产定价模型的公式为

$$E(r_p) = r_f + [E(r_m) - r_f]\beta_p$$

从 CAPM 模型可以看出，风险资产的收益是由两个部分组成的：一部分是无风险资产的收益 r_f，它是由时间价值创造的，是放弃即期消费的补偿；另一部分是 $[E(r_m) - r_f]$，是对承担风险的补偿，通常称为风险溢价，它与承担风险的大小成正比。$[E(r_m) - r_f]$ 代表了对资产的风险补偿，通常称之为风险价格。

CAPM 模型说明两个问题：一是风险资产的收益率要高于无风险资产的收益率；二是风险资产承担的所有风险并不都会给予补偿，给予补偿的只是系统风险。

(六) 套利定价模型

资本资产套利定价理论(APT)是一个决定资产价格的均衡模型，它认为证券的实际收益率要受更多普遍因素的影响，证券分析的目标在于识别经济中的这些因素以及证券收益对这些因素的不同敏感性。APT 认为，如果市场未达到均衡状态的话，市场就会存在无风险的套利机会。套利机会不仅存在于单一证券上，还存在于相似的证券或组合中。也就是说，投资者还可以通过对一些相似证券或组合部分买入、部分卖出来进行套利。

APT 与 CAPM 相同的假设条件是：投资者有相同的预期，投资者追求效用最大化，市场是完美的。APT 最基本的假设条件是投资者都相信证券 I 的收益随意受 k 个共同因素的影响，证券 I 的收益与这些因素的关系可以用下面这个 k 因素模型表示出来：

$$r_i = E(r_i) + b_{i1}F_1 + b_{i2}F_2 + \cdots + b_{in}F_n + e_i$$

式中：r_i 是任意一种证券 i 的收益；$E(r_i)$ 是证券 i 的预期收益，包含了到目前为止所有可知的信息；$b_{ik}(k = 1, 2, \cdots, n)$ 是证券 i 相对于 k 因素的敏感度；e_i 是误差项，也可认为是只对个别证券的收益起作用的非系统因素；$F_k(k = 1, 2, \cdots, n)$ 是对所有资产都起作用的共同因素，也称系统因素。

五、证券投资组合管理的业绩评估

如果只是简单地对证券投资组合用各自的收益率进行比较是不客观的，因为不同投资组合的风险程度是不同的。风险的大小在决定组合的表现上具有基础性的作用，如果把收益和风险放在一起综合考虑，这样的评估方法就相对合理。常用的业绩测度指标主要有夏普比率、特雷诺指数以及詹森指数等。

(一) 夏普比率

夏普比率是用资产组合的长期平均超额收益(相对于无风险利益)除以这个时期该资产组合收益的标准差。夏普比率的公式为

$$夏普比率 = \frac{E(R_p) - R_f}{\sigma_p}$$

其中，$E(R_p)$ 为投资组合 p 的预期报酬率；R_f 为无风险利率，σ_p 为投资组合 p 的标准差。

夏普比率的目的就是计算投资组合每承受一单位总风险会产生多少超额报酬。每个投资组合都可以计算夏普比率，这个比例越高，投资组合越佳。特别是当投资组合内的资产皆为风险性资产时，更适合用夏普比率。

(二) 特雷诺指数

特雷诺指数的含义就是每单位系统风险资产获得的超额回报，是对单位风险的超额收益的一种衡量方法。该指数中，超额收益被定义为基金的投资收益率与同期无风险收益率之差，具体计算公式如下：

$$T = \frac{R_p - R_f}{\beta_p}$$

其中，T 表示特雷诺指数，R_p 表示考察期内基金投资的平均收益率，R_f 表示考察期内的平均无风险收益率，β_p 表示某只基金的系统风险。

特雷诺认为，足够分散化的组合没有非系统性风险，仅有与市场变动差异的系统性风险，用单位系统性风险系数所获得的超额收益率来衡量投资基金的业绩比较合理。特雷诺指数越大，投资组合的表现就越好。

(三) 詹森指数

詹森指数测定的是证券组合的实际期望收益率与位于证券市场线上的证券组合的期望收益率的离差。其具体计算公式如下：

$$\alpha = r_p - [r_f + \beta_p(r_m - r_f)]$$

詹森指数通过比较考察期内基金收益率与由资本资产定价模型得出的预期收益率之差(即基金的实际收益超过它所承受风险对应的预期收益的部分)来评价基金。这部分差额就是与基金经理业绩直接相关的收益。

詹森指数大于 0，表明基金的业绩优于市场基准组合，大得越多，业绩越好；反之，如果詹森指数小于零，则表明其绩效越差。

第二节　组合定量分析的具体内容

组合定量分析的思路就是从组合构建的角度，应用可以定量操作来完成相关步骤的构建，从而使得组合构建步骤有合理的依据，最终实现组合投资的预期目标。

一、构建投资组合的过程及其相关操作

构建投资组合的具体过程及相关操作如下:

(1) 根据能力圈构建自己的"资产池"①。从资产类别大的方向来看,"资产池"可以涵盖股票、可转债、基金、期货、期权等;从资产类别小的方向来看,"资产池"可以只涵盖各种各样的股票甚至某一类属性的股票(如高成长类股票、低 PE 类股票、消费类行业股票或者医疗医药类行业股票等)。

(2) 等待合适的资产买入时机。看好的资产也应该考虑一个理想的买入时机,尽管高价买入也是对的,但是大多要付出长期等待的时间成本。合适的买入时机决定着持仓成本以及收益率大小,如 5 元买入和 10 元买入同一个公司的股票,当股价涨至 15 元时,前者是 200%的收益,而后者只有 50%的收益。当然,较低的持仓成本也会影响持股人的心态。应尽量买在便宜的价格上,因为资产池的构建就是等待资产池里的投资对象发出买入信号而准备的,没有哪一个资产池的品种是不问价格随时买入的。

(3) 确定持仓品种的仓位比重。这是老生常谈的"鸡蛋不要放在一个篮子"的分散投资理论,是值得高度重视的投资理论。在设置持仓的仓位比重时要注意:持有单只股票的仓位比重不得超过基金资产的 10%,持有的股票不得超过该股票股份总额的 10%。当然,对于一般小资金量而言,要考虑的主要是前一个比重设置,即单只股票的仓位比重不得超过基金资产的 10%。不过,具体的比重要视基金风格而定,没有一定之规。大多数情况下,还是要设置一个比重上限,如单只证券的持仓占总资产比重不得超过 15%,同一个行业股票持仓占总资产比重不超过 25%等。

(4) 达到投资组合的动态再平衡。构建投资组合的一个好处在于组合在分散的约束下其抗风险能力提升了。因为投资组合在运行过程中一定会出现持仓品种不达预期的情况,分散持仓的目的就是把这些不达预期的品种带来的伤害降低,用新的品种来替换这些不理想的品种,提高组合效率。

(5) 进行投资组合的业绩评估。投资组合的业绩评估就是对投资结果是否达到投资组合的目标而进行的一种客观评价。投资组合业绩评估有以下两种方式:一是与预期投资目标进行比较,如果达到了预期目标,则说明投资组合的业绩还是满意的;二是在考虑市场整体风险的情况下评价投资组合的业绩,如用过往的夏普比率指标或者特雷诺指数等来反映组合业绩水平的高低。不过要注意的是,在对投资组合业绩进行评估的时候,经常会在一定期间(如一年的时间)来评估组合业绩情况,这只能反映当期的业绩水平。要真正评价一个投资组合尤其是基金产品的业绩平水,往往需要用一个较长的时间窗口。

二、组合投资定量分析的相关内容

组合定量分析主要就是将在构建投资组合过程中出现的可以定量的相关内容提取出

---

① 资产池是指资产证券化中的资产池,其实就是一个规模相当大的具有一定特征的资产组合。这个与银行的"资金池"有所区别:证券资产池是各类看好的股票暂时存放的"池子",股票的种类清清楚楚;而银行的"资金池"是各种渠道汇集而来的资金全部融入一个池子,无法区分这些资金的实质来源,资金来源及用途相对模糊。

来作为重点内容来分析，对于无法定量分析的内容用定性的内容来表述。下面围绕资产池构建、买入时机选择、持仓品种比重设置、组合动态平衡以及组合业绩评估五个步骤来完成组合定量内容的分析。

(一) 资产池构建及定量分析内容

通常投资者把一些看好的投资品种放在一个池子里，这个池子其实就是在自选板块中建立的一个独立板块，称为资产池。在实际投资之前，大多数投资者都会准备一些投资品种进入自己的资产池，池里的这些投资品种通过持续的跟踪和分析，为将来的实际投资行为做好准备。资产池的构建主要涉及大类资产的构建以及以股票为对象的投资组合构建。

1. 大类资产的构建

常见的大类资产包括房地产、证券、实物资产(黄金、古董等)以及虚拟资产(以比特币为代表的各类虚拟币等)。投资者会拥有大类资产中的一种或者多种资产，资产实力雄厚且风险意识较强的投资者大多会把资产分配在不同的大类资产上，在分散风险的基础上实现资产的保值增值目的。当然，大类资产配置的比率很大程度上取决于投资者对市场的认知，从资产本身因素来看主要考虑资产风险、收益以及流动性等因素。

从证券投资领域的角度来看，大类资产主要包括股票、债券、基金以及金融衍生工具等内容。单从证券投资领域来看大类资产配置，大多数投资者考虑的是股票、债券和基金的配置问题，风险偏好者会把大量资产投资于股票或者股票基金上，而风险厌恶者会在组合中考虑保守型基金甚至债券的配置。这样的资产配置思维最早可追溯至证券分析开山鼻祖格雷厄姆的《聪明的投资者》一书，他认为不管何时，股票和债券两种资产的比率都应该在25%～75%之间。即使非常看好股票，也只能投资产的75%，必须保持25%的债券；反过来，即使非常看空股票，股票的持仓也必须保留25%；在一般情况下，两种资产的配置比率应该各占50%。格雷厄姆的资产配置思维一直深远地影响着投资者，很多投资者通过股票和债券的仓位配置以及动态调整来应对时时变动的市场，在某种程度上也起到风险控制的效果。

大类资产的构建可以从自上而下的角度来考虑，即从宏观经济的角度来分析哪些领域是未来有发展前景的市场，给这些市场的资产配置比重应该高一些，反之则应尽量降低一些。如果未来房地产市场的走势预判是稳中有升的发展趋势，那么就应该尽量作为防守型的配置来处理；如果未来的利率是趋于上升的趋势，那债券的整体市场机会就要谨慎；如果预测随着我国经济转型的成功，股票市场和基金市场将有一个长期慢牛的走势，就应该把这类权益类市场作为重点配置的方向来看待。

2. 以股票为对象的投资组合构建

在考虑大类资产配置问题后，就需要在细分市场上进一步考虑具体的投资对象问题。不同的细分市场，由于其投资对象的特性以及市场波动规律特征差异很大，所以也有不同的分析方法。在具体投资对象上可以采取自下而上的投资分析法，即从具体投资对象分析开始，然后再往上看。如果投资对象不错，再上一个层级也还不算坏，那这样的投资对象就值得考虑。比如，看上某一家公司，往上看这家公司所属的行业发展前景也还比较乐观，尽管宏观经济可能不是非常让人满意，甚至还出现衰退的苗头，但是这样的公司还是值得考虑的。

在考虑构建股票资产池时，首先要考虑的一点就是在不同的行业中选择投资对象，因为不同行业的股票其相关性会比较低，即股票之间的相关系数 ρ 较小。选择相关系数低的股票其目的就是要降低非系统性风险，降低因个别股票出现的风险而给投资组合整体风险带来的可能冲击，这也是分散投资考虑的本质问题。

1) 两只股票相关系数 ρ 的计算

从两个行业中选择①不同的两只股票为分析对象，计算这两只股票相互之间的相关系数。相关系数的计算可以套用以上相关系数 ρ 的详细计算公式。当然，也可以在 Excel 中来实现这样的计算。Excel 中的操作更简单和快捷。Excel 中关于相关系数 ρ 的计算方式至少有三种。以下内容为线性趋势分析的具体步骤。

(1) 选择视频安防设备行业的 HK 威视以及液态奶行业的 YL 牛奶两家公司的股票，这两只股票从常识上来判断应该是行业关联度比较低的两只股票。收集这两家公司 2018 年到 2020 年三年时间里的每月收益率数据，把这些数据记录于 Excel 表格中。

(2) 在 Excel 表格中进行相关系数的一系列操作，具体步骤如下：

① 在 Excel 表格中选择这两组月度收益率数据，点击"插入"，选择"散点图"按钮，就可以得到散点图的图形，如图 6-1 所示。

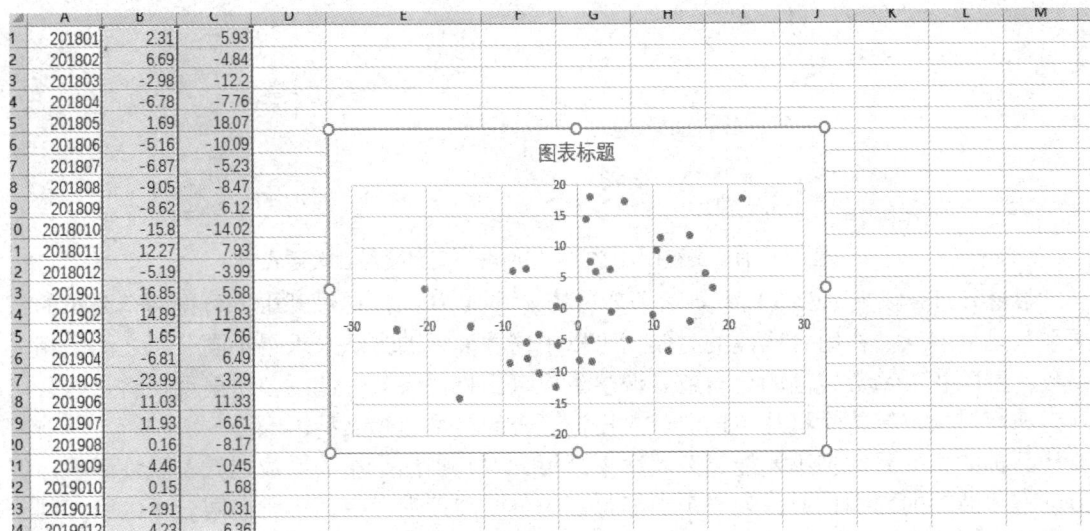

图 6-1　HK 威视以及 YL 牛奶两个公司月度收益率散点图

---

① 在行业选择时可以从常识上直观判断行业的相关性，尽量不要选择联动性很大的行业，而是尽量选择从常识上就能判断联动性不是很大的不同行业，如钢铁行业和煤炭行业就是联动性很大的行业，而钢铁行业和文具行业的联动性就不大。当然，理论上可以有两只相关系数为-1 的股票，但是实际中几乎是不可能选到两个完全不相关的行业的。

② 在散点图上点击右键，选择"添加趋势线"，就可以得到这两家公司收益率波动的近似趋势，趋势线如图 6-2 所示。

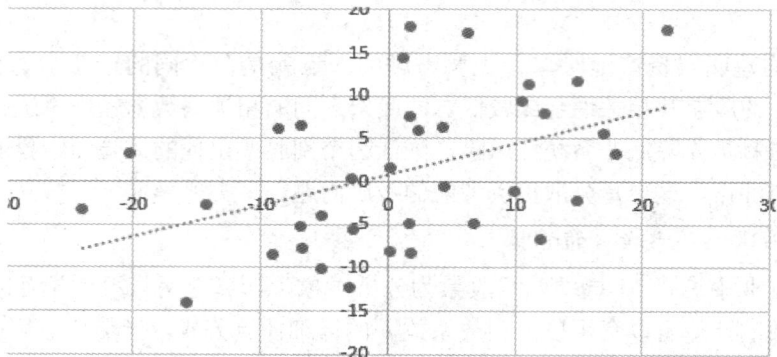

图 6-2　HK 威视以及 YL 牛奶两个公司月度收益率趋势线

③ 在趋势线界面右侧的"设置趋势线格式"中勾选"线性"，同时勾选"显示公式"和"显示 R 平方值"，就可以得到 R 的平方，用计算器开平方就可以得到两家公司的相关系数，如图 6-3 所示。

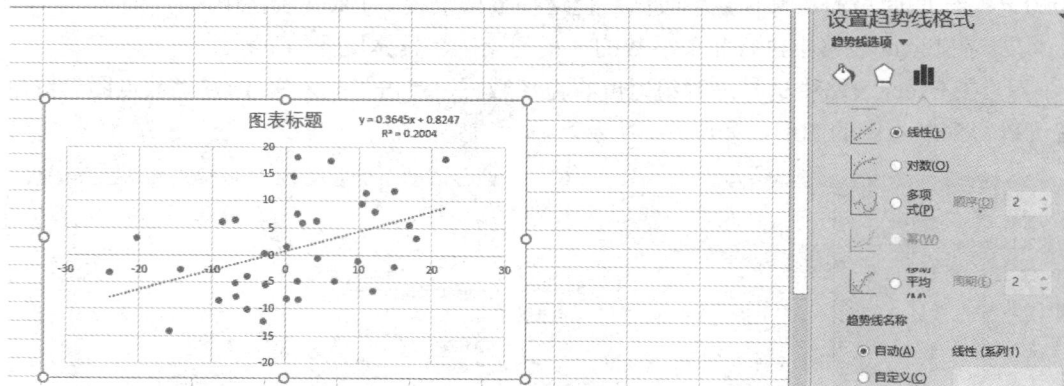

图 6-3　HK 威视以及 YL 牛奶两个公司月度线性关系式

显然，HK 威视以及 YL 牛奶两个公司的 R^2 是 0.2004，通过开平方可得两个公司的相关系数是 0.4476。在组合构建的时候，可以用这种简便的方法来求得不同公司之间的相关系数，剔除相关系数较高的公司或者调整更换直到相关系数较低的公司出现，将这些公司列为观察对象，等待时机从中选取进入投资组合的最终建仓品种。

品种的相关系数多小才能算关联性不是很大呢？当然是相关系数越低关联性越小，但市场整体波动的影响也要作为一个不能忽视的重要因素来考虑，毕竟在同一个国家、同一个市场环境下，大部分公司股票波动还是有一定趋同性的。一般认为，只要相关性在 0.5 以下，都可以作为相关性较低的品种来看待。有时为了获得更好的投资机会，牺牲一点相关性也是值得的。

当然，也可以通过 Excel 表格中的"CORREL 函数"直接求出 HK 威视以及 YL 牛奶两个公司的相关系数，也是一样的结果，但是不能看出它们二者之间的散点图分布以及趋势线的情况。

2) 增加新股票后相关系数 ρ 的计算及股票对象的选择

首先从直观上判断相关系数低的行业，然后选择比较理想的股票投资品种，进一步计算新增加股票与已选股票两两之间的相关系数 ρ，这是在不同行业中对不同的股票品种进行的不断尝试和选择。

下面以新加入橡胶和塑料制品业中的 SJ 股份为例来进一步计算 SJ 股份和 HK 威视以及 SJ 股份和 YL 牛奶之间的相关系数 ρ，具体计算方法如 HK 威视和 YL 牛奶两个公司的相关系数 ρ 的计算过程。通过计算发现，SJ 股份和 HK 威视之间的相关系数 ρ 是 0.3327，SJ 股份和 YL 牛奶之间的相关系数 ρ 是 0.3081。显然，SJ 股份与 YL 牛奶之间的相关性比 SJ 股份与 HK 威视之间的相关性更弱，如果单从投资组合构建的风险规避角度来看，SJ 股份与 HK 威视的组合显然是更理想的选择，具体如图 6-4 和图 6-5 所示。

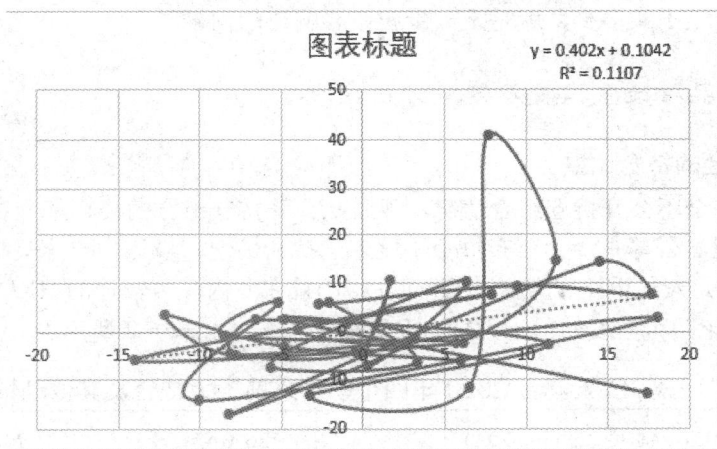

图 6-4　SJ 股份和 HK 威视之间的相关系数 ρ

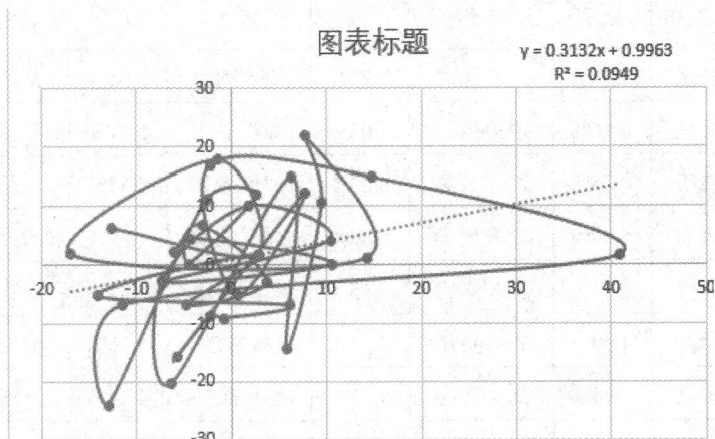

图 6-5　SJ 股份和 YL 牛奶之间的相关系数 ρ

当然，在组合投资品种数量增加比较多之后，在 Excel 中计算相关系数 ρ 的工作量就会非常大，因此只能借助其他统计软件来实现。在构建投资组合的实际工作前，对于股票间相关关系的考察还是很有必要的，尤其在同一行业中选择两只以上品种但难以决定要投资哪一只股票的时候，选择关联度相对较低的品种也是一条清晰的思路，至少对于组合风险的降低有一定的好处。

(二) 买入时机选择及定量分析内容

在选出看好的投资品种后，通过以上步骤进行股票两两之间的相关系数计算，挑选相关系数较低的股票纳入资产池，这些股票品种就是今后要着重关注的投资对象。何时买入这些关注的品种呢？需要借助在第四章微观公司定量分析中使用的一系列估值方法得出股票定量分析结果。当这些股票品种达到合理的买入价格时，就应该及时出手开始买入。这可能是一个需要漫长等待的过程，也可能不需要花太长的时间来等待，因为在构建投资组合进行估值以及相关性分析工作后，这些股票品种中已经有一些属于低估的状态，这时只需要买入即可。至于买多少，就是下一步应该要解决的问题了。

(三) 持仓品种比重设置及定量分析内容

1. 公募基金的持仓比重

由于私募基金不公开持仓组合情况，那就从公开持仓组合的公募基金说起，分析公募基金的仓位配置。公募基金会公布每个季度末的持仓情况，以国内一家规模适中(2021 年一季度 53.09 亿元人民币)、历史悠久(超过 15 年)且在业内名声较佳的 HXDPJX 基金为例，来分析其 2020 年四个季度的前十大持仓及其变动情况，如表 6-2 所示。

表 6-2　HXDPJX 基金 2020 年四个季度末前十大持仓及其变动情况表

持仓排名	2020 年一季度		2020 年二季度		2020 年三季度		2020 年四季度	
	股票名称	持仓比重	股票名称	持仓比重	股票名称	持仓比重	股票名称	持仓比重
1	恒立液压	9.21%	锦江酒店	7.25%	海尔智家	7.95%	锦江酒店	7.82%
2	晨光文具	6.86%	福斯特	7.03%	锦江酒店	6.81%	海尔智家	6.21%
3	锦江酒店	6.75%	海尔智家	6.23%	泸州老窖	5.33%	福斯特	5.49%
4	南方航空	5.00%	宏发股份	5.80%	福耀玻璃	4.89%	海大集团	5.49%
5	泸州老窖	4.14%	泸州老窖	5.45%	海大集团	4.82%	春秋航空	5.37%
6	福斯特	4.00%	古井贡酒	5.37%	福斯特	4.76%	福耀玻璃	4.98%
7	海尔智家	3.96%	海大集团	5.33%	春秋航空	4.24%	泸州老窖	4.94%
8	古井贡酒	3.77%	中南建设	5.24%	中南建设	4.19%	中航光电	4.94%
9	天虹股份	3.71%	晨光文具	4.69%	万华化学	4.12%	首旅酒店	4.78%
10	宏发股份	3.39%	恒立液压	4.68%	古井贡酒	3.99%	古井贡酒	4.66%
合计	50.79%		57.07%		51.10%		54.68%	

　　从 HXDPJX 基金四个季度的持仓比重分布情况来看，从来没有出现过单只股票持仓比重超过资产净值 10%的情况；2020 年一季度第一重仓股恒立液压到第三季度已经在前十大持仓中不见踪影。分析其持仓变动情况，可以看到每个季度几乎都有在调仓，说明其操作还是比较频繁的。前十大持仓总体变动不大，但是每个季度都有新品种进入；前十大持仓品种总体仓位配置不超过基金净资产的 60%，说明在分散方面还是很重视的。

　　再分析 HXDPJX 基金 2020 年四个季度中持股数量最多的第四季度，该季度一共持有 85 只股票，前 20 大持仓比重占到了 75.15%，后 65 只股票持仓总比重只有 24.85%；前 40 大持仓比重超过了 92.59%，后 45 只股票持仓比重不到 7.41%。虽然基金持股分散，但是总体来看，不管是风险还是收益，其持股比例最大的前十只股票或前二十只股票的表现情况才是最终决定投资组合表现的关键。

2. 分散持仓的思想

　　一般投资者在投资股票时，容易冲动地满仓持有单个股票，俗称梭哈[①]，因为他们的思维就是靠单个股票实现暴富。殊不知这样的集中投资和暴富思维是极其危险的，且在亿万次的股票投资案例中被证明是非常失败的操作行为。因此，即使再看好一家公司，也不要满仓持有一只股票，学会适当分仓很重要。一般情况下，千万资金量及以上级别的投资者股票持仓数量大多都要在 10～20 只股票甚至更多，就算是几十万甚至十万以下资金量的普通投资者也应该持有 3～5 只股票甚至更多。

3. 持仓比重定量设置的几种常见方法

1) 平均持仓定量法

　　平均持仓定量法就是按照持仓股票数量(家数)平均配置持仓股票的比重，不需要过多考虑持仓股票在仓位中的权重问题。这是一种相对被动的仓位配置方法，当然也是最简单的配置方法。其优点就是在单只股票的权重配置时不要过多考虑，操作起来省时省事；其缺点就是再看好的股票品种在仓位中也只能平均分配，会错失优势机会。

2) 单只股票结合单行业限额持仓定量法

　　在进行组合投资时由于对股票评价的差异导致对股票的偏爱出现不一样的态度，为了避免过度集中于某些看好的股票品种而导致风险的集中，因此必须对单只股票的持仓比重有一个限制。在正常情况下，一只股票的持仓比重原则上不得超过资产净值的 15%。当然，在同一个行业中也许不仅仅只看好一只股票，不过即使再看好同一个行业的股票，原则上单个行业中的股票其持仓比重也不能超过 25%，且要把它当作一条警告"红线"，这就是单只股票结合单行业限额持仓定量法。

　　至于组合内的其他股票品种可以根据风险收益比来确定它们在组合中的权重比例。这也是很多基金在组合中选择很多股票进入持仓股票池，而比重却有不同的原因。

---

① 梭哈一词来自游戏，是游戏的一种，当手里的牌很大时才能梭哈，如果手里的牌很小，梭哈的结果只能是亏得一干二净。梭哈除了技巧，很大程度上也有运气成分，主要用于赌博。股市投资里的梭哈更多是全仓持有单个股票的情况，也是带有很强的赌性。赌对了，赚得盆满钵满；赌错了，亏得倾家荡产。

（四）组合动态平衡及定量分析内容

1. 因持仓限额约束而进行的动态平衡

组合动态平衡定量分析依然以持仓股票的动态平衡为主要内容，随着时间的推移，持仓股票仓位比重可能会超出持仓限额的约束，这时就需要每隔一段时间把持仓比重进行调整使之重新回到限额内。如果某持仓股票持续超过持仓限额，就要不断进行调整。这个调整过程是动态过程，但也带有机械化操作的性质，即只要一超过持仓限额就要考虑调整，不要有太多其他的想法。

这种动态平衡操作有说起来容易、做起来难的弊端，尤其是当持仓品种在牛市的过程中其股价一直上涨时，很容易会出现一直超出持仓限额的情况。要把这类持续上涨中的股票卖出确实不容易，尤其持仓股票是大牛股时，持续卖出等于错失拥抱大牛股的机会，等事后回过头看，会为自己的持续卖出而后悔不已。面对这种情况时，要有一个缓冲操作，即超过持仓限额一定比例时才去减仓使之回到持仓限额内。比如在单只股票 15%持仓限额的约束条件下时，当某股票的持仓比重已经达到 20%以上或者 25%以上时就应该把多出持仓限额比例的头寸卖掉。不过超出持仓限额多大比例才合适，不同的投资者也许会有不同的操作。至于为什么不应该一直持有大牛股而不卖的问题，那是留给集中持股的投资者来考虑的。

2. 因风控需要而进行的整体仓位动态平衡

大多数股票投资组合是没有采取对冲策略的单边多头组合，当市场整体开始走弱而出现风险时，这些没有对冲的组合该如何进行风险控制呢？一个简单的方法就是投资组合整体仓位的动态平衡，即对持仓组合的总仓位进行一个增加或者降低的动态过程。以下结合技术分析中均线理论的相关内容对仓位动态平衡过程进行分析。

当市场的大型指数[①]在年线上方但是仍然在 20 日均线之下时，组合内持仓股票所属的行业指数有一半以上在 20 日均线上时，组合的仓位应该至少在 50%以上，并逐步加仓。

当市场的大型指数已经站到了 20 日均线上方，组合内持仓股票所属的行业指数基本都在 20 日均线上时，组合的仓位应该在 80%以上。如果大型指数和行业指数一直都在 20 日均线上方运行时，可以考虑暂时持仓享受市场上扬过程中的资产膨胀全过程，直至因市场过于火热而减仓。

当市场的大型指数从高位回落至 20 日均线下方，也有少数组合内持仓股票所属的行业指数回落到 20 日均线下方时，应该把仓位降低到 70%以下。

当市场的大型指数进一步滑落至年线下方，组合内持仓股票所属的行业指数也大多回落至年线下方，应该把仓位控制在整体仓位最低持仓水平限制[②]（如 60%）甚至降为 0。

当市场的大型指数在年线下方运行比较长的时间，且底部慢慢抬高，但还未接近年线时，可以试着建仓一些前景比较看好的股票。尤其是要特别注意已经在年线上方运行的少

---

① 大型指数一般情况下可以参考上证综合指数、深圳综合指数、创业板指数以及科创板指数等综合类的大盘指数。
② 公募股票型基金的持仓最低比例一般要求在 60%以上，私募基金的持仓比例可以低至 0。

数行业指数，这些行业内相关优质股票更要着重考虑，整体仓位一般在 20%～30%比较合适。

这种根据大型指数和行业指数的位置进行仓位控制的方法可以称作指数波动仓位动态调整策略，是一种相对常用的中期仓位调整策略。指数波动仓位动态调整策略是一个典型的趋势跟随策略，这种策略在市场震荡行情时可能会出现不理想的结果。但是一旦趋势展开，该策略就会显示出强大的赚钱效应，无论是在牛市还是熊市，该策略可以做到盈利丰厚或者避免大幅亏损的效果。

(五) 组合业绩评估及定量分析内容

组合投资解决如何衡量不同投资品种的风险以及如何取得投资收益最大化的问题，因此对投资组合业绩评定时认为投资组合金融资产的投资风险与收益之间存在一定的特殊关系。运用常见的投资组合业绩评估方法，如夏普比率对组合业绩评估进行分析。

仍然以 HK 威视以及 YL 牛奶两个公司组成的最简单的投资组合作为分析对象，通过对组合夏普比率的计算来完成业绩的评估。具体操作步骤如下：

(1) 算出组合的收益率情况，不同的配置比例，组合有不同的收益情况。假设给 HK 威视配置 X 权重的仓位，那么 YL 牛奶就配置$(1-X)$权重的仓位。根据配置给 HK 威视不同的权重来计算各种配置比例下组合的收益情况。详情如表 6-3 所示。

表 6-3　HK 威视以及 YL 牛奶两家公司不同权重下组合收益情况

日期	收益						
	100%	80%	65%	50%	35%	20%	0%
2018-01	2.31	3.034	3.577	4.12	4.663	5.206	5.93
2018-02	6.69	4.384	2.654 5	0.925	−0.804 5	−2.534	−4.84
2018-03	−2.98	−4.824	−6.207	−7.59	−8.973	−10.356	−12.2
2018-04	−6.78	−6.976	−7.123	−7.27	−7.417	−7.564	−7.76
2018-05	1.69	4.966	7.423	9.88	12.337	14.794	18.07
2018-06	−5.16	−6.146	−6.8855	−7.625	−8.364 5	−9.104	−10.09
2018-07	−6.87	−6.542	−6.296	−6.05	−5.804	−5.558	−5.23
2018-08	−9.05	−8.934	−8.847	−8.76	−8.673	−8.586	−8.47
2018-09	−8.62	−5.672	−3.461	−1.25	0.961	3.172	6.12
2018-10	−15.8	−15.444	−15.177	−14.91	−14.643	−14.376	−14.02
2018-11	12.27	11.402	10.751	10.1	9.449	8.798	7.93
2018-12	−5.19	−4.95	−4.77	−4.59	−4.41	−4.23	−3.99
2019-01	16.85	14.616	12.9405	11.265	9.589 5	7.914	5.68
2019-02	14.89	14.278	13.819	13.36	12.901	12.442	11.83
2019-03	1.65	2.852	3.7535	4.655	5.556 5	6.458	7.66
2019-04	−6.81	−4.15	−2.155	−0.16	1.835	3.83	6.49
2019-05	−23.99	−19.85	−16.745	−13.64	−10.535	−7.43	−3.29

续表

日期	权　重						
	100%	80%	65%	50%	35%	20%	0%
2019-06	11.03	11.09	11.135	11.18	11.225	11.27	11.33
2019-07	11.93	8.222	5.441	2.66	−0.121	−2.902	−6.61
2019-08	0.16	−1.506	−2.7555	−4.005	−5.254 5	−6.504	−8.17
2019-09	4.46	3.478	2.7415	2.005	1.2685	0.532	−0.45
2019-10	0.15	0.456	0.6855	0.915	1.1445	1.374	1.68
2019-11	−2.91	−2.266	−1.783	−1.3	−0.817	−0.334	0.31
2019-12	4.23	4.656	4.9755	5.295	5.6145	5.934	6.36
2020-01	9.96	7.774	6.1345	4.495	2.855 5	1.216	−0.97
2020-02	−2.78	−3.354	−3.7845	−4.215	−4.645 5	−5.076	−5.65
2020-03	−20.29	−15.574	−12.037	−8.5	−4.963	−1.426	3.29
2020-04	14.91	11.512	8.9635	6.415	3.866 5	1.318	−2.08
2020-05	−14.32	−11.996	−10.253	−8.51	−6.767	−5.024	−2.7
2020-06	10.48	10.268	10.109	9.95	9.791	9.632	9.42
2020-07	21.88	21.038	20.4065	19.775	19.143 5	18.512	17.67
2020-08	1.16	3.828	5.829	7.83	9.831	11.832	14.5
2020-09	1.84	−0.168	−1.674	−3.18	−4.686	−6.192	−8.2
2020-10	17.82	14.894	12.699 5	10.505	8.3105	6.116	3.19
2020-11	1.71	0.392	−0.596 5	−1.585	−2.573 5	−3.562	−4.88
2020-12	6.22	8.458	10.136 5	11.815	13.493 5	15.172	17.41

(2) 在计算出 HK 威视以及 YL 牛奶两个公司不同权重下的组合收益状况后,就可以计算出组合收益的标准差以及期望收益率。标准差的计算量工作比较大,只能借助 Excel 中的样本"标准差函数 STDEV.S()"计算各权重配置的组合风险;运用"均值函数 AVERAGE()"计算各权重配置下的收益均值。把计算具体结果列于表 6-4 中。

表 6-4　HK 威视以及 YL 牛奶两家公司不同权重下组合标准差和期望收益

权重	100%	80%	65%	50%	35%	20%	0%
标准差	10.61	9.39	8.68	8.21	8.00	8.09	8.64
期望收益	1.19	1.20	1.21	1.22	1.23	1.24	1.26

(3) 假设无风险利率是[①]3.20%,折算成月的无风险利率是 0.27,将期望收益减去无风险利率后除以组合的标准差就可以得到不同组合夏普比率,如表 6-5 所示。

---

① 应用第四章公司微观定量分析中对于无风险利率的设定"当前的无风险利率是 3.2%(国债 10 年期的收益率是 3.19)",这里也沿用下来。

表 6-5　HK 威视以及 YL 牛奶两家公司不同权重下组合收益夏普比率

权重	100%	80%	65%	50%	35%	20%	0%
夏普比率	0.0864	0.0991	0.1084	0.1160	0.1203	0.1203	0.1142

夏普比率是用来反映经过风险调整后的组合收益率，该比率越大就表明投资组合的吸引力越高。经过以上计算，从得出的结果可以发现，在 HK 威视持有 35%的比例、YL 牛奶持有 65%的比例组合和 HK 威视持有 20%的比例、YL 牛奶持有 80%的比例组合下，其夏普比率是最高的。还可以进一步发现在这两家公司构成的简单组合中只要 HK 威视在组合中仓位比例较低的情况下，组合的夏普比率都比较低，因此尽可能降低 HK 威视在组合中比重才是构建该组合比较合理的选择。

三、构建投资组合的具体操作

关于投资组合的构建、跟踪以及调整是一个比较系统而复杂的工程，从以上组合构建过程可以比较鲜明地看到这一点。为了计算的简便，在组合样本上只选择了最简单的两只股票构成的组合来分析，在具体计算上只能借助 Excel 的函数功能来实现，这些都是为了学习过程更加顺畅而不得不变通的举措。

当然，现在也有一些股票软件开始模拟股票组合构建过程并直接给出相关计算结果，以供投资者分析使用，这在一定程度上让普通投资者也能享受到专业金融机构才能享有的操作。比如，在东方财富 Choice 终端中就有"组合"工具栏，在该栏目下设置有"组合交易""组合监控""组合分析""组合管理""组合总览"等模块。以下借助东方财富 Choice 终端来完成投资组合的构建、跟踪、调整以及评价整个流程，具体操作主要包括以下一些详细的步骤。

(1) 在东方财富 Choice 终端工具栏"组合"功能键下选择"组合设置"，在跳出的界面中选择左上角"创建组合"，之后选择"创建模拟组合"，对模拟组合的"组合代码""组合名称""初始资金"等内容进行设置，就可以得到自己需要的投资组合，如图 6-6 所示。

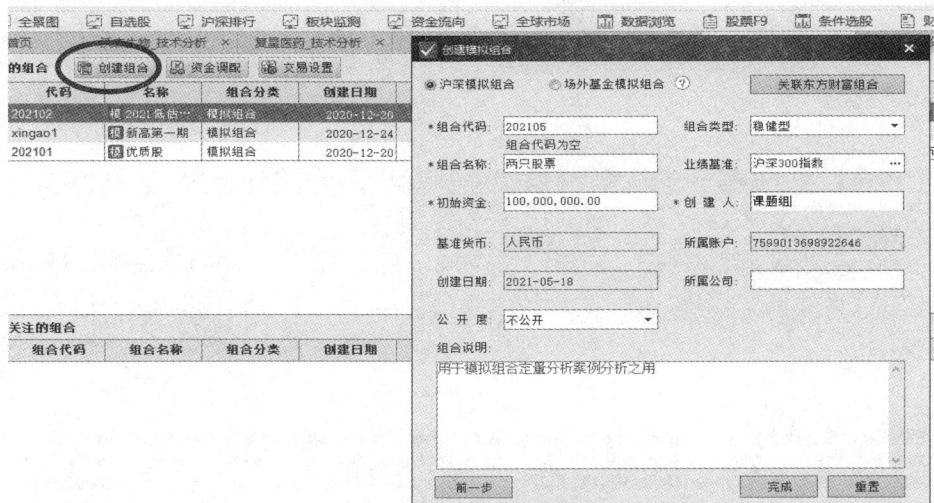

图 6-6　创建模拟组合相关操作

当然，也可以对交易的条件进行一系列的设置，如对佣金、印花税、过户费等项目进行设置，使得模拟交易场景更加接近于实际，如图6-7所示。

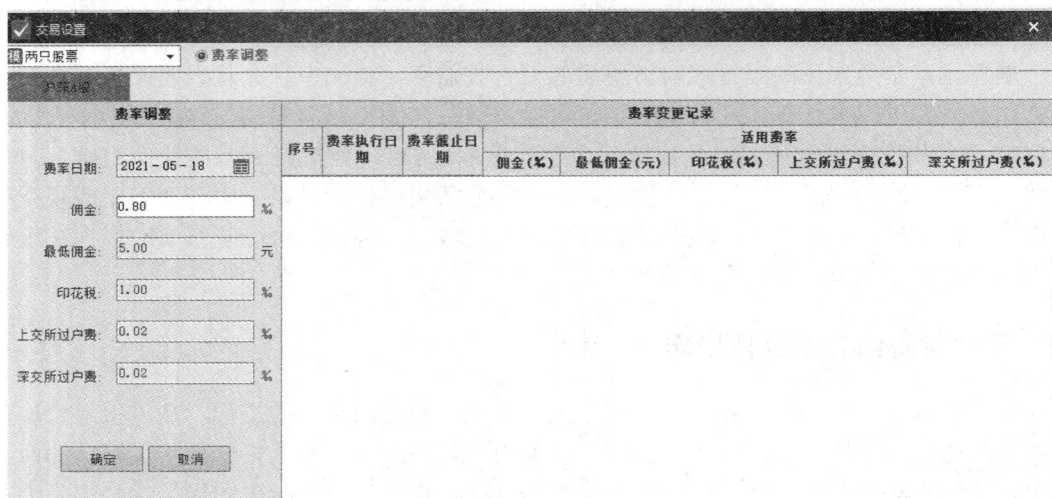

图6-7 模拟交易相关设置

(2) 利用"组合管理"下的"交易"功能就可以开始模拟买入自己要建仓的股票，该交易环境和实际交易环境是一致的，即实际交易中有和模拟交易中设置的买入卖出价格以及相应成交量的一致时，模拟交易才能成交。在非交易时间，模拟组合的一系列委托都是无效的，如图6-8所示。

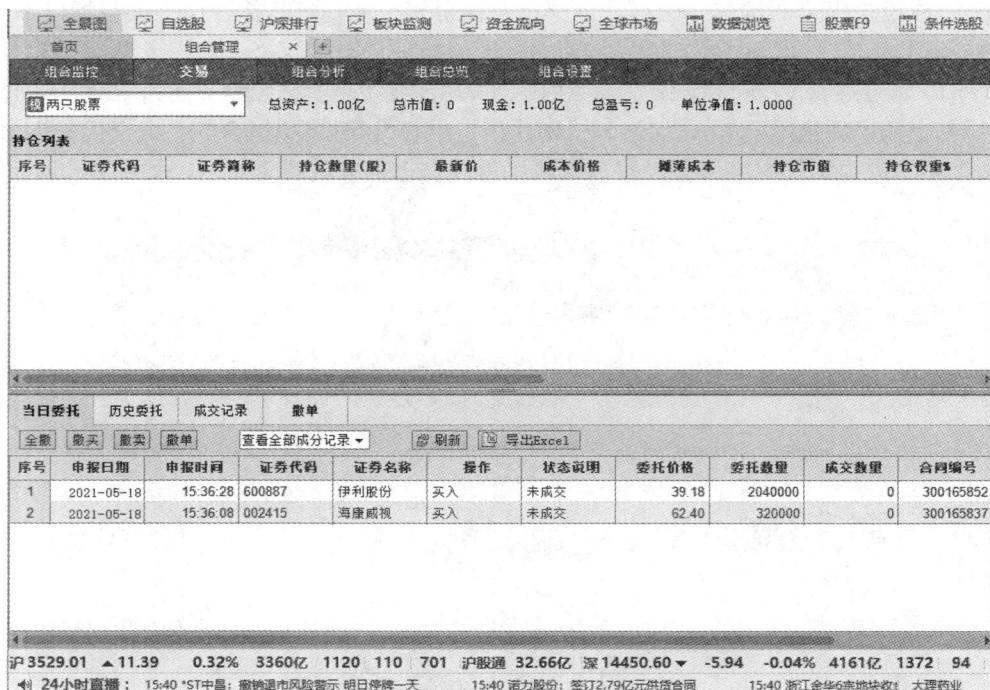

图6-8 非交易时间进行的交易委托只能处于等待状态

（3）构建投资组合后，就是持仓股票跟踪和调整的过程，涨多了，超仓限额的要减仓；跌多了，如果还是预期其发展前景依然有吸引力，就是加仓的时机。跟踪和调整的过程就是做加加减减的工作。

（4）每隔一段时间就要对自己的投资业绩进行评价。在"组合分析"中就可以查看一个组合的从建仓以来实际表现的相关数据。这些数据包括"浮动盈亏""浮动盈亏率""理论换手率""日胜率""最大回撤""组合资产配置"等内容。

（5）对组合更进一步的分析，这些可以通过行情软件左边的栏目，更细致地分析组合的基本信息，这些信息主要包括"盈亏分析""风险分析""VaR分析""组合日报""业绩贡献"等内容。这些内容足以对构建组合以来的组合表现进行非常全面的剖析。以"风险分析"及"VaR分析"为例，具体见图6-9和图6-10。

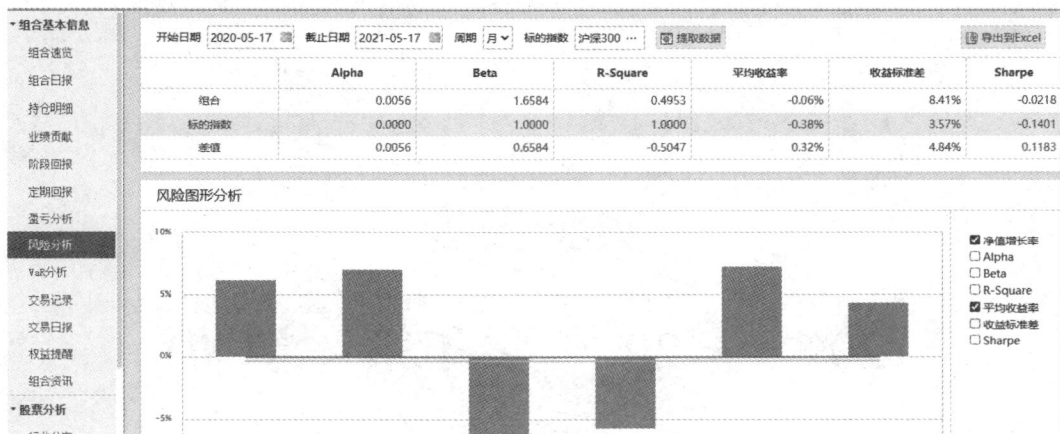

图6-9 模拟组合的风险分析

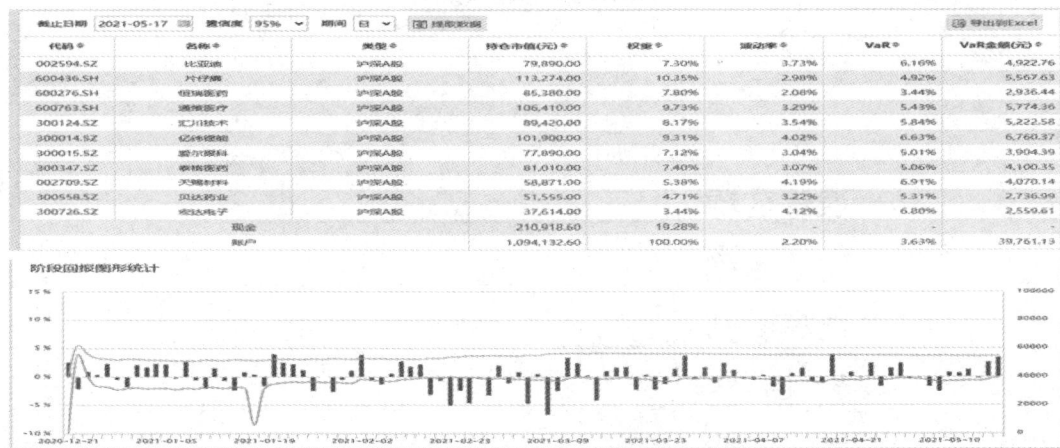

图6-10 模拟组合的VaR分析

模拟组合的风险分析中列出了该组合的阿尔法系数、贝塔系数以及相对于沪深300指数的R^2数值、平均收益率、收益标准差以及夏普比率等。可以说非常详尽，也非常方便。

模拟组合的VaR分析中列出了每一个持仓股票的持仓市值、权重、波动率、VaR值以及VaR金额等内容，也是一目了然，又利于直观比较，非常便捷。

第三节　组合定量分析与模拟实训设计

一、股票之间相关系数的定量分析与模拟实训

××××大学

实验报告

(20 — 20 　学年第　学期)

课程名称：＿＿＿＿＿＿＿＿＿＿＿＿

实验名称：＿＿＿＿＿＿＿＿＿＿＿＿

指导教师：＿＿＿＿＿＿＿＿＿＿＿＿

教 研 室：＿＿＿＿＿＿＿＿＿＿＿＿

专 　 业：＿＿＿＿＿＿＿＿＿＿＿＿

年级班级：＿＿＿＿＿＿＿＿＿＿＿＿

姓 　 名：＿＿＿＿＿＿＿＿＿＿＿＿

学 　 号：＿＿＿＿＿＿＿＿＿＿＿＿

××学院实验报告

课程名称：

实验编号及 实验名称	实验二十六 组合定量分析之相关系数分析		教 研 室	
姓　　名		学　　号	班　　级	
实验地点		实验日期	实验时数	
指导教师		同组其他成员	成　　绩	

一、实验目的及要求

(一) 实验目的

计算股票之间的相关系数。

(二) 实验要求

(1) 掌握相关系数的作用。

(2) 学会计算不同股票之间两两相关系数的大小。

(3) 利用相关系数进行资产池股票的配置。

二、实验环境及相关情况(包含使用软件、实验设备、主要仪器及材料等)

(1) 电脑及相关设备。

(2) 证券行情软件。

(3) 实时上网功能及流畅的网速。

(4) WIND、Choice 等金融数据库软件。

(5) 实训报告。

三、实验内容及步骤(包含简要的实验步骤流程)

(一) 实验内容

计算不同股票之间的相关系数的大小；以 Excel 表格相关操作为例来完成相关内容。

(二) 实验步骤

(1) 在 Excel 表格中分别填入不同股的收益率情况，可以选择以年、月、周为时间周期来计算。

(2) 在 Excel 表格中分别画出两只股票之间的线性趋势图。

(3) 在 Excel 表格中进行线性公式和 R^2 的计算。

(4) 计算两只股票的相关系数值。

四、实验结果(包括程序或图表、结论陈述、数据记录及分析等，可附页)

通过对不同股票之间的相关系数值大小的计算，把相关系数值小于 0.5 以下的股票编制成表格列于以下的空白处。

备注：

(1) 使用手工方式填写实验报告时，必须字迹工整，一律使用黑色钢笔书写；使用电子文档方式编辑填写实验报告时，报告中各内容选用宋体五号字，行间距为单倍行距。

(2) "实验编号及实验名称"项的填写形式如"实验一 原始凭证模拟实验"。

(3) 报告中可附页部分为第四项，附页使用 A4 打印纸，要标明所属报告中的内容编号，附页本身必须加编页码(如附四-1、附四-2 等)。

(4) 实验日期的填写格式统一为年-月-日的形式，如 2021-01-01。

(5) 实验日期可根据实验内容实际进行的时间分次如实填写；实验时数为实验大纲中对相应实验设置的具体课时数(节)。

(6) 报告中实验成绩由实验指导教师采用百分制进行评定。

二、不同持仓比重定量设置下的组合构建与模拟实训

××××大学

实验报告

(20　－20　　学年第　学期)

课程名称：_____

实验名称：_____

指导教师：_____

教 研 室：_____

专　　 业：_____

年级班级：_____

姓　　 名：_____

学　　 号：_____

××学院实验报告

课程名称：

实验编号及 实验名称	实验二十七　组合定量分析之股票组合持仓比重设置		教 研 室	
姓　　　名		学　　　号	班　　级	
实验地点		实验日期	实验时数	
指导教师		同组其他成员	成　　绩	

一、实验目的及要求

(一) 实验目的

股票组合成本股持仓比重设置。

(二) 实验要求

(1) 学习股票分散持仓的意义。

(2) 对组合内不同股票设置不同的比例。

(3) 跟踪比较不同设置方法下组合风险收益率比变动状况。

二、实验环境及相关情况(包含使用软件、实验设备、主要仪器及材料等)

(1) 电脑及相关设备。

(2) 证券行情软件。

(3) 实时上网功能及流畅的网速。

(4) WIND、Choice 等金融数据库软件。

(5) 实训报告。

三、实验内容及步骤(包含简要的实验步骤流程)

(一) 实验内容

(1) 学会分散持仓的作用和相关操作。

(2) 用组合投资的思想构建不同比率设置的组合。

(二) 实验步骤

(1) 用平均持仓定量法配置股票组合内单只股票，并列于下面的表格中。每隔一段时间更新追踪平均持仓定量法下组合的运行情况。

股票代码	股票名称	所属行业	初始仓位比重	更新仓位比重

(2) 用持仓限额定量法配置股票组合内单只股票，并列于下面的表格中。每隔一段时间更新追踪平均持仓定量法下组合的运行情况。

股票代码	股票名称	所属行业	初始仓位比重	更新仓位比重

四、实验结果(包括程序或图表、结论陈述、数据记录及分析等，可附页)

通过分析不同持仓比重设置方法下组合的变动情况，跟踪并分析其中的原因，请把实验结果写于以下空白处。

备注：

(1) 使用手工方式填写实验报告时，必须字迹工整，一律使用黑色钢笔书写；使用电子文档方式编辑填写实验报告时，报告中各内容选用宋体五号字，行间距为单倍行距。

(2) "实验编号及实验名称"项的填写形式如"实验一　原始凭证模拟实验"。

(3) 报告中可附页部分为第四项，附页使用 A4 打印纸，要标明所属报告中的内容编号，附页本身必须加编页码(如附四-1、附四-2 等)。

(4) 实验日期的填写格式统一为年-月-日的形式，如 2021-01-01。

(5) 实验日期可根据实验内容实际进行的时间分次如实填写；实验时数为实验大纲中对相应实验设置的具体课时数(节)。

(6) 报告中实验成绩由实验指导教师采用百分制进行评定。

三、投资组合业绩评估的定量分析与模拟实训

××××大学

实验报告

(20　　－20　　学年第　学期)

课程名称：＿＿＿＿＿＿＿＿＿＿＿＿＿＿

实验名称：＿＿＿＿＿＿＿＿＿＿＿＿＿＿

指导教师：＿＿＿＿＿＿＿＿＿＿＿＿＿＿

教　研　室：＿＿＿＿＿＿＿＿＿＿＿＿＿＿

专　　　业：＿＿＿＿＿＿＿＿＿＿＿＿＿＿

年级班级：＿＿＿＿＿＿＿＿＿＿＿＿＿＿

姓　　　名：＿＿＿＿＿＿＿＿＿＿＿＿＿＿

学　　　号：＿＿＿＿＿＿＿＿＿＿＿＿＿＿

××学院实验报告

课程名称:

实验编号及 实验名称	实验二十八　组合定量分析之组合业绩评估		教 研 室	
姓　　名		学　　号	班　　级	
实验地点		实验日期	实验时数	
指导教师		同组其他成员	成　　绩	

一、实验目的及要求

(一) 实验目的

评估投资组合的业绩水平。

(二) 实验要求

(1) 掌握投资组合业绩评估的各类方法。

(2) 利用组合业绩评估方法对自己设立的投资组合进行业绩的评价。

二、实验环境及相关情况(包含使用软件、实验设备、主要仪器及材料等)

(1) 电脑及相关设备。

(2) 证券行情软件。

(3) 实时上网功能及流畅的网速。

(4) WIND、Choice 等金融数据库软件。

(5) 实训报告。

三、实验内容及步骤(包含简要的实验步骤流程)

(一) 实验内容

用夏普比率指标对自己建立的投资组合业绩进行评估。

(二) 实验步骤

(1) 构建两个相关系数较低的股票组合。

(2) 计算这个组合不同配置权重下的组合收益情况。

(3) 计算这个组合不同配置权重下的标准差和期望收益。

(4) 计算这个组合不同配置权重下的夏普比率。

(5) 对该不同配置权重下组合表现的整体评价。

四、实验结果(包括程序或图表、结论陈述、数据记录及分析等，可附页)

更换不同的股票组合，分析不同组合及不同权重配置下的夏普比率，看看有什么收获，请把实验结论写于以下空白处。

备注：

(1) 使用手工方式填写实验报告时，必须字迹工整，一律使用黑色钢笔书写；使用电子文档方式编辑填写实验报告时，报告中各内容选用宋体五号字，行间距为单倍行距。

(2) "实验编号及实验名称"项的填写形式如"实验一 原始凭证模拟实验"。

(3) 报告中可附页部分为第四项，附页使用 A4 打印纸，要标明所属报告中的内容编号，附页本身必须加编页码(如附四-1、附四-2 等)。

(4) 实验日期的填写格式统一为年-月-日的形式，如 2021-01-01。

(5) 实验日期可根据实验内容实际进行的时间分次如实填写；实验时数为实验大纲中对相应实验设置的具体课时数(节)。

(6) 报告中实验成绩由实验指导教师采用百分制进行评定。

参 考 文 献

[1]   刘俊棋. 证券投资实验教程[M]. 大连：大连理工出版社，2017.

[2]   吴纬地. 证券投资实训[M]. 北京：机械工业出版社，2020.

[3]   李建华，张戡. 证券投资实验教程[M]. 北京：经济科学出版社，2021.

[4]   赵鹏程. 证券投资实验教程[M]. 北京：中国人民大学出版社，2020.

[5]   崔越，李世平. 证券投资实验[M]. 北京：经济科学出版社，2021.

[6]   林玮，陈宝熙. 证券投资实验[M]. 北京：经济科学出版社，2008.

[7]   唐更华，陈工孟. 证券投资实务实验教程[M]. 北京：经济管理出版社，2017.

[8]   杨伯元，张健. 证券投资实务实验实训教程[M]. 南京：东南大学出版社，2016.

[9]   焦广才，焦晶晶. 证券投资实训[M]. 北京：经济科学出版社，2017.

[10] 李杰辉，柯原. 证券投资学[M]. 厦门：厦门大学出版社，2015.

[11] 邢天才，王玉霞. 证券投资学[M]. 大连：东北财经大学出版社，2021.

[12] 吴晓求. 证券投资学[M]. 北京：中国人民大学出版社，2021.

[13] 胡金焱. 证券投资学[M]. 北京：高等教育出版社，2021.

[14] 余学斌，翟中伟. 证券投资学[M]. 北京：科学出版社，2021.

[15] 杨滢. 证券投资实务[M]. 北京：高等教育出版社，2021.

[16] 刘德红. 证券投资学[M]. 北京：清华大学出版社，2021.

[17] 张宗新. 投资学[M]. 上海：复旦大学出版社，2021.

[18] 李向科. 证券投资技术分析[M]. 北京：中国人民大学出版社，2019.

[19] 杨朝军. 证券投资分析[M]. 上海：格致出版社，2018.

[20] 张祖国. 证券投资分析[M]. 上海：上海财经大学出版社，2019.

[21] 郑平，俞秀宝. 证券交易组合技术[M]. 北京：清华大学出版社，2019.

[22] 陈建宝,孙林. 中国股市与经济增长：基于 MS-VECM 的研究[J]. 厦门大学学报(哲学社会科学版)，2014，05：117-125.

[23] 唐静. 经济结构转型、经济周期与股市周期相关性的分析[J]. 环球市场信息导报，2017，13：4-5.

[24] 隋新玉，王云清. 中国股市周期与经济周期的比较[J]. 统计与决策，2020，36(17)：129-133.

[25] 牛天骄，王璐. 中国股市与宏观经济的极端 Granger 因果关系[J]. 河南科学，2020，38(10)：1678-1687.

[26] 姚君，殷开睿，李从刚. 宏观经济运行与股市波动性关系研究：基于 VAR 模型的实证检验[J]. 中国物价，2017，12：54-57.

[27] 姚登宝，高彩芹，潘畅畅. 经济增长、股票收益率与股市流动性之间的时变影响：

基于 TVP-SV-SVAR 模型的分析 [J/OL]. 重庆工商大学学报 (社会科学版)：1-11[2021-01-10].

[28] 刘超，郑莹，刘宸琦，等. 股市是经济的晴雨表吗：基于 2005—2017 年沪深 300 指数和采购经理人指数数据[J]. 系统工程理论与实践，2020，40(01)：55-68.

[29] 王德培. 中国经济 2021 开启复式时代[M]. 北京：中国友谊出版社，2021.

[30] 邹卓霖. 价值为锚[M]. 北京：中国铁道出版社，2019.